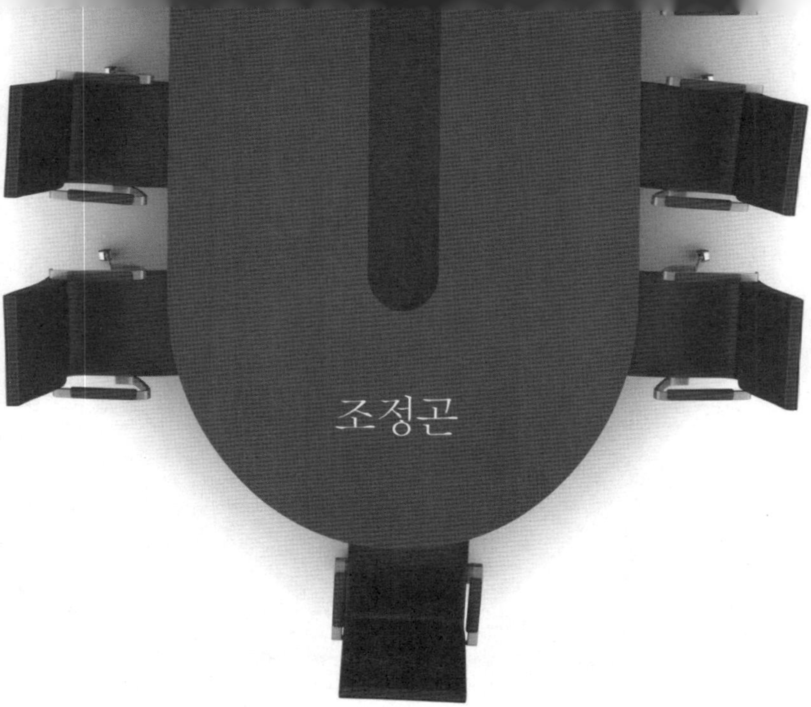

조정곤

GLOBAL NEGOTIATION

글로벌협상론

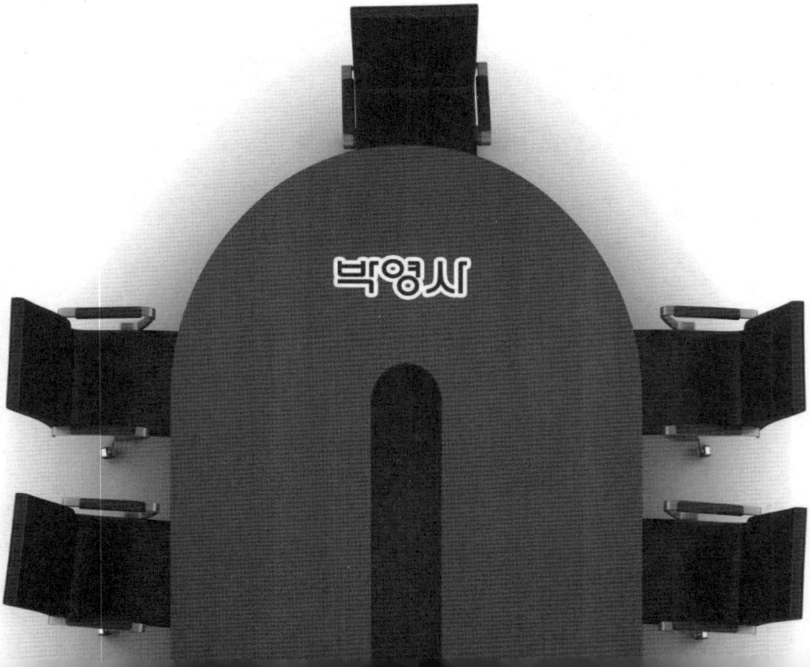

박영사

머 리 말

우리 모두는 알게 모르게 협상을 하며 살아간다. 비즈니스맨이나 외교관, 정치인만 협상을 하는 게 아니다. 더군다나 협상의 대상은 중력이나 광속과 같은 자연의 법칙을 제외하고는 모두 포함될 정도로 광범위하다. 따라서 우리는 협상과 떼려야 뗄 수 없는 관계에 놓여 있다. 즉, 협상은 우리의 삶 그 자체인 것이다.

일상에서 일어나는 협상은 전통시장에서 야채 값을 흥정하는 간단한 단계부터 국제적 분쟁의 복잡한 단계까지 그 범위와 형태가 매우 다양하다. 국내사례를 들어 보자. 지방에 소재한 한 중소업체는 발주자와 송전탑 건설계약을 체결하고 공사중이었다. 그러나 불행히도 강력한 태풍이 몰아닥치는 바람에 이미 공사를 마쳤으나 완공검사를 받지 않았던 송전탑 5기가 넘어졌다. 당시 태풍의 풍속은 초속 50미터 이상이었다. 당시 풍속은 이전에 관측되지 않았을 정도로 강력하였으므로 발주자는 불가항력에 해당한다고 주장하였다. 즉, 민법에 따를 것 같으면 불가항력은 각자책임이므로 발주자에게 책임이 없다는 주장이었다. 중소업체는 법적 해석에 따라 자신들이 책임을 부담하는 것은 현실과 동떨어진 너무나 억울한 처사라며 협상에 의한 해결을 추진하였다. 이 사건은 사후중재합의에 따라 중재판정으로 해결되었는데 중소업체의 억울함이 해소될 수 있었다.

이번에는 국제사례를 살펴보자. 한국의 일류회사가 새로 건조한 선박이 부산항에서 출발하여 미국으로 향했다. 그러나 이 선박은 처녀항해의 기항지였던 미국의 뉴올리언스 항구에서 가라앉고 말았다. 항해에 나서기 전에 시운전을 통해 철저한 검사를 하였으나 아무런 이상을 발견할 수 없었던 신건조선박이 어이없게 첫 항해에서 명운을 다한 것이었다. 그 이유를 찾아내고 책임을 따지는 과정에서 조선회사, 부품공급회사, 운송인, 화주, 항만당국, 해양오염피해자, 해상보험회사, 재보험회사, P&I보험, 언론 등 상당히 많은 당사자들이 개입하게 되었고, 협상상황은 자연히 복잡해질 수밖에 없었다.

국내외 상거래와 관련하여 발생하는 분쟁들을 조정 · 중재하는 방식으로 해결하는 공적 기구인 대한상사중재원The Korean Commercial Arbitration Board에서 당시 사건담당자였던 저자는 대학을 갓 졸업한 20대 후반이었다. 어린 나이에 이와 같은 복잡한 사건들을 일상으로 접하던 저자는 각종 갈등사안을 일목요연하게 이해하고 객관적으로 바라볼 수 있는 시각이 필요했다. 사실 중재기구에 접수되는 분쟁사건은 실제 발생건수에 비하면 빙산의 일각에 불과했다. 접수되지 않는 수많은 갈등과 사건들은 어떻게 해결되고 있을까? 특히, 한국과 관련된 많은 사건들이 국내에서 해결되지 않고 준거법에 따라 외국으로 나가는 걸 보았다. 왜 낯설고 물선 외국으로 나가서 해결해야 할까? 통일된 법전이 있는 것도 아니고 하나의 주권 아래 통할되어 있는 것도 아닌 글로벌사회에서 우리는 갈등을 어떻게 해결할 것인가? 갈등상황에서 누가 힘이 더 셀까? 힘이란 과연 무엇인가? 분쟁사건들을 국내로 끌어오기 위해서는 어떻게 해야 할까? 한국에서 국제분쟁사건을 해결하기 위해 조성해야 할 환경요인은 무엇일까? 분쟁의 사후해결뿐만 아니라 사전예방을 위해 무엇이 필요할까? 이외에도 여러 의문들은 꼬리를 물고 일어나 저자 인생의 화두가 되었다.

우리가 자신에게 익숙한 특정 행동만을 취할 때 다문화의 글로벌사회에서 충돌을 일으키기 십상이다. 다양한 규범과 인센티브가 혼재되어 있는 글로벌사회에서 타인의 행위를 이해하고 어울려 살아가기 위해서는 협상에 대해 체계적인 학습이 필요하다. 앞의 사례와 같은 유형의 사건들만 하더라도 소송과 같은 법적 절차에만 의존하여 해결하기에 곤란한 측면이 상당히 많다. 대학에서 무역학을 전공한 저자는 법적 절차에 의한 분쟁해결방식과는 다른 대체분쟁해결방식과 원천예방법을 찾기 위해 고민하기 시작하였다. 그 결과 주목하게 된 키워드keywords가 바로 '갈등'과 '협상'이었다. 그리하여 박사학위 논문도 「무역갈등」이라는 주제로 썼고, 대학교로 자리를 옮긴 후 20여 년에 걸쳐 '갈등'과 그 해결방안으로써의 '협상'에 대해 꾸준히 연구하면서 안목을 넓혀왔다.

협상에 대한 국내외의 동향을 알아보기 위해 미국 유명대학의 로스쿨과 비즈니스스쿨에 객원교수로 방문하여 연구를 하는 한편, 대한상사중재원의 중재인, 노동위원회의 조정위원 등으로 활동해 왔고, 국내외 협상스쿨의 연수과정을 살펴보기도 하였다. 대학교에서는 「국제협상론」과 「협상전략」 과목을 개설하여 오랜 기간 강의해 왔다. 이제 협상에 대한 학문적 체계의 정립에 조금이나마 보탬이 되었으면 하는 바람으로 그동안의 강의노트를 정리하여 단행본으로 발간하고자 한다.

그러나 저자의 경험담만으로는 협상학 교육에 충분하다 할 수 없으므로 외국 유명대학의 협상 교재와 부교재를 참고하여 내용을 편성하였다.

이 책은 스스로가 협상에 문외한이라고 생각하는 사람에게도 탄탄한 기초를 다질 수 있도록 구성되어 있다. 스키를 좋아하는 사람은 최초에 높은 산 정상까지 곤돌라를 타고 올라갔지만 어떻게 내려와야 할지 막막했던 경험이 있을 것이다. 그러나 스키의 기초를 잘 익혔다면 슬로프의 경사가 아무리 급해도 여유 있게 즐기며 내려올 수 있다는 것을 스키어들은 잘 알고 있다. 스키뿐만 아니라 모든 스포츠, 예술, 학문 등의 분야에서도 기본원리를 알아야 한층 수월해지고 더 크게 발전할 수 있음은 물론이다. 독자들 중에는 협상전략이나 협상전술에 관한 책을 읽었는데 그 기법들의 이면에 숨어 있는 원리가 무엇인지 궁금했던 사람도 있을 것이고, 협상의 고수가 되고 싶은 사람도 있을 것이다. 협상의 현장에서 상황이 어떻게 돌아가는지 몰라 당황했던 사람이라 할지라도 협상의 기초와 원리를 잘 익혀두면 여유 있게 즐기며 대처할 수 있을 것이다.

이 책의 구성을 요약하자면 다음과 같다. 1강부터 3강까지는 글로벌무대에서 발생하는 갈등의 특징적 현상을 개괄적으로 소개하였다. 4강부터 6강까지는 갈등을 이해하고 보다 바람직스럽게 해결하기 위해 고려해야 할 특정요소 즉, 갈등특성, 상호의존, 개인특성에 대하여 살펴보았다. 7강부터 9강까지는 어떻게 해결하는 것이 합리적이고 공정하다고 사람들이 인식하게 되는지, 그리고 그런 공정해결시스템을 구축하기 위해 검토해야 할 사회체계에 대해 기술하였다. 그리고 10강부터 12강까지는 의사소통시스템의 분석을 통해 왜곡이 어떻게 발생하고 방지될 수 있는지, 협상에 영향을 미치는 배후의 존재, 그리고 파워의 본질에 대해 정리하였다.

최근 우리 사회는 헝그리hungry 사회에서 앵그리angry 사회로 변환되었다고 한다. 바야흐로 갈등의 시대가 도래한 것이다. 이에 따라 협상에 대한 학습이 절실하게 되었다. 텔레비전에서도 갈등으로 인해 아픈 마음을 치유해주는 힐링healing 프로그램들이 인기를 끌고 있다. 갈등으로 인해 스트레스를 받는 사람은 협상의 치유기능을 잘 활용할 필요가 있다.

끝으로 협상에 대한 계획준비, 설득기법, 전략전술과 같은 기법들은 이 책의 활용방법에 해당되므로 추후에 별도로 집필할 예정이다. 이 책이 출판되기까지

인내하며 도와준 아내 순영, 그리고 두 아들 재상과 재현에게 사랑의 마음을 전한다. 또한 대학생 독자의 입장에서 원고를 읽고 의견을 제시해 준 서울대학교 경영대학의 조재령 양에게도 이 자리를 빌려 고마움을 표한다. 이외에도 책의 출판을 허락해주신 박영사의 안종만 사장님을 비롯하여 우석진 부장님과 최봉준 님, 그리고 교정과 디자인, 편집과 인쇄에 노고를 아끼지 않으신 담당자분들께 감사드린다.[1)]

2013년 2월

조 정 곤

1) 이 책은 2010년도 강릉원주대학교의 학술연구조성비 지원에 의하여 수행되었음.

차 례

1강 협상 맛보기

2강 글로벌 무대

3강 협상 앙상블

4강 갈등다루기

5강 상호의존성

6강 협상스타일

7강 합리성 공방

8강 직관의 비밀

10강 소통의 과정

11 강 배후의 구조

12강 파워의 본질

1강

협상 맛보기

수년 전만 하더라도 국내에서는 협상에 대해 교육하는 전문가나 기관이 별로 없었다. 그러나 최근에 들어서면서 협상학습은 괄목할 만한 신장세를 보이고 있다. 대학의 비즈니스스쿨이나 로스쿨 분야에서 뿐만 아니라 사설기관에서도 비싼 수강료를 받고 협상교육프로그램을 내놓고 있다. 국내외의 글로벌기업에서는 신입사원들에 대한 협상교육을 집중적으로 실시하기도 한다. 협상교육으로 유명한 Karrass 박사의 홈페이지에 소개된 고객명단을 보면, 3M, American Express, Avis Corporation, Chase Bank, Disney, Dupont, Honda of America, Kellogg, Levi Strauss, Sandisk, Shell, U.S. Steel, Wall Street Journal을 비롯한 세계 굴지의 회사들이 망라되어 있다.[1)]

협상하기를 꺼려하여 자꾸 회피하는 것은 자신의 협상기술을 갈고 닦을 기회를 놓치는 셈이다. 협상을 회피하면 장래에 자신뿐만 아니라 가족, 친구, 친지, 동료 등과의 관계에서 자신의 역할을 다하지 못하게 된다. 협상은 하기 싫다고 피할 수 있는 게 아니다. 부득이 협상을 해야 할 상황이 자신에게 다가오는데 그 시기를 그저 연장시킬 뿐이다. 외국의 공항에서 택시를 타고 택시기사에게 시내 호텔까지 가자고 하면서도 체면상 요금을 묻지 않았다고 치자. 즉, 요금에 대한 협상을 포기했다고 치자. 이것은 택시가 목적지에 도착한 다음 택시기사가 요금으로 얼마를 요구하든 전부 지불할 각오가 아니라면, 요금협상에서 아주 불리한 처지에 놓이게 됨을 의미한다.

홍보는 수원의 시외버스터미널에서 세미나가 개최되는 화성군의 모 호텔까지 가기 위해 택시를 탔다. 택시 기사 왈, "어떤 경로로 갈까요?"라고 물었다. 순간 황당한 느낌이 든 홍보는 "어떤 경로가 있는지 알지 못하는 사람에게 그런 질문을 하시다니요?" 하고 대답했다. 택시 기사는 잠시 뜸을 들이더니, "택시 주행미터에 나온 요금에다가 1,000원을 더 얹어주는 방법이 있고, 아니면 15,000원을 내는 방법이 있습니다."라는 것이었다. 이에 대해 홍보는, "어느 경로로 가든 기사 분께서 가장 잘 아실 터이니 나는 더 저렴한 요금으로 내겠습니다."라고 답했다. 그랬더니 택시 기사는 부득불 미리 어떤 경로로 갈 것인지 결정하라는 것이었다. 흥보는 할 수 없이 미터요금에 1,000원을 더 얹어주는 방법을 택했다. 그러면서 주행 중에 기사와 대화를 나누며 재협상에 들어갔다. "이것은 불공정거래입니다"라고 흥보는 운을 뗐다. "왜 불공정거래입니까?" 기사는 물었다. "정보비대칭이기 때문이지요. 두 사람이 거래계약을 맺는데 한 사람은 모든 사실을 알고 있고, 다른 한 사람은 아무런 정보를 갖고 있지 않으니까 공정하다고 할 수 없지요. 그러니 나는 내게 유리한 요금을 낼 수밖에 없습니다."라고 흥보는 주장 겸 답을 하였다. 그렇게 말하고는 찜찜한 기분 속에 한편으론 의기양양해 하며 목적지 호텔에 도착했다. 그랬더니 신기하게도 택시의 미터요금은 14,000원이었다. 1,000원을 더 보태주니 15,000원이 되었다.

호텔에서 세미나를 하면서 택시를 타고 온 참석자들과 이야기를 주고받는 가운데 흥보가 알게 된 것이지만, 승객이 미터요금을 선택할 경우 택시기사는 시간이 걸리더라도 먼 길을 돌아서 가고, 승객이 일정요금 15,000원을 내면 지름길로 빨리 간다는 것이었다. 그렇더라도 흥보가 택시기사와 도중에 협상을 하지 않고 묵묵히 택시의 주행요금계를 지켜보며 얼마 나올지 모르는 상황에 처해 있었다면 더욱 답답한 지경이었을 것이다.

세계적인 협상전문가들은 이미 오래 전부터 세계 도처의 회사중역, 노조지도자, 정부관료, 외교관 등에게 협상을 가르쳐왔다. 협상기술을 익히면, 남을 공격하지 않고도 파워를 얻을 수 있고, 남을 강압하지 않고도 설득할 수 있게 되며, 상대방을 만족스럽게 하는 동시에 자신의 목표를 달성하게 된다.[2)] 이것은 "싸우지 않고 이기는 것이 최상의 전법"이라는 손자병법의 효과와 일맥상통한다.

협상을 학습하고 얻게 된 소득이 무엇인지 수강생들에게 물어보았더니, 어떤 학생은 협상을 배우지 않은 친구들로부터 맛있는 술과 음식을 쉽게 얻어먹을 수 있었다고 하였다. 또 어떤 학생은 무역현장에서 협력업체의 무역관련 업무를 도와주던 중 협상학습 내용을 활용하여 경쟁업체를 물리치고 일본의 바이어로부터 주문을 따낼 수 있었다고 하였다.

1 협상의 개념

협상이란 무엇인가? 갈등이 복잡계의 악보라면 협상은 이를 연주하는 앙상블이다. 세상의 복잡성이 녹아 있는 우리의 생활에서 협상과 관련한 상황은 하루에도 몇 번씩 다양하게 전개되고 있다. 사회적 동물인 사람은 삶 그 자체가 협상과 얽혀 있다.

대학에서 강의 중에 학생들에게 협상이 무엇인지 정의해 보라며 그룹 토의를 시켰더니, 결별하기는 곤란한 둘 이상의 당사자들이, 가능한 한 자신의 이익을 추구하되 상대방도 어느 정도 배려하면서 물리적 방법 보다는 대화를 통해 상호간에 제의를 주고받으며, 서로가 갖고 있는 파워의 크기도 감안하면서 더 나은 결과를 도출해내는 과정이라고 하였다.

이에 비해 전문가들은 협상을 다음과 같이 정의하고 있다. 즉, Volkema는 협상이란 장래에 어떤 행동을 취할 것인지 둘 이상의 당사자들이 서로 의견을 교환하는 과정이라고 하였고,[3] 장대환은 주고받는 것(give and take)이 보편화된 것이라고 하였으며,[4] Fisher, Ury, Patton은 협상이란 삶 그 자체라고 하였다.[5] 이외에도 협상의 개념에 대해서는 전문가마다 약간씩 달리 정의하고 있다.

협상은 우리들의 삶과 별개의 것이 아니며, 협상행위는 언어로 표현될 수도 있고 몸짓으로 표현될 수도 있는 다양한 형태의 의사소통이다. 결국, 협상이란 둘 이상의 당사자가 서로 갈등을 겪고 있을 때 의사소통을 통해 합의에 도달하려고 하는 과정이다. 어떤 협상에서든 인간적 요소가 핵심을 이룬다. 따라서 이러한 협상이 성립하려면 몇 가지 요건이 필요한데, 요약하면 다음과 같다.

첫째, 최소한 둘 이상의 당사자가 등장해야 하고, 둘째, 서로의 목표나 이해관계가 충돌을 일으키는 등의 갈등이 존재해야 하며, 셋째, 갈등을 해결하는 방법으로 서로 어떠한 형태이든 의사소통을 전개해야 하며, 넷째, 합의에 도달하려고 하는 과정이 있어야 한다.

한편, 비즈니스 협상의 성립요건은 Christopher가 언급한 바와 같이 다섯 가지로 요약할 수 있다. 첫째, 최소한 둘 이상의 당사자들이 협상에 참여하겠다는 동의가 있어야 한다. 둘째, 갈등을 공동으로 해결할 필요성을 느껴야 한다. 셋째,

갈등을 해결하는 방법 중 협상이 최선이라고 공감해야 한다. 넷째, 당사자들이 서로 수용할 수 있는 타협 가능성이 어느 정도 있다고 믿어야 한다. 다섯째, 당사자들이 서로 상대방에 대해 어느 정도의 영향력을 갖고 있어야 한다.[6)]

그러나 비즈니스 협상에서는 일반적이지 않지만, 특별한 협상상황에서는 상대방의 동의여부와는 무관하게 협상자는 자신이 지닌 파워를 기반으로 상대방에게 거절할 수 없는 제안을 하는 방식으로 압박하는 협상을 전개할 수도 있다.

2 협상의 어원

협상이라는 용어는 한자의 「맞을 협協」에 「헤아릴 상商」을 사용한다. 협協은 「맞다, 화합하다, 적합하다, 합하다, 좇다, 따르다」의 의미를 지니고 있고, 상商은 「헤아리다, 장사나 이익을 얻기 위해 물건을 팔고 사는 행위」라는 의미를 띠고 있다. 그러므로 협상이라는 낱말 그 자체는 자기의 이익을 좇기 위해 서로의 입장을 헤아리면서 화합하는 행위라고 할 수 있다.

협상은 영어로 negotiation인데, 라틴어의 negotium에서 비롯되었다. 그 뜻은 '쉽지 않다' 또는 '한가하지 않다'는 것이다. 즉, 「negotium = neg + otium」인데, 「neg = not」, 「otium = ease or leisure」임을 미루어 볼 때, 협상은 「한가하지 않다(not leisure)」라거나 「분주함(business) = 비즈니스」를 의미한다. 따라서 사람과 거래를 하는 사업이 곧 협상이고 협상이 곧 사업인 셈이다.

미국의 대학에서 교수는 「협상」을 칠판에 표기할 때 라틴어 어원을 고려하여 「NEG」라고 약칭한다. 그러나 한국에서 무역업자들은 수출물품대금을 은행에서 결제받기 위해 협상하는 행위를 관습적으로 「네고(NEGO)」라고 부른다. 이런 용어의 차이는 동서양의 언어문화에서 비롯된 것으로 그 의미는 동일하다.

협상(negotiation)과 비슷한 낱말로 흥정(bargaining)이 있다. 협상과 흥정이라는 두 낱말은 현실적으로 그 쓰임새가 조금 다르다. 협상이라는 낱말은 일반적으로 보아 광의의 개념으로 사용되는 데 비해, 흥정이라는 낱말은 매매에서 최종가격을 결정하는 과정을 기술할 때 사용되는 협의의 개념이다. 흥정이라는 용어는 재래시장에서 값을 깎기 위해 옥신각신 따지는 어감을 갖고 있고, 협상이라는 용어는 세계무역기구(WTO)에서 국제무역의 새로운 라운드에 대한 논의를 전개할 때나 군축회담과 같이 보다 공식적이고 세련된 분위기에 사용하는 용어라고 할 수 있다. 협상이란 가격과 같은 단순사안에 대해 흥정하는 정도를 넘어서서, 조급하게 흥정국면으로 빠져드는 우를 범하지 않기 위하여 활용 가능한 기회에는 어떤 것이 있는지 보다 폭넓고 다양한 사안을 검토하는 단계도 포함하는 광의의 개념이다. 반면에 가격을 놓고 줄다리기하는 흥정상황의 경우는 당사자들이 돌파구를 찾기가 만만치 않은데, 이와 같이 흥정은 협상에 비해 상대적으로 협의의 개념이라고 할 수 있다.

협상은 흥정보다 인간관계에 더 신중하다. 왜냐하면 협상당사자끼리는 보다 더 협력하고 조화를 이루어야 하기 때문이다. 협상과정은 흥정과정보다 더 많은 숙고와 토의과정을 거친다. 협상은 흥정보다 더 고차원의 의사소통과 더 정제된 기법을 필요로 한다.7)

이렇게 구분해놓고 보면 두 단어의 의미에 외견상 무슨 차이가 있는 것 같이 보이지만, 사실 깊이 파고 들어가 보면 아무런 차이가 없다는 것을 알 수 있다. 따라서 앞으로는 협상이라는 단어와 흥정이라는 단어를 별도로 구분하지 아니하고 혼용한다.

3 협상의 대상

어떤 사안에 대하여, 어떤 사람은 협상할 수 있다고 생각하는가 하면, 또 어떤 사람은 협상이 불가능하다고 생각한다. 실제로 대학생들을 대상으로 협상할 수 있는 것과 협상할 수 없는 것에 대해 말해보라고 하였더니 세금, 결혼, 계약기간 내의 연봉 등은 협상대상에 들지 않는다고 하였다.

그러나 현실적으로 세금을 감면 받기 위해 세무사나 변호사가 활약하고 있으며, 결혼할 때 백년해로를 언약했건만, 최근 이혼율이 상당한 걸 보면 분명 종교적, 사회적, 법률적 규약도 사람들을 묶어두지 못하고 협상의 대상으로 삼게 하는 것 같다. 또한 선의의 계약(bona fide contract)이라고 하더라도 얼마든지 재협상의 대상이 된다. 미국 주요 신문의 스포츠면 기사를 보자. 야구나 농구 또는 미식축구의 유명선수가 그 구단과 몇 천만 달러에 몇 년간 계약하였다고 분명히 보도되었는데도 불구하고, 그 기간이 지나기 전에 다른 구단에서 비슷한 능력을 보유한 선수가 더 많은 연봉을 받은 걸 알게 되면 그 선수는 계약기간과 상관없이 다시 협상하자고 나오며 구단은 이런 제안을 수용하는 걸 볼 수 있다. 이외에도 최근 한국과 미국 간의 자유무역협정(FTA)에 대해서도 그 효력을 발생하기 전에 재협상을 해야 한다는 목소리가 나오고 있다.

그러므로 우리는 중력의 법칙, 빛이나 소리의 속도, 생노병사(生老病死) 등과 같은 자연의 법칙(the laws of the nature)을 제외하고는 뭐이든 협상할 수 있음을 알 수 있다. 때문에 협상을 잘 하려면 협상할 수 있는 대상이 무엇인지 바로 알아야 한다. 착한 심성의 사람이라면, 웬만한 것은 주어진 그대로 받아들여 수용하려고 한다. 그러나 세상에 험한 경험을 많이 한 사람은 무엇이든 시비를 걸기도 하고 자신에게 유리하게 상황을 이끌어 나가려고 억지를 쓰며 덤벼들기도 한다. 한국 사회에서는 겸손과 양보를 전통적인 미덕으로 여겼다. 그러나 사회가 서구화 되고 상업화 되면서 협상 불가능한 대상을 제외하고는 뭐이든 협상하려는 사람이 많은 것을 얻을 수 있는 환경이 되었다.

자연의 법칙이 아니라도 협상대상이 되기는 사실상 곤란한 것들이 있다. 일반인이 대통령직에 일시 취임해보는 것이 그러하다. 또한 대만이 중국으로부터 독립한다면 몽골과 티벳도 독립하려고 나올 것이다. 이런 연계효과가 있을 경우 협상대상에 올려놓기가 사실상 곤란하다고 생각하게 된다. 그러나 협상대상은 협상에서의 양보대상과 다르다. 앞의 예들은 얼마든지 협상대상이 될 수 있으며 양보를 해주는 대가로 다른 것을 얻을 수 있는 전략으로 활용할 수도 있다. 따라서 협상대상이 되지 않는 것은 자연의 법칙에 한정된다고 할 것이다.

협상대상을 구분하는 실익은 무엇일까? 어떤 사안에 대해 우리는 의식적이든 무의식적이든 협상대상이 되지 않는다고 여기는 반면, 상대방은 당연히 협상대상이 된다고 여기고 있다고 치자. 그래서 우리는 협상준비가 미흡한데 상대방은 철저히 협상준비를 하여 협상무대에 섰다면, 그 결과는 어찌 될 것인가? 당연히 협상준비를 철저히 한 당사자에게 유리하게 전개될 가능성이 높다. 협상에 대한 훈련이 안 된 사람은 자신도 모르는 사이에 손해를 보게 될 가능성이 농후하다.

말하지 않았기 때문에 좋지 못한 결과를 초래한 경험에 대한 학생들의 토로를 들어보자. 옷가게에서 실제로 원하는 게 있었는데도 불구하고 남의 말을 듣고 구매하였으나 집에 와서 후회할 때, 머리스타일에 민감한 여성이 미용실에서 초보자가 머리를 만져도 말 못하다가 나중에 후회할 때, 남녀커플이 데이트 중, 남자친구가 여자친구에게 뭘 먹겠느냐 물었는데 아무거나 괜찮다고 하니까 떡볶이집에 데려갔을 때, 단체로 중국집에 가서 음식을 주문하는데 대세에 따르느라 자신이 먹고 싶은 걸 주문하지 못했을 때, 유치원 수업시간에 볼일이 급했는데도 말을 못해 실례를 했을 때, 백화점 아르바이트 신청 시 원하는 부서를 '아무거나'라고 말했더니 힘든 부서로 배치되었을 때, 버스를 타고 가다 내려야 할 정류장을 지나쳐도 세워달라고 말을 못해서 걸어 되돌아올 때, 엄마가 반찬을 해주시면서 맛있느냐고 물어보시는데 맛없어도 맛있다고 대답하면 계속해서 그 반찬이 나올 때 등이다.

비즈니스에서 계약서 약관을 자신에게 일방적으로 유리하게 바꿔도 상대방이 별 이의 없이 수용하는 경우가 흔히 발생한다. 현실세계에서 사람들은 자신들이 원하는 게 무엇인지 말하려고 하지도 않고, 그래서 협상을 하려는 시도는 생각도 하지 않는 경우가 너무나 많다. 이것은 참으로 딱한 노릇이다.

최악의 경험사례로 소개되는 Abilene Paradox를 보자. 이 경험사례는 장인, 장모, 딸, 사위의 네 사람이 속으로는 누구도 원치 않았지만 찌는 듯 더운 한 여름에 미국의 텍사스주 Abilene으로 에어컨도 없는 자동차로 53마일이나 여행을 하게 된다는 이야기이다. 그 까닭을 분석해보면, 가족 중 누구도 자신이 원하는 것을 솔직하게 말하지 않았기 때문에 그 가족은 속으로 바라는 바와는 전혀 동떨어진 엉뚱한 결론을 만장일치로 결정하게 되었고 그 결과 누구도 원하지 않았던 짜증나는 여행을 하게 되었다.

이제 협상대상의 본질을 이해하고 활용하지 않으면, 세계화된 사회에서 제몫을 챙기기는커녕 황당한 경험을 수시로 하면서 살아가야 할지도 모른다. 모든 당사자가 동일한 것을 원하지만 어느 누구도 그런 필요를 협상대상에 올리지 않아서 전혀 엉뚱한 상황 속으로 빠져든다면 더욱 그렇다. 성공적인 협상을 기대한다면, 무엇보다도 거의 모든 사안이 협상대상이라는 점을 확신하고 자신 있게 협상에 임하는 것이 중요하다.

4 협상타이밍

협상은 언제 시작하고 어느 때 그만 둘 것인가? 협상을 시작해야 할 때와 그만 둬야 할 때를 가려야 한다.

국내에서 가죽 의류를 제조하여 일본으로 수출하던 에스미(가명)라는 회사가 있었다. 이 회사는 품질관리에 철저했기 때문에 일본의 수입회사로부터 인정을 받고 있었다. 그런데 어느 날 일본의 수입회사로부터 제품에 이상이 있다는 연락을 받았다. 에스미회사의 사장은 의아스러워 하면서도 즉시 일본으로 비행기를 타고 날아가서 불량이 사실인지 그 여부를 확인하였다. 불행하게도 제품에 불량이 생긴 것이 확연히 드러났다. 에스미회사 사장은 불량사실이 확인되는 그 자리에서 바이어에게 사과를 하고, 동시에 불량품에 해당하는 금액을 건네주었다. 일본의 수입회사 사장은 에스미회사의 클레임 처리방식에 감명을 받고는 신뢰감을 갖게 되었으며 그 후 더욱 많은 주문을 하였다. 이 사건 당시 한국의 수출업체들은 수출하는 데에만 주로 신경을 썼을 뿐, 클레임이 걸렸을 때에는 차일피일 미루면서 상대방의 애간장을 태우기 일쑤였고, 이로 인해 거래가 중단되는 것은 다반사였다. 이런 분위기 속에서 에스미회사의 사장과 같은 즉각적인 클레임 처리방식은 상대방으로부터 신뢰를 이끌어 내는 협상스타일이었던 것이다.

마이크로소프트사의 설립자인 빌 게이츠(Bill Gates)는 밤이 늦도록 동료들과 일을 하고 있었다. 이들은 배가 고파왔다. 누군가가 도미노 피자(Domino's Pizza)를 시켜 먹는 게 어떠냐고 제의했다. 피자 주문을 하려고 전화를 했더니 도미노 피자 가게 주인 왈, 방금 문을 닫았기 때문에 배달이 안 된다는 것이었다. 전화를 막 끊으려는 찰라 동료들 중 누군가가 "여기에 빌 게이츠가 있다고 해! 그리고 피자를 배달해주면 돈을 많이 주겠다고 해 봐!"라고 외쳤다. 빌 게이츠가 그 말을 듣고 망설이자, 다른 사람이 물었다. "빌, 넌 피자 하나에 얼마만한 가치가 있다고 생각하니?" "240달러…?"라고 빌 게이츠가 엉겁결에 응답했다. 그는 전화에다 대고 "좋아, 난 빌 게이츠인데 피자 값으로 240달러를 내겠습니다."라고 했다. 물론 이들은 피자를 먹을 수 있었다.[8)]

사원의 연봉인상 요구를 사장이 승낙할지도 타이밍에 좌우된다. 연봉협상에

월요일과 목요일의 차이가 있을까? 주말을 보내고 첫 근무일인 월요일에는 사장실에 전화가 빗발치며 사장의 기분이 좋지 않을 수도 있다는 점을 염두에 두자. 사장이 하필이면 좋지 않은 소식에 접하여 길길이 날뛰고 있는 시간이라면 미리 약속을 잡아두었더라도 뒤로 미루는 편이 낫고, 사장의 기분이 좋은 시간대에 연봉인상을 언급하는 것이 훨씬 효과적이다. 타이밍이란 특정 요일이나 시간만을 일컫는 것이 아니다. 연봉인상을 관철하려면 회사의 재정상황과 같은 주변여건도 고려한 타이밍이 중요하다. 회사의 실적이 좋으면 연봉인상의 기회가 커지지만, 정반대의 경우에는 연봉인상 요구를 아예 보류해야 할 수도 있다.[9)]

결국, 싸움터도 잘 골라야 하지만 전투시기도 잘 골라야 한다. 언제 협상을 할 것이며, 어느 때 협상을 하면 안 되는가를 제대로 판단하는 것은 아주 중요하다. 소탐대실보다 대탐소실(lose a little, gain a lot)이 훨씬 낫다. 자신보다 상대방에게 더욱 중요한 사안에 대해서는 기꺼이 양보함으로써 자신에게 중요한 사안에서 미래에 유리한 고지에 설 수 있을 것으로 기대할 수 있다. 다시 말해 미래에 더 나은 것을 얻기 위한 투자라고 할 수 있다.

협상타이밍을 고려했을 때, 다음과 같은 경우에는 협상을 벌이지 않고 슬기롭게 그냥 넘기는 것이 더 낫다.

- 상황이 물리적 또는 심리적으로 위태로울 경우
- 너무 피곤하고, 괴롭고, 아프고, 혼란스러워서 협상을 효과적으로 하기 어려울 경우
- 사안이 사소하거나 더 큰 우환을 불러일으킬 조짐을 보일 경우
- 사안을 더 효과적으로 협상할 수 있는 다른 사람이 있을 경우
- 자신이 필요로 하는 것을 얻을 수 없다고 생각되는 경우
- 상대방이 합리적, 이성적으로 생각하는 사람이 아닐 경우
- 상호관계의 유지가 자신에게 매우 중요할 경우
- 지금 협상을 벌이지 않음으로써 사회적 인심을 얻어 향후 협상에서 유리하게 될 것으로 판단되는 경우

5 협상의 타입과 스타일

사람들은 어떤 경우에 협상을 하지 않으려고 할까? 일반적 상황에서 상대방에게는 그 사안이 중요할지 몰라도 자신에게는 그리 중요하지 않을 경우 사람들은 협상을 하려 들지 않는다. 직장 내에서 상사가 거친 협박조의 성격을 소유하고 있으면서 지고는 못사는 스타일로 논쟁을 이끌 뿐만 아니라 그와 부딪혔다 하면 매번 손해만 보게 될 경우, 부하직원은 그 상사와 협상하려 들지 않는다.

바쁜 점심시간, 식당에 가서 메뉴판에 있는 요리 중 만드는데 가장 오래 걸리고 사람들이 잘 주문하지 않는 것을 시켜보자. 식당 주인이 꺼려하면 당신은 자신의 주문을 없던 걸로 할 것인가? 이런 과정을 통해 자신이 협상에서 어떤 타입과 스타일의 사람인지 알아보자. 타입을 악보라고 한다면, 스타일은 연주자가 악보를 자신의 취향대로 해석하여 연주하는 것이라고 할 수 있다.

아내는 쇼핑을 너무 좋아하는데 비해 남편은 전혀 관심이 없을 수 있다. 그럼에도 불구하고 남편은 아내와 협상을 하기보다 마지못해 쇼핑에 따라 나서게 되는 경우도 흔하다. 성격상 여러 사람들과 어울리기를 싫어하는 사람, 또는 남과 대치하는 걸 피하려는 성격의 소유자일 경우 협상을 꺼려한다. 성격상 협상을 기피하는 사람은 자신이 어떤 유형인지 알아두는 것이 매우 중요하다. 세상을 살아가면서 우리는 어떤 유형의 사람을 만날지 알 수 없으며, 또한 어떤 상황에 처할지 알 수 없기 때문이다. 보다 구체적인 협상스타일에 관하여는 추후에 상세히 살펴보기로 한다.

6 양자협상과 다자협상

한국과 미국 간의 자유무역협정 체결을 위한 무역협상처럼, 협상은 어느 두 나라 사이에 양자협상으로 진행되기도 하지만, 경우에 따라서는 우루과이라운드(UR)처럼 다자협상이 전개되기도 한다.

2003년 초, 북한이 국제원자력기구(IAEA) 사찰단의 추방, 핵발전소 재가동,

미사일 발사실험 등 강경책을 쓰며 미국이 대화의 광장으로 나오도록 압박했으나, 미국의 조지 부시 정부는 북한과 협상하지 않겠다고 하였다. 왜 그랬을까? 헨리 키신저의 "미 · 북 양자협상의 함정"이라는 기사를 참조하여 협상당사자의 수에 대해 생각해보자.

[해외칼럼] 美 · 北 양자협상의 함정

이라크와의 전쟁 준비에 바쁜 미국은 지금 한반도에서 더 심각하고 점증하는 위기에 직면하고 있다. 북한은 핵확산금지조약(NPT)에서 탈퇴하고 국제원자력기구(IAEA)의 사찰 요원들을 추방한 뒤 영변 핵시설을 재가동하면서 양자협상을 미국에 요구하고 있다.

북한이 핵 활동 동결 대가로 요구하고 있는 불가침조약은 북한으로 하여금 한국과 일본 주둔 미군이 북한을 위협하고 있다는 구실로 다시 핵무기 개발 협박에 나서도록 만들 것이다. 그것은 속임수다.

미·북 협상은 두 가지 함정을 내포하고 있다. 남한 내부의 민족주의적 감정의 증대에 비춰 볼 때 양자협상의 교착은 곧 미국의 탓으로 치부될 것이고 한·미 관계는 더 악화될 것이다. 북한은 미국과의 양자회담을 통해 스스로 한민족 이익의 대변자로 나서면서 남한을 미국의 꼭두각시로 몰아갈 수 있다. 또 북한은 양자 회담을 미국에 촉구함으로써 핵보유국의 지위를 정당화하려 할 것이다. 또 어떠한 (핵확산금지) 합의의 이행에 대해서도 미국만 책임을 지는 상황이 올 것이다.

북한이 핵무기와 미사일 발사능력을 갖게 된다면 세계적으로 핵 확산의 빗장이 풀리게 되며, 동북아시아에서도 세력 균형에 중대한 도전이 생길 것이다. 그러므로 정책의 목표는 한반도의 비핵화여야 한다. 이 문제를 풀기 위해서는 한국과 함께 중국·일본·러시아까지 가담시키는 것이 지상명령이다. 중국과 일본은 북한의 핵 보유와 핵 공갈 능력에 의해 사활적인 영향을 받게 될 것이다. 일본은 인접 국가에 의해 핵무기가 생산되고 그것이 확산될 경우 스스로 핵 보유에 나서거나 군비를 크게 확장하거나, 둘 다 하게 될 것이다.

그러나 가장 큰 영향을 받을 나라는 한국이다. 부시 미 행정부는 북한의 전략을 거칠게 표현함으로써 한국 정부와 틈새를 만들었다. 한국의 새 정부(노무현 정부)는 그 차이를 더욱 분명히 하면서 미국이 북한에 대해 군사적 압력을 시사하는 것조차 배격한다. 그러나 그 같은 위협 없이는 북한을 이성적으로 행동하게 만들기 어렵다. (양자든 다자든) 협상이 벌어지면 북한의 요구 목록을 의제로 삼게 돼 있고, 한국도 그 일부분을 담당하게 될 것이다.

한국의 좌파 그룹은 미국을 긴장의 근원으로 보며, 평화주의자들은 북한의 핵 계획을 미국의 위협에 대한 대응이라고 정당화하고, 민족주의자들은 북한의 핵 계획을 민족 자존심의 재확인으로 여긴다. 한국의 새 정부는 스스로 미국과 북한의 중재자라고 생각하고 미국에 북핵문제를 풀기 위해 평화적으로 협상하라고 촉구하고 있다. 그것은 결국 북한에 대한 압력 배격과 어우러져 북한의 요구를 받아들이는 것이 된다.

하지만 한국과 미국의 목표가 서로 조화될 수 없는 것이라면, 주한미군은 북한의 핵개발 계획과 한국의 국내 정치에 볼모가 되는 셈이며, 그런 상황은 한·미간의 건실한 안보관계 및 장기적으로 미군의 한반도 주둔과 양립할 수 없게 된다. 북한은 남한에 엄청난 피해를 입힐 능력을 갖고 있지만, 그것은 자신의 멸망을 대가로 할 뿐이다. 한반도에서는 냉전적 대치 상황이 재현되고 있다. 양쪽 다 궁극적인 무력 사용을 주저할 것이다.

변화를 거부하면서 핵카드 장난을 하는 북한에 맞서기 위해서는 한반도 안보 상황을 전체적으로 다룰 수 있는 폭넓은 다자적 접근이 필요하다. 하나의 방도는 한반도의 안보에 관해 남·북한과 중국·러시아·일본·미국 등이 참여하는 회의체다. 중국과 일본은 북한의 붕괴를 바라지 않는다. 따라서 모든 참여국들이 북한에 대한 무력 사용을 포기하는 방식으로 북한이 추구하는 불가침 보장을 달성할 수 있을 것이다. 이 회의는 북한이 세계 경제 속에 통합되는 틀을 마련해줄 수도 있다. 통일문제는 남·북한 협상에 맡길 수 있다. 하지만 결코 북한에 핵무기 보유를 승인해서는 안 된다.

시간이 핵심이다. 머지않아 북한의 플루토늄 생산량은 국제사회가 군사적 수단이 아니고서는 통제할 수 없는 수준에까지 이르게 될 것이다. [트리뷴 미디어서비스 인터내셔널][10]

7 협상과 창의적 토론문화

일방적 주입식 교육을 받은 사람은 강의실에서 한 마디도 못하던 벙어리 습성이 사회에 진출해서 그대로 연장되어 나타난다. 이에 비해 창의적 토론교육은 어릴 적부터 의견과 사실을 구분하여 말하는 훈련을 시킨다. 의견은 각자 「다르게」 나타날 수 있으므로 회의에서 다양한 의견이 개진되고 그것은 당연히 존중받는다. 누가 의견을 제시했는데 그 의견이 틀렸다며 공박하는 사람은 토론문화에 익숙하지 못한 자이다.

말을 할 때, 사실(fact)에 대해서는 「옳다/맞다(right)」, 「그르다/틀리다(wrong)」, 「안다(know)/모른다(don't know)」라는 식으로 표현해야 한다. 이에 비해 의견(opinion)에 대해서는 「같다(same)/다르다(different)」, 「있다(have)/없다(don't have)」라는 식으로 표현해야 한다.

사실 (fact)	옳다/맞다 (right)	그르다/틀리다 (wrong)	안다 (know)	모른다 (don't know)
(opinion) 의견	(same) 같다	(different) 다르다	(have) 있다	(don't have) 없다

그런데 우리는 상대방의 의견이 자신과 다르다는 이유로 핏대를 올리며 네가 「틀렸다」라고 언성을 높이는 상황을 얼마든지 볼 수 있다. 의견은 얼마든지 다를 수 있는데도 불구하고 한 가지의 정답만을 요구하는 것이다. 수업시간에 문제가 나오면 그 문제에 대한 정답은 한 가지 밖에 없다는 걸 오랜 세월동안 의식적으로든 무의식적으로든 체질화 해온 버릇이 있기 때문에, 이런 문제점은 지식인이든 일반인이든 거의 체질적으로 나타나는 경향이 있는 듯하다.

학교생활에서 자연스럽게 다양한 의견을 접한 사람들은 한 가지 사안에 대해 다양한 해결방법이 있음을 깨닫게 되고, 실제 사회생활에서 어떤 문제에 부닥치게 되면 해결방법도 창의적으로 다양하게 찾아내서 그 중에서 가장 나은 방법을 선택한다. 그러나 주입식교육에 익숙한 사람들은 어떤 문제가 등장하게 되면 정답을 아는 사람이 누구인가 하고 주위부터 둘러보는 습성이 있다. 자신의 생각이 어떠한가 보다도 주변의 분위기를 먼저 의식하는 것이다. 자신이 무슨 의견을 갖고 있다고 하더라도 정답이 아닐 수 있다고 생각하기 때문에 잘못 말했다간 주위로부터 소위 「왕따」를 당할 수도 있다고 여겨 겉으로 표현하지 않는 습성이 있다. 이런 획일적 사고방식의 소유자는 창의적 사고방식을 지닌 상대방과의 협상상황에서 절대적으로 불리하게 작용한다. 자기는 해결방법에서 정답이 하나라고 생각하는 반면, 상대방은 얼마든지 다양한 해결방법이 있다고 생각하므로 상대방이 더 나은 협상결과를 얻을 가능성이 더 높은 것이다. 때문에 우리는 창의적 협상(creative negotiation)에 대해 생각하고 연습을 할 필요가 있다.

한국 대학의 강의실과 미국 대학의 로스쿨이나 비즈니스스쿨 강의실을 서로 비교해보자. 한국 대학의 강의실은 대개 교단이 있는 경우도 있고, 강단이 없이 그냥 교탁과 책걸상이 놓여 있는 구조로 되어 있다. 교수는 서서 강의를 진행한다. 학생들은 앉아서 교수를 쳐다보아야 한다. 오랜 시간동안 위를 향해 쳐다보면 눈동자를 덮고 있는 눈꺼풀이 많이 열려서 눈이 쉬이 피로해진다. 뿐만 아니라 목도 위를 쳐다보므로 신체 구조상 불편하다. 뿐만 아니라 심리적으로도 낮은 곳에서 높은 곳을 쳐다보므로 상대방의 기에 눌리게 되어 하고 싶은 말도 쉬이 꺼내지 못하는 구조적 문제를 안고 있다.

협상을 가르치는 미국 대학의 로스쿨이나 비즈니스스쿨의 강의실에서는 교수가 서서 강의를 해도 학생들과 눈이 서로 마주 칠 수 있을 정도로 학생들이 앉아 있는 자리가 높다. 학생들은 자연히 토론에 참여한다. 중·고등학교에서도 마찬가지이다. 선생님이 선 자세에서 일방적으로 강연을 하는 것이 아니라 학생들과 같은 눈높이자세에서 대화를 한다. 토론문화가 꽃피지 않을 수 없는 환경이다. 창의적 협상의 전제조건으로 강의실에서 많은 토론이 벌어져야 한다. 그러기 위한 전제조건으로 학교시설부터 눈 맞춤을 할 수 있도록 구조적 개선이 있어야 할 것이다.

8 토의주제

1) 협상이라는 용어가 쓰이는 곳에 대해 말해보자.
2) 협상의 개념을 말해보자.
3) 협상과 흥정의 차이에 대해 말해보자.
4) 협상가능대상과 협상불가능대상에 대해 말해보자.
5) 사람들은 어떤 경우에 협상을 꺼려 할까?
6) 지난날을 회상할 때, 당시에 협상을 했었어야 하는데 그러지 않고 그냥 지나친 경험이 있는가?
7) 이 장을 학습하고 얻게 된 소득이 무엇인가? 협상을 학습하면 어떤 것이 도움이 되는지 말해보자.
8) 새로 알게 된 협상지식을 현실세계에서 당장 무엇부터 실천할 것인지 말해보자.

---

1) www.karrass.com
2) Christopher, Elizabeth M., *Negotiating Skills for Business*, Kogan Page, 1996.
3) Volkema, Roger J., *The Negotiation Tool Kit*, Amacom, 1999: “Communication between two or more parties to determine the nature of future behavior.”
4) 장대환, 「국제기업협상」, 학현사, 1998.
5) Fisher, Roger, & Ury, William, and Patton, Bruce, *Getting to YES: Negotiating Agreement Without*

Giving In, Penguin Books, 1981.
6) Christopher, Elizabeth M., *op. cit.*
7) *ibid.*
8) Volkema, Roger J., *op. cit.*
9) 김태영 옮김, 마르틴 베를레 지음, 「연봉협상의 기술」, Tb, 2004.
10) 헨리 키신저(전 미국 국무부 장관), 디지틀조선일보 2003. 3. 12.(수) 기사.

2강

글로벌 무대

1 글로벌 마인드

글로벌(global) 무대에서 협상에 성공하려면 국내위주의 고정관념에서 탈피해야 한다. 글로벌협상에는 국내에서의 협상에서 등장하지 않는 여러 가지 다른 요소들이 있다. 예컨대, 언어, 시차, 원거리, 외국장소, 외국화폐와 환율, 관세, 다문화, 국제정치 · 행정, 종교, 인종 등을 비롯해서 국내에서는 평소에 느끼지 못하던 차이점을 만나게 된다. 글로벌협상은 이와 같은 점에서 국내협상과 다르게 인식하고 접근할 필요가 있다. 폐쇄사회에서의 협상인식은 어떠한지 맛보기 위해 잠시 조선말 개화기 양반의 흥정방법을 들여다보자.[1)]

> 양반사회가 몰락한 뒤 담배를 즐기던 어느 양반의 고난사를 보자. "양반입문 12조" 중, 열한 번째가 수무집전(手毋執錢)인데, 그 뜻은 손으로 돈을 만지거나 세지 말라는 것이다.
>
> 지체 높은 양반의 은동고리 담뱃대는 다섯 자나 되는 장죽(長竹)이었다. 노비가 없어졌으니 영감님 키만큼이나 긴 담뱃대를 입에 물고 자기 손으로 부싯돌을 켜댈 수는 없는 노릇. 문제의 본질은, 이제는 담배 심부름시킬 상놈조차 없다는 것. 그러니 영감께서 직접 담배를 사야 할 형편이다. 그런데 양반입문 12조에 들어 있는 "수무집전(手毋執錢)"이 마음에 걸려 자기 손으로 돈을 세어서 건네 줄 수 없다. "담배 한 쌈지에 얼마요?" 하고 흥정을 할 수 없었다. 그래서 궁리 끝에 떠올린 묘안이, 담배가 떨어지면 영감은 도포 소매 속에다 담배쌈지를 넣고서 휘적거리며 담배가게 앞으로 걸어간다.
>
> 그러다가 담배가게 주인이 보이면 그 발 앞에다가 "휙!" 하고 도포 속에서 담배쌈지를 꺼내 던져 주었다. 그러고는 고개도 돌리지 않은 채 휘적휘적 팔소매를 내두르며 다시 걸어간다. 그러면 가게주인은 얼른 담배쌈지를 펴보고 엽전이 들어 있는 만큼의 담배를 담아들고 저만큼 걸어가고 있는 양반에게 뛰어가

그 도포소매 속에 담배쌈지를 푹 넣어주고 돌아온다.

대한민국의 무역규모가 1조 달러를 넘어선 오늘날 격세지감이 있지만, 여기서 등장하는 양반입문 12조에는 "수무집전(手毋執錢)" 외에, "불문미가(不問米價)"가 있다. 즉, 쌀값이 얼마인지 묻지 않는다는 것이다. 이 양반입문이라는 창구를 통해 우리는 조선시대의 양반들이 협상소질은 다분히 지니고 있으면서도 글로벌 마인드가 극도로 부족하여 개화기에 국제상황과 대외협상에 얼마나 무지했는지 어느 정도 추정이 가능하다.

[그림 2-1]에서는 인류의 윤리의식이 개인으로부터 가족, 씨족, 지역, 국가,

그림 2-1 ››› 윤리의 발달단계[2)]

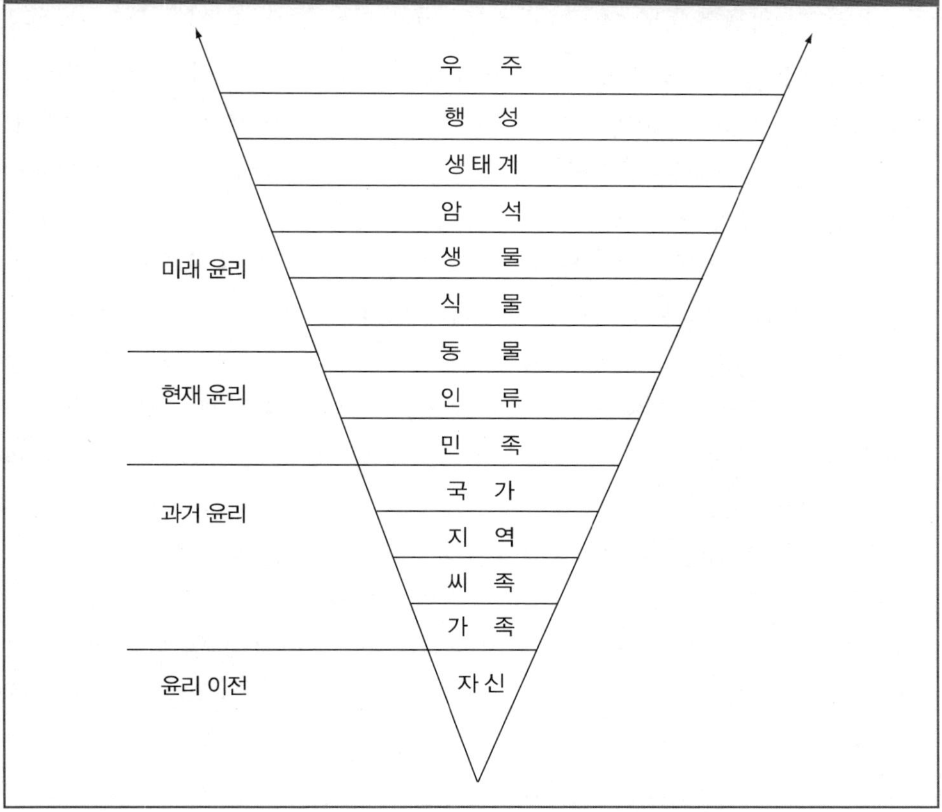

인류, 동물, 식물, 생태계, 우주로 확대 발전해가는 과정을 보여주고 있다. 인류의 윤리에 대한 사고방식이 발전하는데 비례하여 글로벌협상에서 지녀야 할 마음가짐도 달라져야 한다.

2 격지자간 거래

국내거래가 점포에서 서로 머리를 맞대고 사고파는 점두매매(店頭賣買)의 형태로 진행되는데 비해, 국제거래는 격지자간(隔地者間)의 거래 형태로 진행된다는 특징이 있다. 이러한 특징으로 인해 국제무역계에는 인코텀즈(Incoterms)가 등장하게 되었고, 세월의 흐름과 기술의 발달, 그리고 세계관습의 변천으로 인코텀즈는 지속적으로 그리고 주기적으로 개정되어 사용되고 있다. 인코텀즈가 없다면 국제상거래는 여간 불편하게 진행되지 않을 것이다. 인코텀즈가 없다면 서로 다른 나라에 위치한 거래당사자들은 거래계약을 체결할 때마다 어떤 방식으로 거래를 할 것인지 일일이 따져 묻고 답하여야 할 것이다. 즉, 운송도중에 사고가 발생하면 누가 책임을 질 것인지, 운송거리가 보통 멀지 않은데 운송비와 보험료는 누가 부담하며 그 많은 서류를 누가 만들어야 하는지, 관세는 누가 부담해야 하는지, 어떤 정보를 제공해주어야 하는지 등 궁금하게 여기는 사항들이 상당히 많은데, 이 모든 일들을 모두 유선상으로나 해외출장을 가서 만나 해결해야 하는 불편을 겪게 될 것이다. 국제상업회의소는 이러한 국제상인들의 불편을 해소하기 위해 1936년부터 표준화된 거래조건과 용어를 제정하였는데 이를 「인코텀즈(Incoterms)」라 명명하여 활용토록 하고 있다.

글로벌협상에서의 의사소통과정을 보면 격지자간에는 점두매매에서와는 달리 발신과 수신이 동시에 이루어지지 않으므로 제안(offer)과 수락(acceptance)이 발신시점과 도달시점 중 어느 시점에 법적 효력을 갖게 되는지 문제가 발생한다. 매매계약이 성립되었는지 안 되었는지를 판가름하는 시점이 다르다면 갈등과 분쟁이 발생할 소지가 있게 된다. 따라서 무역협상에서는 각국마다 다르게 받아들이고 있는 발신주의와 도달주의에 대한 이해를 하고 있어야 한다.

한국은 북반구에 위치해 있어서 기후가 온난하고 사계절이 분명하지만, 남반구를 비롯한 적도지역은 한국의 계절과 같지 않다. 한국에서 수출되는 물품은 뜨거운 태양이 작열하는 적도지역을 지나가기도 하고, 바다도 얼어붙을 정도의 매서운 추위가 기승을 부리는 툰드라지역을 통과해야 하기도 한다. 때문에 한국의 기온에 맞춰서 제조한 상품이 기후가 다른 지역에서는 이상을 보이는 경우가 비일비재하다. 실제로 한국의 중소기업이 제조한 화장품냉장고를 살펴보던 적도지역의 외국바이어는 즉시 이의를 제기했다. 화장품냉장고는 한국의 사계절 기온에 맞춰서 계절별로 온도를 조정토록 해두었는데, 적도지역에서는 기온이 한국과 다를 뿐만 아니라 사계절이 없으므로 제품 디자인 자체에 문제가 있다는 지적이었다. 이외에도 한국에서 제조한 스키복이 컨테이너에 실려서 적도를 지나 유럽으로 수출되었는데 현지에 도착된 물품은 염색에 이상이 발견되었다. 컨테이너가 적도를 지나갈 때 받은 태양열로 인해 스키복의 염료가 다른 부분으로 서로 번져서 불량품이 발생하였던 것이다.

글로벌 상거래는 운송거리가 멀기 때문에 운송에 소요되는 시간과 비용을 잘 계산해야 한다. 대개 운임이 저렴한 해상운송을 이용하는데, 까딱 잘못하여 선적일자를 놓치게 되면 비싼 항공운임을 부담해서라도 상대방과의 약속을 지켜야 할 경우가 생기기 때문이다. 또한 일단 수출했던 물품에 이상이 있을 경우 반송하려면 국내와는 달리 장시일이 소요되고 반송운임도 만만치 않다는 점에 주의해야 한다.

중고등학교 시절에 세계지리를 배워 어느 정도 알고 있다고 하더라도 글로벌 상거래에서 응용하려면 더욱 많은 공부를 해야 한다. 인도의 수입업체로부터 주문을 받은 한국의 시멘트 수출업체는 선박을 용선하여 강원도 동해항에서 시멘트 클링커를 선적하고 수출하였다. 그런데 문제가 발생하였다. 인도의 도착항구인 콜카타(kolkata)는 갠지즈강을 거슬러 올라가야 하는데 강물의 수위가 선박이 항해할 수 있을 정도로 깊지 못하기 때문에 수위가 올라갈 시기까지 기다려야 한다는 것이었다. 주지하다시피 선박의 용선료는 하루만 해도 상당히 비싸다. 그런데 아무런 작업도 하지 않으면서 대기하는 시간에 대해 용선료를 지불해야 하는 용선자의 입장에서는 돈을 그냥 내버리는 것과 같은 심정이 된다. 때늦은 후회를 해보지만 어쩔 수 없는 노릇이었다. 멀리 떨어진 남의 나라 사정을 사전에 철저하게 조사하지 않고 손쉽게 무역협상을 벌인 대가로 치러야할 수업료 치고는 너무 많은 금액을 지불해야 했다.

글로벌 무대에서 이러한 협상실패사례는 얼마든지 있다. 국제유가가 급등하자 한국의 일류무역상사들은 대체에너지원 개발에 나섰다. 어느 한 회사가 미국에서 가루(silt)탄을 거의 공짜로 수입할 수 있게 되었는데 경쟁회사가 너도나도 덤벼들었다. 미국의 석탄회사는 바람이 불면 휘날리는 탄가루로 인해 공해문제가 발생하여 누구든 가루탄을 가져간다고 하면 거저 줄 심산이었다. 미국회사는 조개탄을 주로 취급하였기 때문에 생산와중에 씻겨 내려가 낮은 곳에 쌓이게 된 가루탄의 처분에 사실 고민하고 있던 중이었다. 그런데 한국의 여러 회사가 가루탄으로 연탄을 만들 수 있음을 알고는 경쟁적으로 수입하겠다고 나서는 바람에 가루탄의 가격은 상승하게 되었다. 이 거래에서 핵심문제는 가루탄 자체보다는 가루탄을 실어 나를 운송수단이 부족하다는 사실을 몰랐다는 점에서 발생하였다. 가루탄을 실어 나를 기차의 차량은 이미 미국회사와 일본회사가 조개탄을 운송하기 위해 오래 전부터 과점하고 있는 상황이었던 것을 한국의 회사들은 알지 못하였던 것이었다. 이 때문에 가루탄을 수입하기로 계약을 체결했던 한국의 회사들은 미국회사와 일본회사에게 웃돈을 얹어주면서 운송수단을 빌려야 했고, 이런 예기치 못한 운송비의 상승으로 인해 대체에너지원인 가루탄의 수입은 수지타산을 맞출 수 없음은 물론 오히려 적자를 보게 되었다.

3 통치권의 영향

글로벌협상은 국내협상과는 달리 외국의 정치적 상황과 행정조치에 따라 그 전개되는 양상이 다르다는 특징이 있다. 몇 가지 사례를 통해 외국의 정치와 행정이 협상에 미치는 영향을 살펴보자.

아프리카의 어떤 나라에 쿠데타가 발생하였다. 정권을 장악한 측에서 식량수입을 독점한 뒤, 한국의 식량수출업자에게 수수료로 200%를 내면 식량 수입계약을 체결하겠다는 상식에서 벗어난 제의를 하였다. 정상가격에 3배나 되는 금액을 내고 식량을 사가는 대신 200%는 커미션으로 되돌려 달라는 말이다. 쿠데타 정부가 필요로 하는 정치자금을 신속하게 마련하는 수단으로 국제무역을 이용하는 것이었다. 그러나 국제관례에 어긋나는 제의를 순순히 수락하였다가는 다른 정권이 들어섰을 때 어떤 피해를 볼지 모를 위험이 도사리고 있었다.

현대건설은 리비아 화력발전소 건설공사 입찰에서 18억 달러에 낙찰 받았다. 이어서 정부내각의 승인을 얻었다. 그러나 1987년 발생한 팬암기 폭파범이 리비아인이라는 사실이 공개되자, 미국, 영국 등은 리비아에 경제봉쇄조치를 취했다. 이 때문에 화력발전소 건설공사는 무기한 연기 되었다. 리비아 정부는 유럽의 지원을 받을 요량으로 현대건설로 하여금 이탈리아의 안살도 회사와 다시 경쟁시켰다. 현대건설은 재입찰에 다시 참가하여 경쟁한 결과, 억울하지만 2억 달러나 낮은 16억 달러에 공사를 수주하였다. 국제정치의 등쌀 때문에 한 순간에 2억 달러가 날아간 셈이었다. 손해는 그 뿐만이 아니라 발전관련 주된 설비를 영국, 독일, 프랑스 등 유럽에서 조달키로 하는 부가조건이 붙은 계약이었다.[3)]

중국이 죽의 장막을 거두고 개방을 시작할 무렵, 그동안 미국으로부터 가축 사료용으로 옥수수를 수입하던 한국의 사료업자들은 중국으로 그 수입선을 전환하여 옥수수(玉米)를 수입하려고 안달이었다. 당시 중국은 시장기능이 미흡하여 공산당에서 정해주는 가격으로 옥수수를 수출하였다. 가격뿐만 아니라 품질 또한 미국에서 수입하는 옥수수보다 훨씬 나았다. 공산당 관료들은 수출을 많이 한다고 해서 인센티브가 별도로 더 있는 것도 아니었다. 다만 자신의 자리를 지키기 위해서는 무역거래와 관련하여 문제가 발생하지 않아야 하므로 상대방에 대해 후한 편이었다. 이런 상황이라면 한국의 수입업자들은 큰 이익을 남길 수 있었다. 때문에 중국 공산당 내에서 옥수수 출혈수출 문제가 불거졌다. 그러던 중, 중국 공산당 간부가 어느 날 갑자기 옥수수의 수출을 금지하는 행정지시를 내렸다. 중국으로부터의 가축 사료용 옥수수의 수입이 중단되자 가축들의 먹이가 부족하게 되었고, 한국 내 가축사료 값이 급등했다. 덩달아 육류가격의 인상조짐이 보였다. 물가를 통제하던 한국의 경제부처에서도 관심을 갖고 사태의 추이에 촉각을 곤두세우게 되었다. 한국과 중국 간에 국교수립이 되어 있지 않은 당시 상황에서 한국의 관련업체들은 옥수수가 수입되지 않는 이유를 알 수 없었다. 단지 공산당 기관지에 보도된 신문기사 한 줄이 입수한 정보의 전부였다.

4 외국어 사용

한국인 고등학생이 미국에서 고등학교를 다니게 되었다. 학교에서 미국인 친구들이 자주 "유놈세잉"이라고 하는데 그게 무슨 뜻인지 전혀 알아들을 수 없었다. 몇 달이 지나서야 이 유학생은 비로소 그 뜻을 알게 되었는데 그것은 바로 "내가 무슨 말을 하는지 알아듣겠니?"라는 의미의 "You know what I'm saying?"을 빨리 발음한 것이었다. 이렇게 우리는 국내에서 영어를 배워도 현장에 나서면 아는 단어나 문장도 들리지 않는 경우가 허다하다.

인천공항에서 국제선 비행기를 타고 상공을 나는 순간 우리는 정말로 외국으로 가는구나 하고 실감을 하게 되는데, 그 핵심이 바로 영어, 일본어, 또는 중국어 등의 외국어 안내방송이다. 평소에 즐겨 말하지도 듣지도 않던 외국어가 어느새 내 앞에 암호처럼 다가와 해독을 요구하고 있는 것이다. 이와 같이 우리가 늘 사용하던 한글도 한반도의 영역을 벗어나면 통하지 않게 된다. 물론 국내에 있다고 하더라도 인터넷, 전화 등의 통신수단을 통하거나 직접 외국인을 접하게 되는 경우에는 여러 언어 중에 하나를 선택해서 사용해야 하는 불편을 겪게 되기도 하고, 반면에 외국이라고 하더라도 한국어를 할 줄 아는 사람을 만나면 한국어로 소통이 가능해져서 편리한 경우도 있다.

국내거래만 하기 때문에 외국어와는 상관이 없다고 생각하는 사람이 있을지 모른다. 국내에서 받은 주문이라고 하더라도 그 주문의 원천지가 외국인 경우가 많다. 무역규모 2조 달러를 목표로 달려가고 있는 한국의 실정에서 모든 주문이 국내에 한정되어 있을 수는 없다. 국내에서 원청업체로부터 하청을 받아 작업을 하더라도 외국어로 된 작업지시서를 보아야 하기도 하고, 새로 도입한 제조설비의 안내서가 외국어로 되어 있기도 하므로 반드시 외국에 나갔을 때에만 외국어를 써야 하는 것은 아니다.

해외에서는 대개의 경우 현지에서 주로 사용하는 언어를 구사할 줄 모르면 의사소통에 지장을 받게 된다. 그리하여 통역이나 번역을 해주는 매개자를 통해 의사소통을 하는 경우가 흔한데, 상대방의 언어를 알아듣지 못하면 중간 매개자로부터 이용을 당하는 불쾌한 경험도 하게 된다. 사업상 중요한 의사소통을 통역인에게 맡기다 보면 흔한 일은 아니지만 통역인이 사업을 가로 채가는 수도 있고, 해외전시회나 박람회의 경우 통역인이 모든 업무를 스스로 알아서 처리하게 하다 보면 바이어들이 궁금해 하는 질문내용이나 중요한 정보를 통역인 선에서 묻혀 버리게 되어 회사의 해외마케팅에 활용하지 못하는 경우도 발생한다.

이외에도 외국어를 사용하여 국제거래를 하다보면 예기치 않은 난관에 봉착하는 경우가 종종 있다. 캐나다의 프로인터내셔널회사(가명)에 휴대용 음향기기를 수출하기로 계약을 체결했던 국내의 음향기기회사는 영문계약서의 체결과정에서 빚어졌던 어이없는 실수로 수출금액보다 4배나 큰 클레임을 경험하였다. 클레임을 제기한 캐나다 회사의 주장은 한국의 음향기기회사가 독점공급기간 동안 캐나다의 다른 회사에게 물품을 공급하여 독점계약을 위반했다는 것이었다. 문제는 영문계약서에서 독점기간의 기산일이 언제인지 불분명하여 독점보장기간이 애매하다는 점이었다. 즉, 계약체결일을 독점기간 기산점으로 해석할 여지도 있는 반면, 비고란에 기재된 선적기간을 기산점으로 해석할 여지도 있었다. 계약서의 해석이 이렇게 두 가지로 나오게 된 배경은 계약체결과정에서 서로 자기에게 유리한 문구를 상대방이 작성한 문구에 이어서 비고란에 영어로 수기(手記)한데서 비롯되었다.

저자가 국제상사분쟁 해결업무를 볼 때에 실제로 있었던 일이다. 남미의 어느 국가로부터 한국의 어느 한 회사를 상대로 불평을 제기하는 클레임서한을 받았다. 그런데 그 서한의 언어는 스페인어였다. 저자는 스페인어를 알지 못하므로 스페인어를 전공한 직장동료에게 문의하여 서한의 내용을 이해하게 되었고, 답신을 영어로 작성하여 보냈다. 그러면서 직장의 업무규정상 공용어는 영어이기 때문에 앞으로 편지를 보낼 때에는 스페인어 대신 영어로 작성하여 보내라는 내용의 문구가 새겨진 고무도장을 빨간색 스탬프로 답신에 찍어서 보냈다. 그런데 한참 후에 남미의 그 회사로부터 편지가 왔는데 또 다시 스페인어로 되어 있는 것이었다. 저자는 하는 수 없이 다시 직장동료에게 편지의 내용을 문의하여 보았다. 그랬더니 편지내용 중에 이런 말이 들어 있었다. "… 귀하는 내가 보낸 스페인어로 된 편지를 해독할 수 있지만, 나는 영어로 된 귀하의 편지를 해독하기 위해 이곳에서 100킬로미터나 떨어진 곳으로 가야만 했습니다. 내가 살고 있는 주변지역에는 영어를 해독할 수 있는 사람이 전혀 없습니다. 그러니 귀하의 형편이 나보다

나으니 내가 스페인어로 편지를 보내더라도 제발 양해하여 주시기 바랍니다."라는 것이었다.

최근 세계적으로 중요한 변화 중의 하나는 여성들의 사회활동 증가이다. 국제비즈니스를 하면서, 전통적으로 배운 방식대로 편지를 쓴다고 첫 인사말을 "Dear Sirs," 또는 "Gentlemen:"이라고 썼다고 치자. 상대방 회사에서 편지를 받아 보는 사람이 여성이라면 남성위주의 첫 인사말에 기분이 좋을 리가 없다.

국제무역을 하는 사람들은 영어를 많이 사용지만 반드시 그렇지만은 않다. 중국인은 중국어를, 일본인은 일본어를, 독일인은 독일어를, 프랑스인은 프랑스어를, 중남미 사람들은 스페인어를 거리낌 없이 사용한다. 문제는 어느 하나의 언어를 반드시 선정해야만 하는 상황에서는 매도인과 매수인 가운데 누가 파워를 갖고 있는가에 따라 사용언어가 달라질 수 있다는 점이다. 이와 같이 글로벌 무대에서의 협상은 국내에서와는 달리 언어라는 요소가 중요하게 작용한다.

5 화폐와 환율

세계라는 무대로 나아가면 국내에서 없던 새로운 현상 가운데 하나가 화폐의 다양성이다. 국내에서는 신사임당이 새겨진 오만원권 지폐를 비롯한 원화만 있으면 금전거래에는 문제가 없다. 그러나 다른 나라와 거래를 하거나 여행을 할 상황에서는 외국화폐가 등장하게 되고 그 과정에서 환율이 문제가 된다. 각국의 통화마다 가치가 다르고 교환비율이 수시로 변하는 상황에서는 어떤 화폐를 사용할 것인가가 상당히 중요하다. 한국의 많은 경제주체들이 환율변동으로 인해 환위험에 노출되어 있고 이를 유효·적절히 하지 못하게 되면 환차익은커녕 환차손을 엄청나게 보게 된다.

환율에는 현금매매율과 전신환매매율을 비롯해서 다양한 환율이 존재한다. 현물환율이 있는가 하면 선물환율이 있고, 어떤 나라는 이중환율제를 시행하고 있기도 하며, 외국인에게는 외국인 전용화폐를 사용토록 하기도 한다. 국제간의 결제에서 신용위험이 높을 경우 신용장(Letter of Credit)과 같은 신용보증제도가 활용되기도 하고, 최근에는 전자화폐가 등장하기도 하였다. 러시아의 경우 입국시 보유한 외화금액을 신고하도록 하였다가 출국시 반드시 더 작은 금액만을 갖고 나갈 수 있도록 통제하는 나라도 있다.

인플레이션이 심한 국가의 화폐는 태환성(兌換性)이 문제가 되기도 한다. 맥도널드 햄버거는 옛 소련에 14년 동안 5천만 달러이상 투자하여 세계에서 가장 큰 매장을 모스크바에 개설하여 놓았는데 좌석이 모자라 옛 소련 사람들은 문밖에서 줄을 서서 입맛을 다실 정도로 성황을 이루었다. 그러나 태환성이 없는 루블화만 잔뜩 받았기 때문에 동전 한 닢의 과실송금도 할 수 없었던 씁쓸한 경험을 겪었다.

다른 한편, 제2차 세계대전 후 독일식당에 잠입하여 취재한 르포기사를 보면, 전후 독일의 심각한 인플레이션(inflation)의 영향을 느낄 수 있다. 기사에 의하면 외국손님이 독일의 한 식당에 들어가서 미화 1달러를 내보이며 음식을 주문하였다. 1달러어치의 음식을 먹고 있는 사이에 음식점 주인은 계속해서 음식을 더 내오고 있었다. 외국손님이 음식점 주인에게 왜 주문하지 않은 음식을 계속해서 내오느냐고 물었다. 그랬더니 음식점 주인 왈, "손님이 음식을 드시는 동안 달러 값이 계속 올라가고 있기 때문입니다."라고 답했다는 것이다.

환율뿐만 아니라 국제적으로 나라마다 이자율이 다르다. 영국의 런던은행간 금리(LIBOR)를 비롯하여 미국의 프라임레이트(prime rate), 그리고 일본계 자금은 후발개도국들보다 이자율이 싸므로 이러한 이자율의 격차를 잘 활용한다면 글로벌협상에서 서로 이익을 도모할 수 있다.

6 통관과 관세

경기도에서 충청남도로 물건을 팔았다고 해도 충청남도에서 도의 경계를 넘어오는 물품을 검사하거나 세금을 매기지는 않는다. 그러나 한국의 물품을 외국에 팔게 되면, 외국은 자국의 국경에 설치된 세관의 통관과정에서 물품을 검사하고 관세의 부과여부를 결정한다. 세계에서 무관세지역이 아닌 곳에서는 어느 나라나 국가의 재정수입과 자국산업의 보호를 위해 관세를 부과한다. 자유무역협정(FTA)이 체결된 국가들간에는 관세에 특혜가 있고, 중국과 대만, 한국과 북한 사이에서는 내국물품으로 취급되며, 과거 영국연방에 속했던 국가들간에는 특혜관세가 적용된다. 또 반덤핑관세와 같은 특별한 종류의 관세도 여러 종류 존재한다.

관세는 아니지만 관세와 비슷한 장벽효과를 지니고 있는 것이 소위 비관세장벽(NTB: Non-Tariff Barrier)이다. 국가에서 외환을 배정하는 제도를 시행함으로써 수입업자가 마음대로 물품을 수입하지 못하도록 통제하기도 하고, 수입물량을 일정범위 내로 묶어두는 쿼타(quota)제도가 시행되기도 하며, 운송에서 차별적인 운임을 적용하여 상대방을 유리 또는 불리하게 만들기도 한다. 이외에도 국산품을 구매하도록 조장하는 방법으로 외국물품의 수입을 규제하는 비관세장벽도 있다.

보세구역을 활용할 경우에는 관세를 부담하지 않고도 수출협상을 전개할 수 있는가 하면, 한국의 선박이 공해에서 채취 또는 포획한 수산물이나 광물을 외국에 판매하면 수출로 간주된다. 세계무대에서는 국내에서는 보지 못하던 이러한 통관 및 관세 · 비관세장벽을 제대로 파악하여야 글로벌협상을 제대로 할 수 있다.

7 시차의 존재

국내에서 외국에 있는 상대방과 연락을 취할 때에는 상대방의 시각을 제대로 알아야 한다. 퇴근시간이 오후 6시라고 하더라도, 북경에 있는 거래상대방은 아직 퇴근시간이 아닌데 서울에 있는 사람은 퇴근시간이 된다. 한국과 일본은 시차가 없는 반면, 한국과 중국 간에는 1시간의 시차가 존재하므로 상대방의 시간을 의도적으로 고려하지 않을 경우 착각에 빠지기 쉽다.

미국은 하와이를 제외하더라도 대륙만 5개의 시간대가 존재하고, 러시아의 모스크바와 캄차카 간에는 9개의 시간대가 존재하므로 여행을 할 때는 주의해야 한다. 미국 동부지역과 서울은 보통 14시간, 프랑스 파리와 서울은 8시간의 시차가 존재한다. 신체리듬이 시차에 적응하려면 건강해야 한다. 한국에 있던 사람이 미국에 갔을 경우 오후 3시쯤 되면 신체리듬이 맞지 않아 녹초가 되기 쉽다. 이런 상태에서 상대방과 거래협상을 전개하는 것은 불리하다. 신체 컨디션이 좋은 시간에 협상하는 것이 바람직하다. 시차적응을 빨리 하기 위해서는 대낮에 햇빛을 받으며 거닐거나 일을 하고 물을 많이 마시는 것이 좋다.

한국의 표준시간은 원래 일본보다 30분 늦고, 중국의 북경보다 30분 빠르다. 따라서 사주팔자가 정확하다고 가정한다손 치더라도, 한국의 사주팔자는 일본의 사주팔자와 달라야 하는데 일본사주로 부모들이 자식들의 혼사를 결정짓고 있다. 사주팔자에 의한 궁합이 좋지 못하기 때문에 혼사를 말리는 부모들과 협상을 벌이는 젊은이들은 이러한 점을 활용할 수도 있을 것이다.

8 해외출장

사람들은 해외여행을 부러워하거나 즐거워하는 경향이 있다. 그러나 해외여행이 기대에 부푼 만큼 항상 만족스러운 것은 아니다. 국내 굴지의 무역회사 최 과장은 자신이 수출한 텔레비전의 수출대금 100만 달러가 회수되지 않자 대금회수를 위해 미국 로스앤젤레스로 출장을 갔다가 봉변을 당했던 경험을 저자에게 털어놓았다. 상대방 수입상에게 미화 100만 달러나 되는 돈을 왜 지불하지 않느냐고 하자, 상대방은 대뜸 M16 총을 들이 대며 "너 이 놈, 여기서 죽을래, 그냥 갈래?" 하더란다. 출장을 갔던 최 과장은 이역만리에서 아무도 모르게 죽는 게 아닌가 싶어 걸음아 나 살려라 하고 뒤도 돌아보지 않고 도망쳐 왔다는 것이다. 귀국 후 미국 수입상을 상대로 소송을 제기해 보았지만 변호사 비용만 많이 들어갈 뿐 일이 잘 진척되지 않는다며 저자에게 무슨 뾰족한 방법이 없겠는가 하고 상담차 찾아왔던 것이다.

저자가 대학에서 학생들을 현장중심으로 지도하기 위해 운영하였던 Trade Incubator 사업단에서는 국내 중소기업의 의뢰를 받아 소변검사기(urine analyzer)와 주사바늘소각기(needle burn) 제품을 2004년 중국 상해에서 개최된 한국상품전시회에 출품하여 전시하였다. 그러나 한국에서 이상 없이 잘 작동되던 의료기기들이 상해 현지의 전시장에서는 오작동을 일으키는 것이었다. 문제의 원인을 점검한 결과 전시장 부스에 설치된 강력한 조명등의 열 때문에 전자기기가 정확하게 작동되지 않는 것이었다. Trade Incubator 사업단은 국내 중소의료기기 협력업체에게 이와 같은 문제점을 보고하여 그 기업들이 해외에 실제로 수출하고 난 후 제품의 이상으로 인해 수출대금의 몇 배에 상당하는 클레임이 발생하는 문제를 사전에 예방할 수 있도록 조처하였다. 또 어떤 중소기업에서는 비용을 절약하느라 직원 1명만을 해외전시회에 내보냈다. 그 직원은 몰려드는 인파를 감당할 수 없어 전시부스에 사람들이 못 들어오게 의자로 방벽을 치는가 하면, 화장실을 가거나 점심식사 중에는 부득이 자리를 비울 수밖에 없어 물품이 도난 당할까봐 안절부절 하였다. 이와 같이 해외출장 및 글로벌협상을 위해서는 사전 점검뿐만 아니라 국내와는 다른 환경에 처하게 된다는 점에 유의해야 한다.

Business Traveller지에 실린 연구결과를 보면, 사업관계로 해외출장이 잦은 회사 중역들의 67%가 해외로 나가는데 긴장하고 불안해 한다는 것이다. 그 걱정거리를 요약하면 다음과 같다.

- 가족, 가정, 직장으로부터 동떨어져 있게 된다는 느낌
- 해외여행에 적잖은 돈이 들어가는데 자신의 출장으로 그 이상의 소득을 올려야 한다는 부담감
- 때로는 자기 혼자서 회사를 대표해야 한다는 사실
- 남의 영역에 들어가서 바보가 되는 건 아닐까 하는 생각
- 특히, 여성 혼자서 해외출장을 다닌다는 것은 불안하다고 한다.

이외에도 해외출장 여행 중에 긴장과 불안을 가져오는 사안들을 열거하면 다음과 같다.

- 중요한 무엇인가 누락된 것은 없을까? 여권과 비자가 제대로 되어 있는가? 보낸 짐이 제대로 도착할 것인가?
- 소지한 돈이 충분한가? 신용카드를 받지 않는 지역에서 돈이 떨어지면 어떻게 할 것인가? 현찰을 가지고 다니다가 위험에 처하는 되는 것은 아닐까?
- 택시요금 바가지를 쓰는 것은 아닐까? 자신의 운전면허증을 상대국에서 인정해 줄 것인가?
- 언어가 제대로 통할까? 입국심사에 제대로 통과될까? 자신이 알지 못하는 어떤 중요한 규정이 있는 건 아닐까?
- 비행기가 연착되거나 취소되어 일정에 못 맞추는 것은 아닐까? 일정이 바뀌어 예약을 못했는데 호텔에 빈방이 있을까?
- 시차는 제대로 극복될 것인가? 기후조건이 맞을까? 내가 알지 못하는 알레르기나 풍토병에 걸리지나 않을까?

해외출장을 성공적으로 수행하려면 현지사정에 정통하고 상대방을 존중하며 상대방의 문화를 제대로 수용할 수 있어야 한다. 방문하는 국가의 언어에 능숙하지 못한 것보다 민감한 문화관습에 무지몽매한 것이 더 큰 문제임을 인식해야 한다. 그러므로 글로벌협상에서는 사전에 계획하고 준비함으로써 해외출장에서 빈손으로 돌아오는 일이 없도록 하여야 할 것이다.

9 통신인프라(infra)

오늘날 사업을 하는데 전화와 컴퓨터가 없이는 곤란하다. 의사소통의 많은 부분이 전화와 인터넷으로 이루어지기 때문이다. 개인이 휴대전화와 노트북컴퓨터를 소지하고 다니며 언제 어디서나 전화통화와 이메일 등으로 의사소통을 할 수 있는 최근과는 달리 한국도 1970년대에는 전화시설이 부족하여 백색전화와 청색전화로 구분하여 제도를 운영한 적이 있다. 당시 대학등록금이 10만원 정도였는데, 백색전화의 값은 시중에서 100만원을 호가하였다.

1997년 당시 미얀마 양곤의 고급주택지는 전화 · 수도 · 전기시설이 갖추어진 곳으로 가격이 대단히 비쌌다. 전화시설도 수용할 수 있는 용량보다 6배 정도나 더 많이 가설해주기 때문에 전화가 있다 하더라도 과부화로 인해 통화가 쉽지 않았다. 따라서 관계당국에 별도로 인사를 치러야 통화가 가능한데, 그것도 약효가 다하면 다시 통화가 되지 않는다고 하였다. 1990년 당시 옛 소련에서는 전화를 개통하려면 1년을 기다려도 될지 말지였다. 소련사람이 전화 한대 놓으려면 15년은 기다려야 한다는 사실은 괜히 지어낸 말이 아니었다. 호텔에서 장거리 전화를 부탁하면 빨라야 몇 시간이 걸릴 정도였다.

정보통신강국을 자랑하는 한국과는 달리 세계 각국은 자국의 경제발전수준에 맞춰 통신인프라를 갖추고 있다. 아프리카 국가들 중에는 우편물 배달에 아직도 오랜 시일이 소요되고 있고, 한국에서 폐기되는 중고컴퓨터들이 후발개도국들에서 인기가 있을 정도이다. 선진국이라 하더라도 호텔전화나 공중전화를 이용하려면 연결이 잘 안되거나 전화카드 이용방법이 달라 애를 먹기도 한다. 요즈음은 해외에 나가더라도 로밍서비스, 인터넷전화, 스마트폰 등으로 통신을 할 수 있어 편리한 세상이 되었다. 그러나 해외출장을 나갈 때에는 국가마다의 인프라 사정을 고려해서 현지에 적응할 수 있도록 대비해야 한다.

10 다 문 화

비즈니스는 다문화(多文化: multi-culture) 세계 속에서 펼쳐지고 있다. 다문화 사회라는 것은 복잡하다는 의미이고, 복잡하다는 것은 우리가 알지 못하는 것이 많다는 뜻이다. 우리는 평소대로 행동을 하더라도 다문화의 세계 속에서는 자신이 의도하지도 않았고 또한 알지 못하는 사이에 상대방을 곤경에 빠트리거나 공격을 한 꼴이 되는 수가 있으므로 조심하지 않으면 안 된다. 미국에서 어린아이가 귀엽다고 머리를 쓰다듬으면 추행으로 간주되어 처벌을 받게 되고, 손가락으로 남을 가리키면 욕이 되기도 하는 사례가 그렇다.

최근 세계화가 급속히 진행되면서 국제기업, 다국적기업, 세계기업이 지구촌 곳곳에서 사업을 벌이고 있다. 이들 다국적기업들은 사고방식과 행동을 가려서 하지 않고 뉴욕에서 하던 천박스러운 버릇을 북경이나 싱가포르에서도 그대로 보이다가 곤경을 치르기도 한다. 실제로 싱가포르에서는 미국의 젊은이가 현지의 규범을 위반하여 곤장으로 다스려지기도 하였는데 이로 인해 국제적인 시선을 집중적으로 받기도 하였다. 서양 사람들은 한국인, 일본인, 중국인을 구분하지 못하고 뭉뚱그려 동양인으로 인식하는 경우가 많다. 그렇지만 세 나라는 그 역사적 배경이나 문화가 아주 다르다. 그런 걸 모르고 동경에서 하는 행동을 서울에서 할 경우 곤경에 빠질 수도 있다. 마찬가지로 한국인이 생각하는 서양인도 분류해보면 사실 엄청나게 다른 역사적 배경과 문화를 갖고 있다는 점을 생각할 때, 글로벌 무대에서 협상을 전개하기 위해서는 철저한 준비와 계획이 필요하다.

한국 사람들은 최근에 중국이나 동남아로 투자진출하면서 상대방 지역에 경제적으로 많은 도움을 주고 있다며 우쭐한 감정을 갖고 상대방 국민들을 대하는 경우가 있다. 그러나 조심하지 않으면 안 된다. 과거에 영국, 네덜란드, 프랑스는 아시아와 아프리카에 진출하였는데 이들이 미개한 지역에 문명을 가져다주었다고 주장한다고 치면, 아시아나 아프리카 사람들이 영국인, 네덜란드인, 프랑스인에게 감사하겠는가? 오히려 그런 편견에 분통을 터트리며 비즈니스에 악영향만 끼치게 될 것이다.

자신의 문화, 자신의 종교, 자신의 국적을 잊어버리는 사람은 극히 드물다. 이러한 것들은 바로 자신이 누구인가를 말해주는 정체성(identity)의 핵심부분이다. 한국이 1997년 외환위기로 어려움을 겪을 때, 한국을 방문하여 유명한 조지 소로스(George Soros)는 헝가리 출신이다. 조지 소로스는 뉴욕에서 거부행세를 하고 있지만 자기의 모국에 자선행위를 집중하고 있는 것이다. 자기의 뿌리를 망각하는 사람은 거의 없다. 세계적 기업의 중역들도 사람이기 때문에 마찬가지이다. 사람들은 상대방이 자신의 정체성을 얕잡아 보거나 무시하면 금방 모욕감을 느낀다. 그러므로 문화와 관습이 다른 나라로 갈 때에는 반드시 사전조사를 철저히 하여 상대방의 문화와 관습을 잘 알도록 할 것이며, 상대방을 존중해야 한다. 상대방을 존중해야 한다는 금과옥조의 사례를 보자. 2002년 7월 중국의 길림성 현지에서 자동차정비회사를 운영하는 한국인 사장의 조언이 여기에 그대로 부합된다. 돈 좀 있다고 기고만장하던 한국인 투자자들은 몇 년이 지나면 어느새 중국인에게 사업장을 빼앗기다시피 넘겨주고 빈손으로 귀국을 하게 된다고 한다. 현지에서 장수하는 비결은 현지인을 존중하고 사회봉사를 많이 하여 인심을 얻는 것이라고 한다.

David Cohen은 아랍세계의 문화와 정서를 무시한 채 무모하게 아랍부호를 겨냥한 호화병원을 설립했다가 실패한 사례를 들고 있다. 철두철미한 사전조사와 계획, 그리고 준비가 없는 국제비즈니스는 커다란 손실로 귀결되고 만다는 본보기인 셈이다.[4] 문화차이를 간과하는 것은 가장 기본적인 실수를 저지르는 것이다. 자신이 취급하는 품목이 경쟁력 있고 주변여건이 유리하다고 하더라도 국제거래에서 상대방의 문화적 환경을 이해하지 못한다면 계약체결에 실패하게 될 위험이 있다. 한국에서는 불고기가 유명하다. 불고기 하면 숯불 불고기를 연상한다. 한국인은 불고기를 맛있게 요리하려면 숯이 필요하다고 연상하는 것이다. 그러나 미국에서는 고기를 구워 먹으려면 차콜(charcoal)을 연상한다. 차콜도 여러 종류가 있어서 어떤 종류를 살 것인지 고민한다. 공원에는 고기를 구워 먹을 수 있도록 그릴이 설치되어 있고, 가까운 수퍼마켓에 가면 고기, 차콜, 석유 등을 살 수 있다. 만일 어떤 의사가 정신병 치료법을 새로 개발했다면서, 환자를 TV에 데리고 나오면 공개적으로 치료법에 대해 상담해주겠다고 한다면 이런 제안에 응할 사람이 과연 몇이나 되겠는가? 일본이나 한국 사회에서는 미국과 달리 친척 중에 정신병이나 선천적 유전질환을 가진 사람이 있다는 소문이 퍼진다면, 혼사에 많은 어려움을 겪는다고 보아야 한다. 동서양은 이런 면에서 문화의 차이가 많다. 그런 점들을 간과하고 글로벌 무대에서 사업을 전개한다면 성공하기 어려울 것이다.[5)]

동양인과 서양인은 성명을 나열하는 순서가 반대이다. 서양에서는 「연흥보」가 아니라 「흥보연」이라고 부르는 것이다. 또한 미국의 문화는 친한 사람끼리 「성(姓)」은 떼고 「명(이름)」만 부른다. 즉, 「연흥보」라는 이름 석자 가운에 이름에 해당하는 「흥보」만을 부르길 좋아한다. 처음 미국을 방문하는 사람이 이런 경우를 당하면 어색하게 들리는 것은 당연하다. 한국에서는 가족이나 친구를 제외하면, 사회생활 중에 만난 그 누구도 「성(姓)」을 떼어버린 채 이름만 부르는 사람이 없기 때문이다. 그러나 동양인이라고 하더라도 유명인사라면 「성명」을 모두 동양스타일로 부른다. 예컨대, 마오쩌뚱, 등샤오핑, 박정희 등이 그러하다. 그러다 보면, 동양인이라고 하더라도 나중에는 어느 것이 성이고 어느 것이 명인지 혼돈스럽게 된다. 예컨대, 일본의 수상을 지닌 「나카소네 야스히로」의 성과 명을 구분해 보자.[6)]

한국의 시중은행들과는 달리 미국에서는 은행 한 가운데에 안내인이 있어서 고객의 업무내용에 맞는 담당자를 예약해주고 소파에 앉아 기다리도록 한다. 미국에서는 한국처럼 큰 금액을 현찰로 지불하는 경우가 거의 없다. 대부분 수표나 신용카드를 사용한다. 특히 아파트임대료, 전화요금, 전기요금, 병원비, 학비, 신문대금 등을 자동납부하지 않는 한, 거의 대부분 현찰을 받지 않고 수표만을 받는다. 그러므로 수표를 발급받고 사용법을 익히는 것은 필수이다.

11 도 량 형

하루 세끼를 먹고 살다 보면 외식을 하지 않을 수 없다. 흥보네 가족이 모처럼 외식을 하고 계산을 치른다. 식당주인이 "맛있게 드셨습니까? 음식값은 125천원이 되겠습니다."라고 한다. 계산대 앞에선 흥보는 얼마를 내라는 건지 순간 당황한다. 그러다 12만 5천원이라는 것으로 얼른 눈치 채고는 지갑에서 돈을 꺼내 계산을 마친다.

잠시 이와 같은 가상 상황을 통해 우리가 늘 하는 숫자계산의 이중성을 살펴보자. 우리는 알게 모르게 말하는 방법과 기록하는 방법에서 숫자단위를 달리 사용하고 있다. 원래 우리의 언어는 만, 억, 조의 단위로 숫자를 계산하는데 어느덧 서양의 계산단위인 천, 백만, 십억이 우리의 기록문화로 자리를 잡고 있다. 125천원, 87백만, 947십억 등의 표기가 공식문서에 수없이 등장하고 있다. 이런 표기는 자꾸 사용하다보면 그런대로 불편하더라도 그럭저럭 사용할 수 있다. 그러나 우리나라의 화폐단위인 원화로 된 금액을 외국의 화폐단위인 달러나 파운드로 환산하여 영어로 표현하려면 계산기가 없이는 거의 불가능해진다. 바야흐로 누구나 쉽게 해외에 오갈 수 있는 글로벌 시대에 외국의 관습, 외국의 언어, 외국의 화폐를 비롯해서 다양한 글로벌 요소가 우리의 삶에 영향을 미치고 있다.

한국과 캐나다는 미터법을 사용하므로 운전을 할 때 나타나는 거리표시도 '킬로미터(km)'로 나타낸다. 이에 비해 미국은 자국 중심으로 도량형을 표시하므로 거리표시도 '마일(mile)'이다. 건강검진을 받을 때에 미국 간호사는 피검환자에게 신장과 체중을 묻는다. 한국인은 당연히 '센티미터(cm)'와 '킬로그램(kg)' 단위로 답을 하지만, 간호사는 '피트(feet)와 인치(inch)' 그리고 '파운드(pound)'로 환산하여 기록한다.

해외출장 중에 전기제품을 사용하기 위해서는 방문국의 전압을 반드시 점검해서 필요한 어댑터(adaptor)나 변압기를 준비해야 한다. 뿐만 아니라 전기제품을 사용할 때 안전규격에 대한 상식도 지녀야 한다. 일본과 미국은 110볼트의 전기를 사용한다. 안전을 위해 플러그의 (+)와 (−) 규격도 서로 다르다.

흥보는 미국에서 이웃하고 있는 갑돌을 만나 갑돌의 미국정착 에피소드를 듣게 되었다. 갑돌은 미국의 중북부지역으로 1년간 출장을 오게 되었다. 갑돌은 한겨울에 가족과 함께 미국에 도착했다. 새로운 아파트에 들어서서 짐을 대충 정리하고 나니 밤이 되었다. 한국에서 가져온 가전제품을 사용하기 위해 플러그를 콘센트에 꽂으려고 했으나 아무리 해도 꽂히지가 않았다. 이상하다는 느낌이 들어 플러그를 살펴보았으나 분명히 110볼트용 플러그가 맞았다. 그래서 다시 플러그에 힘을 가해 억지로 콘센트에 집어넣었다. 그 순간 정전이 되었다. 갑돌은 뭔가 잘못 되었구나 싶어 두꺼비집(fuse box)을 찾으려고 했으나 어디에 있는지 알 수 없었다. 다행히 가져온 손전등이 있어 불빛을 비치며 온 집안을 다 뒤져도 찾을 수가 없었다. 때는 바야흐로 섭씨 영하 20도를 넘는 한 겨울이었다. 정전 때문에 난방도 되지 않아 가족들은 추위에 떨고 있었다. 시간을 보니 밤 12시를 지나고 있었다. 갑돌은 할 수 없이 아파트 관리사무실에 전화를 했으나 직원이 퇴근하고 없었는지 일반전화로는 통화가 되지 않았다. 잘못하다간 밤새 얼어 죽지 않을까 덜컥 겁이 났다. 이웃에 아는 사람도 없고 밤이 깊어 누구에게 도움을 청할 수도 없었다. 순간 떠오르는 전화번호가 한국에서 유명한 그 '119'였다. 얼른 전화를 했으나 도무지 연결되지 않았다. 한참 후에야 이 사람은 미국의 문화관습은 한국과 정반대라는 걸 떠올렸다. 긴급전화번호도 '119'가 아니라 '911'임을 비로소 깨닫게 되었다. 그래서 '911'로 전화를 하여 더듬거리는 영어로 긴급구조를 요청하였다. 응급구조반원들이 아파트에 도착하는 데는 그리 오래 걸리지 않았다. 응급구조반원들은 문짝 뒤에 숨겨져 있다시피 한 두꺼비집을 찾아 합선으로 내려간 스위치를 다시 올렸다. 그토록 기다리던 환한 전기불이 금방 온 집안을 비추었다. 환희와 쑥스러움이 교차하는 순간이었다. 갑돌은 220볼트를 주로 사용하였기 때문에 미국에서 사용하는 110볼트용 플러그의 (+)쪽과 (−)쪽의 규격이 서로 다른 것을 모르고 있었던 것이다.

12 운전관습

한국과 미국의 도로운전규범 중 가장 크게 차이 나는 것은 교차로에서의 운전요령이다. 신호등이 있는 곳에서는 파란불이 들어왔을 때 '좌회전금지' 표시가 없는 한 비보호 좌회전이 허용된다. 신호등이 없는 교차로에는 '우선멈춤(STOP)' 표시가 있는 쪽은 무조건 완전하게 정지(completely stop)한 다음 마음속으로 '하나, 둘, 셋'을 센 다음 출발해야 한다. 이런 관습을 모르고 무시했다간 큰 사고가 날 수 있다. 특히 한국 사람들은 의식적으로든 무의식적으로든 한국에서의 교차로 운전습관대로 운전을 하다가 접촉사고를 내기 일쑤이므로 조심하지 않으면 안 된다. 한편, 영국과 일본에서는 차량이 좌측통행을 하므로 운전하거나 길을 건널 때

주의해야 한다. 특히 음주 후 도로를 횡단할 때 무의식적인 습관으로 인해 교통사고를 당하지 않도록 주의해야 한다.

미국에 간 흥보는 교차로에서 적색신호를 받고 대기 중이었는데 다른 차가 뒤에서 자기 차를 들이 받는 바람에 자기의 차도 앞 차를 받게 되었다. 갑작스러운 사고를 당하고 보니 당혹스럽기 그지없었지만 사고관련자들이 휴대전화로 경찰에 신고하는 것을 보고 길옆에 나와서 교통경찰이 오기를 기다렸다. 경찰은 운전자들을 각자의 운전석에 앉아서 기다리게 하였다. 운전자들이 바깥으로 나와서 삿대질하며 다투거나 경찰에게 설명할 필요도 없다. 경찰이 모든 걸 다 알아서 처리해준다. 조사가 끝나자 경찰은 조사보고서에 서명을 하라고 한다. 서명을 하자 경찰은 사고확인서를 사고당사자들에게 한 장씩 주며 각자의 보험회사에 찾아가서 처리하라고 한다. 이것이 사고가 난 길거리에서 처리할 전부였다. 나머지는 보험회사에 찾아가면 되었다. 보험회사에 찾아갔더니 자동차정비공장 두 곳으로부터 견적서를 받아오면 보험처리해주겠으며, 수리기간 동안 사용할 자동차를 렌트하면 일정금액을 보상해주겠다고 한다. 흥보는 정비공장에 또 다시 전화하여 예약하고 찾아갔다. 자동차를 수리하는데 이틀이 걸리는데 수리비용이 350달러라고 한다. 견적서를 받고 난 다음 다른 정비공장으로 가서 똑 같이 견적을 받아보았더니, 수리비용견적으로 380달러가 나왔다. 보험회사에 견적내용을 알려주자, 며칠 후 보험회사의 보상담당직원으로부터 사고내용의 확인을 위해 직접 찾아오겠다고 전화가 와서 어디서 만났으면 좋겠느냐고 물어왔다. 흥보는 거주하고 있는 아파트 주차장이 좋겠다고 하니까 보상담당직원은 직접 아파트 주차장까지 확인하러 왔다. 사고 사실을 확인한 다음 보상담당직원은 피해자인 흥보에게 협상을 제의한다. 사고가 경미하니까 피해자가 수락하면 지금 당장 340달러를 수표로 지급할 수도 있고, 아니면 견적 받은 정비공장 어느 곳이든 가서 고치면 그 정비공장에 380달러의 범위 내에서 지급하겠다는 것이다. 물론 수리기간 동안의 차량 렌트비용은 별도로 청구하면 일정금액을 지불하겠다고 한다. 약간의 접촉사고일 뿐인데 중고차를 그렇게 많은 돈을 들여가며 수리할 필요가 없다고 판단한 흥보는 즉석에서 340달러짜리 수표를 받고 사건을 종료하였다.

미국인 친구 Barbara는 플로리다 Tampa시에서 운전을 하다가 교차로에서 적색신호등을 받아 정지선에서 대기하고 있던 중 뒤에서 달려오던 차가 들이받는 바람에 차량이 파손되는 사고를 당하였다. 교통경찰이 달려와서 조사한 결과, 사고의 원인은 도로상에 기름이 깔려 있었기 때문에 뒤에서 달려오던 차가 정차를 위해 브레이크를 밟았어도 계속해서 미끄러져 추돌사고를 일으킨 것으로 판명되었다. 따라서 사고의 책임은 도로관리를 제대로 하지 못한 Tampa시에 있으므로 사고차량의 수리비와 함께 차량 수리기간 동안 렌트카 비용을 시당국이 모두 부담하도록 조치되었다. 이런 부분은 한국과 상당히 다르게 처리되는 부분으로 우리가 협상문화에 대해 보다 인식을 달리해야 함을 보여준다.

미국에서는 운전면허증으로 신분을 대신할 수 있으며, 운전면허증을 발급 받기 위해서는 3가지 이상의 신분증명이 필요하다. 어떤 기관에서는 우편물 수령 사실을 가지고 거주여부를 가리기도 한다. 2004년 한국의 대학입시 수학능력평가시험에서 휴대전화를 이용하거나 대리시험을 치르는 등의 부정시험이 사회적 문제로 등장했다. 주민등록증마저도 정교하게 위조되어 자신의 재산이 타인에게 넘어가기도 한다. 미국에서 본인 확인을 위해 한 가지만의 신분증이 아닌 세 가지 이상의 신분증명을 요구하도록 하고 있는 제도는 타산지석이 될 것이다.

끝으로 알아두면 유익한 교통운전정보를 소개한다. 첫째, 한국에서 자동차운전 경력이 3년 이상이면서 무사고인 경우, 미국으로 갈 때 보험회사로부터 무사고증명서를 받아 가지고 가자. 미국 보험회사로부터 자동차 보험료를 약 50% 할인받을 수 있다. 한국의 무사고경력을 인정해주지 않을 경우, 다른 보험회사와 접촉하며 협상을 벌이는 것이 바람직하다. 둘째, 교통사고를 내고 뺑소니치는 사람도 있고, 사고수습과정에서 무보험차량인데도 과거의 보험증명서를 내밀며 보험처리가 가능하다고 거짓말 하는 사람도 있다. 그러므로 교통사고가 발생하면, 우선 스마트폰으로 현장을 촬영해두고, 경찰에게 연락하여 사고의 수습을 의뢰하는 것이 바람직하다.

1) 이용선의「다큐소설 조선최강상인 2 破天荒」, 동서문화사, 2002.
2) Nash, Roderick, *The Rights of Nature*, Wisconsin, 1989.
3) 한국경제신문, 1993. 3. 26자 기사 "현대건설 리비아 火電 수주까지" 참조.
4) Cohen, David, *How to Succeed on Business Trips*, Sheldon business Books, 1996. The Catastrophe File 1: Healthcare horrors 참조.
5) 이외에도 한국과 일본에서는 실내에서 신발을 벗고 생활하는데, 미국은 신고 지낸다. 고급 카펫을 깔아놓은 집에서는 외국인에게 집을 임대할 때 이러한 점도 고려하여 비용이 산출된다. 생선을 회로 먹는 나라도 있고 그렇지 않은 나라도 있다. 한국과 중국은 황해를 함께 끼고 있지만 한국에서는 회가 성행하는 반면, 중국 해안에서는 회 파는 집을 찾기 힘들다.
6)「나카소네」가 성이고「야스히로」가 명이다.

3강

○ 협상 앙상블

1 협상의 본질적 특성

1.1 갈등의 등장

사람들이 협상에 처한 상황을 구체적으로 들여다보면 우선 갈등이 보인다. 갈등은 상대방이 원하지 않는 어떤 것을 하길 바랄 때 발생한다. 물건을 사고 팔 때만 보더라도, 사려는 사람은 값을 덜 지불하려고 하는 반면 팔려고 하는 사람은 값을 더 받으려고 한다. 다시 보지 않아도 될 관계라면 한쪽 당사자는 언제든지 계약의 체결을 중단함으로써 갈등을 해소할 수 있다. 그러나 그것은 갈등이 생길 때마다 자기가 원하던 것을 포기해야 함을 의미한다. 한번만의 관계가 아닌 장기 관계에 놓여 있는 당사자들 간에서는 관계단절이 쉬운 일이 아니다. 따라서 사람들은 상호관계를 중단시키지 않으면서도 자신의 목표를 달성하기 위해 갈등하게 된다.

1.2 상호의존의 딜레마

협상자들은 서로 의존되어 있다. 갈등은 그 성질상 당사자 간의 차이점 및 양립할 수 없는 목표를 극적으로 돋보이게 한다. 극적인 상태가 되면 당사자들은 서로 의존하고 있다는 사실을 잊어버리게 된다. 판매자는 구매자 없이 존재할 수 없듯이 당사자들의 목표는 서로 맞물려 있다. 상대방과 함께 뭔가를 해야 하는데 서로 합의할 방법이 없다면 긴장과 스트레스가 생긴다.

1.3 상황구조의 차이

협상상황의 구조가 경우에 따라 다르다. 협상자가 어떤 협상상황에서는 자기의 욕구와 목적을 숨기고 어떤 협상상황에서는 솔직히 털어놓은 이유는 협상자가 어떤 사람은 좋아하고 어떤 사람은 싫어해서가 아니라 두 가지 협상상황이 서로 다른 구조를 가지고 있기 때문이다.

휴대폰을 매매하는 협상상황에서 구매자의 목표는 판매자의 목표와 상충된다. 판매자는 가능한 한 높은 가격에 휴대폰을 판매하려고 하는 반면 구매자는 가장 낮은 가격에 사기를 원한다. 목표를 달성하기 위해 구매자는 가격을 최소화시키는 전략을 구사할 필요가 있다. 또 판매자는 가능한 한 가장 높은 가격으로 휴대폰을 팔려고 하기 때문에 구매자는 판매자가 그 휴대폰을 팔기 위해 사용할지도 모를 함정이나 책략에 대해 경계해야 할 필요가 있다. 이런 형태의 협상을 「경쟁협상」이라고 부른다.[1)]

반면에 함께 해외배낭여행을 떠난 친구들은 서로의 관계를 유지해야 하고 어떤 곳에서 숙박을 할 것이며 어느 곳을 관광할 것인지에 대해 합의해야 하는 공동의 목표를 가지고 있다. 이러한 상황에서는 다른 유형의 협상, 즉 「협력협상」을 요한다.[2)]

갈등상황에서 어떤 형태의 협상이 필요한지 모르면 분쟁해결을 위한 접근방법 자체가 잘못될 수도 있고 해결에 실패할 수도 있다. 협상의 결과는 갈등의 성질과 그 갈등을 해결하기 위해 사용하는 전략의 형태에 달려 있다.

1.4 개성의 다양성

사람들의 개성은 협상하는 방식에 영향을 미치게 되어 있다. 협상을 하다보면 상대방의 개성과 자신의 개성이 강하게 부딪히는 경우를 경험할 수 있다. 상대방이 어떻게 나오느냐에 따라 완강하게 고집을 부리며 버틸 수도 있고 아니면 쉽게 수락해줄 수도 있는 것이다. 이와 같이 우리가 지니고 있는 개성의 일부는 다른 사람에 의해서 영향을 받기도 하고 또한 협상과정에 영향을 미치기도 한다.

협상자들은 저마다의 개성에 따라 다른 협상행태를 보인다. 모든 협상자들이 동일한 행동양식을 가지고 있을 것이라는 전제는 협상에 대한 몰이해에서 비롯되는 것이다. 만일 어느 당사자라고 하더라도 협상과정에서 발생하는 제반 상황들에 대해 왜 그런 일들이 일어나는지에 대해 이해하려고 들지 않고 개인 간의 성격 차이를 무시한다면 상대방과 협상과정은 어려운 지경에 빠지게 되기 쉽다.

2 작동되는 영향요소

2.1 강제력의 행사

갈등과 관련된 갱 소설이나 영화에 등장하는 고전적 대사 가운데 "그 친구가 거절할 수 없는 제안을 했다"라는 말이 자주 등장한다.[3] 전쟁, 폭동, 소요, 파업, 공장폐쇄, 보이콧, 공장파괴, 태업, 비우호적 기업인수합병, 사회격리, 폭력, 신체적 학대 등은 상대방으로부터 원하는 바를 얻기 위해 힘을 행사하는 수단이다. 그런 수단을 전술로 사용하는 목적은 힘을 사용하는 쪽에 유리하게 갈등을 해결하고 종식시키려 하는데 있다. 그러나 당사자들이 갈등을 이런 식으로 해결하기를 원하지 않는 경우가 많다. 뿐만 아니라 강제력에 의존한 갈등해결방식은 상대방의 보복을 불러일으키기 때문에 갈등이 감소되기보다 오히려 증폭되는 경향이 있다.

2.2 제3자의 개입

갈등은 상급기관이나 외부기관의 권위에 호소하여 해결할 수도 있다. 형제들은 자기들의 싸움을 해결하기 위하여 부모에게 호소한다. 하급직원들은 그들의 상사에게 호소한다. 노동자와 사용자는 중재인에게 간다. 사업가들은 법정으로 가서 갈등을 해결하지만, 분쟁해결이 지체되고 비용부담이 많기 때문에 알선 · 조정 · 중재를 비롯한 여타 제3자 개입 형태의 대체분쟁해결방법(ADR: Alternative Dispute Resolution) 쪽으로 선회하고 있다.

협상은 갈등을 겪고 있는 당사자들이 문제를 해결할 관례 · 관습이 없거나 또는 서로의 관계를 깨고 싶지 않을 때 필요하다. 협상은 해결을 구하는 것인 동시에 분쟁해결방법을 찾는 과정이다. 협상은 좀 느슨하고, 꽉 짜여져 있지 않으며, 확실한 예견을 하기가 좀 곤란하다. 이 말의 의미는, 당사자들이 서로의 갈등관계를 다룰 때 자기가 하고 싶은 대로 할 수 있고 책략도 부릴 수 있다는 것이다.

문제의 해결방법은 직접적일 수도 있고 간접적일 수도 있다. 직접적인 해결방법은 당사자 간에 해결이 날 때까지 제안과 반대제안을 주고받는 방법이다. 간접적인 방법은 해결점을 찾기 위해 제3자에게 의뢰한다든지, 원칙이나 규칙을 찾는 방법이다. 그러나 어느 경우가 되었든 갈등을 즉각 해결할 수단이 없는 한 협상은 필수적이다. 사람들은 대부분 그런 협상과정에 대해 좀 불확실하고 불편한 느낌을 갖고 있고, 또 그런 과정을 될 수 있는 한 피하려고 한다.

2.3 협상대표의 배후

협상자는 배후에서 자신을 지켜보는 사람들을 의식하면서 협상대표 역할을 수행해야 할 때가 있다. 홍보는 선거방송토론위원회에 나가서 봉사를 했는데, 그곳에서 또 다른 형태의 협상을 하게 되었다. 홍보는 자신을 추천한 정당의 입장을 대표하여 상대측 정당추천위원과 선거방송토론절차에 대해 합의를 해야 했다. 홍보는 또한 위원회의 나머지 위원들과 출마후보자들과도 합의해야 하는 과제를 안고 있었다.

협상과정에서 협상자는 종종 자신의 이해관계뿐만 아니라 다른 사람의 이해관계를 대변하기도 한다. 이것은 협상과정을 아주 복잡하게 만든다. 협상자는 상대방과 합의를 이루어내야 할 뿐만 아니라 협상자의 배후가 직접 참여하지 않은 협상결과에 동의하도록 배후를 설득해야 한다. 이런 배후와의 관계를 성공적으로 유지·관리하는 것은 협상상대방과의 실제협상 만큼이나 어려운 경우가 많다.

여기서 「배후」란 「constituency」를 말하는 것으로 「모체(母體)」라고 번역되어 사용되기도 한다. 그 의미는 협상자가 누군가를 대신하여 협상을 벌일 때, 그 대신하고 있는 대상을 가리키는 낱말이다. 즉, 협상자는 자기 자신을 포함하여 가족, 이웃, 동료, 상사, 노동조합, 회사, 고객, 단체, 선거구민, 국가, 국제기구, 심지어는 비자발적인 경우에는 적을 대신해서 협상에 임하게 된다.

예컨대, 수출상담을 위해 해외출장 중인 회사원은 회사를 대신하여 외국회사와 협상을 벌이는 것이고, 변호사는 자기의 고객을 위해 협상을 벌이며, 노조대표는 노조원들을 위해 협상을 벌인다. 또한 지역구 의원들은 선거구민을 의식해서 지역현안에 대한 협상을 전개하고, 외교관은 국가를 염두에 두고 외국과 협상을 하며, 또 국제기구의 직원은 국제기구를 위해 국제적인 사고의 바탕 위에 협상을 벌인다. 그러므로 「배후」라고 표기하지만, 항상 뒤에서 지원을 해주는 개념이 아니라 경우에 따라서는 협상자를 감독하기도 하고 어떤 때에는 협상자를 나무 위에 올려놓고 잡아 흔드는 괘씸한 역할을 하는 그룹도 포함되어 있으며, 또 어떤 경우에는 배후가 가만히 있어도 협상자가 그 배후를 심히 의식하지 않을 수 없는 때도 있다.

2.4 관중의 주시

관중이 지켜보고만 있어도 협상전개에 영향을 받는다. 문제의 사안 그 자체만 놓고 보면 협상이 잘 진행되지 않을 것 같아 보여도 사회적 구조에 의해 협상이 전개되기도 한다. 협상자의 행동을 살펴보면, 때로는 주변 사람들에게 무심하지만 어떤 때는 주변 사람들의 행동에 관심을 보이기도 하고, 또 어떤 때는 아주 신경을 쓴다.

예컨대, 직장에서 업무관계로 갈등을 겪고 있는 중간 간부들은 상사가 자기의 업무처리방식에 대해 유심히 지켜보고 있다는 것을 잘 알고 있기 때문에 신경을 쓰지 않을 수 없다. 만에 하나 상사에게 좋지 못한 인상이라도 심어주는 날이면 자기의 앞날을 위해 결코 바람직하지 않을 것이라는 점을 익히 알고 있다.

관중이 협상에 얼마나 영향력을 갖게 되는가 하는 것은 전적으로 협상상황, 관중의 파워 및 영향력, 협상당사자의 가치관 및 민감성 등에 달려 있다. 그러므로 관중의 영향력은 정확하게 예측하기 어려운 요소이지만, 협상을 이해하고 계획을 수립할 때 반드시 포함시켜야 할 요소라고 할 수 있다.

2.5 법규와 이유

갈등을 어떤 규칙이나 절차에 의해 해결하는 경우도 있다. 부가가치세의 경우 10%라는 정해진 법에 따라 세금을 계산한다. 부동산을 구매했을 경우에도 등록세율과 취득세율이 규칙으로 정해져 있어서 취득가격에 곱하여 산정한다.

직장동료들이 외식을 하기 위해 어느 식당으로 갈 것인가, 누가 선택할 것인가를 놓고 의견이 구구할 때, 가위 · 바위 · 보와 같은 방법은 잘 사용하지 않는다. 대신 서로의 의사소통을 하여 합리적인 이유가 있는 의견을 취합하여 결정한다. 예컨대, 누가 다이어트를 한다면 그 사람의 의견을 들어주는 것이 합당할 것이고, 개고기를 먹지 않는다면 보신탕집으로 가지 않게 될 것이다.

2.6 관 례

사람들이 서로 의견이 엇갈렸을 때 관례에 따라 해결하는 경우를 보자. 테니스 경기의 경우에는, 한 편이 위(up)를 선택하면 상대편은 아래(down)를 선택한 다음, 테니스 라켓을 돌려서 라켓의 손잡이 끝 부분에 표시되어 있는 상표가 바로 섰으면 위를 선택한 사람이 선택권을 갖게 되고, 라켓의 상표가 뒤집어졌으면 아래를 선택한 사람이 선택권을 갖게 된다. 바둑의 경우, 누가 먼저 둘 것인가를 놓고 한 사람이 바둑돌을 한 주먹 잡아 쥔 다음 상대방이 그 주먹 속에 들어 있는 바둑알의 수가 홀수인지 짝수인지 알아맞히는 사람이 선택권을 갖는다. 배드민턴의 경우, 셔틀콕을 공중에 던져서 수직 낙하시킨 다음 셔틀콕의 코르크 부분이 향해 있는 팀이 먼저 공격할 수 있는 권리를 선택하든지 아니면 위치를 선정할 권리를 갖게 된다.

어린 아들 두 형제를 한 방에 놓고 키우는 경우, 둘 사이에 여러 가지 갈등이 발생하는 것을 볼 수 있다. 잠을 잘 때, 형은 문을 닫고 자길 원하는데 동생은 문을 열어 놓고 자길 원한다. 형은 불을 꺼야 잠을 자는데 동생은 불을 켜놓아야 잠을 잔다. 이럴 경우 해결하는 방식을 보면, ▲ 하루하루 교대로 원하는 방식을 택한다; ▲ 동전던지기나 가위 · 바위 · 보를 하여 결정한다; ▲ 다음 날 시험이 있는 사람 의견을 우선하는 방식으로 결정하기도 한다. 이외에도 한국의 사회관습은 유교적 전통에 따라 장유유서에 따르는 것이 많다. 서양의 경우 타이타닉(Titanic)호의 침몰 시 아녀자 우선 원칙으로 생명을 구하였다. 이와 같이 동서양간에는 관습의 차이가 존재한다.

삼국지의 사례를 보면, 어머님과 자식이 홍수로 불어난 물에 떠내려간다면 어머님을 먼저 구하는 것이 도리라고 하였다. 자식은 또 낳으면 되나 어머님은 다시 구할 수 없는 존재이기 때문이라고 설명하고 있다. 함께 일하거나 같이 사는 사람들은 협약이나 관례를 많이 만들어낸다. 여러 해 동안 함께 일한 노사는 협상장소 선택권을 번갈아 가며 행사하는 경우가 종종 있다. 국제적 사건과 관련하여서는 제네바(Geneva)나 비엔나(Vienna)와 같은 중립장소에서 협상을 진행하는 것이 관례처럼 되어왔다.

인터넷상거래에서 상품판매의 관례는 「정가판매(fixed price)」이다. 수많은 품목들의 가격은 대개 판매자가 결정하고, 구매자는 단순히 그 가격으로 물품을 구입하거나 그 가격이 마음에 들지 않으면 다른 가격을 부르는 판매상한테로 간다. 그러므로 이 정가판매제도는 상당히 효율적인 제도이다. 세계 도처의 일반시장에서 이루어지는 흥정이나 값 깎기 언쟁은 현대화된 슈퍼마켓에서는 거의 찾아볼 수 없다. 소비자들은 과일을 사고 싶으면 정해진 값을 지불하고 사면 그만이다. 그러나 세계의 어떤 다른 곳에서는 소비자들이 과일을 사는 모습을 보면 값을 깎자고 하거나 한 개를 더 달라고 상인과 오랜 동안 옥신각신 실랑이를 벌인다.

어떤 품목에 대해 수요와 가격 간에 발생한 갈등을 해결하는 또 다른 관례적인 방법은 경매(auction)이다. 당사자들은 중고골프채나 고화(古畵) 등을 검사한 다음, 공개입찰이나 비공개입찰에 부친다. 낙찰은 그 품목에 대해 가장 높은 가격을 매긴 사람에게 돌아간다.

살 사람보다 팔 사람이 더 많을 경우에는 파는 사람이 값을 최저가격까지 내려 부르는 「역경매(reverse auction)」가 발생한다. 1980년대 미국의 항공권 가격규제금지로 인해 항공여행업계에서는 항공권 가격경쟁이 치열해졌다. 그래서 공항에 각 항공사들의 티켓 판매점들이 줄지어 들어서서 서로 더 싸게 파는 역경매와 비슷한 모습을 보였다. 즉, "자, 왕복항공권으로 여기 $200에 팔겠다는 사람이 있습니다. 누가 이 보다 더 싸게 팔사람 없습니까?"라는 식이다.

미국에서는 이런 역경매 방식을 인터넷과 접목시켜 사업을 하겠다는 발상을 고유한 사업방식으로 간주하여 특허를 인가함으로써 특허의 범위에 관해 많은 논란이 일으키기도 하였다. 즉, 미국의 프라이스라인 회사는 온라인상에서 역경매방식으로 비즈니스를 하는 BM모델에 관한 특허를 취득하였다. 구매자가 구매희망가격을 부르면 이 가격에 응할 판매자를 찾아서 구매자와 연결시켜주는 것이다. 프라이스라인 회사는 항공권 이외에도 호텔예약, 주택융자, 신차판매, 중고트럭판매, 식품잡화 등의 분야로 사업영역을 확장하였다.

3 협상의 전개과정

3.1 인식의 변경

협상 중에 사람의 생각이 바뀐다. 긴장감이 감도는 갈등 속에서 당사자들은 서로 의존되어 있는 탓에 자기 마음대로 할 수도 없고 그래서 좌절감을 맛보게 되면 상대방이 적으로 보이게 된다. 흔히 적이라는 사람은 의심스럽고 문제 있는 사람으로 인식된다. 사람을 이런 식으로 생각하고 다루는 것은 화를 자초하는 일이다.

때로는 생각한 대로 다른 사람들이 정직하지 못하고 거짓말이나 하며 무자비하거나 자기와 전혀 다른 목적을 갖고 있는 경우도 있지만 그렇다고 상대방을 그런 식으로 인식하고 살아가게 되면 아주 조그마한 사업을 하더라도 일이 제대로 풀리지 않을 것이다. 그렇게 하는 것은 자기가 직무상 필요한 사람과 함께 일을 하는데 있어서도 자신의 능력을 제한시킬 뿐만 아니라 실제로 필요 이상의 갈등을 겪게 된다.

3.2 개방과 신뢰의 딜레마

어디까지 털어놓을 것인가, 그리고 어디까지 믿어야 할 것인지 고민이다. 협상에서 당사자들은 가능한 한 최상의 결실을 얻기 위해 자기의 진정한 목표나 기분을 숨기는 경우가 많다. 양측이 이렇게 숨기고 또 그렇게 서로 숨긴다는 것을 알 때 효과적인 의사소통은 어려워지고 정확한 이해는커녕 오해가 발생한다. 오해는 오해를 불러일으켜 서로 상대방이 속임수를 쓰는 부정직한 사람이라고 느끼게 된다. 이런 현상은 협상에서 실제로 많이 일어나고 특히 상대방과 경쟁관계에 있을 때에는 더욱 그러하다.

이와 같이 협상에는 두 가지 딜레마가 존재한다. 즉, ① 협상자는 자기가 좋아하고 바라는 것을 어느 정도까지 정직하게 털어놓아야 하는가, 그리고 ② 상대방을 얼마만큼 믿어야 하는가의 딜레마이다. 이러한 협상의 딜레마 속에서 협상자는 개방과 숨김의 수준을 결정해야 하고, 또한 상대방에 대한 신뢰수준을 결정해야 한다.

만일 어느 한 협상자가 자기의 선호 및 욕구에 대해 아주 솔직하여 모든 것을 털어놓는다면, 이 협상자는 더 나은 성과를 얻기 위해 열심히 싸우거나 또는 허세를 부리는 따위의 행동은 하지 않는다는 말이다. 이와는 반대로, 만일 협상자가 자기의 선호 및 욕구에 대해 솔직하지 못하고 거짓말을 한다면, 당사자들은 제대로 합의를 이룰 수 없을 것이다. 대부분의 협상자들은 이러한 솔직과 거짓, 개방과 숨김의 딜레마를 해결하기 위해 협상의 초기에는 매우 신중한 자세를 취하다가 협상상대방을 신뢰할 수 있게 되면 점차 자기의 진정한 선호와 욕구를 조금씩 털어놓는다.

마찬가지로 협상자는 협상상대방의 말과 행동을 어느 정도까지 믿어야 할지 잘 알 수 없다는 신뢰의 딜레마에 빠지게 된다. 만일 협상자가 상대방이 말하는 것을 모두 그대로 믿는다면, 상대방이 거짓말을 하거나 허세를 부릴 경우 협상자는 너무 많은 양보를 하게 될 위험에 빠진다. 반대로 협상자가 상대방의 말을 하나도 믿지 않는다면 당사자들은 결코 합의점을 찾을 수 없다. 대부분의 협상자들은 이러한 딜레마를 해결하기 위해 상대방의 말을 일단 조사하고 검토하여 거짓이 아님이 입증되면 진실로 받아들인다.

3.3 오퍼의 교환

협상의 핵심은 협상자들이 서로 오퍼를 주고받는 교환에 있다. 협상에서 당사자들이 공동의 이해관계를 가지고 있으면, 그 다음 단계는 오퍼와 반대오퍼를 교환하는 과정을 밟는다. 예를 들면, 매매상황에서는 다음과 같은 과정이 발생할 수 있다.

> 구매자: "이 골동탁자는 얼마입니까?"
> 판매자: "200만원입니다."
> 구매자: "100만원에 합시다."
> 판매자: "미안하지만 200만원 밑으로는 팔 수 없습니다."

매매당사자간의 첫 오퍼를 이렇게 서로 주고받으면, 그 다음에도 각자는 계속해서 자기의 오퍼를 반복해서 말하고 강조하여 주장할 것이 뻔하다. 판매자는 골동탁자가 얼마나 오래된 것이며 보존상태가 상당히 좋다고 주장하는 반면, 구매자는 골동탁자의 흠집을 잡아내어 문제를 삼으면서 다른 곳에서는 그와 비슷한 종류의 등급품을 더 싸게 팔고 있다고 주장한다. 양당사자는 한참동안 자기들의 주장을 전개한 뒤, 구매자가 다음과 같이 다시 제의한다.

> 구매자: "좋습니다. 이제 충분히 이야기한 것 같습니다. 내가 이 물건의 값보다 조금 더 써서 120만원을 내겠습니다."
> 판매자: "사장님, 물건을 보고 말씀하세요. 이렇게 좋은 물건을 그렇게 헐값에 팔 수 없습니다. 전화로 부탁하면서 물건을 보지도 않고 사겠다는 사람이 모레 옵니다. 그러나 사장님은 나의 단골손님이고 멋진 사람이니까 내가 특별히 손해보고 180만원에 드리겠습니다."

이쯤에서 다음 단계가 전개된다. 판매자는 이곳에서는 장사가 잘 안되어 다른 곳으로 이사를 가든지 해야겠다고 한다. 구매자는 이곳저곳을 다니며 마음에 드는 골동탁자를 몇 개 골라 놓고 그 중에서 어느 것을 선택할까 고민 중이라고 이야기한다. 마침내 구매자는 다음과 같이 다시 제의한다. 즉,

> 구매자: "자, 그러면 120만원과 180만원의 중간인 150만원에 합시다. 이것은 마지막 제안입니다. 더 이상 한 푼도 줄 수 없습니다."
> 판매자: "그렇게는 안 됩니다. 정 원하시면 이번만 특별히 160만원에 드리겠습니다."
> 구매자: "좋아요, 그렇다면 여기 155만원이 있습니다. 팔려면 팔고 말려면 마십시오."
> 판매자: "좋습니다. 이거 밑지고 드리는 겁니다."

협상의 핵심은 오퍼의 상호교환에 있다. 성의 있는 협상에서는 오퍼를 하면 이를 수락하든지 아니면 반대오퍼를 낸다. 오퍼를 아예 거절하거나 반대오퍼도 내지 않는 것은 상대방을 신경질 나게 만들기 때문에 협상이 결렬되기 쉽다. 협상

에서 당사자들은 상대방의 오퍼에 대해 양보를 함으로써 해결점을 찾아가는 과정에 동참하겠다는 묵시적 가정이 있다. 그렇기 때문에 상대방의 오퍼를 일언지하에 거절하거나 반대제의도 하지 않는 것은 성의 있는 협상이라고 할 수 없다.

제너럴 일렉트릭(GE) 회사는, 노사협상과정이 경영층의 시간을 너무 많이 낭비시키고, 협상결과가 어떻게 될지 불확실한 것이 너무 많다는 결론에 도달했다. 그래서 접근방법을 바꾸기로 결정했다. 사용자측은, 회사가 종업원들에게 지급할 수 있는 능력을 면밀히 계산한 다음, 노사협약을 갱신할 때가 다가오자 이러한 수치를 발표하면서 임금은 더 이상 협상할 필요가 없다고 하였다. 왜냐하면 회사가 발표한 이 수치는 아주 공정한 것이었고 회사가 지급할 수 있는 모든 것을 포함시켰다고 생각했기 때문이었다. 이에 대해 노조는 자기들을 모독하는 처사라며 격렬한 저항으로 나왔다. 핵심 사안은 임금율의 높고 낮음이 아니라, 바로 사용자측의 협상거절, 임금결정과정의 불투명성, 노조와의 의견교환 무시, 노조의 영향력 훼손 등에 있었다. 적대감과 언쟁을 줄이기 위해 합리성을 바탕으로 한 사용자측의 새로운 시도는, 결과적으로 이 후 수년 동안 격심한 투쟁을 불러일으켰다. 이른바, GE의 사용자측 협상책임자였던 부회장 Lemuel R. Boulware의 이름을 따서 「불와이즘(Boulwarism)」이라고 불리는 이 용어는 애당초에 협상에서의 적대감과 다툼을 줄이기 위해 생겨났으나, 결과적으로는 오히려 더 격렬한 투쟁을 불러일으키는 아이러니를 가져왔고, 그 때문에 오늘날 이 단어는 「불신」 또는 「양보 없는 협상」을 의미하는데 쓰인다.

협상이란 오퍼와 반대오퍼의 교환을 통해 양보를 주고받는 과정이라고 할 수 있기 때문에, 자기가 원하는 그대로를 협상의 초기에 발표하는 당사자는 불리한 것이 사실이다. 현실적인 협상자는 최초오퍼수준에서 향후 협상의 진척여하에 따라 어느 정도 양보를 해줄 각오를 하고 있다. 협상자가 마음속으로 생각하는 것보다 부풀려 오퍼를 내게 되면, 상대방의 타결희망 수준을 끌어내리게 될 가능성이 있다. 반면에, 양보를 전혀 하지 않는 것은 불신, 강경노선, 협상불원(不願) 등과 같은 인상을 심어준다. 즉, 협상당사자는 애당초에 과장된 입장을 보이다가 양보를 해주는 것보다 더 많은 손해를 보게 된다. 이것은 자기의 오퍼가 공정성과 합리성을 갖추고 있기 때문에 꼭 필요한 만큼만 정확히 요구하였다고 해도 결과는 마찬가지이다.

희망적인 것은, 오퍼와 반대오퍼의 과정을 거침으로 인해서 양당사자 모두가 합의할 수 있는 어떤 점에 도달할 수 있다는 점이다. 단숨에 어떤 해결책을 제시하는 것보다 이런 대화의 과정을 거침으로써 당사자들은 보다 많은 의사를 반영시킬 수 있다. 이런 과정 속에 수많은 정보를 주고받고, 상대방의 입장을 이해하거나 변경시키려는 노력이 가미된다. 협상을 성공적으로 수행하기 위하여 협상자는 오퍼를 교환하는 동안 일어나는 상황을 신속히 파악할 수 있어야 하고, 그 상황을 유리하게 이용할 줄 알아야 하며, 상대방이 그 상황을 이용함으로써 자기가 불리해지지 않도록 방어하는 방법도 알아야 한다. 이 모든 상황들은 짧은 시간 동안에 발생하기 때문에, 성공을 위해서는 필수적인 지식을 쌓고 준비를 많이 해야 한다.

3.4 정보교환과 상황공동인식

협상당사자들은 서로 정보를 교환함으로써 협상상황에 대하여 공동인식을 키울 수 있다. 흥보는 중고 에어컨을 20만원에 팔려고 내놓았는데, 상대방 놀보는 10만원의 가치밖에 없다고 주장한다. 그러자 흥보는 그 에어컨을 얼마에 샀는지를 말하면서, 다른 에어컨보다 용량이 크고 현재 상태가 상당히 양호하며, 디자인도 좋기 때문에 20만원의 값어치가 충분하다고 반박한다. 놀보는 그 에어컨이 구입한지 이미 4년이 지났고 녹도 약간 쓸었으며 에어컨 가스도 다시 충전해야 할 판이라고 주장하면서 자기는 20만원을 지출할 처지가 못 된다고 이야기한다. 약 10여분 간 에어컨에 대하여 이야기를 더 주고받다가, 흥보와 놀보는 최초구입가격, 사용기간, 현재 상태, 이 모델의 장단점, 가스충전, 적정가격 등에 관한 정보를 교환한 다음 최종적으로 15만원에 낙착을 본다.

이러한 정보는 모두 진실일 필요가 없다. 정보를 좀 그럴듯하게 과장하기도 하고, 빠뜨리기도 하며, 왜곡시키기도 한다. 위의 예에서 흥보는 사실 에어컨을 80만원 주고 샀는데 100만원 주고 샀다고 말하고, 에어컨 가스가 약간씩 샌다는 사실을 말해주지 않는다. 놀보는 20만원을 지불할 능력이 있으나 그렇지 못하다고 말한다. 그럼에도 불구하고 정보를 교환하고, 현재 상황에 대하여 「공동정의(common definition)」를 하고 나면, 각자의 입장을 약간씩 수정하여 결국 타협점에 이르게 된다. 흥보와 놀보는 둘 모두 만족할 수 있는 가격에 도달한다. 이러한 만족감은 한편으로는 가격 그 자체에서 생겨나는 것이고, 또 다른 한편으로는 협상 상대방과 에어컨에 대한 생각이 바뀜으로써 그 가격이 정당화되었기 때문에 생겨나는 것이다.

이와 같이 협상에서 정보의 교환은 협상자간의 입장을 정당화시키는 중간매개체로서 역할하기 때문에 종국에는 양보를 이루어낸다.

3.5 창의성과 협조분위기

창의적인 해결을 위해서는 협조분위기가 필요하다. 당사자들이 협상에서 들고 나오는 다양한 이해관계의 속을 잘 들여다보면, 문제를 해결할 수 있을 뿐만 아니라 심지어는 창의적으로 해결이 가능한 상당히 값진 기회들을 발견할 수 있다. 협상에서 당사자들은 비용과 손실을 크게 치루지 않아도 상대방이 원하는 것을 서로 주고받으면서 무난히 타결할 가능성이 있다.

골프장을 새로 만든다고 하면 우선 환경훼손문제가 심각하게 등장한다. 강원도지역은 소나무로 유명하다. 골프장을 건설하려면 수령이 오래된 소나무를 베어내야 한다. 그러면 당연히 말썽이 생길 수밖에 없다. 따라서 창의적 협상을 통해 소나무를 벌목하는 대신 다른 곳으로 이식하는 방법을 택한다. 또한 조성된 골프장에서 잔디를 생육시키기 위해 뿌리는 농약의 강도가 문제시된다. 골프장에서는 인공연못을 만들어 물을 정화시킨 다음 배출시키는 방법으로 주민들을 설득한다.

대학에서 빌딩을 신축하면서 연구실 방향을 남향 50%, 북향 50%로 설계하였다. 문제는 빌딩이 완공된 후 누가 북향 연구실에 들어갈 것이냐이다. 대부분 북향보다 남향을 선호하는 교수들의 성향을 감안할 때 갈등이 불거질 것은 명약관화하다. 설계도면의 복도를 중앙에서 북쪽으로 약간 이동시켜 연구실 방향을 100% 남향으로 재설계토록 함으로써 갈등을 사전에 예방한다.

창의적 해결의 가능성을 발견함으로써 당사자들은 협상초기에 감돌았던 승패의 고정관념을 깨버릴 수 있게 되고, 서로 자기의 목적을 달성할 수 있는 새로운 기회의 장이 열리게 된다. 그러나 이러한 창의적인 해결을 도모하려면 먼저 당사자들 사이에 협조분위기가 있어야 하지, 상대방을 위협하거나 오로지 한 쪽 당사자만의 욕구를 충족시키려고 해서는 안 된다.

3.6 유형요소와 무형요소

협상의 성공을 위해서는 유형요소 뿐만 아니라 심리적인 무형요소도 잘 고려해야 한다. 협상에서 심리적 요소들은 협상문제의 실질요소로서 협상의 핵심을 이루고 있으며 협상행동에 영향을 미친다. 심리적인 요소에는 승리 또는 패배, 신뢰 또는 불신, 충돌 또는 회피, 상대방을 좋아하거나 또는 싫어함, 현명하게 보이거나 또는 어리석게 보임, 상대방과의 관계를 보전하는 것과 어떤 대가를 치르더라도 목적을 달성하는 것, 평판을 잘 쌓고 유지하는 것과 평판을 바꾸는 것 등이 포함된다. 이러한 심리적인 요소들을 일컬어 무형요소라고 한다. 심리적 무형요소는 상대방을 인식하는 방식, 상대방에 대한 가정, 상대방의 미래행동방식에 대한 예상, 그리고 협상대응자세 등에 영향을 미친다.

반면에, 협상의 실질적인 요소들을 유형요소라고 한다. 유형적인 요소들은 협상에서 공식 의사일정에 들어 있는 요소들이다. 즉, 가격이나 비율, 거래조건, 합의서 용어, 계약언어 등이다. 협상주제들 각각은 여러 가지 요소들과 세부 안건을 가지고 있다. 갈등당사자들은 누구나 자기가 원하는 선호와 우선순위를 각각 가지고 있다. 유형요소들에 대한 협상은 이렇게 서로 다른 선호와 우선순위에 대한 갈등을 해결하는 과정이다.

협상에서 유형요소나 무형요소는 모두 중요하다. 이것은 바둑을 둘 때 실리에 못지않게 세력도 중시하는 것과 마찬가지 이치다. 협상에서 승리하느냐 마느냐의 무형요소는 실질적인 유형요소만큼 중요하다. 협상자가 자기의 배후에 있는 사람들에게 거칠게 보일 것인가 말 것인가는 협상에서 실제로 다루는 거래만큼이나 중요하다. 그러므로 협상자는 자기 자신뿐만 아니라 상대방을 심리적으로 잘 알아야 하고, 또한 다가오는 협상에 걸려 있는 심리적 요소들이 무엇인지 파악할 수 있어야 한다. 협상자는 「협상에서 내가 유형적 및 무형적으로 원하는 것은 무엇인가?」라는 질문에 답할 수 있어야 한다. 결국 협상자들은, 협상의 무형요소들이 유형요소들을 압도할 때가 많이 있다는 사실과, 또한 무형요소를 무시하면 협상이 교착상태에 빠지거나 결렬될 가능성이 많다는 것을 알아야 한다.

그러므로 파업의 예를 보더라도, 당사자 간의 입장이 모순되기 때문에 파업이 발생하는 것이 아니다. 왜냐하면 유형요소들을 자세히 들여다보면, 당사자들은 기껏해야 시간당 몇 원의 임금차이가 고작임을 알 수 있기 때문이다. 그 대신, 파업이 발생하는 원인을 들자면, 당사자들 중 어느 쪽도 한 번 더 양보하려 하지 않고, 패배자가 되었다는 느낌을 받지 않으려고 하거나, 자기의 배후에 있는 사람들에게 약하게 비춰지는 것을 꺼리거나, 원칙에 관한 문제는 일절 타협하지 않으려 하거나, 또는 전례를 깨지 않으려고 하기 때문이다. 협상자의 심리적 욕구는 유형요소들만큼이나 중요하다. 그래서 이러한 욕구를 이해하지 못하고 만족시켜주지 못하면 협상을 성공시키기 어렵다.

4 협상결과

4.1 굴복 또는 결렬

어떤 사람은 갈등에 직면했을 때 주장하거나 싸울 가치가 없다고 판단하여 다른 사람의 제안을 수락하고 만다. 억지를 부리는 사람이 아니라면 일반적으로 이런 식으로 분쟁에 대응하는 경우가 많다. 이것이 때로는 합리적일 수도 있다. 그러나 만일 그렇게 하는 것이 편하고 쉽기 때문에 매번 굴복하고 살아간다면, 결과가 좋지 못한데 대해서 뿐만 아니라 자신이 겁쟁이라고 하는데 대해서 스스로 분노를 느끼게 될 것이다.[4)]

협상은 자기가 어려운 상황에 처했을 때 자기 자신과 자신의 욕구를 돌봐주는 중요한 요소이다. 때로는 상대방의 요구를 수용해야 하는가 하면, 자기가 원래 원하던 바를 모두 얻을 수 없다는 것을 납득해야만 하지만, 그럼에도 불구하고 자기의 욕구를 충족시키려면 협상에 대해서 배워야 한다.

협상의 결렬은 그런 과정에서 나타나는 또 하나의 다른 현상이다. 결렬은 몇 가지 이유 때문에 일어날 수 있다. 그것은 협상자의 좌절감이나 상대방의 행동에 대한 분노의 결과로 일어날 수 있다. 만약 상대방이 호전적이거나 비협조적이라면 정나미가 떨어질 것이다. 결렬은 갈등을 해결할 더 좋은 분쟁 방법을 찾았기 때문에 발생할 수 있다. 예컨대, 차라리 혼자서 일을 하거나 다른 어떤 사람과 함께 일을 함으로써 자기의 욕구를 충족시키는 방법을 찾는 것이다. 또한 상대방이 자기의 욕구를 충족시키지 못한다면 상대방을 현재의 곤경상태에 그대로 내버려 두겠다는 위협수단으로서 결렬을 선언할 수도 있다. 이러한 여러 수단들 중 어느 한 수단을 골라 단독으로 사용할 수도 있지만, 여러 수단들을 복합적으로 섞어서 사용할 수도 있다.

4.2 승패와 절충

협상에서 당사자들은 각자의 결과를 극대화시키려고 한다. 협상과정 중에 자기 자신의 목적만을 생각하고 상대방의 목적과 욕구는 망각하거나 부정하기 쉽다. 이것이 바로 협상에서의 승리를 지상목표로 삼을 때 흔히 일어나는 현상이다. 모든 경우는 아니라고 할지라도, 대부분의 사람들은 승자가 있으면 패자도 있어야 한다고 믿는다. 사람들은 상대방에게 압박, 속임수 또는 정면공격을 가함으로써, 상대방에게 패배감을 심어주거나, 협상을 안 하느니만 못한 것처럼 느끼게 한다. 이런 상황이 되면 문제가 생긴다. 상대방은 보복에 나서고 다시 투쟁으로 돌아서게 되어, 종종 본래의 목표를 잊어버릴 정도까지 이르게 된다. 패배자는 마지못해 해결안을 받아들이면서도 그 해결안이 자기에게 불리하다는 생각을 버리지 않는다. 패배자는 합의사항을 이행하지 않기 위해 갖은 궁리를 다 할 것이다. 심지어는 패배자가 합의사항을 지키지 않고 버틴다고 하더라도 그것을 강제로 이행시키려면 상당히 어려움이 뒤따른다. 설령 패배자가 눈물을 머금고 합의사항을 지킨다고 하더라도 자기가 겪은 쓰라린 경험을 잊지 않기 때문에 상대방과 다시는 함께 일하려고 하지 않는다.

만일 협상당사자들이 앞으로 다시는 함께 일을 할 생각이 없다면 이렇게 상대방을 패배시키는 것은 그리 불리한 방식이 아닐 수 있으나, 협상대상자들을 면면이 살펴보면 대부분 미래에 함께 살아가야 할 사람들이거나 그룹들이다. 더욱이 협상자들은 평판을 받게 된다. 즉, 협상이 끝나고 나면 협상자에 대해 까다로운 사람이라거나, 부정직한 사람, 회피해야 할 사람, 의심스러운 사람 등으로 평판이 붙는다.

따라서 성공적인 협상자가 되려면 다음 항목과 같은 기본규칙에 충실할 필요가 있다. ① 사람들의 평판을 명심하고, 협상행동을 통해 좋은 평판을 획득·유지하도록 일을 한다. ② 대부분의 협상은 장기간 유지될 상호관계에서 일어난다는 것을 명심한다. ③ 협상 타결결과가 아주 만족스럽고 오래가려면 양당사자의 욕구를 모두 반영하는 것임을 명심한다.

4.3 사적관계와 협상결과

가깝다고 협상이 잘 되라는 법은 없다. 협상상대방과 밀접하고 우호적인 관계에 있다고 하여 최상의 협상결과를 낳는다는 보장이 없다는 것이다. 경우에 따라서는 믿는 도끼에 발등 찍힌 기분으로 더욱 소원해질 수도 있으므로 주의하지 않으면 안 된다.

비교적 멀다고 생각되는 상대방들과는 상호관계에 연연하지 않기 때문에 자기가 생각하는 것이나 입장을 기꺼이 말하려고 할 것이다. 그런 사람들은 타인에 대해 감정적으로 얽매일 필요성을 느끼지 않는다. 그렇기 때문에 갈등이 고조되어 긴장상태가 되면 언제든지 상호관계를 저버릴 수 있다고 생각한다.

반면에 개인적으로 가까운 사람과의 상호관계에서는, 소중히 여기고 있는 개인적 관계가 손상될까봐 두려워하기 때문에 갈등을 야기하는 행동을 망설이거나 마음속의 말을 함부로 하지 않는다. 그러므로 협상상대방과 감정적으로 깊고 가까운 사이라면, 분쟁이 상호관계를 손상시킬까봐 두려워하거나 또는 진정한 느낌을 있는 그대로 털어놓지 못하기 때문에, 협상결과가 협상당사자들에게 덜 만족스러울 수 있다.

4.4 주관적 효용과 평가기준

협상결과에 대한 최상의 객관적 평가방법은 존재하지 않는다. 흥보가 자기 친구와 해외여행에 이야기했을 때 둘 사이의 장벽은 흥보가 의미하는 해외여행과 친구가 의미하는 해외여행이 다르다는 것이었다. 흥보는 부대낄 사람이 없는 한적한 곳에서 편안하게 자유를 만끽하는 것을 원했다. 친구는 자기와 말이 통하는 사람과 함께 새로운 세계의 낭만을 즐기는 것을 원했다.

거기에는 무엇이 좋은 여행이라고 객관적으로 단정할 방법이 없었다. 기준이 되는 것은 주로 가치, 욕구, 느낌, 경험 등에 바탕을 둔 개인적인 것이다. 그것들은 객관적이 아니라 주관적인 성질을 지닌 것들이다. 효용은 객관보다는 주관에 근거해서 사람들에게 가치를 부여하는 것들이다. 협상자들이 가장 빠지기 쉬운 함정은 적절한 결과나 최상의 해결책이 무엇인지를 결정해주는 객관적인 방법이 항상 존재한다고 순진하게 생각하는 것이다.

우리가 바람직한 결과라고 생각한다고 해서 다른 사람도 항상 바람직한 결과라고 생각하는 것은 아니다. 협상당사자들은 전혀 다른 것을 원할지도 모른다. 한쪽이 원하는 것을 다른 쪽에서는 꺼릴지도 모른다. 또한 상대방에게 성공했다는 느낌이나 행복하다는 느낌을 주기가 아주 어렵다고 생각할 수 있다. 그렇지만 사실 자신이 생각하는 것보다 훨씬 더 상대방을 도울 수 있을지도 모른다.

이와 같이 협상은 주관적 성질을 띠고 있기 때문에, 당사자들이 협상이 개시되기 전에 또는 심지어 협상 중에도 어떤 특정한 결과가 협상상대방에게 어떤 의미를 주게 될 것인지 알기 어렵다. 또한 한쪽 또는 양쪽 당사자 모두가 가치 있다고 하는 것은 객관적으로라기보다는 오히려 주관적으로 규정하는 것이다. 그렇기 때문에 협상이 끝난 후 항상 "내가 너무 많이 지불한 것 같아…", 또는 "좀 덜 지불하고도 그것을 살 수 있었을 텐데…" 하는 의문을 떠올릴 가능성이 농후하다. 이것은 쓸데없는 의문일 수도 있다. 지불한 대가로 얻은 것에 만족한다면 괜찮은 거래를 한 것이고, 만족하지 못한다면 좋지 못한 거래를 한 것이다.

협상자는 자기가 협상을 얼마나 잘 했는지 객관적인 비교를 할 수 있는 기준이 없기 때문에 자신의 협상타결결과에 대해 좋거나 나쁜 기분을 정당화시키기 위해 주관적인 요소들을 찾아야 한다. 이와 같은 주관적인 평가과정은 실제의 협상 그 자체만큼이나 중요하다. 그것은 실제로 어떤 종류의 타결이 이루어졌는가에 따라 영향을 받게 될 것이고, 또 협상이 얼마나 잘 진행되었는지 아니면 형편없게 진행되었는지에 따라 영향을 받게 된다.

1) 「경쟁협상(competitive negotiation)」을 달리 명명하여 「분배협상(distributive bargaining)」 또는 「승패협상(win-lose bargaining)」이라고도 한다.

2) 「협력협상(cooperative negotiation)」을 달리 명명하여 「통합협상(integrative bargaining)」 또는 「승승협상(win-win bargaining)」이라고도 부른다.

3) "I made him an offer he couldn't refuse." 영화「대부(God Father)」에서 등장하는 대사.
4) 정영문 역,『선한 사람이 실패하는 9가지 이유』, 창작시대사, 1997.

4강

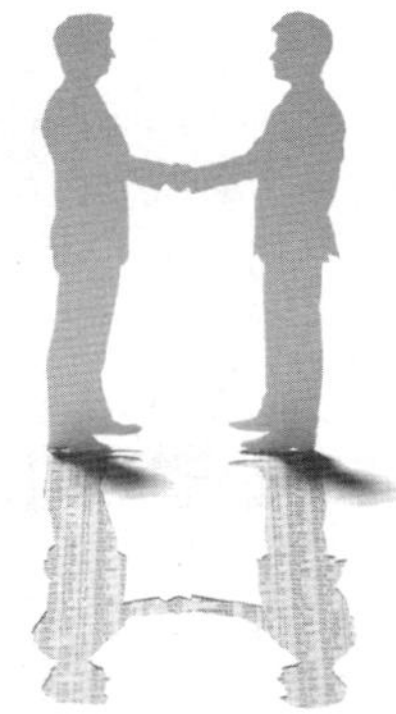

갈등다루기

1 갈등의 개념

갈등은 사회생활을 영위하면서 흔히 겪게 되는 현상이다. 갈등은 사람에 따라 서로 다른 의미를 지니며 사소한 견해의 차이부터 국가 간의 전쟁에 이르기까지 다양하다.[1] 사람은 사회집단 속에서 활동하며 모든 사회집단은 제각기 다른 점을 보인다. 사람들은 자기와 다른 신념체계를 갖고 자기와 다르게 행동하며 자기와 다른 세계관을 가진 사람들을 대하게 된다. 이러한 속성에 기인하여 사람들은 상대방에 대해서 갈등을 느끼게 된다.

갈등은 서로 일치하지 않는 행위를 실행하려고 할 때 생긴다. 갈등은 사람들이 동일한 욕구를 동시에 충족시키고자 할 때도 생긴다. 뿐만 아니라 갈등은 기본적인 욕구나 목표는 같으나 수단이 다를 때에도 생겨난다. 갈등은 반드시 감정에서 비롯되는 것은 아니지만 감정을 가진 실체의 욕구로 표현되며 그 욕구를 지각함으로써 발생된다. 갈등은 본질적으로 사람들 사이에 발생하며, 비합리적이고 독선적 방법만을 내세우는 개인들의 이기주의 때문에 발생할 수도 있다. 사람에 따라 그러한 경향이 특징적으로 나타나기도 하고 마찰과 불화로 인한 좌절된 상황에 대한 대응으로써 나타나기도 한다.[2]

갈등은 이익, 가치, 행동 또는 방향의 충돌이 존재함을 말한다. 갈등이라는 단어는 충돌이 일어나는 그 순간부터 사용이 가능하다. 우리가 잠재적 갈등이라는 단어를 사용할 때에는 실제로 충돌이 일어나지 않았으나 이미 갈등의 방향이 정해졌다는 뜻을 함축하고 있는 것이다.[3] 심리학에서의 갈등이란 개인내부에서의 상반되는 반응성향을 말한다. 즉, 갈등이란 상대방이 자기의 관심사를 좌절시켰거나 좌절시키려 하고 있음을 지각할 때 시작되는 과정이라는 것이다.[4] 사회학에서의 갈등이론은 왜 사람들이 그들이 하고 있는 바와 같이 생각하고 행동하는가를 설명한다. 즉, 대부분의 사람들은 그들의 절실한 이익과 욕망들이 다른 사람들의 그것과 다를 뿐 아니라 종종 충돌하게 된다는 것이다. 이와 같은 사회학에서의 갈등이론은 실생활에 상당부분 일반적으로 적용될 수 있다.[5] 갈등에 대한 전통적인 접근방법은 갈등을 회피해버려야 할 성질의 것으로 보았는데, 최근에는 갈등을 사회적 상호작용의 결과로서 불가피한 것으로 파악하고 있다.[6]

2 갈등연구의 역사적 추정[7]

2.1 하도와 상생

지금으로부터 오천 년 전, 중국의 복희씨는 황하에서 흐르는 물을 보던 중 우연히 용마(龍馬) 한 마리를 떠올리고는 하도(河圖)를 발명하였다. 하도는 뱀과 같은 짐승이 똬리를 틀고 있는 형상이다. 복희씨는 여기에서 태극을 발명하였다. 하도는 오행의 상생(相生) 원리를 밝혀낸 것이다. 우주가 창조되는 과정이 그 그림 속에 그려져 있다. 이 그림에서 수(數)도 생겨나고 음양이 나오고 오행이 나온다. 하늘의 수(天數)는 1, 3, 5, 7, 9로 나가서 양(陽)을 이루고, 땅의 수(地數)는 2, 4, 6, 8, 10으로 나가서 음(陰)을 이룬다. 천수와 지수가 변화해 가는 모양이 곧 태극이다.

[그림 4-1]을 통해 오행이 어떻게 생장성멸(生長成滅)하는지 알아보자. 하도를 이루는 힘의 원천인 5와, 5의 다른 모습인 10을 토(土)라고 한다. 이 토(土)가 처음 생(生)한 것이 천수로는 1이고, 장(長)한 것이 3이며, 성(成)한 것이 7이요, 멸(滅)한 것이 9이다. 또 이 토(土)가 처음 생(生)한 것이 지수로는 2이고, 장(長)한 것이 4이며, 성(成)한 것이 6이요, 멸(滅)한 것이 8이다.

천수의 생장성멸과 지수의 생장성멸을 각각 대비시켜 보면, 천수의 생 1은 지수의 성 6과 짝을 이루어 수(水)가 되고, 천수의 장 3은 지수의 멸 8과 짝이 되어 목(木)을 이루며, 천수의 성 7은 지수의 생 2와 짝이 되어 화(火)를 이루고, 천수의 멸 9는 지수의 장 4와 짝이 되어 금(金)을 이룬다. 그래서 복희씨는 토생금(土生金), 금생수(金生水), 수생목(水生木), 목생화(木生火), 화생토(火生土)의 상생의 이치를 알아내어 태극을 발명한 것이다.

그림 4-1 ››› 하도와 태극의 원리

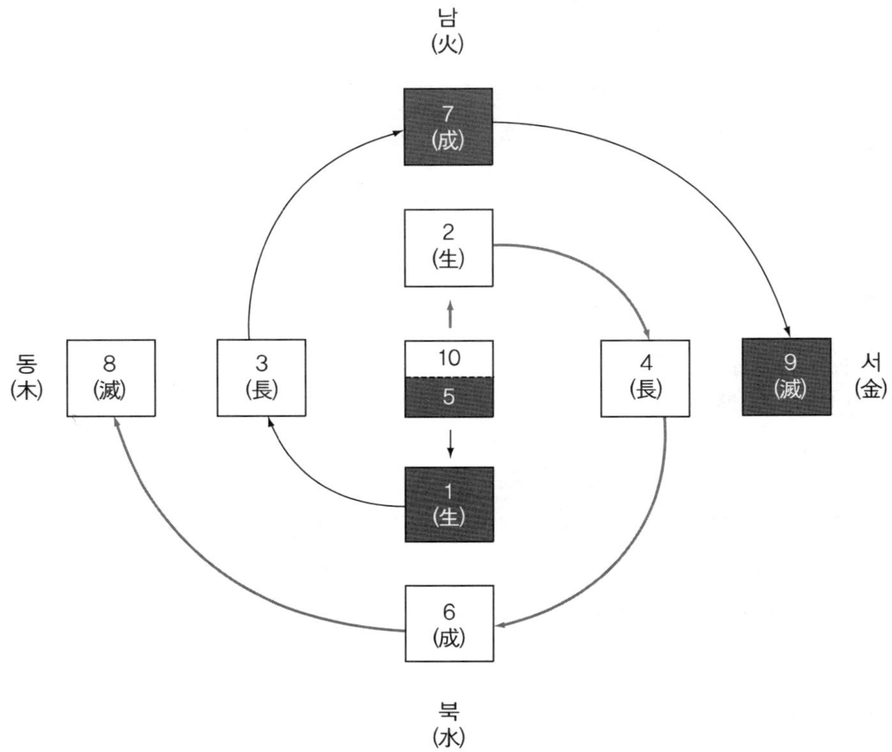

2.2 낙서와 상극

상극(相剋)이라 함은, 오행설에서 금은 목을, 목은 토를, 토는 수를, 수는 화를, 화는 금을 각각 이김을 이르는 말이다. 세상은 창조되는 것만으로 끝나지 않고, 창조되었으면 파멸되는 원리도 있을 것으로 생각되었다. 복희씨로부터 천 년이 지나 순임금에게서 왕위를 이어받은 하(夏)의 우(禹) 임금이 낙수(洛水)라는 강으로 가서 거북을 보고는 낙서(洛書)를 발명하였다. 다음의 [그림 4-2] 낙서를 보자.

하도가 오른쪽에서 왼쪽으로 천지가 돌아가는 창조의 원리인데 반하여 낙서는 왼쪽에서 오른쪽으로 돌아가는 파괴의 원리를 보이고 있다. 이러한 상극의 원리는, 토극수(土克水)하여 1이 되고, 수극화(水克火)하여 7이 되고, 화극금(火克金)하

그림 4-2 ››› 낙서와 마방진

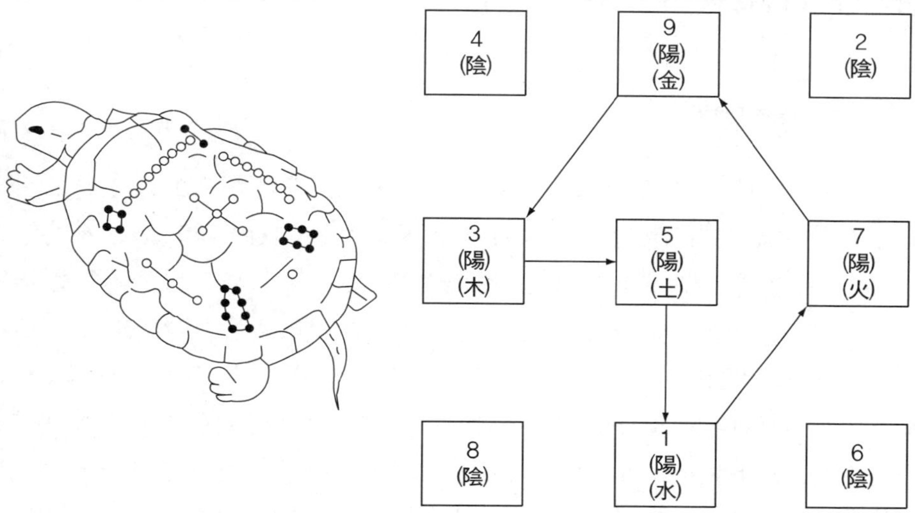

여 9가 되고, 금극목(金克木)하여 3이 되고, 목극토(木克土)하여 5가 된다. 이렇게 양수(陽數)가 나오고 그 사이사이에 6, 2, 4, 8의 음수(陰數)가 끼어 있다.[8)]

이 마방진은 가로, 세로, 대각선 어느 방향으로 세 칸의 수를 더하여도 그 합이 15가 된다. 15라는 수는 천도 변화 24절기의 한 마디인 15일을 가리키는 것으로, 오행이 세 번 생(生), 장(長), 성(成)하는 이치와 같다. 낙서의 수는 모두 합하면 45인데, 이 숫자는 일년을 360일로 잡았을 때, 태양이 그리는 원의 8분의 1에 해당한다. 그러므로 8괘 중의 한 괘에 해당하는 수가 된다. 하도의 수 55와 낙서의 수 45를 합하면 100이 되는데 하도는 체(體)요, 낙서는 용(用)이다.

하도에서 태극과 오행의 상생이 나왔고, 낙서에서 오행의 상극이 나왔다. 따라서 이미 이 시기에 갈등에 대한 학문적 연구가 시작된 것이라 간주할 수 있다.

3 갈등분석

3.1 갈등상황

바늘 가는데 실 따라 가듯, 사람 가는데 갈등은 항상 존재한다. 갈등은 다양한 곳에서 여러 가지 원인으로 발생한다. 혼자 지내는 사람이라도 오늘 저녁은 어디에서 해결할까, 부모로부터 독립하여 결혼은 언제 할까 하고 심적 갈등을 겪는다. 갈등은 상대방이 있을 때 더욱 실감하게 된다. 팥쥐는 콩쥐가 잘 되면 아주 배가 아프고, 사촌이 논을 사도 괜히 울화가 치민다. 유명 회사에서 300%의 연말 보너스를 지급했다는 소식을 접한 가정주부는 회사에서 귀가한 남편에게 바가지를 긁는다. 공장을 지을 토지를 구매하기 위해 부동산 중개인에게 비싼 수수료를 지불한 중소기업 사장은 후에 그 중개인이 토지의 실제 소유주였다는 사실을 알고는 심히 불쾌하다.

해외에 공동으로 합작기업을 설립한 투자자들은 합작기업의 경영방침을 놓고 공방을 벌이고, 악의 축으로 지목하여 이라크를 침공한 부시 미국 대통령과 이에 동조하지 않는 유럽의 주요 국가 원수들 간에는 미묘한 기류가 흐른다. 하나님께서는 흑인을 백인의 노예가 되라고 만드셨다고 설파한 목사의 말을 좇아 인종차별을 벌였는가 하면, 프로레타리아 공산혁명으로 인류를 동서냉전으로 몰아가기도 하였으며, 히틀러는 나치즘으로 무장하여 유태인을 몰살시키려고 하는 등 인류역사는 갈등으로 점철되어 왔다. 이 뿐만 아니라, 프랑스의 유명 여배우는 한국인의 개고기 식습관을 공개적으로 비판하여 영양탕을 즐기는 사람들의 분노를 샀으며, 환경보호를 외치는 사람들은 비정부기구를 결성하여 국제적인 활동을 벌이고 있다. 우주 공간의 인공위성 궤도를 둘러싼 국제간의 신경전도 갈등의 한 몫을 차지하고 있다. 주위를 둘러보면, 누군가가 자신의 신용카드를 불법으로 복제하여 사용하거나 이중결제를 할지도 몰라 사람들은 은행으로부터 휴대전화로 SMS(Short Message Service)를 받고 있다.

3.2 갈등의 원인

학술적으로 연구한 결과 밝혀진 갈등의 원인을 열거하면, (1) 자치에 대한 충동, (2) 희소자원에 대한 경쟁, (3) 기대의 차이, (4) 역할불일치, (5) 목표의 차이, (6) 인식의 불일치, (7) 이념 또는 가치관의 차이, (8) 의사소통의 불완전 등이다. 위에서 등장한 갈등사례를 학술적으로 밝혀진 갈등의 원인과 연결하여 요약 · 정리하면 다음과 같다.

(1) 자치에 대한 충동: 독신자의 심적 갈등사례

(2) 희소자원에 대한 경쟁: 콩쥐팥쥐, 사촌의 갈등 및 우주의 인공위성 궤도 이용 신경전 사례

(3) 기대의 차이: 보너스 때문에 바가지 긁는 주부의 갈등사례

(4) 역할불일치: 중소기업사장과 부동산 중개인 간의 갈등사례

(5) 목표의 차이: 해외합작투자자 간의 갈등사례

(6) 인식의 불일치: 이라크침공에 대한 미국과 유럽의 갈등사례

(7) 이념 또는 가치관의 차이: 인종차별, 동서냉전, 나치즘, 동식물 보호주의로 인한 갈등사례

(8) 의사소통의 불완전: 신용카드의 불법사용과 SMS(Short Message Service) 사례

3.3 갈등의 종류

갈등을 원인별로 분류하면 구조적 갈등과 태도적 갈등으로 양분할 수 있다. 즉, 갈등의 원인은 수없이 다양하게 나타나지만 크게 양분하면 구조의 차이와 태도의 차이에서 비롯된다고 보는 것이다. 구조차이는 이익이 서로 상반되어 충돌되는 것을 말하는데 비해, 태도차이는 외부로부터 정보를 소화하고 처리하는 측면에서 차이가 있음을 말한다.[9] 앞에서 살펴 본 갈등의 원인들을 구조적 원인과 태도적 원인으로 구분하면 다음과 같다.

3.3.1 구조적 갈등

직장에 새로 입사한 신입사원은 자신과 무관한 갈등구조가 자리 잡고 있음을

느낄 수 있다. 신입사원은 그러한 갈등구조에 의해서 영향을 받게 된다. 신입사원이 느끼는 갈등은 구조적 갈등의 한 형태이다. 역사적으로 보면 조선 후기에 양반은 태어나면서부터 사색당파 중 어느 한 파에 속하게 되었고 그러한 굴레는 평생을 따라 다녔다. 대표적인 예로 실학자였던 다산 정약용을 들 수 있다. 그는 당시 세력이 약하던 남인 소속으로 집권세력인 노론의 견제 때문에 아까운 재주를 써보지도 못하고 18년 동안을 유배지에서 보냈다. 이러한 구조적 갈등의 원인을 세분하면 (1) 당사자들이 추구하는 목표의 차이, (2) 자율성 및 통제에 대한 추구, (3) 희소자원에 대한 경쟁 등의 세 가지 요소로 집약할 수 있다.

(1) 목표의 차이

목표의 차이는, 양당사자가 어떤 공동행위에 협력해야만 하는데도 보조를 맞출 수 없을 때 발생하게 되는 갈등의 원천이다. 그리고 양당사자가 반대의 입장에 서있지 않다고 하더라도 추구하는 목표가 다르다면 갈등이 발생할 수 있다.

미국의 경영자와 유럽의 경영자 간에는 경영목표에서 서로 차이를 보이고 있고,[10] 제조업자와 딜러 간에도 경영목표에서 차이가 있음이 연구결과 보고되었다.[11] 즉, 대형 제조업체들이 이윤을 강조하는 경향을 보이고 있는 반면 소형 재판매업자들은 이윤극대화보다는 장기적인 생존을 확보하고 위험을 극소화시키는 정책을 선호한다는 것이다.

(2) 자율성 추구

상대방의 영역으로 생각되는 어떤 활동에 대해 통제를 가하려 하면 갈등이 발생하고, 반대로 그러한 통제가 자신에게 가해지는 경우 이로부터 벗어나려고 해도 갈등이 발생하게 된다. 예컨대, 본사는 대리점을 자신의 캠페인 및 운영의 틀 속으로 가능한 한 많이 통합시키려 안간힘을 쓰는 반면, 대리점은 본사에 대해서 자신의 독립성을 유지하려 하는 욕구가 충돌될 경우 갈등이 발생한다.

(3) 희소자원에 대한 경쟁

희소자원에 대한 경쟁은 자원에 대한 수요가 공급을 초과할 때 발생한다. 벼슬자리는 한정되어 있는데 그 자리를 차지하고 싶은 사람이 많이 나타나면 갈등은 자연히 발생하게 된다.

3.3.2 태도적 갈등

동일한 사안에 대해서 친절하게 협력적인 자세를 보이는 상대방도 있지만, 무지막지하게 투쟁적인 자세를 보이는 상대방도 있다. 이와 같이 태도적 갈등은 당사자의 태도여하에 의해서 발생되는 갈등을 말한다. 갈등의 태도적 원인은 일반적으로 역할, 기대, 인식, 그리고 의사소통에 대한 불화와 관련이 있다.

(1) 역 할

역할이란 당사자의 행동이 어떠해야 하는가를 정해 놓은 것이다. 역할은 어떤 일의 수행을 각각의 관련당사자에게[12] 기대할 수 있는 권리뿐만 아니라 각각의 관련당사자에게 기대되는 의무도 정한다. 자동차 제조회사는 제품을 개발·혁신시켜야 하는 한편 딜러는 시장을 확보하고 판매노력을 경주해야 하는 역할을 담당한다. 그러므로 갈등은 관련당사자들이 정해진 역할로부터 이탈하거나 그들이 처해 있는 위치로 봤을 때 상대방이 기대함직한 일을 수행하지 않을 경우에 발생한다.

(2) 기 대

관련당사자들 간에는 정보입수능력, 정보처리능력, 그리고 경험 등에서 차이가 있다. 이러한 차이는 정보의 잠재적 가치를 평가하거나, 사건의 발생가능성을 예측하거나, 또는 특정 전략을 공동으로 동시에 시행할 때, 서로 다른 기대를 갖게 할 수 있다. 이러한 기대의 차이는 당사자들에게 갈등을 초래케 한다.

(3) 인 식

관련당사자들은 자신들이 처한 외부환경을 서로 다르게 인식할 수 있다. 인식은 개인이 환경의 자극을 받고 이해하는 과정인데, 환경은 인간에게 헤아릴 수 없을 만큼의 무수한 정보를 쏟아 내고 있다. 이러한 환경을 인간이 모두 수용하고 소화해내서 어떤 일정한 틀로 정해 둔다는 것은 불가능하다. 따라서 환경에 대한 사람들의 인식은 사실과 일치할 수 없는 것이고, 인식을 함에 있어 오류는 오히려 있을 수 있는 일이다.[13]

특히 국제거래에서 서로 다른 나라에 속해 있는 당사자들은 자신이 속해 있지 않은 외국의 시장사정보다 주로 자국 내 시장사정에 더 밝다. 따라서 당사자들은 서로 상대방의 능력이라든지 둘 사이에 대해서 다른 생각을 갖고 있을 수 있다.

(4) 의사소통

상거래의 당사자들은 끊임없이 정보를 교환하며 의사소통을 한다. 정보의 교환이 이루어짐으로써 목표달성을 위해 당사자들의 활동이 서로 조정되고 통합될 수 있다. 제조업자는 신제품, 판촉전략, 기술진보 등에 대한 정보를 판매자에게 전달해야 한다. 반대로 판매자는 시장상황, 경쟁전략 및 캠페인, 생산제품에 대한 소비자반응, 판촉상황이나 가격책정계획에 관한 정보를 제조업자에게 전달해야 한다.

의사소통이 효율적이지 못하면 곧 잘 오해를 불러일으킨다든지, 그릇된 전략을 낳거나 또는 상호 좌절감을 느끼게 할 수 있다. 전혀 알 수 없는 상징이나 개념 및 아이디어를 사용한다든지, 정보전달을 위한 동기의 결핍이나 비밀을 지키고자 하는 욕망, 표준화된 정보처리절차의 결핍은 모두 비효율적인 의사소통을 유발할 수 있다. 예컨대, 제조업자들은 시일이 급박하여서야 들어오는 주문이나 주문의 취소, 정확하지 못한 명세, 시장상황에 대한 피드백(feedback)의 부족에 대하여 불만을 갖게 된다.

3.3.3 갈등의 여타 분류방식

갈등은 표출된 갈등과 잠재적 갈등으로도 구분할 수 있다. 표출된 갈등은 행동으로 나타나는 것을 의미하고, 잠재적 갈등은 대인간의 매력, 관심 그리고 욕구 등이 행동으로 나타나지 아니하는 갈등을 의미한다.[14)]

또한 갈등에 대한 성격으로서 갈등의 수준과 갈등의 형태라는 두 가지 차원에서 갈등을 파악할 수 있다. 즉 갈등의 수준으로서는 개인내부의 갈등, 개인 간의 갈등, 조직내부의 갈등 및 조직 간의 갈등이 있고, 갈등의 형태로서는 목표갈등, 인지적 갈등, 감정적 갈등, 행동적 갈등으로 분류할 수 있다.

3.4 갈등의 특성

갈등은 상대방이 자신의 영향권이나 행위영역에 들어와서 의도적으로 영역을 확장하려 할 때에도 발생한다.[15)] 이 때 상대방의 영역확장에 대해 방어하려는 행동을 취하게 되고 이것이 상대방에게는 위협으로 인지된다. 그러면 상대방도 방어적으로 반응하게 되고 이것이 원래의 행위자에게는 자신이 방어적 행동을 취한 것이 정당한 것으로 확인되면서 더욱 방어적으로 행동하게 한다. 이러한 상호작용이 갈등을 더욱 증폭시켜 간다. 이런 갈등의 증폭을 가리켜 나선형식 증폭(螺旋形式 增幅: conflict spiral)이라고 한다.

갈등에는 갈등의 강도(强度)라는 개념과 갈등의 폭력성이라는 개념이 있다. 갈등의 강도는 관련당사자가 서로 대립하는 정도를 말하고, 갈등의 폭력성은 갈등과정에서 사용되는 수단이 난폭한 정도를 말한다. 갈등이 개인 지향적이라기보다 집단 지향적이면서 개인적 이해관계를 초월하는 동기를 가질 때일수록 갈등의 강도가 깊어지고 폭력적인 양상을 띨 가능성이 커진다. 특정 사상이나 이념을 대변하는 사람은 자신뿐만 아니라 그가 대표하는 배후의 집합체와 그들의 이념까지 고려해야 하기 때문에 보다 급진적이고 무자비할 수 있다. 이해관계의 갈등보다는 이념관계의 갈등이 보다 격렬하고 강렬한 것은 바로 이 때문이다. 이러한 갈등의 배경 때문에 협상자는 관중이나 배후가 있을 때 쉽사리 양보하지 못한다. 그래서 이러한 상황에서의 갈등을 해결하기란 더 까다로워진다.

3.5 갈등의 결과

갈등의 결과는 갈등기능, 갈등영향, 또는 갈등여파 등으로 언급되기도 한다. 갈등은 관리하기에 따라서는 건설적인 결과를 가져 올 수도 있고 또는 파괴적인 결과를 초래할 수도 있다. 기능적인 측면에서 본다면 갈등에는 역(逆)기능뿐만 아니라 순(順)기능도 있다. 갈등의 순기능과 역기능을 달리 표현하여, 긍정적 갈등과 부정적 갈등이라고 칭하기도 한다.

갈등은 일단 발생하여 겉으로 표출되면 앞에서 언급한 바와 같이 나선형식 증폭현상을 보일 위험을 내포하고 있다. 그렇게 되면 갈등으로 인해 당사자 간의 상호관계는 악화되는데 이것을 갈등의 역기능이라고 한다. 그러나 반대의 효과도 있다. 비 온 뒤에 땅이 더 굳는다는 속담처럼, 거래상대방으로부터 제품의 품질에 대한 불평이 있어 품질향상에 신중을 기했다면 결과적으로 갈등이 제품의 품질향상에 기여하였고 나아가 시장경쟁력을 향상시키는 데 일조하게 된다. 이처럼 갈등을 어떻게 해결하느냐에 따라 오히려 갈등이 발생하기 이전보다 더 나은 상황으로 바꿀 수도 있다. 이것은 바로 갈등이 순기능을 갖고 있기 때문이다.

3.5.1 갈등의 부정적 결과

갈등은 이익이 되는지 아니면 손해를 끼치는지에 대한 연구가 진행되었는데, 초기에는 주로 부정적, 파괴적, 역기능적으로 보았다.[16] 역기능적인 갈등은 관리가 곤란하기 때문에 바람직하지 못하다. 갈등이 인지되면 당사자들 사이에 협력 분위기가 쇠퇴되고, 이것은 노력의 중복을 초래하게 된다. 이에 따라 당사자들은 목표를 성취할 수 없을 뿐만 아니라 자원이 낭비되어 합리적인 선택을 할 수 없게 되고 결국 당사자들 사이에 부정적인 갈등을 일으키게 된다.

3.5.2 갈등의 긍정적 결과

갈등은 반드시 나쁘지만은 않으며, 긍정적, 건설적, 기능적인 면을 지니고 있다.[17] 갈등의 긍정적인 영향을 들어보면 다음과 같다.

(1) 관련당사자들은 적당한 정도의 갈등은 반드시 비용으로만 간주할 필요가 없다. 동기이론의 관점에서 볼 때, 자극이나 긴장이 너무 적으면 긴장의 과다와 마찬가지로 사람에게 좋지 못하다. 갈등은 관심과 호기심을 자극하기도 하고, 종종 자기 자신을 시험 · 평가해서, 사람의 능력을 완전하고도 적극적으로 활용하는 기쁨을 만끽하게 해준다.

(2) 경험 · 통찰력 · 인식구조 · 생각의 차이는 이러한 차이가 서로 대치됨으로 인해서 질적으로 우수한 사고를 낳는다. 동질적인 구성원으로 형성된 집단보다 이질적인 집단이 더 높은 질적 향상을 가져오는 경향이 있다. 따라서 갈등을 효율적으로 다루기만 한다면, 창조를 위해 필요한 전제조건이라고 할 수 있다.

(3) 갈등상황에서 적극적인 행동을 한다고 하여 모두 불합리하거나 파괴적인 것은 아니다. 갈등은 위험한 질병과 같아서 반드시 통제해야 할 성질의 것이 있는 반면, 아주 합리적인 두 당사자에게 도움이 되는 목표지향행동이기도 하다. 실제로 두 당사자가 목표를 적극적으로 추구한다면, 이 때는 오히려 갈등을 줄이는 방향을 모색하는 시발점이 되는 경향이 있다. 한 당사자의 이익이 반드시 상대방 당사자의 손실로 되는 것은 아니기 때문에, 두 당사자가 적극적으로 그들의 상황을 개선하려고 노력하면 둘 모두에게 이익이 되는 새로운 조정상태를 이룰 수 있다.

갈등은 유용하기도 하고 파괴적이기도 하기 때문에 갈등을 제거하기에 주력할 것이 아니라 갈등이 생산적으로 작용하도록 한다든지 또는 적어도 파괴적이지는 않도록 갈등을 관리하는 것이 좋다.[18]

기능적이고 건설적인 갈등은 현재의 방법에 의문을 갖고, 미래의 목표에 도전하며, 과거의 비효율성을 지적함으로써 변화와 혁신의 원천이 된다. 당사자 간에 의견의 불일치가 발생하면, 서로 협력하여 해결책을 모색하고, 그 결과 타협이나 혁신과 같은 새로운 신념이 생성된다. 사회 및 개인의 변화는 갑자기 일어나는 것이 아니라 갈등에 의해 일어나는 것으로, 이러한 갈등은 곧 변화의 원천인 것이다. 갈등발생을 유도하지 않는 조직은 사고(idea)가 정체되고 부적절한 의사결정을 내릴 확률이 높아지며, 궁극적으로는 조직의 해체위기를 초래할 수 있다.[19]

3.6 갈등의 관리

갈등을 사회적 상호작용의 필연적 요소라고 볼 때, 갈등을 조화롭게 다루는 기법을 터득함으로써 갈등의 역기능보다 순기능을 살리는 방향으로 갈등을 관리할 필요가 있다. 특히 사소한 갈등이 대규모 갈등으로 발전할 소지를 사전에 예방할 줄 알아야 한다. 자본주의의 병폐로 지목되는 부익부 빈익빈의 문제를 마르크스(Marx)는 물리적 힘에 의존한 갈등모델(conflict model of society)[20]로 해결하려 했으나 결국 소련의 실패와 같은 결과로 나타난 반면, 케인즈(Keynes)는 미국에서 조화모델(harmony model)을 적용함으로써 세계대공황의 터널을 빠져나오는 성과를 보여 주었다. 이러한 역사적 교훈 또한 갈등관리의 중요성을 더욱 실감케 해준다.

갈등관리의 핵심적인 기법은 바로 협상이다. 협상은 파워에 의존한 갈등관리보다는 권리에 의존하는 갈등관리기법을 활용하고, 권리에 의존한 갈등관리보다는 이해관계에 의존하는 갈등관리기법을 활용하는 것이 바람직하다.

모든 갈등이 이해관계의 조정을 통하여 해결될 수 있거나 되어야 하는 것은 아니다. 권리 및 파워 절차는 때때로 이해관계에 기초한 절차가 해내지 못하는 것을 달성할 수 있다. 문제는 권리 및 파워의 절차가 반드시 필요한 경우가 아닌 때에도 자주 사용되고 있다는 점이다. 최후의 수단이 되어야 할 절차가 너무 자주 첫 번째 수단으로 등장하고 있다. 그렇다면 목표는 [그림 4-3]의 피라미드와 같은

그림 4-3 ››› 효율적인 갈등해결제도로의 이동

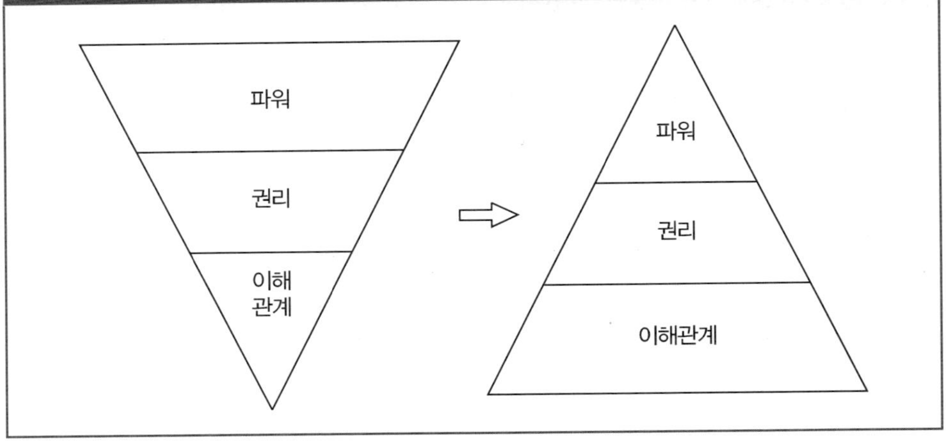

그림 출처: Ury, Brett, Goldberg, *Getting Dispute Resolved*(1989)

모양의 갈등해결제도이다. 즉, 대부분의 갈등은 이해관계의 조정을 통하여 해결되고, 일부는 누가 옳은가를 결정함으로써, 그리고 극히 일부는 누가 더 파워가 센가를 결정함으로써 갈등을 해결하는 것이다.

[그림 4-3]에서 대조하여 볼 때, 왼편에 있는 역(逆)피라미드 모양이 괴로운 갈등해결제도이다. 비교적으로 더 작은 수의 갈등이 이해관계의 조정을 통하여 해결되고 있고, 반면에 많은 수의 갈등이 권리 및 파워의 결정을 통하여 해결되고 있다. 제도고안자의 도전은 이 역피라미드의 모양을 뒤집는 것이다. 이해관계의 조정을 촉진시키는 제도를 고안하는 것이지만, 이해관계에 초점을 맞추는 것만으로는 해결될 수 없거나 그렇게 되어서는 아니 되는 갈등에는 비용이 적게 들도록 권리나 파워를 활용하여 해결하는 방법도 역시 제공하는 제도를 고안하는 것이다. 보다 상세한 내용은 분쟁해결과 관련하여 후술하기로 한다.

4 갈등시각과 협상자세[21)]

4.1 갈등에 대한 시각

상식적으로 생각할 때 사람들이 함께 어울려 살아가는 가장 효율적인 방법은 평화적으로 협력하는 것이다. 그럼에도 불구하고 현실적으로 갈등이 발생하는 까닭은 무엇일까? 그것은 앞에서 잠깐 언급한 바와 같이 갈등을 바라보는 사람들의 시각이 상반되기 때문이다.

첫째, 사람들 간에는 조화를 이루는 것이 자연스럽고 바람직하다는 시각이다. 즉, 갈등은 해롭고 나쁘다는 시각이다. 때문에 갈등이 나타난다고 하는 것은 각 당사자들 사이의 관계에 뭔가 좋지 못한 구석이 있다는 것을 의미하며, 갈등을 일으키는 사람은 사악하고 정서적으로 불안하며 오도된 사람이라고 보는 시각이다. 이들을 정상적인 조화나 균형의 상태로 되돌려 놓기 위해서는 너그러운 방법을 쓰든지 아니면 모진 방법을 동원해야 한다는 시각이다.

둘째, 갈등은 불가피한 것이며 반드시 해로운 것만은 아니라는 시각이다. 경쟁과 같이 어떤 갈등은 당사자들을 자극하여 촉진제가 되고 관련당사자 모두에게 전반적으로 좋은 방향으로 기여를 하게 된다는 시각이다. 어떤 갈등이라도 손실을 최소화하고 이득을 극대화하기 위해 관리를 할 수 있다는 시각이다.

4.2 협상좌우명 1

만일 협상자의 위치에 서게 되었다면, 위에서 언급한 두 가지의 협상시각 중, 두 번째의 시각을 갖고 협상에 임하는 것이 바람직하다. 그 까닭은 협상은 의견차이와 같은 갈등을 공동으로 조정하여 당사자들의 동의를 이끌어내는 방식으로 타결하여야 하기 때문이다. 그러므로 협상자로서의 첫 번째 명심할 사항은, 「어떤 갈등상황 아래서도 상대방보고 사악하다고 해서는 안 된다」는 점이다.

협상자의 임무는 자신의 이해관계를 최상으로 반영하여 의견차이를 해결해나가는 것이다. 협상자가 누군가를 대신하여 협상을 전개할 경우에는 배후에 있는 본인(principal)의 이익을 고려해서 협상을 해야 할 것이며, 이러한 협상과정에서 상대방의 이익도 최대한 고려하여 의견차이를 해결해야 한다.

사람들 사이에 발생하는 갈등은 불가피한 것이고, 열심히 살아가다 보면 필연적으로 나타나게 되는 것으로 건전한 생활의 징표라고 할 수 있다. 그러나 이런 방식으로 생각하지 않을 경우에 갈등은 증폭되어 큰 다툼으로 발전하게 된다. 갈등이 증폭될 경우 심지어는 사람의 생명까지도 잃게 된다. 갈등이 이런 정도까지는 발전되지 않는다 하더라도 갈등이 일단 발생하면 최소한 관련당사자들에게 스트레스를 안겨주게 되고, 주문취소, 거래단절, 중재, 소송 등과 같이 서로에게 바람직하지 못한 방향으로 자원을 투입하게 되며, 모든 관련당사자들에게 사업의욕이 떨어지게 한다. 갈등이 발생하였을 때 누가 「옳고」 누가 「그르다」는 식으로 생각, 말, 또는 행동하는 것은 자기의 가치관을 상대방에게 주입시키려고 하는 위험한 발상이다.

예컨대, 수출부서는 생산부서가 좀 더 신속히 제품을 생산해서 자신들이 수출하기로 계약한 제품을 공급해주었으면 하고 바란다. 그러나 생산부서는 이와 반대로 생각한다. 즉, 생산부서는 수출부서가 생산일정을 무시한 채 고객들과 제품수출계약을 체결하지 말아주었으면 하고 기대한다. 각 부서는 자기 입장에서 생각하기 때문에 자기들은 옳고 상대방은 틀렸다고 믿는다. 그렇게 되면 직원들은 스트레스를 받게 되고 고객을 만족시킬 수 없게 됨은 물론이며, 이윤은 자연히 줄어들게 될 수밖에 없다. 이런 상황에서는 분쟁당사자들 사이에 타협이나 절충이 어렵다. 해결방책을 열거하자면 다음과 같다. 즉, (1) 서로 입장을 바꾸어 생각하도록 한다. 그래서 서로 상대방의 문제점을 느낄 수 있게 하여 이해의 폭을 넓히도록 한다. (2) 제품조달 스케줄에 맞추어서 수출계약을 체결할 수 있도록 회사의 수출계약서의 문구를 다시 조정한다. (3) 생산방식을 재검토하여 개선할 점을 찾아낸다. (4) 생산부서와 수출부서간의 의사소통과정을 재검토하여 더 효율적인 방법을 만든다. (5) 보너스와 같은 장려금을 지급하여 생산부서와 수출부서를 보상해준다. 즉, 생산부서가 생산기간을 단축하면 보너스를 지급하고, 수출부서가 고객들의 불만을 줄이게 되면 보너스를 지급하는 장려정책을 편다. (6) 이외에도 다른 해결방책으로 들 수 있는 것이 무엇인지 생각해보자.

갈등상황을 미리 예측해 볼 때, 힘으로 몰아붙이거나 자신의 가치관을 상대방에게 강요하여도 상대방의 행동을 바꿀 수 없다고 생각되면, 위와 같은 접근방식을 통해 갈등을 해결하는 게 훨씬 낫다. 즉, 힘을 동원하는 대신에 상대방의 가치관을 잘 파악하고 상대방이 어떤 경우에 움직이는지를 알아낸다. 상대방이 성공을 바라는지, 파워를 얻기를 원하는지, 아니면 인정받기를 원하는지 그 여부를 파악한다. 그런 다음에 서로 만족할 만한 대안을 제시하는 것이 바람직하다.

4.3 협상좌우명 2

협상과정에서 협상자가 반드시 명심해야 할 갈등관리의 두 번째 좌우명은 「갈등의 원인은 한 가지만 있는 것이 아니다. 어떤 형태로든 갈등에 관련되어 있는 사람은 어느 누구도 중립적일 수 없다.」이다.

협상에서 가장 효과적인 기법 두 가지를 들자면 다음과 같다. 즉, (1) 갈등을 일으키게 된 여러 가지 원천을 찾아 확인하는 것, (2) 갈등에 관계된 모든 당사자를 찾아 확인하는 것이다. 이렇게 확인한 다음이라야 논의의 사안을 특정할 수 있고, 관계된 모든 당사자들을 설득하여 절충을 위한 양보를 얻어낼 수 있다.

문제는 당사자들이 의사소통을 하도록 여건을 조성하는 것만이 아니라, 효과적으로 의사소통을 할 수 있는 여건을 조성해야 한다는 점이다. 그래야 당사자들이 서로 합의의 기회를 늘릴 수 있기 때문이다. 협상과정에서 오가는 주장들을 보면 선입관이 너무 크고 자주 등장한다. 선입관을 비롯한 인식의 오류로 인한 협상의 장애에 대해서는 「10강 소통의 과정」에서 보다 상세하게 다루도록 한다.

5 분쟁해결 접근방법[22)]

5.1 분쟁해결의 효율성기준

분쟁은 일방당사자가 상대방에 대해 이의를 제기하거나 요구를 하였는데 상대방으로부터 거절당했을 때 시작된다. 이의제기는 권리가 침해당했음을 인지하거나 욕구 또는 욕망으로부터 발생한다.[23)] 분쟁을 해결한다는 것은 서로 반대된 입장을 하나의 결과로 만든다는 의미이다.[24] Ury, Brett, Goldberg는 (1) 분쟁해결에 소요되는 비용, (2) 해결결과에 대한 만족, (3) 상호관계에 대한 영향, (4) 분쟁의 재발가능성이라는 네 가지 기준에 초점을 맞추어서 분쟁비용을 분석하였다.

앞의 [그림 4-3]에서 이미 살펴본 바와 같이, 분쟁을 해결하기 위해서는 이해관계, 권리, 파워, 이 세 가지 요소 가운데 어느 것에 의존하는 방법을 선택할 것인가가 중요하다. 즉, 당사자들의 이해관계를 조정하는 방법, 누가 옳은가를 결정하는 방법, 누가 파워를 더 갖고 있는가를 결정하는 방법 등의 세 가지이다.

분쟁에서 사람들은 그냥 지나칠 수 없는 이해관계를 갖고 있다. 더욱이 공정한 결과를 도출하기 위한 지표로써 어떤 적절한 표준이나 질서가 존재한다. 이에 더하여 어떤 파워의 균형이 당사자들 사이에 존재한다. 이해관계, 권리, 그리고 파워의 세 가지가 분쟁의 기본요소를 이루고 있다. 분쟁을 해결함에 있어서, 당사자들은 자기들의 관심을 이러한 기본요소들 가운데 하나 또는 둘 이상에 초점을 맞추게 된다. 당사자들은 (1) 자기들의 근본적인 이해관계를 조정하려고 할 수 있고, (2) 누가 옳은가를 결정하려고 할 수 있고, (3) 누가 더 파워가 센가를 결정하려고 할 수 있다.

일반적으로 말해서, 이해관계를 조정하여 분쟁을 해결하는 방식이 누가 옳은지 권리관계를 따져서 분쟁을 해결하는 방식보다 비용도 적게 들고 결과도 더 만족스럽다. 또 누가 옳은지 권리관계를 따져서 분쟁을 해결하는 방식은 파워게임을 통해 분쟁을 해결하는 것보다 비용이 적게 들고 결과도 더 만족스럽다. 그러므로 분쟁해결시스템을 고안할 때 수립해야 하는 제일의 목표는 대부분의 분쟁을 이해관계의 조정방식으로 해결할 수 있도록 제도를 만드는 것이다.

5.1.1 이해관계의 조정

이해관계란 사람이 걱정하거나 원하는 것으로 필요, 욕구, 관심, 두려움 따위를 말한다. 이해관계를 조정시키는 것은 쉽지 않다. 이해가 상반될 경우에는 깊이 있게 분석을 하여 창의적인 해결책을 찾아내고, 상대방과 주고받거나 양보를 할 필요가 생긴다.[25] 이렇게 하기 위해 흔히 밟게 되는 절차는 협상(negotiation)이다. 또 다른 이해관계에 기초한 분쟁해결절차는 조정(mediation)인데, 이 조정에서는 분쟁당사자들의 합의를 위하여 제3자가 분쟁당사자들을 도와준다.

협상이라고 해서 전부 다 이해관계의 조정에만 초점을 맞추는 것은 아니다. 두 사람의 변호사가 논쟁을 벌이면서 서로 자기의 주장이 더 근거가 있다고 하는 경우가 있다. 이럴 때의 협상은 누가 옳은가를 결정하는데 초점을 맞추고 있는 것이다. 그런가 하면, 이웃 간이나 국가 간에 서로 위협을 주고받을 때가 있다. 이런 경우의 협상은 누가 더 파워가 센가를 결정하는데 초점을 맞춘다. 협상은 이러한 세 가지 요소를 모두 혼합하여 포함하고 있는 경우가 흔하다. 즉, 이해관계를 만족시키고자 하는 것, 권리관계에 의존하는 것, 그리고 상대적인 파워에 의존하는 것이 그러하다. 「권리관계에 기반을 둔(right-based)」협상 및 「파워에 기반을 둔(power-based)」협상과 대별하여, 이해관계에 주로 초점을 맞추는 협상을 일컬어 「이해관계에 기초한(interests-based)」협상이라고 칭한다. 이해관계에 기초한 협상은, 분쟁을 당사자들이 풀어야 할 상호 간의 문제로 다룬다는 의미를 포함하고 있다 하여 다른 말로는 소위 「문제해결협상(problem-solving negotiation)」이라고 한다.

분쟁당사자들이 이해관계를 조정하는 과정을 밟기 전에 당사자들의 감정을 누그러뜨리는 것이 효과적이다. 감정이 개입되지 않은 분쟁은 드물다. 감정은 종종 분쟁을 유발시키고, 분쟁은 다시 감정을 나선식으로 증폭·격화시킨다. 근본이 되는 감정을 표현하는 것은 해결을 위한 협상에 도움이 될 수 있다. 특히 개인 간의 분쟁에서, 만일 불만을 품었던 당사자가 자기의 분노, 원한, 좌절 등을 비난받던 상대방 앞에서 누그러뜨린다면, 또 비난받던 상대방이 그러한 감정의 타당성을 인정한다면, 더 나아가 사과를 한다면, 적대감은 현격히 줄어들 것이다.[26] 적대감이 사라지면, 이해관계에 기초한 분쟁을 해결하는 것은 한결 수월해진다. 감정의 표현방식은 이해관계에 기초한 협상 및 조정에서 아주 중요하다.

5.1.2 누가 옳은가의 결정

분쟁을 해결하는 또 다른 방법은 누가 옳은가를 결정짓기 위하여 알고 있는 한의 적법성 또는 공정성의 독자적인 기준에 의존하는 것이다. 그러한 독자적인 기준을 줄여서 「권리(rights)」라는 용어를 사용한다. 어떤 권리는 법률이나 계약으로 형상화되어 있다. 또 어떤 권리는 상호주의, 전례, 평등, 고참권 등과 같은 사회적으로 인정된 행동규범으로 나타난다. 예를 들어 분쟁에서 이의 제기자는 계약상으로 보면 권리가 없음에도 불구하고, 공정성의 기준에 따라 상대방에게 무언가를 보상해 달라고 요구하는 경우가 있다.

권리관계는 명확한 경우가 드물다. 때로는 적용되는 기준이 다르기도 하고, 어떤 때는 상반되기도 한다. 누가 무엇을 얻는가를 결정하는 경우, 권리관계에 대한 합의에 도달한다는 것은 대단히 어려운 경우가 많아서 당사자들은 제3자에게 누가 옳은가를 결정해달라고 부탁하게 된다. 원래형태의 권리구제절차는 판결인데, 판결에서 분쟁당사자들은 증거와 주장을 중립적인 제3자에게 제시하면, 제3자는 구속력 있는 결정을 내릴 권한을 갖고 판결을 행한다. 이와 대조적으로 알선·조정(mediation)에서는 제3자가 분쟁을 결정할 권한을 갖고 있지 아니하다. 공적인 판결은 법원 및 행정관청에서 내린다. 사적인 판결은 중재인들이 내린다.[27)]

5.1.3 누가 더 파워가 있는가의 결정

분쟁을 해결하는 세 번째 방법은 파워에 기반을 두는 것이다. 파워를 다소 협의로 정의하면, 어떤 사람으로 하여금 강제하지 않으면 하지 않을 어떤 일을 하도록 하는 능력이라고 할 수 있다. 파워를 행사하는 것은 상대방에게 비용을 부과시키거나 그렇게 되도록 위협하는 것이 전형적이다. 노동쟁의에서 노조원들은 파워를 행사하여 회사에 경제적 비용이 발생되도록 한다. 파워의 행사는 다음의 두 가지 형태를 띠는 게 보통이다. 즉, 사보타지나 물리적 공격과 같은 공격행동이 그 하나이고, 파업에서 근로자들의 노동력을 묶어둠으로써 이익이 나지 않도록 하는 것이 다른 하나이다. 근로자와 경영층의 사이에서 또는 조직이나 가정 내에서와 같이 상호의존적인 관계에서는, 누가 더 파워가 센가의 문제는 누가 상대방에게 덜 의존적인가로 판명된다.[28)] 만약 근로자들이 회사로부터의 급여를 필요로 하는 것보다 회사가 근로자들의 작업을 더 필요로 한다면, 회사는 더 의존적이 될 수밖에 없고 따라서 힘이 없게 된다. 당사자가 얼마나 의존적인가 하는 것은 당사자의 이해관계를 만족시키기 위한 대안이 얼마나 만족스러운가 하는데 달려있다. 대안이 좋으면 좋을수록, 당사자는 덜 의존적이 된다. 만약 회사가 파업 중인 근로자들을 대체시키는 일이 파업 중인 근로자들이 새로운 일터를 찾아내는 일보다 더 수월하다면, 회사로서는 덜 의존적이 되고 이에 따라 더 센 파워를 갖게 된다. 파업뿐만 아니라, 파워절차는 모욕과 조소에서부터 폭력과 전쟁까지의 다양한 행위를 포함하고 있다. 보통 모든 사람들은 더 만족스러운 조건을 얻어내기 위하여 파워를 행사해서라도 상대방을 위압할 의도를 갖고 있다. 파워절차는 다음과 같은 두 가지의 형태가 있다. 첫째는 위협을 주고받는 「파워에 기반을 둔 협상」의 형태이다. 둘째는 누가 이길 것인가를 결정짓기 위하여 행동에 옮기는 「권력투쟁」의 형태이다.

파워라고 하는 것은 궁극적으로 인식을 하고 있느냐의 문제이기 때문에, 결정적이고 파괴적인 파워행사가 없이는 누가 더 파워가 센 당사자인가를 결정하는 것은 어렵다. 재정적 능력과 같은 객관적인 파워의 지표가 있음에도 불구하고, 당사자는 자신의 파워와 상대방의 파워를 인식하는데 있어 서로 일치하지 않는 경우가 많다. 더군다나 각 당사자가 파워를 인식할 때는, 기대이상으로 상대방이 투쟁에 더 많은 자원을 투입할 가능성을 염두에 두어야 한다.

5.2 이해관계, 권리, 파워의 상호관계

이해관계, 권리, 파워의 상호관계는 [그림 4-4]에 나타난 것과 같이 3개의 원으로 그려서 표시할 수 있다. 제일 위쪽의 원은 이해관계를 나타내고 있고, 왼쪽 아래의 원은 권리를 나타내고 있으며, 오른쪽 아래의 원은 파워를 나타내고 있다.

그림 4-4 ››› 이해관계 · 권리 · 파워의 상호관계

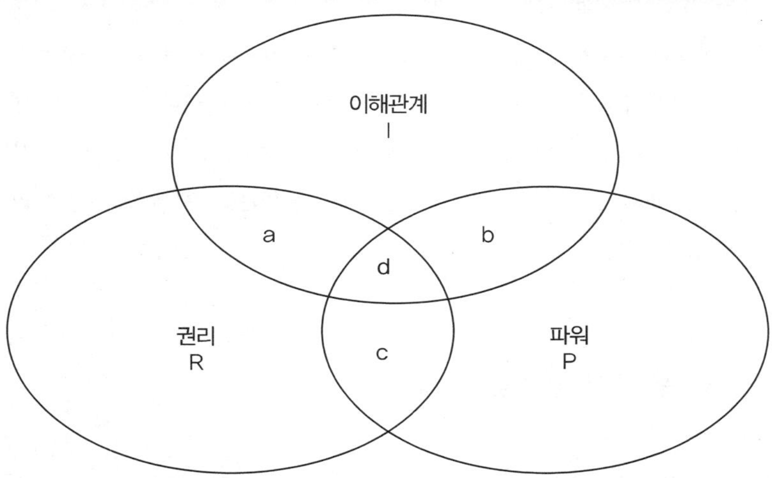

이와 같이 분쟁을 해결하는 과정에서 초점은 이해관계, 권리, 파워로 서로 왔다 갔다 하며 이동할 수 있다.

만일 "P + b + c + d > R + a > I"의 형태를 보인다면 괴로운 분쟁해결제도이지만, "I + a + b + d > R + c > P"의 형태를 보인다면 효율적인 분쟁해결제도라고 할 수 있다. 따라서 전자의 분쟁해결방식에서 후자의 방식으로 옮아가야만 발전적인 기대를 할 수 있다.

5.3 인내와 회피

모든 분쟁이 다 최종 판결까지 가거나 항복해서 끝을 맺는 것은 아니다. 어떤 때는 한쪽 당사자가 자신의 주장을 철회하기도 한다. 철회를 하는 형태는 두 가지이다. 한쪽 당사자가 상대방에 대한 자기의 주장을 철회하거나 또는 상대방의 주장에 자기가 굴복하고 참는 수가 있다. 이렇게 철회할 때의 생각은 다투어봤자 아무런 소득이 없다고 믿기 때문이거나 아니면 자기가 만족할 정도로 그 문제를 해결할 파워를 갖고 있지 않다고 결론을 내리기 때문이다. 철회의 두 번째 형태는 회피이다. 한쪽 당사자 또는 쌍방당사자가 서로의 관계를 단절하기로 결정을 하거나, 또는 최소한 상호관계를 심각하게 감축시키는 결정을 할 수 있다.[29) 회피의 예로서는 조직탈퇴, 이혼, 이웃을 떠나는 것, 그리고 다른 사람의 길에서 비켜서는 것 등을 들 수 있다.

인내와 회피는 이의가 제기되기 전에도 발생할 수 있는데, 그러므로 해서 분쟁을 사전에 막을 수 있다. 예컨대, 조선시대에 선비는 시류에 대한 불만이 있을 경우 평생 청맹(가짜 장님)을 자청함으로써 인내와 회피를 하였다. 이런 방법은 임금에 대한 명시적인 이의를 제기하지 않기로 결정하고 벼슬을 그만두고 나가서 돌아오지 않는 것이었다.

6 최상의 분쟁해결 접근방법

갈등을 어떻게 해결하는 것이 더 좋은 선택인가. 즉, 누가 옳고 누가 더 파워가 센가에 초점을 맞추는 것보다는 이해관계를 조정하는 것이 더 낫다. 그러나 「더 낫다」고 하는 것은 무엇을 말함인가? 그리고 이해관계에 대하여 초점을 맞추는 것이 더 낫다는 것은 어떤 의미에서 옳은 것일까?

6.1 평가기준 네 가지

이해관계, 권리, 파워의 세 가지 다른 수단을 통한 분쟁해결 접근방법은 각각 다른 비용과 편익을 낳는다. 이것들을 비교하는데 네 가지 기준에 초점을 맞춘다. 즉, 해결비용, 결과에 대한 만족, 상호관계에 대한 영향, 그리고 분쟁의 재발 등이 그것이다.[30)]

6.1.1 해결비용

「더 나은」 수단이란 분쟁해결비용을 최소화할 수 있는 수단을 말한다. 가정에서 불화가 생기면 서로 다투느라 시간을 낭비하게 되는 것은 기본이고, 긴장과 두통 나아가 신경쇠약에 걸리고, 더 나은 생활을 즐기거나 유용한 작업을 할 기회를 놓쳐버리게 된다. 부부간에 이혼소송을 하는 상황까지 간다면 변호사비용을 비롯하여 제3자에 대한 비용까지 생겨나게 된다. 해외에 합작으로 투자하여 설립한 회사에서 경영권분쟁이 생기면 고객에 대한 판매부진으로 손실이 발생함을 물론 나아가 투자자금 회수에 어려움을 겪기도 한다. 모든 분쟁을 해결하는 절차에는 비용이 수반된다. 비용은 금전 외에도 시간, 감정, 에너지, 자원, 기회의 상실 등의 형태로 나타난다.[31)]

6.1.2 결과에 대한 만족

분쟁해결방법을 평가하기 위한 또 다른 기준으로 결과에 대한 당사자들의 만족을 활용할 수 있다. 만족도는 분쟁당사자가 그 해결결과가 공평하다고 믿는가에 달려있다. 비록 합의내용이 분쟁당사자의 이해관계를 전부 만족시키지는 못한다고 할지라도, 분쟁당사자는 해결결과의 공평성에서 어떤 만족을 얻을 수 있다.

만족도는 분쟁해결결과의 공평성에 대한 인식만이 아니라 분쟁해결절차의 공평성에 대한 인식에도 의존한다. 공평성에 대한 판단은 몇 가지 요소에 달려있다.

즉, 분쟁당사자는 자기주장을 위해 얼마나 많은 기회를 가졌는가, 조정안의 수락이나 거부에 대한 통제권을 가졌는가의 여부, 조정안을 만드는데 얼마나 많이 자신이 참여할 수 있었는가, 그리고 만일 제3자가 개입되었고 그 제3자가 1인이었다면 그 제3자가 공평하게 행동했는가에 대한 분쟁당사자의 믿음과 같은 것이 그런 요소들이다.[32]

6.1.3 상호관계에 대한 영향

또 다른 평가기준은 당사자들의 상호관계에 대한 장기적 영향이다. 분쟁을 해결하기 위해 취한 접근방법은 일상적으로 함께 살아가는 당사자들의 관계에 영향을 미칠 수 있다. 대기업에 납품을 하며 사업을 영위하는 중소기업은 대기업을 상대로 소송을 제기할 때는 결별을 각오해야 한다. 반대로 가정폭력으로 불화 중인 부부가 가정평화상담소에서 분쟁을 해결하는 방법을 배우는 것은 당사자들의 장기적인 결혼관계를 더 강화시켜 줄 수 있다.

6.1.4 재발가능성

마지막 평가기준은 어떤 특정 접근방법이 지속성 있는 해결책을 만들어내는가이다. 해결되었다고 생각한 분쟁이 쉽게 재발한다면 이는 분쟁해결에 실패한 셈이다. 분쟁의 재발도 단순하게 동일한 형태로 재발되는 경우도 있지만, 보다 정교한 형태로 재발되는 수도 있다는 점에 유의하여야 한다. 예컨대, 흥보를 괴롭히는 놀보가 흥보의 청을 들어줘서 괴롭히지 않기로 하는 합의에 이르렀더라도, 놀보는 계속해서 다른 사람을 괴롭힐 수 있다. 또 놀보가 그런 행위를 중지하더라도 다른 사람이 흥보를 괴롭힐 수도 있다.

6.1.5 네 가지 평가기준 간의 상호관계

이상의 네 가지 평가기준은 서로 관련이 있다. 결과에 만족하지 못하는 것은 상호관계에 긴장을 낳고, 긴장은 분쟁재발의 원인이 되며, 재발은 해결비용을 증가시킨다. 이 네 가지 다른 비용들은 으레 함께 증가하고 함께 감소하기 때문에, 분쟁비용으로서 네 가지 모두를 함께 언급하는 것이 편리하다. 어떤 특정 접근방법을 언급할 때 「고비용」이나 「저비용」이라고 하는 것의 의미는 단지 해결비용만을 가리키는 것이 아니라 결과에 대한 불만족, 상호관계의 긴장, 분쟁의 재발 등도 함께 지칭하는 것이다.

6.2 비용이 가장 저렴한 접근방법

지금까지 네 가지 형태의 비용을 기준으로 「더 나은」 분쟁해결방법을 정의하였는데, 이해관계에 초점을 맞추는 방법이 더 낫다는 생각이 옳은가 하는 의문이 여전히 남는다. 또한 이해관계 접근방법이 실패할 경우, 권리에 초점을 맞추는 방법과 파워에 초점을 맞추는 방법 중 어느 방법이 더 나은 분쟁해결방법인지 의문이 남는다.

6.2.1 이해관계 대(對) 권리 · 파워

이해관계에 초점을 맞추는 것은 권리나 파워에 초점을 맞추는 것보다 분쟁의 원인이 된 문제를 해결하는데 더 효과적이다. 이해관계에 기초한 접근방법이 감춰진 문제를 찾아내는데 도움이 된다. 이해관계에 초점을 맞추는 접근방법은 각 당사자별로 어떤 사안이 더 중요한가를 확인하는데 도움이 된다. 각 당사자는 자기에게 더 중요한 관심사에 집중하여 덜 중요한 관심사를 서로 양보함으로써 양 당사자는 분쟁해결로부터 이익을 얻을 수 있다.[33] 예컨대 노조와 사용자가 「휴가기간의 추가」와 「작업지시의 융통성」이라는 두 가지 사안에 대하여 협상하고 있는 상황을 생각해보자. 노조의 입장에서는 「작업지시의 융통성」이라는 착상을 좋아하는 것은 아니라 할지라도, 「휴가기간의 추가」에 우선권을 더 둘 것임은 분명하다. 사용자의 입장에서는 「휴가기간의 추가」라는 착상을 좋아하지는 않더라도 「작업지시에서의 융통성」을 얻는데 더 관심이 많을 것이다. 노조가 바라는 바대로 노조에게는 휴가일수를 더 주고 대신 사용자에게는 작업지시에서의 융통성을 부여한다는 것과 같은 합의는 양측에게 모두 만족될 수 있을 것이다. 이와 같은 이익의 조합은 양측이 각자의 이해관계에 초점을 맞춘다면 더 쉽게 실현될 수 있다. 소송에서처럼 누가 옳은가에 초점을 맞춘다든지, 또는 파업에서처럼 누가 더 힘이 센가를 겨루는데 초점을 맞추는 것은 한쪽 당사자로 하여금 패배자로 남게 한다.

이해관계를 조정하는 것은 이와 같이 권리를 주장하거나 파워를 행사하는 것보다 결과에 대한 서로의 만족수준을 더 높게 해주는 경향이 있다.[34] 만일 당사자들이 더 만족하게 된다면, 당사자들의 관계는 이롭게 되고, 또 분쟁은 재발할 가능성이 줄어든다. 이기고 지는 것을 강조한 나머지 누가 옳은지 또는 누가 더 파워가 센지 판가름 내는 것은 으레 상호관계를 더 긴장되게 하고 더 반대의 입장에 서게 한다. 더욱이 패자는 포기하지 않고 상급법원에 항소하거나 복수를 꾀하는 일을 흔히 볼 수 있다. 이해관계를 조정하는 일은 때로는 시간이 오래 걸릴 수 있고, 특히 다수의 당사자들이 분쟁에 관련되어 있을 때에는 더하다는 것을 명심하여야 한다. 그러나 일반적으로 이렇게 해서 들어가는 비용이라고 해봐야 소송, 적성기업의 탈취, 또는 전쟁과 같은 권리·파워에 의존할 때 들어가는 해결비용과 비교할 때 아무 것도 아니다.

요약하면, 이해관계에 초점을 맞추는 것은 권리나 파워에 초점을 맞추는 것과 비교할 때 결과적으로 더 만족스럽고, 더 나은 작업환경, 재발의 감소, 해결비용의 감소와 같은 효과가 있다. 그런 연고로 이를 일반화시키면, 이해관계 접근방법은 권리·파워 접근방법보다 비용이 적게 먹힌다고 할 수 있다.

6.2.2 권리 대(對) 파워

누가 옳은가 또는 누가 더 파워가 센가를 판가름 내는 방법은 상호관계를 긴장시킨다. 권리나 파워를 판가름하는 것은 곧잘 누가 우세한가를 결정하려는 당사자들 간의 경쟁이 된다. 재판 중인 분쟁당사자들은 사안의 시비를 가릴 제3의 의사결정권자를 설득하기 위해 논쟁을 벌이면서 경쟁하게 된다. 분쟁 중에 있는 노사 양측은 파업과 직장폐쇄를 주고받으며 상대방에게 파워를 보여주려고 한다.

해결비용 측면에서 권리투쟁은 파워겨루기와 크게 다르다. 파워겨루기는 자원소모 및 기회상실이라는 점에서 희생비용이 대체로 더 크게 발생한다. 파업은 중재보다 더 큰 대가를 치러야 한다. 폭력은 재판보다 더 큰 비용이 발생한다. 이와 같은 높은 해결비용은 싸움에 투입된 수고에서만 비롯된 것이 아니라 각 당사자의 자원파괴에서도 발생한다. 반대자를 파멸시키는 것이 바로 파워겨루기의 목표이다. 그러므로 파워겨루기는 분노, 불신, 복수심과 함께 새로운 상처와 새로운 갈등을 초래하는 일이 잦다. 이러한 연고로 파워겨루기는 권리투쟁보다 전형적으로 상호관계를 더 손상시키고 갈등의 재발가능성을 더 크게 한다. 일반적으로 말하자면, 권리접근방법이 파워접근방법보다 희생비용이 적게 든다.

6.3 명 제

이상의 내용을 종합하면, 일반적으로 이해관계를 조정하는 것이 누가 옳은가를 결정하는 것보다 비용이 적게 들고, 또 누가 옳은가의 권리결정은 누가 더 파워가 센가를 결정하는 것보다 비용이 적게 든다고 할 수 있다. 이 명제는 이해관계에 초점을 맞추는 것이 권리나 파워에 초점을 맞추는 것보다 항상 더 낫다는 것을 의미하는 것이라기보다는, 단지 이해관계에 초점을 맞춤으로써 해결비용을 낮출 수 있고, 결과에 대한 만족도를 제고시키고, 상호관계의 긴장을 완화하며, 그리고 분쟁의 재발가능성을 줄이는 경향이 있음을 의미하는 것이다.

7 이해관계 접근방법의 한계

분쟁해결에서 이해관계 접근방법이 권리 · 권력접근방법보다 일반적으로 비교우위에 있음에도 불구하고, 모든 분쟁을 이해관계의 조정만으로 해결한다는 것은 불가능할 뿐만 아니라 바람직하지도 않다. 왜 그런지를 살펴보자.

7.1 권리 · 파워절차가 불가피할 때

어떤 분쟁상황에서는 고집이 센 상대방을 협상테이블로 데려오기 위해 권리절차나 파워절차를 먼저 사용하지 않는 한, 이해관계에 기초한 협상을 진행할 수 없다. 예를 들어, 환경단체는 개발업자가 협상에 임하도록 하기 위하여 소송을 제기하는 경우가 있다. 장례식장 부지선정에 관심을 갖고 있는 주민들은 지방자치단체장이 이 사안에 대해 관심을 갖도록 하기 위하여 플래카드를 내걸고 시위를 벌이기도 한다.

또 다른 분쟁에서는, 당사자들이 누가 옳은지 또는 누가 더 파워가 센지를 인식하고 있는 바가 아주 달라서 이들은 협상할 범위를 설정할 수 없기 때문에 이해관계를 기초로 한 합의에 도달할 수 없다. 권리절차는 권리의 한계를 명확히 하여 그 한계 내에서 협상해결이 추구될 수 있도록 하기 위해 필요하다. 만일 해고근로자와 사용자가 그리고 이들의 변호사도 마찬가지로 해고근로자에 대한 배상금을 법원이 인정할지 안할지에 대하여 서로 다른 추정을 하고 있다면, 이들이 해결을 위한 협상을 한다는 것은 어려울 것이다. 중재는 당사자들의 권리를 명확히 해줄 것이고, 이들로 하여금 해결을 위한 협상을 하도록 할 수 있다.

당사자들의 권리에 대한 불확실성이 때때로 협상을 어렵게 만드는 것과 마찬가지로 당사자들의 상대적 파워에 대한 불확실성도 협상을 어렵게 한다. 일방당사자가 상대방에게 파워의 축이 자기에게 유리하게 움직이고 있음을 보여주고 싶어 할 때에는, 오로지 파워게임만이 자기의 주장을 가장 잘 반영할 수 있다고 믿는다. 이것은 노동관계에 종사하는 사람들 사이에는 자명한 사실로 통한다. 그래서 분쟁상태에 있는 노조와 사용자 간의 상호관계는 지루한 파업이 있은 후에야 진정국면으로 접어들게 된다. 파업과 직장폐쇄의 공방전을 치루고 나서야 분쟁당사자들은 그동안 불확실했던 상대방의 파워에 대해 실감하게 된다. 이렇게 오랫동안 버티는 방법으로 얻게 된 이득이 있기 때문에 파워게임으로 치룬 큰 대가도 정당화시키게 된다.

어떤 분쟁에서는 당사자들의 이해관계가 서로 정반대가 되어서 합의가 불가능한 경우도 있다. 예컨대, 낙태에 대한 문제는 찬반 양쪽의 이해가 정반대가 되기 때문에 이해관계에 초점을 맞추는 방식으로는 해결하기 어렵다. 낙태진료소를 존속시켜야 할 것인가에 대해 임신중절반대파와 낙태진료소간의 분쟁은 협상으로 해결하기 어렵다. 해결방법은 소송과 같은 권리투쟁을 통해서만 또는 시위나 입법투쟁과 같은 권력투쟁을 통해서만 해결될 수 있을 것이다.

7.2 권리 · 파워절차가 바람직한 시점

권리관계의 결정방식이 이해관계의 조정방식보다 일반적으로 비용이 더 많이 든다고 할지라도, 오로지 판결이라는 권리관계의 결정만을 통해서 권위를 세우고 공공의 중요한 문제를 해결해야 하는 경우가 있다.

미국 대법원은 1954년에 공립학교에서 인종차별을 금지하도록 판결하였다.[35] 만일 이 사건을 판결이 아닌 협상에 의해 해결하였다면 흑인 원고는 훨씬 더 빨리 자신이 원하는 결과를 얻을 수 있었다. 그럼에도 불구하고 원고는 협상으로 해결하지 아니하고 최종판결까지 갔다. 흑인 원고는 캔자스 주의 수도 토피카(Topeka)에 있는 백인전용의 공립학교에 다닐 수 있었을 것이라는 결과에 있어서는 마찬가지였을 것이다. 자신의 소송제기가 사회적으로 미치는 영향은 흑인 원고에게 훨씬 덜 중요했을지도 모른다. 그렇지만 실상에 있어서는 원고인 Brown은 모든 미국의 공공생활에서 인종차별의 제거를 위한 토대를 마련했던 것이다. 그 후, 사회적 사건의 일부에서 권리에 바탕을 둔 법정절차는 이해관계에 바탕을 둔 협상방식의 해결보다 선호되었다.[36]

강한 자가 약한 자와 정기적으로 거래하고 있을 때에도 이해관계에 초점을 맞춰 분쟁을 해결하라고 조언하는 것은 잘못인가? 이 경우, 비록 한쪽 당사자의 파워가 훨씬 세다고 하더라도 자신의 의지를 약한 상대방에게 강요하는 경우에는 비싼 대가를 치룰 수 있다는 점에 유의해야 한다. 위협을 하려면 때로는 행동으로 보여줘야 한다. 약자는 강자와 파워대결 방식으로는 도저히 안 되기 때문에 강자로 하여금 비용이 많이 드는 방식을 끌어들일 수 있다. 약자는 또한 복수를 꾀할 수도 있다. 아마도 이 방법은 하찮을지 몰라도 그래도 성가시게 방해가 된다. 그리고 혹시라도 전혀 예기치 못했던 파워의 균형에 변화가 생길 경우에, 또는 다른 분야에서 약자의 협조가 아주 긴요할 경우에 강자에게 복수를 하게 되면 상당히 큰 부담이 되고 만다.[37] 그러므로 파워가 센 당사자는 파워에 의해서 정해진 범위 내에서 이해관계에 초점을 맞추는 것이 생각보다 더 바람직하다.

7.3 권리 · 파워절차 중에서도 저렴한 방법

갖가지 종류의 투쟁은 각기 독특한 비용을 수반한다. 만일 중재가 법정심리 특유의 절차라고 할 수 있는 제시자료의 물량공세, 절차재정신청, 긴 사건진술서 없이 진행된다면, 중재는 법정으로 가는 것보다 훨씬 더 저렴할 수 있다. 싸움에서 고함을 지르는 것이 물리적 폭행보다 비용이 적게 든다. 택시기사들의 준법운행 방식의 시위는 완전파업보다 비용이 적게 든다.

권리 · 파워의 절차를 「협상」, 「저비용투쟁」, 「고비용투쟁」의 세 가지 형태로 구분할 수 있다. 「권리에 근거한 협상」은 법정이나 중재와 같은 권리투쟁보다 당연히 비용이 적게 든다. 비슷하게 위협과 같은 「파워에 근거한 협상」은 그러한 위협이 실제로 행해지는 「파워게임」보다 대체로 비용이 적게 든다.

결국, 권리 · 파워에 초점을 맞추는 방법은 분쟁을 효과적으로 해결하는 데 매우 중요한 역할을 담당하고 있으며, 그렇기 때문에 권리 · 파워의 절차를 이용하는 경우라 할지라도 그 중에서 비용이 적게 드는 분쟁해결방식을 선택하는 것이 바람직하다.

8 효율적 분쟁해결의 요건

분쟁해결 접근방법 가운데 비용이 적게 드는 「이해관계에 기초한 협상」을 전개한다든지, 「권리에 기반을 둔 분쟁해결」을 추구하는 방법이 있음에도 불구하고 이런 방법들을 택하지 않고 비용이 많이 드는 파워게임을 진행하는 까닭은 무엇일까? 그것은 이해관계에 기초한 협상절차가 충분하지 못하기 때문이거나, 그런 절차를 이용하기 위한 동기의 결핍, 이용기법의 부족, 또는 자원의 부족에서 그 연유를 찾아볼 수 있다. 또한 조직 내에서의 상호관계나 제반 사회 · 경제 · 문화적 환경에서의 장애가 존재하기 때문이기도 하다. 따라서 현재의 분쟁해결절차나 구조를 진단하여 고비용 요소를 제거함으로써 효율적인 분쟁해결절차로 바꾸어야 한다.

8.1 절차의 결여

8.1.1 절차규정의 중요성

어느 조직이나 단체를 막론하고 정도의 차이는 있지만 대부분은 분쟁해결에 관한 확실한 절차와 규정을 마련해두고 있다. 예컨대, 파업이 발생할 경우에는 보다 상위기구나 법원의 결정으로 분쟁을 해결한다는 절차규정을 갖고 있는 것이 보통이다. 또한 무역거래에서 분쟁이 발생하면 중재로 해결한다는 중재조항을 계약서에 명시해두고 있거나 준거법조항에 따라 어느 특정국가의 법에 따라 분쟁을 해결한다고 계약서에 규정해두고 있는 것이 보통이다. 고용계약이든 상거래계약이든 계약당시에는 계약서에 명시된 분쟁해결약관에 따르겠다고 동의를 한다. 뿐만 아니라 상품판매와 관련된 고객의 불만처리절차는 고객의 동의와는 무관하게 한쪽 당사자에 의해 일방적으로 규정이 만들어진다. 이와 같이 상황에 따라 법이나 계약 또는 사회적 요구에 따라 분쟁해결절차가 조직과 관련된 규정에 삽입된다.

분쟁해결절차는 분쟁이 발생한 시점에 만들어지는 것이 아니라 시간적으로 분쟁발생 이전에, 분쟁이 발생할 경우 이런 식으로 해결하자라는 다소 막연한 생각으로 규정한 내용이므로 실제 분쟁이 발생했을 경우 그런 분쟁해결규정이 존재한다는 사실을 떠올리고 그 규정에 따라 문제를 해결하자니 자연히 해석상의 문제가 생기거나 당사자 간의 밀고 당기는 상황이 초래될 가능성이 있다. 따라서 그 분쟁해결조항과 분쟁당사자의 욕구 간에는 심리적 거리감이 존재하게 된다. 또한 당사자들의 분쟁관련 요구사항이 기존의 분쟁해결절차규정에 충분히 반영되어 있지 않은 경우도 있을 수 있고, 경우에 따라서는 단순히 기존의 분쟁해결절차규정에 따라 파워가 강한 당사자에게 유리한 방향으로 문언을 해석하려는 시도가 전개됨으로써 파워가 없거나 약한 상대방당사자는 무력감에 좌절을 하게 되고 그래서 절차규정이 공평하지 못하다는 믿음을 갖게 되는 수가 있다. 이런 경우는 그야말로 이해관계에 기초한 협상을 전개할 절차 자체가 존재하지 않는다고 할 수 있다. 그렇게 되면 분쟁당사자들은 문제를 풀어나가기 위한 기반이 없게 된다. 당사자들 간에 이해관계에 기초한 분쟁해결의 기반이 없다보니 자연히 비용이 상대적으로 많이 드는 권리나 파워에 기반을 둔 분쟁해결방식을 추구하게 된다.

사람들은 분쟁이 발생하였을 때 이해관계에 기초한 협상을 하려고 한다면 굳이 규정된 절차까지 있어야 할 필요는 없다고 생각하지만, 그런 절차가 이미 마련되어 있다면 도움이 될 수 있다. 그런 절차규정이 있음으로 인해서 이해관계에 기초한 효과적인 협상대안을 만들 수 있고, 권리와 파워에 의존한 분쟁의 확대를 막을 수 있기 때문이다.

8.1.2 절차결여와 관련한 토의사항

(1) 무역계약에서 분쟁해결조항을 "당사자 간에 상관례에 따라 원만하게 해결

한다."라고 규정해두고 있을 경우, 이해관계에 기초한 협상절차조항으로 충분하다고 할 수 있는가? 분쟁을 직접 경험한 사업가들의 말에 따르면, 이런 조항은 차라리 없는 것이 더 낫다고 한다. 왜냐하면 상관례라고 하는 것이 들쭉날쭉한데다 국제적으로는 더욱 까다롭기 때문이다. 어떻게 규정을 보완해야 할 것인가? 중재기구에서 권장하는 표준중재조항을 삽입하게 된다면 이는 권리절차에 가깝다고 할 것이므로 이해관계에 기초한 협상을 권장하는 조항이라고 할 수 없을 것이다. 그러나 혹자는 이러한 권리절차를 계약서에 규정해 둠으로써 권리구제절차 이전에 협상이 오히려 원만하게 진행될 수 있다고 권장하기도 한다. 이 부분에 관하여 토의해보자.

(2) 이해관계에 기초한 분쟁해결절차로 분쟁의 많은 부분을 조정할 수 있는가? 특정 조직이나 단체를 선정하여 분쟁해결절차가 실제로 이해관계에 초점을 맞추고 있는지 조사해보자.

(3) 어떤 분쟁의 경우를 보면 분쟁해결절차가 진행되고 있는데도 불구하고 파업을 비롯한 단체행동이 전개되는데 그 이유가 분쟁을 취급할 절차들이 없기 때문이라고 할 수 있겠는가?

8.2 동기의 결핍

계약당사자들 간에 분쟁해결을 위한 협상절차가 마련되어 있다고 하더라도 여러 가지 측면에서 협상을 개시하기 위한 동기가 부족할 수 있다. 이렇게 협상동기가 부족하면 고비용 분쟁해결방법을 선택할 개연성이 있다. 그러면 왜 권리나 파워절차를 선호하는가? 즉, 권리나 파워절차 선호의 동기는 무엇인가? 이러한 의문점을 해결해야만 협상에 장애가 되는 요소들을 제거하고 고비용 절차를 저비용 절차로 전환시킬 수 있을 것이다. 이것은 또한 확실한 동기를 부여하기 위해 필요한 가장 중요한 부분이다.

상거래당사자들은, 특히 약자의 입장에 있는 당사자는 상호관계가 소원해질까 두려워하기 때문에 클레임을 마음껏 제기하지 못한다. 노동자들 또한 관계가 악화되거나 혹시 피해를 입을지도 모른다는 두려운 생각 때문에 자기들의 감독에게 문제를 제기하는 것을 내켜하지 않는다. 더욱이 고충처리절차에는 회의적인 부분이 많이 있다. 노동자들이 만족스러워 하는 결과는 좀처럼 이루어지지 않으며, 발언을 해봐야 수용되지 않으므로 많은 박탈감을 느낀다.

> [작업화사건]: 광산에서 광원이 근무교대시간이 되어 작업을 하러 나가려고 했으나 장화가 없어졌다. 작업을 할 수 없게 된 광원은 화가 났다. 광원은 관리자에게 자기의 장화를 내놓으라고 요구하였다. 그러나 관리자는 회사의 고용계약 규정에 따르면 신발에 대한 관리책임은 광원이 스스로 책임져야 할 사항이라며 광원의 이의제기를 수용하지 않았다. 이로 인해 임금손실을 입은 광원은 분노가 폭발하여 동료들을 선동하고 파업을 유도하였다.

이 작업화 사례에서 사용자측의 관리자는 현재의 실질적인 문제에는 전혀 개의치 않고 계약에 명시되어 있는 형식적인 절차상의 문제를 주장했다. 중재절차는 오랜 시일이 소요될 뿐만 아니라, 노동자들의 고충을 인정하기보다 광원들이 이해할 수 없는 언어를 사용하여 판정을 한다. 이런 절차와는 대조적으로, 어떤 광원이 무모한 파업이라도 하겠다고 나서는 경우에는 사용자측으로부터 즉각 반응이 나타난다. 그 결과 그 광원이 이기지는 못할지라도 그의 목소리는 경청될 것이며, 그는 보복을 했다는 감정적인 만족감을 받을 수 있다. 결국 파업의 동기는 고충절차를 이용하기 위한 동기보다 더 크게 작용하게 된다.

따라서 파업을 하더라도 파업기간을 단축시킨다면, 노동자들은 자기들의 분노를 표출할 수 있고 또 그 짧은 파업기간동안 노동자들의 불만 섞인 목소리를 경청함으로써 다른 대안 절차를 마련할 수 있다. 더욱 중요한 것은, 권리와 파워의 행사로 인해 얼마만큼 손해를 보게 되는가를 인식하는 것이다. 이런 손해를 보지 않고 이익을 얻을 수 있는 분쟁해결절차가 존재한다는 사실을 인식시킴으로써 권리와 파워에 의존한 분쟁해결방식보다는 이해관계에 기초한 분쟁해결방식을 활용하도록 유도할 수 있다.

고비용 분쟁해결절차를 이용하는 직접적인 동기를 살펴보면, 그저 단순한 습관과 관행으로 행해지고 있는 경우가 많다. 주위에서 그런 방식으로 해결하니까 우리도 그렇게 한다는 식이다. 이러한 맹목적인 습관과 관행으로부터 벗어나도록 설득하기 위해서는 여러 가지 분쟁해결절차들에 대한 비용-편익분석에 초점을 맞춰 서로 비교·분석한 정보를 제공함으로써 분쟁당사자들이 자기들에게 가장 적합하다고 판단되는 절차를 선택하도록 하여야 한다.

고비용 분쟁해결절차를 대체할 대안을 마련하기 위하여 분쟁당사자들의 동기를 조사할 때에 사용되는 질문항목들은 다음과 같다.

- 기존의 분쟁해결절차를 이용한 결과, 분쟁당사자들은 얼마나 만족하였는가?
- 기존의 분쟁해결절차는 발언할 기회를 주었는가?
- 분쟁당사자들은 정해진 기한 내에 자기들의 불만을 충분히 늘어놓을 수 있었는가?
- 분쟁당사자들이 절차를 스스로 관리할 수 있게 하였는가?
- 분쟁당사자들은 결과를 정하는데 관여했는가? 그들은 절차를 정당하다고 생각하는가?
- 기존의 분쟁해결절차는 분노와 좌절감 같은 감정표현을 허락하였는가?
- 분쟁당사자들은 분쟁해결절차에 들어간 시간과 돈이 얼마나 큰 희생인지 인식하고 있는가?
- 분쟁해결절차는 분쟁당사자들에게 이면에 도사리고 있는 전혀 다른 이해관계를 알려주고 있는가? 예컨대, 노조가 표면상으로는 노동자들의 불만을 받아들이고 그 불만표출수단의 일환으로 파업을 지지한다고 할지라도, 파업지지의 이면에는 노조지도력의 강화라는 이익을 도모하려는 의도가 숨어있을지도 모른다. 다른 한편으로는 파업에 직면하여 노조지도자들이 노조원들에게 파업을 하지 말라고 요구할 경우, 노조지도자들의 권위를 떨어뜨리려는 반대세력이 노동자들을 부추기어 파업이 일어날지도 모른다.
- 분쟁해결절차가 신속하게 분쟁을 해결하기 위해서라기보다는 분쟁당사자들의 다른 목적을 위해 이용되고 있지나 않은가? 예컨대, 사용자측은 노조측에 비용부담을 떠넘기기 위해 소송시리즈를 정리 · 보관하고 있을 수도 있다. 노조측은 회사임원들을 갈아 치우기 위해 일련의 고충시리즈에 대한 자료를 마련해두고 있을지 모른다. 정부는 분쟁을 해결하기 위해서 뿐만 아니라 일반인들을 의식하여 다른 사람과 협상할지도 모른다.

8.3 기법의 부족

분쟁당사자들 간의 협상기법이 부족하고 정보가 빈약하면 고비용 분쟁해결절차를 밟게 될 가능성이 농후하다. 따라서 협상기법의 부족은 협상의 주요 장애요인으로 등장한다.

분쟁해결과정에 쓰이는 기법들을 보면 이해관계에 기초한 분쟁해결절차의 이용을 단념시키기에 충분한 경우가 허다하다. 일방당사자가 이해관계에 기초한 분쟁해결을 시도하려고 해도 상대방의 협상기법이 부적당한 경우에는 실망과 놀라움으로 그런 절차가 제대로 진행되지 않는다. 일방은 전형적인 협상토론을 위해 타협할 수 있는 사안과 포기할 수 있는 사안으로 나누어 협상에 임하는데 반해, 상대방은 전혀 타협의 기미를 보이지 않는 경우가 그러하다. 그러므로 분쟁당사자들에 대한 분쟁해결 기법과 지식을 평가함으로써 훈련 또는 지도가 도움이 될 것인지 아닌지 결정할 필요가 있다. 이러한 측정 · 평가를 위한 질문항목은 다음과 같다.

- 분쟁당사자들은 어떤 절차가 이용가능한지 그리고 언제 이용할 수 있는지 알고 있는가?
- 분쟁당사자들은 어떤 절차를 이용하면 어떤 결과를 기대할 수 있는지 알고 있는가?
- 사람들은 만족스러운 결과를 얻기 위해 어떤 절차를 어떻게 사용해야 하는지 그 방법을 알고 있는가?
- 분쟁당사자들과 그들의 대표들은 어떤 협상기법을 알고 있는가?
- 분쟁당사자들과 그들의 대표들은 상대방의 말을 청취하고 이해하는 등 창조적인 선택을 하는데 얼마나 친숙한가?
- 분쟁당사자들과 그들의 대표들은 중재와 관련하여 어떠한 기법을 알고 있는가? 그들은 적절하게 논쟁을 펼치는가?

사람들 간에 빈번하게 분쟁을 일으키는 중요 요인을 바로 이 협상기법의 부족에서 찾아볼 수 있다. 사람들은 협상을 할 때 특별한 기법을 사용하지 않는 것이 보통이다. 그렇기 때문에 여차하면 분쟁은 뜨거운 불길 속에 휩싸이듯 급속히 확대되는 경향을 보인다. 그렇게 되면 처음에는 아무 것도 아닌 것처럼 대립정도가 심하지 않던 분쟁도 시간이 지날수록 점점 심화되어 분쟁당사자들 간의 원한은 몇 년 동안 확대된다. 분쟁당사자들의 손을 떠나 외부에서 또는 제3자의 손에서 분쟁이 처리되는 동안 분쟁당사자들 간의 대립정도는 점점 더 골이 파이게 되는 것이다. 따라서 분쟁당사자들이 협상기법을 향상할 수 있는 해결책이 마련되어야 하며, 나아가 사전에 협상기법을 배우고 익힘으로써 분쟁이 발생하였을 때 효율적 분쟁해결방법을 선택할 수 있도록 하여야 한다.

8.4 자원의 부족

비록 이해관계에 기초한 분쟁해결절차들이 존재하고 또 그런 절차들을 이용할 수 있는 상황이라고 할지라도, 그런 절차의 이용과 관련한 인적자원, 정보, 조직 · 단체와 같은 자원이 부족할 경우 그런 절차의 이용은 확산될 수 없다. 그 중에서도 가장 중요한 자원은 분쟁당사자들에게 도움을 줄 수 있는 인적자원이다. 또한 분쟁해결절차와 관련된 사람들이 문제해결을 위한 실질적인 접근을 하지 않거나 공정성이 결여된 경우에도 절차의 효율성을 기대할 수 없다. 분쟁해결에 필요한 이러한 자원이 어떤 상태에 있는가를 진단할 때 사용되는 질문항목은 다음과 같다.

- 분쟁당사자들은 그들을 위해 도와 줄 수 있는 사람들, 즉 그들을 대표하기 위한 사람들, 그들에게 충고를 해줄 수 있는 사람들, 또는 조정자들 또는 중재자들이 있는가?
- 분쟁당사자들을 대표하는 사람들, 조정자들, 또는 중재자들은 어떤 기법을 사용하는가? 중립적 입장을 취해야 하는 사람들이 정당하고 공평한가?
- 규범이나 선례 등의 부족 때문에 협상에 곤란을 겪는가? 그리고 다른 기준들을 분쟁해결에 적용할 수 있는가? 또는 이런 문제와 관련하여 기술적인 정보가 부족하기 때문에 곤란을 겪는가?
- 분쟁해결절차는 개인 또는 단체에 의해서 적극적으로 관리할 필요가 있는가? 조직 또는 단체는 분쟁해결절차진행의 기본원리에 대해 사람들에게 정보를 제공해줄 필요가 있는가?
- 인적자원, 정보, 또는 단체와 관련한 자금은 충분한가?

8.5 조직과 환경의 장애

경영자들 중에는 분쟁이 발생하였을 때 어떻게 하든지 가능하면 회피하려는 성향을 지닌 사람이 있다. 조직이 거대할수록 분쟁에 직면한 중간경영자는 해결을 회피하기 위해 서랍이나 캐비넷 속에 분쟁관련 서류들을 넣어두고 버티다가 다른 부서로 인사발령을 받으면 그 사건을 내팽개치고 떠나버리려 한다. 이런 유형의 경영자는 문제가 곪아터져 심각한 국면이 될 지경에 이르도록 아무런 조치를 취하지 않고 방치해둔다. 어떤 조직에서는 이러한 사실이 드러나면 그런 사람을 사직하도록 한다. 이런 유형은 분쟁해결에 엄청난 고비용을 지불하는 셈이다.

왜 이런 현상이 발생하는가? 중앙집권적 조직의 경우를 보면, 의사결정과 관련한 중요한 파워는 모두 최고책임자가 가지고 있다. 이런 상황에서는 최고책임자가 바라는 바와 다른 행동을 보일 경우 아무런 보상을 받지 못한다는 것을 중간경영자들은 알고 있다. 특히 인사권을 행사하는 상급자와의 짧은 대면 시간동안 자신의 긍정적인 측면을 부각시켜야 하는 중간경영자들은 클레임을 비롯한 불평과 불만 같은 부정적인 사안에 대해서는 적극적으로 보고하기를 기피하는 경향을 보인다. 따라서 분쟁해결과 관련한 협상에 적극적으로 나서지 않고 미적미적 미루기만 하는 행태가 나타나게 된다. 또한 의사결정권자와 중간경영자 간에 신념을 비롯한 문화적 장벽이 존재한다. 중간경영자는 이러한 문화적 환경과 파워의 차이로 인해 압박을 받는다.

이러한 조직과 환경에서의 장애를 제거하기 위한 진단에 사용되는 질문항목은 다음과 같다.

- 분쟁해결절차의 방법들이 조직의 결정에 의해 영향을 받는가? 이러한 절차들이 어떻게 중앙으로 집결되는가? 예컨대, 회사의 고위경영자는 하위직급에서 협상으로 결정한 것을 중앙으로 집결시키는 하의상달 방식을 이용한다.
- 조직의 공식 · 비공식적인 포상제도에 의해 분쟁해결절차가 영향을 받는가? 고위경영자로부터 포상을 받는 분쟁해결행동은 어떤 종류인가? 동료들의 추천에 의해 포상을 받는가? 예를 들면, 열린 마음보다는 분쟁해결을 회피한 경영자들이 상을 받고, 분쟁해결은 사장의 몫으로 남겨놓는 경우

가 있다.

- 개인적인 선택과 훈련제도는 분쟁해결제도에 관하여 어떤 영향을 미치는가? 어떤 조직의 경영자들은 문제해결기법에 대해 선택도 훈련도 전혀 받지 않는다.
- 주변의 문화는 분쟁해결절차에 어떤 영향을 미치는가? 예를 들어, 파업을 실행하는 것은 노동조합원들을 굳게 뭉치게 하기 때문에 하위 문화권에서 전통적으로 명예롭게 생각하고 동료들의 지지를 받는다.

---

1) 조정곤, 「무역갈등에 관한 실증적 연구」, 한양대학교 박사학위 논문, 1990.
2) 추헌, 「최신경영조직론」, 박영사, 1986.
3) 에드워드 드 보노 저/권화섭 역, 「갈등해소의 논리와 방법」, 한국경제신문사, 1987.
4) Thomas, Kenneth, "Conflict and Conflict Management," *Handbook of Industrial and Organizational PSYCHOLOGY*, ed. Marvin D. Dunnette(Chicago: Rand McNally College Publishing Company, 1976).
5) 서울대학교사회학과연구실 역, 「갈등과 권력」, 법문사, 1985. (원저명: *Conflict and Power in Social Life* by James T. Duke).
6) Szilagyi, Andrew D. Jr. and Wallace, Marc J. Jr., *Organizational Behavior And Performance*, 3rd ed., Illinois: Scott, Forssman and Company, 1983.
7) 이재운, 「소설토정비결」 상권, 해냄, 1992.
8) 여기서 말하는 양수와 음수는 현대 수학에서 말하는 Plus와 Minus의 개념이 아니라, 음양오행설에서 음에 해당하는 수를 가리켜 음수라고 하고, 양에 해당하는 수를 가리켜 양수라고 한다.
9) Etgar, Michael, "Sources and Types of Intrachannel Conflict," *Journal of Retailing*, vol.55 (Spring 1979).
10) Nowotny, Otto H., "American vs. European Management Philosophy," *Harvard Business Review*, No.64209(March-April 1964). 유럽의 경영자가 Past, Wisdom, Stability, Convention, Necessity, Quality, Diversity 지향적이라면, 미국의 경영자는 Future, Vitality, Mobility, Informality, Abundance, Quantity, Organization 지향적이다.
11) Wittreich, Warren J., "Misunderstanding The Retailer," *Harvard Business Review*, vol.40 (May-June 1962).
12) 여기서 사용하고 있는 용어 "관련당사자"는 유통경로에서의 "경로구성원"을 지칭함.
13) Stern, Louis W. and Gorman, Ronald H., "Conflict in Distribution Channels: An Exploration," *Distribution Channels: Behavioral Dimensions*, ed. Louis W. Stern (New York: Houghton Mifflin Co., 1969).
14) Raven, Bertram H. and Kruglanski, Arie W., "Conflict and Power," *The Structure of Conflict*, ed. Paul Swingle, New York, Academic Press, 1970.
15) 이달곤, 「협상론」, 법문사, 1996. Boulding, Kenneth E., "Organization and Conflict," *Journal of Conflict Resolution*, 1(1957).
16) 이러한 주장을 펼친 사람으로는 Baritz, Litterer, Kelly 및 유통경로에 대한 연구를 한 Alderson, Stern, Dixon과 Layton 등을 들 수 있다. Alderson, Wroe, *Dynamic Marketing Behavior*, (Homewood, Illinois: Richard D. Irwin, 1965) Stern, Louis W., "The Interorganizational Management of Distribution Channels: Prerequisites and Prescriptions," *New Essays in Marketing Theory*, ed. George Fisk(Boston: Allyn and Bacon, 1971). Dixon, Donald F. and Layton, Roger, A., "Initiating Change in Channel Systems," *New Essays in Marketing Theory*, ed. George Fisk (Boston: Allyn and Bacon, 1971).
17) Assael, Henry, "The Constructive Role of Interorganizational Conflict," *Administrative Science Quarterly*, 14(December 1969). 이러한 견해에 동조하는 학자로는, 사회학자로서 Coser, Van

Doorn, 심리학자로서 Schmidt & Tannenbaum, Blake & Mouton, Deutsch, Hoffman et al., 경제학자로는 Boulding, 조직이론가인 Pondy, Tompson, Litterer 등을 꼽을 수 있다.

18) Thomas, Kenneth, *op. cit.*

19) Robbins, S. P., *Managing Organizational Conflict: A Non-Traditional Approach*,.

20) 이달곤, 「협상론」, 법문사, 1996.

21) Christopher, Elizabeth M., *Negotiating Skills for Business*, Kogan Page, 1996, Chapter 3.

22) Ury, William L., Brett, Jeanne M., and Goldberg, Stephen B., *Getting Disputes Resolved – Designing Systems to Cut the Costs of Conflict* –, Jossey-Bass Publishers, 1989.

23) Felstiner, W. L. F., Abel, R. L., and Sarat, A. "The Emergence and Transformation of Disputes: Naming, Blaming, Claiming." *Law and Society Review, 15*, 1980-81.

24) "분쟁을 진행시키고, 관리하고, 또는 다룬다고"하기보다 "분쟁을 해결한다고" 표현할 때의 "해결"이란 분쟁 중에 있는 근본적인 갈등을 반드시 끝낸다는 것을 의미하지는 않는다. 또한 한번 해결된 분쟁이 계속 해결된 상태로 있음을 의미하지도 않는다. 사실 분쟁해결에 대한 접근방법을 대별하여 구분하는 기준 가운데 하나는 해결되었던 분쟁이 다시 재발하는 빈도를 가리킨다. Merry, S. E., "Disputing Without Culture." *Harvard Law Review*, 1987, 100; Sarat, A. "The 'New Formalism' in Disputing and Dispute Processing." *Law and Society Review*, 21, 1988 참조.

25) Fisher, R., and Ury, W. L. *Getting to Yes*. Boston: Houghton Mifflin, 1981. Lax, D. A., and Sebenius, J. K., *The Manager as a Negotiator*. New York: Free Press, 1986.

26) Goldberg, S. B., and Sander, F. E. A. "Saying You're Sorry." *Negotiation Journal*, 3, 1987.

27) 법원의 절차는 누가 옳은가를 결정할 뿐만 아니라 누가 더 유력한가를 결정한다. 때문에 법원의 결정은 국가의 강제력이 뒷받침되어 있다. 법적 권리의 뒤에는 파워가 있다. 판결의 외관상 초점이 누가 더 유력한 파워를 갖고 있는가를 결정하기보다는 누가 옳은가를 결정하는데 있기 때문에 여전히 판결이 권리절차라고 할 수 있다. 비록 권리, 특히 법적 권리가 파워를 제공한다고 할지라도, 갈등해결수단으로서 권리에 초점을 맞춘 절차는 파워에 초점을 맞춘 절차보다 비용이 적게 든다. 갈등당사자가 규범적 기준 하에 반드시 이겨야만 하는데 초점을 맞추고 있는 재판과 같은 「권리에 기초한 다툼」은, 갈등당사자가 상대방을 더 많이 해쳐야 하는데 초점을 맞추고 있는 「파워에 의존한 파업, 보이콧, 또는 전쟁」보다 비용이 적게 든다. 이와 비슷하게 서로 상대방을 상처 입게 하는 갈등당사자들의 상대적인 능력에 초점을 맞추고 있는 협상타입보다는 갈등해결을 위한 규범적 기준에 초점을 맞추고 있는 협상타입의 경우가 비용이 더 적게 든다고 할 것이다. 그러므로 비용이라는 관점에서 보았을 때, 「파워에 초점을 맞추는 절차」와 「권리에 초점을 맞추는 절차」를 구별하는 것이 타당하다고 할 수 있다.

28) Emerson, R. M. "Power-Dependence Relations." *American Sociological Review, 27*, 1962.

29) Hirschman, A.O. *Exit, Voice, and Loyalty: Responses to Declines in Firms, Organizations and States*, Cambridge, Mass.: Harvard University Press, 1970.

30) 다섯 번째 평가기준은 절차의 공정성인데, 이것은 분쟁해결절차의 공평성에 대하여 얼마나 만족하는가 하는 것이다. 여기서는 절차의 공정성을 별도의 평가기준으로 포함시키지 않았는데, 그 이유는 두 가지가 있다. 첫째, 거래비용, 결과에 대한 만족, 상호관계에 대한 영향, 그리고 재발 등과는 달리, 절차의 공정성은 단일 분쟁에 대한 단일 절차의 수준에서만 의미를 갖고 있다. 이것은 단일 분쟁사건의 해결에 사용되는 여러 가지 다중(多重)절차들을 일반화시킬 수 없고, 또한 제도적 수준의 비용을 구성하기 위한 분쟁을 일반화할 수도 없다. 위의 네 가지 다른 비용들은 이 두 가지를 모두 만족시킨다. 예컨대, 그 분쟁을 해결하기 위하여 사용된 절차가 얼마나 많았고 달랐는가에 관계없이, 분쟁의 결과에 대한 분쟁당사자들의 만족도를 측정하는 것은 가능하다. 마찬가지로 많은 수의 분쟁당사자들에게 그들의 느낌에 대하여 물어봄으로써 많은 분쟁을 취급하고 있는 제도에서 결과에 대한 만족도를 측정하는 것이 가능하다. 둘째, 절차의 공정성과 분배의 공정성(결과의 공평성에 대한 만족)은 별개의 구분된 개념이라고 할지라도, 이 둘은 전형적으로 높은 상관관계를 갖고 있다. Lind, E. A., and Tyler, T. R. *The Social Psychology of Procedural Justice*. New York: Plenum, 1988; Brett, J. M. "Commentary on Procedural Justice Papers." R. J. Lewicki, B. H. Sheppard, and M. H. Bazerman (eds.), *Research on Negotiations in Organizations*, Greenwich, Conn.: JAI Press, 1986 참조.

31) Williamson, O. E. "Transaction Cost Economics: The Governance of Contractual Relations."

Journal of Law and Economics, 22, 1979; Brett, J. M., and Rognes, J. K. "Intergroup Relations in Organizations." In P. S. Goodman and Associates, *Designing Effective Work Groups*, San Francisco: Jossey-Bass, 1986.

32) 절차적 정의와 분배적 정의간의 관계—즉, 절차과정에 대한 만족과 결과에 대한 만족간의 관계—에 대한 증거의 요약에 관하여는, Lind, E. A., and Tyler, T. R. *The Social Psychology of Procedural Justice,* New York: Plenum, 1988 참조.

33) Lax, D. A., and Sebenius, J. K., *The Manager as Negotiator,* New York: Free Press, 1986.

34) 이러한 진술을 뒷받침하는 실증적 연구가 진행되어 조정(mediation)을 중재나 재판과 비교하였다. 노무관리, 소손해(小損害)분쟁, 이혼 등의 여러 가지 상황에서 신청인들(claimants)은 중재보다는 조정을 더 선호한다.: labor management (Brett, J. M., and Goldberg, S. B., "Grievance Mediation in the Coal Industry: A Field Experiment," *Industrial and Labor Relations Review*, 1983, 37, 49-69), small claims disputes (McEwen, C. A., and Maiman, R. J., "Small Claims Mediation in Maine: An Empirical Assessment," *Maine Law Review*, 1981, 33, 237-268), and divorce (Pearson, J., "An Evaluation of Alternatives to Court Adjudication," *Justice System Journal*, 1982, 7, 420-444).

35) Brown v. Board of Education (347 U.S. 483), 1954.

36) 어떤 해설가들은 공공의 중요한 사안이 분쟁에 연관되어 있을 때 협상에 의한 해결보다는 법정절차가 항상 선호된다고 주장하고(see, for example, Fiss, O. M., "Against Settlement," *Yale Law Journal, 93,* 1984), 또 분쟁당사자는 그러한 분쟁을 타협으로 해결하라는 압력을 받아서는 아니 된다는데 모두 동의하고 있다. 그러나 공공의 이해관계에 영향을 미치는 분쟁을 해결하기 위하여 당사자들이 권장 받아야 될 범위가 어디까지인가는 전혀 분명하지 않다. See Edwards, H. T., "Alternative Dispute Resolution: Panacea or Anathema?" *Havard Law Review*, 99, 1986.

37) 텔레비전 드라마인 "순풍산부인과"의 예를 보자. 이 드라마에서 박 선생은 닥터 김과 사소한 일로 다투고는 말도 하지 않는 불편한 사이가 되어버렸다. 싸움이 있은 직후, 박 선생은 영어시험 출제위원 자리에 응모신청을 했는데, 심사에 결정적인 역할을 하는 사람이 공교롭게도 닥터 김과 아주 친한 사이라는 것을 알게 되었다. 그야말로 닥터 김의 말 한마디가 신원조회에 중요한 역할을 할 형편이 되었다. 박 선생은 자존심 상하는 일이라며 번민을 하였지만 하는 수 없이 닥터 김에게 자신의 행동이 잘못되었다고 사죄를 구한다.

5강

○ 상호의존성

의존성은 상대방과의 관계에서 파워를 측정하는 리트머스시험지이다. 잘 나가던 아나운서가 어느 날 갑자기 방송국에 사표를 내고 프리랜서(freelancer)로 나서거나 종합편성채널로 자리를 옮긴다. 반면에 노동자들은 사측과 격렬한 쟁의를 거치면서도 회사를 떠나지 않으려 한다. 사람들은 왜 그런 선택을 할까? 다른 여러 사정은 접어두고 여기서는 연봉을 기준으로 논의해보자. 현재의 직장에서 5천만원의 연봉을 받고 있지만, 본인이 필요로 하는 연봉의 수준은 6천만원이고, 직장을 옮기면 7천만원은 벌 수 있다고 가정해보자. 이 사람은 현재의 직장을 떠날 가능성이 매우 높다. 반대의 경우도 성립한다.

협상에서 당사자들은 상대방으로부터 서로 필요한 것이 있다. 상거래에서 구매자는 어떤 사람이 팔지 아니하면 살 수 없고, 판매자 또한 어떤 사람이 사지 아니하면 팔 수 없다. 각자는 상대방에게 의존되어 있는 것이다. 이러한 상황을 칭하여 상호의존(mutual dependency; interdependence)이라고 한다.

상호의존관계는 복잡하고 나름대로 독특한 설명을 필요로 한다. 사람들은 다른 사람으로부터 독립적일 때 상대적으로 의연하고 공평하며 개의치 않는 견해를 지닐 수 있다. 사람들은 다른 사람에게 의존하고 있을 때 다른 사람의 요구를 수용하거나 순응해야 하는 상황에 직면하게 된다. 예컨대, 직장에서 고용주에게 완전히 의존하고 있다면 지시대로 일을 처리하여야 할 것이며, 그렇게 하지 않으려면 그만두어야 할 것이다. 그러나 상호의존관계에 놓여 있을 때 사람들은 상대방에게 영향을 미칠 수 있게 되고, 또 여러 가지를 선택할 수 있는 많은 기회가 자기에게 주어진다. 상호의존관계는 복잡하기 때문에 그러한 선택을 마음대로 하는 것은 쉽지 않다.

1 상호의존관계의 특성

사람들 간의 상호의존관계가 어떤 상황에 놓여 있으며 앞으로 어떻게 바뀌게 될 것인지 그 결과를 예상해보자. 여기에서는 상호의존에 대하여 더 잘 이해하기 위해서 Thibaut와 Kelley가 개발한 분석개념을 이용하고자 한다.[1)]

집을 한 채 사려는 구매자에게는 자신이 지불하려는 금액에 한계가 있다. 즉, 어느 금액이상으로는 지불하려고 하지 않는다. 또 직장을 구하려는 구직자에게는 어느 정도의 한계급여가 존재한다. 때문에 그 한계급여 이하를 받고는 그 직장을 선택하지 않는다. 이와 같이 사람들은 행위를 할 때 경계가 되는 선을 정해 두게 되는데 이 경계선이 곧 기준이 된다. 이 기준을 놓고 사람들은 제의 받은 가격과 비교하여 기대하게 된다. 더 넓은 관점에서 보게 되면 상대방과의 전체협상관계를 평가해볼 수 있다. 즉, 일반적으로 협상에 대해서 어떻게 느끼고 있는가, 특정 상대방과 협상하는데 대하여 어떻게 느끼고 있는가, 그리고 얼마만한 가격이면 수락할 수 있다거나 또는 저항선이라고 느끼고 있는가. 이러한 기준을 「기대수준=비교수준(comparison level)」이라고 한다. 이 기준에 따라 사람들은 상호관계의 매혹정도를 평가하거나 얼마나 만족스러운가를 결정한다.

실제결과가 기대수준보다 높으면 상호관계가 만족스럽다. 그렇지만 실제결과가 기대수준보다 낮으면 상호관계가 달갑지 못하거나 불만이다. 실제결과와 기대수준 간의 간격이 클수록 상호관계의 만족감이나 실망감의 정도도 커진다. 허생의 연봉협상상황을 예로 들어 살펴보자.

만일 허생이 최소한도로 수용 가능한 급여를 연봉 3,000만원이라고 결정했다면, 이 금액이 직장에 대한 허생의 기대수준이 되는 것이다. 3,000만원을 상회하는 연봉은 더욱 매력적인 것으로 보이는 반면, 3,000만원에 미치지 못하는 연봉은 매력적이지 못하거나 아마도 거절하게 될 것이다. 상호관계가 매력적이지 못하면 허생은 다른 직장을 찾아 떠날 수도 있다. 그렇지만 그것은 허생의 선택에 달려있다. 만일 허생이 전문성을 지니고 있지 않다면 다른 직장을 구하기가 쉽지 않을 것이다. 만일 허생이 대단한 전문성을 지니고 있다면 다른 일자리를 그리 어렵지 않게 찾아낼 수 있을 것이다.

허생이 결과를 판단하는데 이용할 수 있는 또 다른 기준으로는 최저수준의 연봉이 있다. 이것은 허생이 선택할 수 있는 여러 대안들을 고려했을 때 수락할 수 있는 최저수준의 연봉을 말한다. 이것을 「대안수준(comparison level for alternatives = 대안을 고려한 비교수준)」이라고 한다. 사람들은 실제결과가 이 대안수준을 밑돌 때 상호관계를 저버린다. 실제결과가 대안수준을 초과할수록 사람들은 상호관계에 더 의존하게 된다. 만일, 허생이 연봉 3,100만원에 취업했다고 가정해보자. 6개월 후에 사장은 사업의 축소로 인하여 일자리가 없어졌다고 발표하였고, 허생은 이 회사에서 다른 일을 맡는 대신 연봉 2,800만원을 받는 것을 수락하였다. 이것이 싫으면 허생은 직장을 떠나야 했을 것이다. 2,800만원이라는 금액은 허생이 6개월 전에 한계금액으로 정해 두고 있었던 3,000만원보다는 상당히 낮은 금액임에는 틀림없지만, 실업상태로 새로운 직장을 구해야 하는 상황이라는 것은 2,800만원의 일자리보다 훨씬 더 나쁜 것으로 나타날 수 있다. 허생이 직장에 의존적일수록 「기대수준」보다는 낮지만 「대안수준」보다는 높은 연봉에 머무르게 될 것이다.

상호의존관계의 측면을 좀 더 명확히 하기 위하여 이상의 세 가지 개념 즉, 「기대수준」, 「대안수준」, 「실제결과」를 사용해보자. 앞의 구직자의 사례를 계속하여 살펴보면, 「기대수준」으로 3,000만원을 쓰고, 「대안수준」으로 일을 전혀 하지 않는다든지 다른 일자리를 갖는다는 개념을 이용하고, 「실제결과」로서는 실제의 연봉을 이용한다.

첫 번째로 「실제결과」가 「대안수준」과 「기대수준」 모두를 초과하는 [그림 5-1a]과 같은 상황을 가상해보자. 실제의 결과가 기대수준을 초과할 때에는 매력적이며 만족스러운 상호관계이다. 그러나 대안수준도 역시 기대수준을 넘어서고 있기 때문에 이 사람은 상호관계에 별로 의존적이라고 할 수 없다. 이러한 상황이란 연간 3,200만원을 벌고 있는 사람이 다른 곳에서 일하는 대가로 연간 3,100만원을 제의 받은 것으로 가정해볼 수 있다. 3,100만원 역시 기대수준보다 높으므로, 이 사람은 보수조건이 양호한 몇 개의 직장이 있다고 느낄 수 있다. 그래서 이 사람은 현재의 직장에 대해서 선택의 여지가 없는 유일무이한 직장이라고 생각하기보다는 덜 의존적이라고 느끼게 된다.

그림 5-1 »» 상호관계의 비교

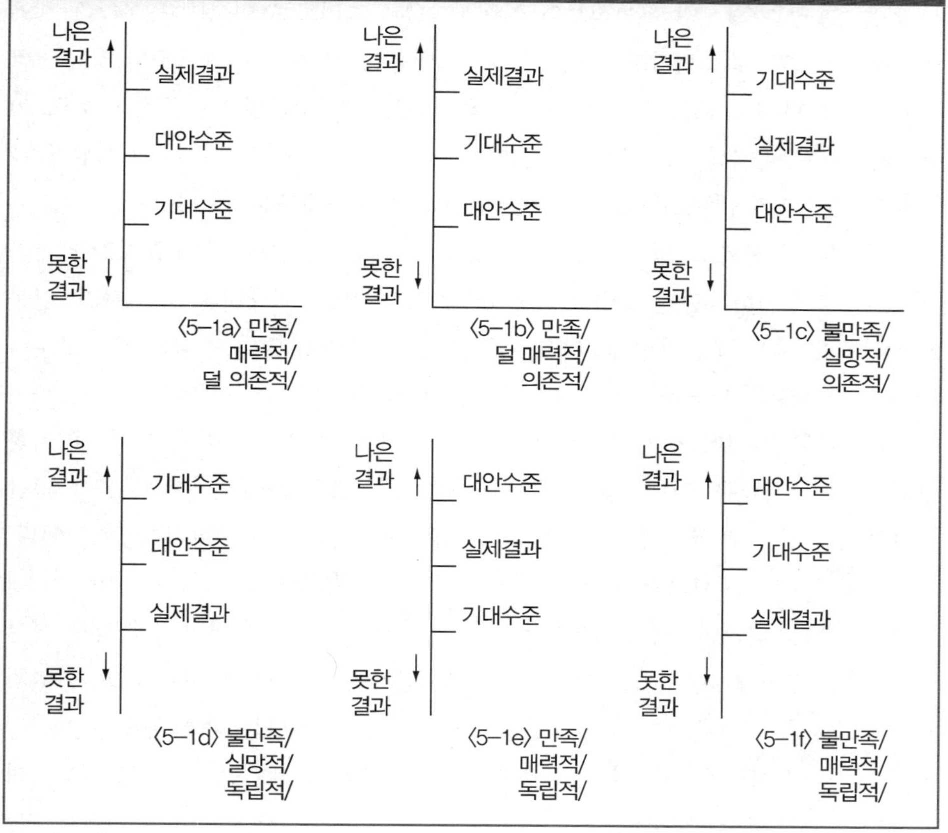

두 번째의 상황 [그림 5-1b]는 기대수준이 실제결과보다 아래에 놓여 있지만 대안수준보다는 위에 있는 경우이다. 이 경우는 상호관계는 만족스럽지만, 대안수준이 기대수준보다 못하기 때문에 아주 매력적인 상황이라고는 하기 어렵다. 그래서 상호관계에 대한 의존성은 증가되었다. 생계를 위해 3,000만원이 필요한 사람이 현재 3,200만원을 받고 일하고 있고, 다른 직장으로 간다면 2,700만원 밖에 받지 못한다는 것을 알고 있다면 이 사람은 수입원으로서 최상의 조건을 갖춘 현재의 직장에 별도리 없이 의존하고 있다고 느낄 것이다.

세 번째의 상황 [그림 5-1c]는 기대수준이 실제결과를 초과하고 있고, 실제결과는 대안수준을 초과하는 경우이다. 이 경우는 명백하게 매력적이지 못하고 만족스럽지 못한 상호관계이다. 그러나 이 상황 하에서의 실제결과는 다른 직장에서 얻을 수 있는 최상의 가능성보다 여전히 높다. 그러므로 이 사람은 상호관계에 의존적이고, 불만족스럽다고 하더라도 계속 머물게 될 것으로 예상된다. 즉, 만약 최소한 3,000만원을 필요로 하는 구직자의 연봉이 2,800만원으로 감봉되었고, 이 구직자는 감봉과 실업자 신세의 둘 중에서 하나를 선택해야 한다면, 이 사람은 불만족스러운 가운데에서도 2,800만원의 직장을 선택하게 될 것이다.

네 번째의 상황 [그림 5-1d]는 기대수준 및 대안수준 모두 실제결과를 초과하고 있는 경우이다. 만일 최소한 3,000만원의 연봉을 기대하는 구직자가 연봉 2,000만원을 제의 받는다면, 그리고 이 제의를 수락하지 않아도 다른 회사로부터 연봉 2,500만원을 너끈히 받을 수 있다면, 이 사람은 당연히 그 직장이나 연봉이 부적합하다고 결정하고는 실업상태나 다른 직장을 선택하게 될 것이다. 이러한 상황에 처한 사람은 만족스럽지 못하고 가진 대안조차도 매력적이지 못할 뿐만 아니라 상대방에게 의존적이지도 않다. 그래서 이 사람은 떠나버리게 될 것이다.

다섯 번째 상황 [그림 5-1e]는 대안수준은 실제결과를 초과하고 있고, 이 실제결과는 다시 기대수준을 초과하고 있다. 이 경우는 괴로우면서도 즐거운 상황이다. 이런 상황에서는 상호관계에 만족하고 있기는 하지만, 더 나은 기회가 있기 때문에 직장을 떠나게 될 것이다. 만일 3,500만원을 주겠다는 다른 매력적인 직장이 있다면, 이 사람은 현재의 3,200만원의 연봉보다 더 매력적인 것으로 생각하여 직장을 옮기고 싶게 될 것이다.

여섯 번째 상황 [그림 5-1f]는 [그림 5-1d]와 비슷하게 대안수준과 기대수준 모두 실제결과를 초과하지만 대안수준이 기대수준보다 높은 경우로, 이것은 매우 이례적이다. 만일 이러한 상황이 실제로 벌어진다면 해당당사자는 현재의 연봉수준에 만족하지도 않을 뿐만 아니라 그렇게 의존적이지도 않고 또한 바람직한 대안이 없는 것도 아니므로 이런 상황은 그리 오래 갈 수가 없을 것이다. 그러므로 기대수준이 3,000만원이고 다른 직장을 구한다면 3,000만원 이상의 연봉을 쉽게 구할 수 있는 상황일 때 2,500만원을 받고 계속 일하려는 사람을 찾기는 어렵다는 것을 말해 준다. 물론 이러한 논리적 추론의 근거는 연봉이 직장을 선택하는 유일한 기준이거나 연봉 외에 다른 모든 조건이 동일하다고 가정했을 때 가능하다.

그림 5-2 ››› 만족 · 매력 · 의존의 관계

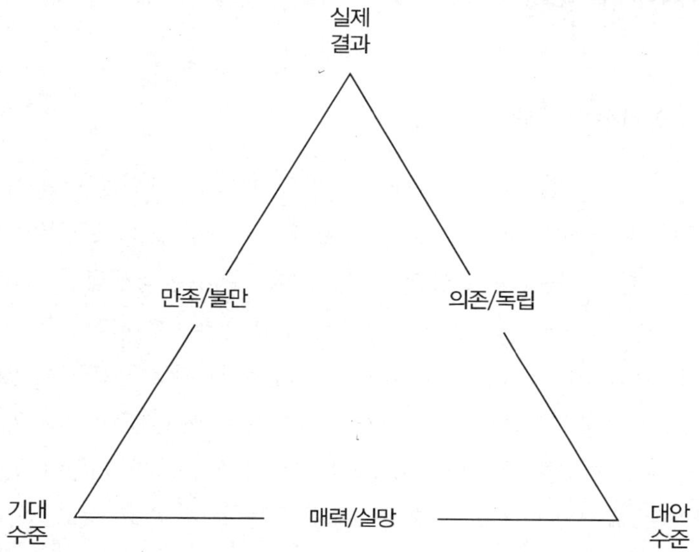

이러한 방식의 분석을 통하여 [그림 5-2]와 같은 만족 · 매력 · 의존의 관계를 구별할 수 있다. 어떤 사람은 상호관계에서 현상유지를 싫어할 수도 있고 좋아할 수도 있다. 이렇게 구별을 해보는 것은 우리 자신의 사정을 분명히 하고 상대방의 사정을 이해하기 위하여 중요한 일이다. 협상에서 상대방 당사자는 우리와 흥정하는 것을 꺼릴 수 있으나, 우리가 최상의 협상카드를 갖고 있을 때에는 상대방 당사자는 곤란을 견뎌야 할 뿐만 아니라 우리와 협상을 해야 할 것이다. 이와는 달리 상대방 당사자가 우리를 좋아하지만 다른 곳으로부터 더 매력적인 조건을 제시받았을 때에는 협상을 그만두게 된다는 점을 명심해야 할 것이다.

2 상호의존의 유형

2.1 상호의존의 구조적 특성

올림픽 경기에서 한 선수가 금메달을 따면 나머지 선수들은 패배자가 될 수 밖에 없는 상황처럼, 둘 이상의 사람들이 세운 목표들이 상호 연관되어 있어서 오로지 한 사람만이 그 목표를 달성할 수 있을 때, 우리는 경쟁적인 상황에 직면해 있다고 할 수 있다. 이러한 상황을 「갈등적 상호의존관계」라고 부른다.

이런 갈등적 상호의존관계의 상황에서 사람들은 서로 연관되어 있기 때문에 저마다의 목표달성에 부정적 상관관계가 존재한다.2) 한 사람이 자기의 목표를 달성하게 되면 다른 사람은 목표달성이 좌절되는 극한의 관계에 놓여 있다. 갈등적 상호의존관계는 불신과 의심으로 가득 찬 특징을 보여 주고 있고, 협력하기보다는 상대방의 목표달성을 저지하기 위해 엄청난 노력을 들이고 있으며, 영향력을 행사하기 위해 강압적인 힘을 사용하기도 한다.

이와는 반대로 당사자들의 목표가 서로 연관되어 있어서 한 사람이 목표를 달성하면 다른 사람들의 목표달성에도 긍정적이거나 촉진작용을 하는 경우가 있는데, 이러한 상황을 「촉진적 상호의존관계」라고 한다. 촉진적 상호의존관계는 당사자들 간에 신뢰관계를 형성케 하는 것이 보통이고, 수행해야 할 과제에 대해 업무를 흔쾌히 나누어 노력하게 된다.

결국, 목표의 상호의존성은 사회적 상호작용의 기초를 형성한다. 따라서 사람들이 세운 목표들이 상호의존적인가를 살펴봄으로써 우리는 어떤 형태의 사회적 행위가 가장 발생하기 쉬운가를 추정할 수 있다. 좀 더 구체적으로 말하자면, 상호의존성을 파악함으로써 우리는 협상당사자들이 처해 있는 상호관계의 성격을 비롯해서 앞으로 등장할 협상방식에 대해 예측할 수 있다.

2.2 상호의존의 태도적 특성

지금까지 상호의존의 구조적 특성에 대해 살펴보았다면, 앞으로는 상호의존의 태도적 특성에 대해 초점을 맞추어보자. 즉, 글로벌문화의 특질에 의한 상호의존적 행태의 차이점에 대해 살펴보자.

미국과 일본 간에는 문화적 차이로 인해 협상자가 협상에 임하는 태도에 차이가 있다. 미국의 경영자와 일본의 경영자를 비교하여 분석한 Pascale과 Athos의 연구결과에 의하면, 미국과 일본의 경영자가 모두 다른 사람의 도움을 필요로 하고 있고 업무를 성공적으로 처리하기 위해서는 다른 사람에게 의존해야 하는 상황에 처해 있을 경우, 두 나라의 문화적 차이로 인해 이들의 타개방식은 전혀 다르게 나타난다.[3] 한국인의 문화적 특질은 미국인보다 일본인과 더 가깝다고 할 수 있다. 이런 관점에서 볼 때, 한국과 미국의 협상자간에는 독립성 및 상호의존성에 대한 차이가 존재한다고 볼 수 있다. 미국과 협상하는 한국의 협상자는 미국인의 이러한 강력한 독립성 특질에 대한 인식과 준비가 필요하다.

의존성은 [그림 5-3]에서와 같이 독립형, 의존형, 상호의존형, 배타형으로 분류할 수 있다. 미국인과 일본인을 「의존성」 기준으로 구분하자면, 미국인이 일본인보다 상대적으로 독립적인데 비해, 일본인은 미국인보다 상대적으로 보다 더 의존적으로 평가된다. 이를 스포츠경기에 비유하자면, 독립성향이 강한 선수는 단식경기 또는 개인전종목에 강한 반면, 의존성향이 강한 선수들은 복식경기 또는 단체전종목에 강하다고 할 수 있을 것이다. 상호의존성향의 특성이 나라와 문화권마다 다르다는 점을 잘 감안한다면 팀으로 이루어지는 국제협상에도 응용할 수 있다.

한편, 배타형은 어떤 권세에 대해서도 저항하는 특성을 지니고 있으며 남에게 의존하게 될까 아주 두려워해서 무의식중에 나타난다. 이런 유형의 행동은 그 사람이 어려서 부모에게 얹혀 살 때 자기의 욕구를 충족시켜 주지 않은 부모에게 대한 반항으로 나타나는 경우가 많으며 아주 과격하다. 그렇지만, 너무 의존적인 사람과 마찬가지로 독립성이 취약할 뿐만 아니라 회사를 비롯한 조직에서 승진하기 어렵고 보잘 것 없는 일자리에 전전하는 경우가 흔하다. 그러므로 사회적으로 중요한 역할을 담당하는 사람들은 배타형의 영역에서는 잘 나타나지 않는 것으로 평가된다.

파워의 측면에서 보면 상대방과의 관계에서 의존적일수록 파워가 약하다. 연구결과에 의하면 일본인이 미국인보다 상대적으로 의존적 성향을 지니고 있는데,

그림 5-3 »» 의존성의 태도적 유형

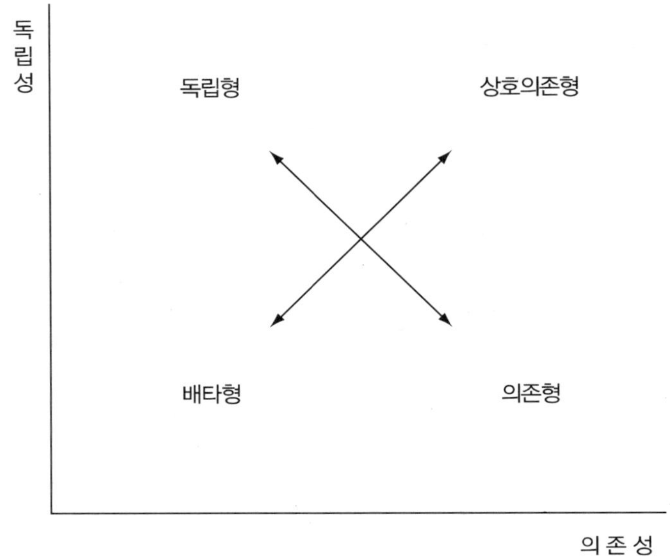

그렇다면 일본인의 파워가 미국인에 비해 약하다고 할 수 있는가? 파워와 의존성을 연관시킬 때의 의존성은 구조적 의존특성을 말하는 것인데 비해, 협상자의 개성이 의존적인지 아니면 독립적인지를 말할 때의 의존의 기준은 협상자의 태도적 의존특성을 일컫는다. 따라서 일본인이 미국인보다 상대적으로 더 의존적이라는 의미는 태도적 요인을 언급하는 것이므로 일본인이 미국인보다 협상에서 상대적으로 파워가 약하다고 단정하여서는 아니 될 것이다. 그러나 독립성향의 사람과 의존성향의 사람이 만나 협상을 하는 상황이라면, 서로 협조를 할 것인지 아니면 경쟁을 할 것인지를 선택할 때 착취와 관련된 문제가 등장하게 된다. 이에 대해서는 협상스타일과 게임이론 부분에서 다루도록 한다.

3 상호의존 진행과정

사람들의 상호의존관계는 복잡하다. 각 당사자는 자기가 상대방이 바라는 결과에 영향을 미칠 수 있음을 알고 있고, 그리고 자기의 원하는 결과가 상대방에 의해서 영향을 받게 된다는 것도 알고 있다.[4] 앞에서 살펴 본 바 있는 구직에 따른 급여협상사례를 좀 더 분석해 보자.

허생이 직장을 구하려고 고용주 톰슨의 면접을 받고 있다. 그들이 대화를 나눠본 결과, 허생은 가능하다면 그 일을 하고 싶어 하고, 톰슨은 허생을 그 자리에 적합한 사람으로 보고 있는 것으로 드러났다. 그들은 이제 허생의 급여수준을 결정하려고 한다. 모집광고에서는 급여는 서로 합의해서 결정한다고 하였다. 허생은 최소한 3,000만원의 급여는 받아야 된다고 생각했고, 그 이하로는 일을 하지 않을 참이었다. 그러나 잘만 하면 그 이상을 받을 수 있을지도 모른다고 생각했다. 허생이 면접하고 있는 그 회사는 짜기로 소문난 회사여서 필요 이상으로는 지불하지 않을 것이라고 생각했다. 이런 이유 때문에 허생은 그 회사가 즉각 수락할지도 모르는 자기의 급여 하한선을 말하지 말아야겠다고 결심했다. 더욱이, 허생은 3,000만원을 불렀다가 이 금액이 사실 톰슨이 지불할 수 있는 급여액수보다 훨씬 낮은 것으로 밝혀진다면 그 때 가서 다시 급여수준을 높여 달라고 하기 어려울 것이라는 점을 잘 알고 있다. 허생은 3,800만원을 이상적인 급여수준으로 생각했지만, 까딱 잘못하다가는 톰슨으로부터 주제넘다거나 무례한 요구를 하는 사람으로 비춰질까봐 걱정이었다. 톰슨이 자기를 부정적으로 인식하게 되면 톰슨과의 면접은 끝나버릴 것이고, 최상의 급여를 받기는 어려워질 것이다.

더 이상 나아갈 필요도 없이, 여기서 무슨 일이 일어나는지 살펴보자. 허생은 자기의 행동에 대한 톰슨의 반응을 예상하여 의사를 결정한다. 허생은 자기의 행동이 톰슨에게 영향을 미친다는 사실을 안다. 허생은 또한 앞으로 자기의 행동여하에 따라, 톰슨이 자기에게 취할 행동방식이 달라질 것임을 알고 있다. 그런 까닭에 허생은 자기의 행동이 간접적으로 자기에게 어떤 영향으로 돌아올지 생각하게 된다. 게다가 허생은 톰슨이 이 모든 것에 빈틈없는 사람이고, 또 최종 급여수준을 결정하기 전의 준비단계로써 자기의 이야기를 유심히 듣고 있다는 것을 알고 있다. 이런 예상을 바탕으로 허생은 가능한 한 정확하다 싶은 급여수준을 제시하는 방법을 찾으려고 할 것이다. 예를 들자면, 허생은 자기와 비슷한 자격을 가진 다른 사람들이 다른 회사들에서 받는 급여수준을 참고해서 말을 할 것이다. 허생은 자기가 어떤 행동을 취할 것인가를 결정할 때, 자기가 취할 행동이 톰슨에게 어떤 영향을 미칠 것인지를 고려할 뿐만 아니라, 자기가 취한 행동으로 인해 톰슨이 자기에게 어떤 방식으로 나올 것인지도 감안한다. 또한 허생은 톰슨도 이러한 구직자의 고민을 잘 알고 있을 뿐만 아니라 그동안의 경험을 바탕으로 행동할 것임을 잘 알고 있다.

상호의존관계에서의 행동은 추정된 행동이다. 즉, 상대방에 대한 정보가 많으면 많을수록 더 나은 추정을 할 수 있다는 전제하에 발현되는 행동이다. 그러나 너무 많은 것을 알고 있으면 혼동될 수도 있다.[5] 예를 들어, 톰슨은 진행 중인 사업계획을 맡아서 일할 사람이 시급히 필요한데, 허생은 이러한 사실을 이미 눈치채고 있다고 가정하자. 톰슨은 자기의 사장과 함께 그 사업의 실행계획을 훑어보았는데, 이 때 사장은 톰슨이 비용계산, 특히 노동비용에 대한 계산을 잘못하고 있다고 지적한 바 있다. 게다가 톰슨의 부하직원들은 허생과 같은 능력을 가진 사람이 자기들 부서에 필요하지만, 신입직원이 자기들보다 더 많은 급여를 받게 되는데 대해 불쾌하게 생각하여 불만을 털어놓고 있다. 이러한 모든 것들이 허생의 행동결정에 도움이 될 것인가, 아니면 혼란만 초래할 것인가? 사실, 이런 모든 복잡한 사정 때문에 톰슨은 급여수준을 결정하지 못하고 있다. 그렇다고 톰슨이 마음속으로 생각하고 있는 최고의 급여를 무턱대고 지불할 수도 없는 노릇이었다. 이것은 전형적인 급여협상상황이다. 양당사자는 각자 수용 가능한 타결의 최고 및 최저 한계선을 가지고 있지만, 그 한계범위 내에서 급여를 얼마로 정해야 할 것인지 아무도 결정하지 못하고 있다. 그것이 앞으로 해결해야 할 과제이다. 당사자들은 정보를 교환하고 문제해결을 위해 노력해야 한다. 당사자들은 각자의 요구사항을 배려한 해결을, 그리고 가능하다면 양당사자 모두를 위해 결과를 최적화하는 해결을 모색해야 한다.[6]

문제를 해결한다고 하는 것은 당사자들이 바라는 결과가 어떤 것인지 그 바라는 결과의 제반요소들을 낱낱이 열거하고, 결실을 맺기 위해 가능한 구성요소들을 면밀히 조사하며, 그런 것들을 함께 조합하는 방법을 찾는 과정이다. 협상을 하는 사람은 자기 자신만의 시각으로 문제를 바라보려고 할 수 있고, 또 자기가 바라는 결과에 영향을 미치는 요소들만 고려한 채 문제를 해결하려고 시도할 수 있다. 그러나 공동으로 문제를 해결하려고 할 때에는 상대방이 바라는 결과에 대해서도 고려해야 한다. 한 가지 어려운 점은 상대방이 자기가 진정으로 바라는 결과가 무엇인지를 공개하지 않거나 또는 자기가 실제로 무엇을 원하는지 분명하지 않을 수 있다는 점이다. 그러므로 협상에서 양당사자 모두가 진정으로 바라는 결과가 무엇인지에 대하여 정보를 공유하고 명백히 하는 단계가 필수적이다.

협상이 전개됨에 따라 그것이 진심이든 단순한 주장에 불과하든 당사자들 간에 서로 바라는 결과가 어떤 것인지를 어느 정도 알게 된다. 그것들이 자연스럽게 잘 맞아떨어지면 괜찮지만 그렇지 못할 경우 협상을 진행하면서 서로 일련의 제안을 주고받게 된다. 이러한 제안은 상대방더러 입장을 바꾸라고 요청하는 경우도 있고 자기 자신의 입장을 바꾼다는 내용도 포함하는 경우도 있다. 어느 쪽이든 자신의 입장을 바꾸는데 동의하면 양보가 성립한 것이 된다.7) 양보는 선택의 범위를 한정시키게 되는데, 그 범위 내에서 해결이나 합의가 성립하게 된다. 즉, 어느 일방당사자가 양보를 하면, 협상범위는 일방당사자나 양당사자의 한계선이나 저항선 가까운 곳에 한정된다. 앞의 예에서, 허생은 처음에 3,800만원을 받고 싶다고 하지만, 자기의 요구를 3,500만원으로 낮춰 부르고, 이렇게 함으로써 3,500만원 이상의 급여를 받을 가능성은 없어지게 된다. 사람들은 양보가 협상타결에 필수적이라는 것을 인정하지만, 막상 자신이 일부나 전부를 양보해야 할 상황에 처하게 되면 분명히 꺼리게 된다. 허생이 3,500만원 이하의 급여를 받겠다고 추가로 양보를 할 때에는, 회사측에 급여 이외의 부가적인 후생혜택이나 다른 어떤 혜택을 달라고 요청하게 될 것이다. 그들은 자기들이 원하는 것 모두를 얻을 수 없다는 사실을 알지만, 누구를 막론하고 상대방 당사자가 그렇게 하는 것처럼 자기도 상호의존관계를 고려하여 가능한 한 타결범위를 넓게 잡기를 원한다. 정보 및 양보를 서로 교환하는 방식으로 최적의 타결을 보려면 상호 신뢰가 필요하고 또 당사자가 공정한 대우를 받고 있다고 느껴야 한다.

이러한 신뢰성과 공정성을 낳기 위해서는 두 가지 노력이 필요하다. 그 하나는 결과에 대한 인식에 중점을 두는 것이고, 다른 하나는 과정에 중점을 두는 것이다. 전자는 어떤 것의 중요성이나 가치에 대한 당사자의 예상·인식을 변경시키려는 노력이다. 앞의 예에서, 만일 톰슨이 자기 회사 사람들은 급여에 포함되지 않는 보너스를 많이 받기 때문에 급여는 상대적으로 중요하지 않다고 허생을 설득하여 확신시킨다면, 허생은 급여수준에 대해 양보하는데 편하게 느낄 수 있을 것이다. 이와는 대조적으로, 협상과정에 중점을 둔 노력은 제안과 양보를 주고받는데 있어 형평성, 공정성, 호혜성의 이미지를 안겨주는데 도움이 된다. 협상자가 몇 가지 제안을 했을 때 상대방이 이를 거절하고 아무런 대안도 내놓지 않는다면, 첫 제안을 한 협상자는 모욕감을 느끼거나 부당하게 대우받고 있다고 느끼게 되고, 그래서 협상은 결렬될 수 있다. 일방 당사자가 양보를 했을 때 상대방도 따라서 양보를 한다면 훨씬 더 편안하고 신뢰를 하게 될 것이다. 이렇게 양보를 수수하는 양상은 협상의 특성임은 물론 상호의존관계에서의 공동문제해결에 핵심이다. 협상에서 당사자들은 자신이 획득한 실제의 결과에 의해서만 만족하는 것이 아니라, 합의에 도달하는 과정에 의해서도 만족감을 얻게 된다. 이렇게 주고받는 과정을 제거하거나 고의로 감소시키는 것은, 마치 어떤 노사협상전략에서 시도되었던 것처럼[8] 협상과정을 방해하는 것이고, 공동의사결정의 가능성과 신뢰에 대한 기초를 무너뜨리는 것이다. 설령 그런 전략을 행하는 당사자가 취한 입장이 공동의 결과를 극대화시키는 것이라고 할지라도, 상대방은 그 결과를 이루기까지의 과정을 혐오할 것이다.

협상이란 공동결과를 극대화시키는 방향으로 양당사자 모두 함께 문제를 해결해 가는 과정이라는 점을 협상자들은 인정해야 한다. 이러한 과정은 성공적인 상호의존관계를 위해 아주 중요하고, 또 각 당사자의 신뢰감과 편안함을 필요로 한다. 즉, 이러한 신뢰가 커지려면 당사자들 각자에게 만족감과 성공느낌을 가져다 줄 수 있는 진행과정을 고수할 필요가 있다.

4 교환이론

서로 의존되어 있는 당사자들 사이에 일어나는 상호작용은 세 단계의 과정으로 나누어 볼 수 있다. 첫째, 학습을 통한 강화효과의 발생과정, 둘째, 당사자들의 협상에 대한 인식과정, 셋째, 상호작용의 결과단계이다. 이제부터 이들 각 과정에 대하여 좀 더 살펴보자.

4.1 교환과 학습

협상 중에 일어나는 상호작용은 단순한 정보수수 정도가 아닌 여러 경험의 결집체이다. 상대방은 찬사를 보내오기도 하고 정반대로 비난을 퍼부을 수도 있다. 상대방의 사소한 언행일지라도 우리의 감정에 영향을 미칠 수 있다. 상대방은 우리가 양보를 하면 자기도 양보로 대응하거나 아니면 오히려 더 양보하라고 요청할 수도 있다. 또는 양보하는 것도 아니고 편의 봐주는 것도 아닌 그저 무시해 버릴 수도 있다.

사람들은 협상과정을 거치면서 보상받기도 하지만 비싼 대가를 치르기도 한다. 대부분 사람들은 자기가 보상받는 상황을 좋아한다. 그리고는 그러한 보상이 증가되는 상황을 좇는다. 마찬가지 이치로 대부분의 사람들은 처벌받기를 꺼려하고 응징 받는 상황을 극소화하려고 한다. 이러한 보상과 처벌은 협상에서 당사자의 행동에 영향을 미쳐서 어떤 유형으로 나타나도록 하고, 그러한 유형 속에서 사람들은 어떤 행동유형이 적절한지, 어떻게 작용하는지, 그리고 보상상황을 어떻게 극대화할 수 있는지를 알게 된다. 그러므로 흥정의 교환 속에 학습이 발생한다.[9)]

4.2 교환과 대비

신뢰의 문제 뒤에는 공정성의 문제가 숨어있다. 우리는 거래가 공정하지 못하다고 느낄 때 상대방이나 그 제도를 신뢰하지 않는다. 그러나 공정하다는 것은 무엇인가?[10)]

한국에서는 얼마 전까지만 하더라도, 동일 직장에서 남성이 여성보다 보수를 더 많이 받는 것이 하나도 이상하지 않았다. 오히려 공정하고 당연하다고 생각했다. 사회는 남성이 아내와 자식들을 부양할 가장이 되는 것으로 생각한 반면, 여성은 결혼을 하고 나면 완전히 가정주부와 어머니가 된다고 생각했다. 여성들이 취업을 해도 부양가족이 없는 독신으로 생각했고, 자기의 부모와 함께 살거나 곧 결혼을 할 것이라고 예상했다. 사회적 통념상 남녀 간 임금수준의 차이는 형평에 맞는 것으로 인식되었다. 그러나 이러한 사회적 통념은 최근에 급격히 변했다. 이제는 공식견해 및 법 모두에서 사람들은 성에 따른 차별 없이 동등하게 대우받도록 하고 있다. 직장에서 여성을 "미스 김", "미스 리"라고 부르는 것은 일반적이지 않게 되었고 그런 말을 하면 오히려 싸늘하게 받아들인다.

문제는 형평성과 동등성 사이의 차이점이다. 일반사회에서 어떤 경우에는 동등성의 규범이 적용되는가 하면, 또 어떤 경우에는 형평성의 규범이 적용되고 있다. 급여에서 큰 차이가 있어도 사람들은 수긍한다. 어떤 사람은 연간 2천만원을 벌고 또 어떤 사람은 1억원 이상을 번다. 사람들은 자기의 상관이 간섭하는 것은 인정하지만 부하가 간섭하면 가만두지 않거나 괘씸하게 생각한다. 사회적으로 낮은 지위에 있다고 생각하는 사람은 상사가 공격적인 언사를 써도 잘 참아낸다.

협상에서 어떤 당사자는 기여도에 따라 형평에 맞게 있게 분배될 것으로 기대하는데 비해 상대방은 동등하게 분배될 것을 기대한다면, 서로의 주장을 불공정하다고 간주하게 될 것이다. 상대방이 그 동안 계속해서 「불운」을 겪었고 그래서 이제는 뭔가를 좀 바랄 수 있는 「행운」을 기대하고 있는데, 이제야 우리가 동등한 해결을 제안하고 나선다면, 상대방은 우리에게 분개하거나 불공정하게 취급받고 있다고 느낄 수 있다. 또 사람들은 사실 자기가 다른 사람들과 동등한 대우를 받아야 마땅하다고 생각하고 있을 때라고 할지라도 자기가 생각한 것보다 더 많이 얻었을 때 발생하는 재미있는 현상은 형평성을 주장한다는 점이다.[11] 대부분의 사람들은 자기가 생각하는 것보다 더 많이 받게 되면 가끔 죄의식을 느낀다.

이런 모든 논의에서의 핵심은, 사람들이 자기가 공정하게 대우받고 있다고 생각할 때 정의가 존재한다고 믿고 또 신뢰감을 느끼게 된다는 점이다.[12] 그러나 각 당사자는 무엇이 공정하고, 공정성이 어떻게 정의되는가에 대한 자신의 견해를 처음부터 가지고 있다.[13] 결국 당사자들은 이러한 견해들을 공개하고 상대방과 그것들을 공유하여야 협상과정을 제대로 이끌어 갈 수 있다.

4.3 교환과 결과

이제 협상의 핵심으로 돌아가서 합의로부터 나오는 최종결과를 살펴보자. 협상자는 무엇을 투자해서 무엇을 얻었는가? 자동차를 샀을 경우를 가상해보면, 많은 돈을 투자해서 다소간의 값진 옵션을 장착하고 있는 자동차를 얻었다. 투입과 산출이 같으면 공정한 거래를 한 것이다. 투입보다 산출이 크면 양호한 거래를 한 것이다. 투입보다 산출이 훨씬 크면 대단히 양호한 거래를 한 것이다.

그러나 투입과 산출을 놓고 자세하게 비교할 때 문제가 발생한다. 우리는 투자비용이나 투자시간, 신차를 구입하는 동안 쓴 신경, 배우자로부터의 포옹, 신차를 자랑하고픈 마음 등을 어떻게 서로 비교하는가? 친구와 이웃에게 신차를 자랑하는 것은 만족의 큰 원천이 될 수 있고 좋은 거래를 이루도록 하는데 도움이 될 수도 있다. 상대방에게 이것은 전혀 중요하지 않고 결과에 영향을 미치지도 않는다. 이것들은 주관적인 요인들이다. 이것들은 사람마다 아주 다르기 때문에 우리는 상대방이 어떤 결과를 더 좋아하는지 안다고 장담할 수 없다. 이것들은 협상과정을 통하여 변경될 수 있고 그렇게 시도하는 것이 협상의 주요한 일 중의 하나이다.

협상결과로 얻게 되는 몫의 가치를 「보상—비용」으로 표시해보자. 대부분의 협상자는 경우의 수마다 자신이 얻게 될 몫이 어느 정도의 가치를 지니고 있는지 계산하고, 이 몫을 상대방의 것과 비교한다. 그렇게 할 때 두 가지 현상이 두드러지게 나타난다. 첫째, 양측의 합의로 각자가 얻게 되는 몫은 서로 다를 가능성이 많다. 둘째, 합의할 수 있는 방식이 여러 가지이기 때문에 다른 방식의 조합도 얼마든지 존재한다. 양측은 어떤 조합을 선택하느냐에 따라 몫을 더 얻을 수도 또는 덜 얻거나 손해를 볼 수도 있다. 끝으로, 양측의 합의로 얻게 되는 각자의 몫은 양측이 취한 행동의 결과이다.

이 과정을 행렬로 나타내 보자. 〈표 5-1〉에서 양측이 선택할 수 있는 다양한 행동은 각 축을 따라 나열되어 있다. 양측이 어떤 행동을 선택하는가에 따라 다양한 조합이 나타날 수 있음을 행렬은 보여주고 있다. 각각의 조합 속에는 양측이 얻게 되는 몫의 가치가 표시되어 있다. 셀리(S)와 바우(B)가 협상을 한다고 가정할 때, 셀리(S)의 몫은 상자의 대각선 아래에, 바우(B)의 몫은 대각선 위에 표시되어 있다.[14)]

■ 표 5-1 ▌셀리(S)와 바우(B)가 평가 · 부여한 가치의 조합

	B1	B2	B3	B4	B5
S1	14 / 9	16 / 12	13 / 15	27 / −2	1 / 30
S2	30 / 6	17 / 14	14 / 10	−6 / 25	−2 / 7
S3	7 / 27	24 / 9	−10 / 13	23 / 11	21 / 8
S4	−8 / 18	7 / 6	20 / 20	7 / 22	5 / 21
S5	12 / 8	−10 / 25	22 / 17	8 / 23	11 / 22

셀리(S)와 바우(B)가 무엇을 선택해야 하는지 우리는 어떻게 알 수 있는가? 일단 셀리(S)와 바우(B)는 오직 하나의 선택을 하려고 하고, 각자는 그 선택에 대해 결과를 극대화하려 한다고 가정한다. 먼저 각자의 시각으로 봤을 때 어떤 선택을 할 수 있는지 살펴보자. 셀리(S)가 할 수 있는 선택은 다섯 가지이다. 이 중에서 S1은 셀리(S)가 할 수 있는 가장 바람직한 선택이다. 왜냐하면 만일 바우(B)가 B5를 선택한다면 셀리(S)는 30점이라는 몫을 얻을 수 있기 때문이다. 바우(B)의 시각에서 보면, 물론 셀리(S)가 S2를 선택할 때 B1은 30점의 몫을 가져다주기 때문에 바우(B)가 할 수 있는 최선의 선택이다. 그러나 이 중에서 어느 조합을 선택하더라도 양측 모두가 희망하는 「최상의 몫」은 한 칸에 수렴되지 않는다.

만일 셀리(S)가 먼저 S1을 선택하였고, 바우(B)는 S1의 5개 칸 중에서 어느 하나를 선택해야만 한다면 B5를 선택하는 것이 아니라 자기의 몫을 극대화하는 B4를 선택함으로써 27점을 챙기겠다는 식으로 대응한다. 반대로 만일 바우(B)가 30점의 결과를 얻기 위하여 먼저 B1을 선택하면, 셀리(S)는 S2를 선택하는 것이 아니라 바우(B)의 선택에 대해 자기의 결과를 극대화시키기 위해 S3을 선택하여 27점을 얻으려고 할 것이다. 이 경우, 셀리(S)의 몫이 27점인데 비해 바우(B)의 몫은 고작 7점에 불과하므로 바우(B)는 이 조합(B1, S3)을 거부할 것이다.

셀리(S)의 S3에 대응하여 바우(B)는 24점을 얻을 수 있는 B2를 선택할 것인데, 이 경우에도 셀리(S)는 겨우 9점 밖에 얻지 못하므로 또 다른 조합을 희망하게

된다. 양측은 자기의 몫을 극대화시키기 위하여 30점을 획득할 수 있는 (S1, B5)나 (B1, S2)부터 각각 제안하기 시작하였지만 점차 조금씩 양보하여 결국은 최상의 공동결과인 (S4, B3)에서 각자 20점을 얻는 것으로 낙착된다. 그러나 이런 최상의 공동결과를 얻기 위하여 사용할 수 있는 결정방식에는 여러 가지가 있다. 문제는 양측이 자기들의 최초의 입장으로부터 최상의 공동결과로 어떻게 옮겨가느냐 하는 것이다.

만일 양당사자가 모든 행동조합에 대한 상대방의 결과를 서로 안다면 일은 수월할 것이지만, 문제는 그들이 모른다는데 있다. 각자는 자기의 결과는 알고 있지만 대개 상대방의 결과에 대해서는 모르고 있다. 당사자들은 보통 〈표5-1a〉와 〈표5-1b〉의 행렬에 나타난 자기 자신의 몫을 알뿐이다. 즉, 셀리(S)는 〈표5-1a〉의 행렬에 나타난 몫을 알고 있고, 바우(B)는 〈표5-1b〉의 행렬에 나타난 몫을 알고 있다. 양측은 모두 상대방이 무엇을 받아들일 수 있는지 알아내기 위해 서로 충분한 정보를 교환해야 하고, 그렇게 함으로써 합의에 도달할 수 있다. 이것이 협상이 이루어지는 모습이다. 다음과 같은 대화를 상상해보자.

■ 표 5-1a ▌셀리(S)가 평가 · 부여한 가치

	B1	B2	B3	B4	B5
S1	9	12	15	−2	30
S2	6	14	10	25	7
S3	27	9	13	11	8
S4	18	6	20	22	21
S5	8	25	17	23	22

■ 표 5-1b ▌바우(B)가 평가 · 부여한 가치

	B1	B2	B3	B4	B5
S1	14	16	13	27	1
S2	30	17	14	−6	−2
S3	7	24	−10	23	21
S4	−8	7	20	7	5
S5	12	−10	22	8	11

셀리(S): 제가 먼저 제안을 하겠습니다. 귀하께서 B5를 선택한다면 저는 S1을 선택하겠습니다.

바우(B): 그건 곤란합니다. 그러나 귀하께서 S2를 선택하신다면 저는 B1을 선택하겠습니다.

셀리(S): 제가 S2를 선택하는 것은 안 됩니다. 귀하께서 B1을 선택할 의향이 있다고 하시니까 그렇다면 저는 S3을 선택하겠습니다.

바우(B): 음, 약간 나아지기는 했지만 아직 갈 길이 멉니다. 귀하께서 정말로 S3을 원하신다면 저는 B2를 선택하겠습니다.

셀리(S): 그것도 곤란합니다. 합의를 이루기가 정말로 어렵네요. 귀하께서 B2를 괜찮다고 하시니까 그렇다면 저는 S5를 선택하겠습니다. 어떻습니까?

바우(B): 그런 선택은 저에게 막대한 손해입니다. 귀하께서 S5를 말씀하시니까 저는 B3을 선택하겠습니다.

이상과 같은 상상대화를 들여다보면, 양측은 가능한 한 자기한테 최상의 결과를 낳는 선택을 좇는다는 것이다. 그리고는 상대방이 동의하지 않는다는 것을 알게 된다. 당사자들이 자기의 결과뿐만 아니라 상대방에 대한 결과도 완전히 안다면 그들은 물론 즉각 양측 모두에게 최상이 되는 조합으로 이동할 것이다. 그러나 당사자들 각자는 오직 자기 자신의 선호와 결과에 대한 정보만을 가지고 있기 때문에, 일단 어느 한쪽이 제안을 시작한 다음 그것에 대하여 반대제안을 서로 교환함으로써 비록 거절과 반대에 부딪히더라도 상대방이 수락할 수 있는 조합과 수락하지 않는 조합에 대한 정보를 파악할 수 있다. 이 간접대화방식은 중간에 오해를 낳을 수도 있다. 그러나 당사자들이 신중한 사람들이라면, 상호 제안을 꾸준히 교환함으로써 올바른 선택을 할 수 있다. 셀리(S)와 바우(B)사이의 대화를 계속해서 살펴보면,

> 셀리(S): 그것은 조금 나아지기는 했지만 제가 기대하는 몫이 아닙니다. 우리는 이 건을 서로에게 유익한 방향으로 해결해야 한다고 봅니다. 따라서 귀하께서 B3을 선택한다면 나는 S4를 선택하겠습니다.
>
> 바우(B): 뭐, 첫 술에 배부를 수는 없는 법 아니겠습니까. 좋습니다. 제가 좀 양보를 하도록 하지요. 그렇게 합시다.

이상의 대화는, 상호의존적 선택이 실제 생활에서의 의사결정에서 어떻게 작용하는지를 요약하여 보여주고 있다.

바우(B)가 셀리(S)로부터 수입하였던 물품이 품질불량으로 인해 클레임이 발생된 사례를 보자. 바우(B)는 수령한 물품의 품질이 불량하여 판매할 수 없으니 전량 반품하겠다고 한다. 또한 바우(B)는 이로 인해 이미 판매하기로 약속했던 국내 중간유통업자들에게 약속을 지킬 수 없게 되어 그로 인한 신용을 상실하게 되었을 뿐만 아니라 판매할 기회마저 상실하여 입은 손해가 크다며, 셀리(S)에게 물품대금과 함께 기대이익 및 신용 상실에 대한 손해까지 포함하여 배상하라는 클레임을 제기하였다. 셀리(S)와 바우(B)는 각자 자기 앞에 놓여있는 다섯 가지의 기본적 선택을 놓고 생각한다.

(1) 셀리(S)는 클레임문제를 신중하게 생각한다. 셀리(S)는 수출하여 얻게 되는 이익이 고작 10% 정도인데 바우(B)는 수출가격의 4배에 해당하는 금액을 클레임으로 요청하고 있다. 이 때문에 셀리(S)는 어떠한 책임도 질 수 없다고 강경하게 주장할 수 있다. 만일 바우(B)가 이를 인정하고 클레임 금액도 감액한다면, 강경한 주장을 폈던 셀리(S)는 비용지출을 피할 수 있을 뿐만 아니라 주위에서 밀리지 않는 사람이라는 평판과 함께 앞으로 발생할 수많은 갈등에서 도움이 될 이미지를 얻게 된다. 그러나 바우(B)는 불량물품에 대하여 전혀 책임을 부담할 생각이 없을 수도 있다. 이렇게 되면 양쪽 모두 강경한 입장으로 치닫게 된다. 논란이 계속되어 길어질 수 있고, 양측은 이 건을 해결하기 위해 소송으로 가야 할지를 놓고 고민하게 된다. 이 경우, 셀리(S)와 바우(B)는 서로 융통성 없고 호전적인 사람

으로 보일 수 있다. 뿐만 아니라 소송으로 해결하려면 3심제로 인해 오랜 시일이 소요될 뿐만 아니라 변호사비용도 만만치 않다. 설령 재판에서 승소한다고 하더라도 상대방국가에서 판결내용을 승인해주고 집행해줄 것인지도 불확실하다.

(2) 이와 같이 소송을 통한 해결의 경우에 발생할 수 있는 제반문제를 제거하기 위해 중재제도의 활용을 고려할 수 있다. 중재제도는 단심제이기 때문에 시일이 오래 걸리지 않고, 또 뉴욕협약에 의해 국제적으로도 외국중재판정을 승인해주고 집행해주기 때문이다. 그러나 계약서에 중재조항이 없기 때문에 사후중재합의를 해야 하는데 상대방이 여기에 응할 것인지 불확실하다. 중재인들에게 자신들의 갈등을 해결해달라고 요청하는 행위가 체면을 손상시키는 일이기도 하지만, 길고도 고통스러운 논란을 회피할 수 있다.

(3) 품질불량으로 인한 손해에 대하여 중간재 공급업자, 운송인, 보험회사에게 클레임을 청구하는 것이다. 중간재 공급업자가 납품한 부품 때문에 품질불량이 발생하였다는 심증이 있기는 하지만 불행히도 중간재 공급업자가 책임이 있다는 증거가 불분명하고, 설령 입증이 가능하다고 하더라도 해결하는데 상당히 오랜 시간이 걸릴 것이다. 때문에 운송 중에 발생한 사고인지에 대해서도 조사를 해야 할 것이고, 경우에 따라서는 보험회사에 클레임을 제기해야 할지도 모른다.

(4) 셀리(S)는 불량물품에 대한 책임을 일부 인정한다. 그러나 신용상실로 인한 손해배상액이 너무 크고 억울하다. 또한 자신도 손해를 보게 된 마당에 상대방이 자기의 기대이익을 챙기고 있는 모습에 실망스럽다. 그러나 서로의 거래관계가 단절될 경우 입게 될 손해를 배제할 수 없어 고민이다.

(5) 셀리(S)는 불량물품에 대한 책임을 인정하고 바우(B)가 청구하는 기대이익손실 및 신용상실손해에 대한 배상을 전부 인정한다. 이것은 길고도 고통스러운 논란을 피하게 하지만 금전적으로 보나 평판으로 보나 둘 모두 손실이다.

셀리(S)와 바우(B)의 선택에 대한 가능한 결과의 범위는 〈표 5-2〉에 나와 있다.

대부분의 결과는 양측 모두에게 바람직하지 못하고, 양측 모두에게 긍정적으로 나타나는 조합은 없다. 이것은 양측이 어떤 합의를 하든지 모두에게 유리하지 않다는 것을 의미한다. 좀 안된 이야기지만 현실 세계란 때로는 이와 비슷해서 바람직하지 못한 결과들만을 놓고 덜 나쁜 것을 최상으로 삼아 선택하라고 강요하기도 한다. 우리가 주목할 또 다른 것은 소송이나 중재로 가는 해결방식은 양측

■ 표 5-2 ▌양측의 선택가능 범위

		바우(B)				
		강경주장 *B1*	중재해결 *B2*	타인전가 *B3*	일부인정 *B4*	전부인정 *B5*
셀리(S)	강경주장 *S1*	−15 \ −10	−20 \ −10	10 \ −5	−5 \ −20	10 \ −30
	중재해결 *S2*	−10 \ −20	−8 \ 0	0 \ −8	0 \ −10	5 \ −25
	타인전가 *S3*	−5 \ −10	−10 \ −9	−2 \ 0	5 \ −5	10 \ −15
	일부인정 *S4*	−10 \ 10	−15 \ −5	−10 \ −10	0 \ −5	5 \ −5
	전부인정 *S5*	−25 \ 15	−30 \ 0	−20 \ −5	−10 \ 0	−5 \ 10

어느 누구도 좋아하는 것이 아니지만, 외국에서 진행되는 소송이나 중재에 참여해야 하는 셀리(S)에게 상대적으로 더 껄끄러운 일이다. 사실 좀 더 살펴보면, 대체로 셀리(S)가 소송이나 중재로 간다는 가정을 제외하면 바우(B)는 소송이나 중재로 가는 것에 대해서 상대적으로 중립적이다. 일방당사자의 혐오정도는 상대방이 어떻게 하는가에 따라 변한다.

이러한 변화는 개인적 가치관의 차이에 의해 크게 영향을 받는다. 셀리(S)는 바우(B)와의 관계를 개선시킬 수 있기를 바라는 한편, 바우(B)와 직접 흥정해서 얻을 수 있는 것보다 소송이나 중재로 가서 더 나은 기회를 얻기를 바란다. 그러나 만일 바우(B)가 소송이나 중재에 적극적으로 나설 경우 막강한 자금력과 법무실의 인적자원을 동원하여 상황을 주도함으로써 자기를 나쁜 사람으로 보이게 할까봐 걱정이다.

한편, 셀리(S)는 자기가 다른 동업자들의 눈에 어떻게 보이는지에 대해 관심이 많은데, 그래서 자기가 강력하고 주위에 밀리지 않는 사람으로서 보이기를 바란다. 또한 셀리(S)는 도움을 요청하기 위해 소송이나 중재로 달려가는 그런 사람으로서 보이기를 원치 않는다. 셀리(S)는 품질불량으로 인한 반품과 손해배상을 받아들이려고 하지는 않지만, 바우(B)의 대리인이 선적전 품질검사를 소홀히 한 책임을 수용하는 경우보다 바우(B)가 강경한 자세로 나오는 경우를 훨씬 더 부정적으로 보고 있기 때문에, 바우(B)가 강경한 자세를 취하면 셀리(S)는 책임을 인정하는 선택을 할 가능성이 높아진다. 만약 셀리(S)가 품질불량의 원인을 중간재 공급업자의 과실로 돌려 비용부담 클레임청구를 하는 선택을 한다고 하면, 바우(B)는 이런 클레임 청구행위가 책임을 회피하기 위한 전략적 차원에서 계획된 것으로 의심할 수도 있다.

행렬로 나타낸 도표는 협상상황에서 어떤 결과들이 나타날 수 있는가의 가능성을 살펴보는데 아주 유용하다. 그러나 한계가 있다. 한 가지 일에 대해, 선택한 각 조합의 정확한 가치를 결정하는 것은 쉽지 않다. 선택한 결과가 금액으로 나타난다면 어려울 것이 별로 없다. 그러나 〈표 5-2〉에서처럼 결과에 대한 가치들은 주관적이어서 사람의 개성이나 감정적 판단에 의존하는 경우가 많다. 결과에 대한 가치는 심지어 협상기간 동안에도 변할 수 있다. 사실 그것들을 바꾸려고 상당한 노력을 기울인다. 그러므로 바우(B)가 강경한 태도를 보이면 셀리(S)는 이런 강경함이 바우(B)의 평판인양 업계에 선전할 가능성도 있다. 두 번째 한계는 행렬도표가 다룰 수 있는 행위나 전략의 수이다. 각 행위자에 대해 4~5세트의 행렬을 만들기만 해도 상당히 복잡한 행렬 도표가 된다. 그러나 실제의 협상은 훨씬 더 큰 규모의 조합으로 구성해야 하며, 행렬도표를 대단히 복잡하게 한다.

5 의존성 게임

5.1 게임연구와 제약조건

협상에서의 상호의존관계는 그 성질이 복잡하기 때문에 연구하기가 쉽지 않다. 이상적으로 연구를 하자면 실제의 협상에서 존재하는 상호의존관계의 구조와 진행과정을 대상으로 연구하여야 할 것이다. 어떤 연구자들은 때때로 그렇게 하고 있지만, 대부분의 일반적 연구방법은 가상의 실험상황을 놓고 분석한다. 가상의 실험상황을 통한 방식으로 연구를 진행하다 보면 실제경험의 풍부함을 맛볼 수 없다는 한계가 있다. 그런 반면, 변수와 초점을 통제하고 제한함으로써 협상에서 존재하는 상호의존관계를 체계적으로 조사할 수 있다.

이렇게 통제된 상황 하에서 연구하는 기본적 방법 중의 하나가 바로 게임을 통한 연구이다. 행동과학자들은 합리적인 기대와는 상당히 다른 행동이 나타나는 상황에서 사람들이 실제로 어떤 행동을 보이는가를 분석하기 위하여 게임을 연구한다. 그러므로 상호의존행동의 연구에서 게임은 대개 특정 형태의 모의실험을 의미한다. 이러한 게임들은 당사자들이 협력적으로 또는 경쟁적으로 행동하도록 구성되어 있다. 그러므로 게임은 우리가 상호의존의 사례로서 언급했던 협상상황들과 유사한 점이 많이 있다. 게임에서, 일방당사자의 행동은 상대방이 얻을 수 있는 결과에 영향을 미친다. 그런 다음 이번에는 상대방의 행동이 최초 행위자에게로 되돌아와서 영향을 미친다.

배드민턴에서 선수들은 점수를 따기 위해 셔틀콕을 치지만, 그 순간에도 상대방이 되받아 치는 셔틀콕이 어느 방향으로 오도록 할 것인가를 계산하고 자기가 원하는 곳으로 셔틀콕을 보낸다. 배드민턴게임에서는 게임횟수의 제한과 셔틀콕이 떨어져야 하는 구역 등이 규칙으로 정해져서 제한 받고 있다. 협상에서는 가격, 행위남용, 협상기간 따위가 제한 받는다. 게임에는 규칙이 있고, 당사자들은 그러한 규칙의 범위 내에서 자기들의 목표를 성취하여 승리한다. 협상에도 규칙이 있다. 종종 명시적으로 말을 하지 않아서 그렇지 협상에서의 규칙은, 상대방이 양보를 해오면 자기도 양보를 해야 한다든지, 자기편에 최상의 결실을 맺도록 노력하되 거짓말은 하지 않는다는 것이 그 예라고 할 수 있다.

게임이라는 말은 다양하게 쓰이고 있다. 협상을 연구하기 위해 이용되는 게임에는 분배게임(distribution games), 경제교환게임(economic exchange games), 역할게임(role-playing games), "게임이론"게임("game theory" games) 등이 있다. 행동과학자들은 게임연구를 통하여 협상에 대해 많은 것들을 알게 되었다. 이러한 지식은 협상의 복잡성을 이해하는데 크게 도움이 된다. 다만, 염두에 두어야 할 점은 이런 방식으로 협상을 연구하는데 가정했던 제반 제약조건들이 존재한다는 것이다. 지금부터 게임연구에 대하여 좀 더 상세히 살펴보기로 한다.

5.2 제로섬게임

게임이론에서는 두 가지 유형의 게임이 주목을 받아왔다. 즉, 영합(零合: zero-sum)게임과 비영합(非零合: nonzero-sum)게임이 그것이다. 영합게임은 일방당사자가 승리하면 상대방당사자는 필히 패배하는 형태이다. 이에 비해 비영합게임에서는 당사자들의 이해관계 및 결과가 상충되기도 하고 조화를 이루기도 하기 때문에 (1) 비등가(非等價)방식으로 일방이 승리하고 다른 일방이 패배할 가능성(win-lose), (2) 쌍방 모두 승리할 가능성(win-win), (3) 쌍방 모두 패배할 가능성(lose-lose), 이상의 세 가지 형태가 나타난다. 대부분의 협상은 여러 동기가 혼합되어 있는 상황이기 때문에, 연구에는 비영합게임을 많이 이용한다.

무역의 고전이론 가운데 절대생산비설이나 비교생산비설은 국제무역을 하게 되면 교역국가 모두가 이익이 된다는 점을 보여주고 있는데, 이는 비영합게임의 상생(相生: win-win)원리를 논리적으로 증명한 것이다. 반면에 중상주의(重商主義)의 논리는 한 국가의 국부(國富)는 다른 국가로부터의 수탈에 의존한다는 승패(win-lose)를 바탕으로 하고 있다.

5.3 거래이론과 상생게임

협상게임의 거래이론(bargaining theory)은 재산소유에 대한 경제이론의 기초를 형성하고 있다. 골동백자의 매매사례를 통해서 이를 살펴보자.

현대 도시에 살고 있는 흥보는 200년 전의 조선시대 백자를 한 점 갖고 있다. 백자를 소유하면서 즐기는 기쁨을 화폐가치로 환산하면 500만원이다. 놀보는 전부터 흥보가 갖고 있는 백자를 부러워했다. 그러던 차에 복권에 당첨되어 1,000만원이 생겼다. 그래서 흥보한테서 그 백자를 사고 싶어 하였다. 놀보가 흥보의 백자를 자세히 살펴본 결과, 700만원의 값어치는 충분히 있다고 판단했다.

비협조적 경쟁게임이 진행되어 두 사람의 거래가 성사되지 않았다면, 흥보는 백자를 보유하면서 즐기면 될 것이고 이 때의 백자에 대한 가치는 500만원이다. 한편 놀보는 백자를 사지 않은 1,000만원을 다른 곳에 지출하게 될 것이다. 만일 놀보가 지출한 용처가 1,000만원만큼의 가치를 가지고 있는 곳이라고 가정한다면,[15] 이 두 사람의 가치 합계는 1,500만원(=500만원+1,000만원)이 될 것이다.

협상이 우호적으로 전개되어 거래가 600만원에 성사되면, 흥보는 600만원의 가치를 갖게 된다. 놀보는 700만원의 가치가 있다고 생각한 백자를 소유하게 되고 여기다가 또 현금 400만원을 보유하게 되었으므로 놀보가 느끼는 가치는 1,100만원이 된다. 따라서 흥보와 놀보 두 사람이 거래를 성사시킨 후의 가치 합계는 1,700만원(=600만원+1,100만원)이 된다.

이런 식으로 생각한다면, 협상을 실패한 것은 가치창조에 실패한 셈이 된다. 이 협상모형은 서로 협조하여 협상이 타결되면 모두에게 이익을 가져다 줄 수 있는 가치를 창조하게 됨을 보여준다. 이러한 가치창조의 성사여부는 결국 상대방의 선택에 의존되어 있다.

5.4 분배게임과 상호의존

군부대에서 60만 벌의 새 군복을 구매하려고 한다고 가정하자. 두 개의 일류 군복제조업체는 이 사업에서 한 몫을 잡으려고 한다. 각 회사는 자기 회사 혼자서 그 많은 물량을 모두 다 소화할 수 없다는 것을 잘 알고 있지만, 적어도 40%에 해당하는 24만 벌은 최소한 확보하기를 원하고 있고, 가능하다면 70%에 해당하는 42만 벌의 수주를 희망한다.

만일 두 회사가 충분한 시간을 가지고 있다면, 서로 정보를 충분히 교환하여 각 회사가 얼마만한 물량을 수주할지 결정함으로써 생산의 효율성을 도모하고 낭비와 비효율을 최소화할 수 있을 것이다. 그러나 그들은 시간이 없고 촉박하기 때문에 자기들이 할 수 있는 한 최대물량을 확보하려고 한다. 그래서 그들은 사업의 효율성을 기할 수 없다.

이와 같이 분배게임은 게임자들이 협상을 통하여 점수나 돈을 나누어 갖는 것이다. 목표는 최저필요수준 그 이상으로 가능한 한 많이 벌어들이거나 나누는 것이다. 게임자들은 돈이나 점수의 절대량으로 따져서 승리여부를 가리는 것이 아니라, 자기들의 최저수준에서 얼마나 더 높이 올라가서 해결하느냐로 승리를 결정짓는다.

게임자들은 각자 상대방의 최저수준을 알지 못한다. 이러한 실험상황은 게임자들로 하여금 합의에 도달하기 위하여 상호 영향을 미치도록 하고 있다. 합의마감일을 정하거나, 각 당사자의 수익금에서 매 일정시간이 경과할 때마다 일정금액씩 공제하는 방법 따위로 게임 당사자들에게 압력을 가할 수 있다.[16] 연구결과에 따를 것 같으면, 이러한 압력을 당사자들에게 가하면 당사자들은 합의 그 자체의 상세한 내역에 관심을 보이기보다는 어떤 합의에라도 도달하려는데 관심을 보이게 된다는 것이다. 한 가지 중요한 것은, 당사자들은 각자 서로의 최소수준에 대한 정보를 교환하는데 시간을 덜 소모하게 되고, 그러므로 그들의 최대의 공동이익을 결정하는데 이용할 수 있는 정보의 양도 줄일 수 있다. 「피의자의 고민게임」과는 달리 「분배게임」은 비록 오퍼의 범위가 한정되어 있지만 오퍼의 교환을 허용하고 있다.[17)]

이런 분배게임에 대한 실험결과를 통해 Raiffa는 재미있는 현상을 발견하였다.[18)] 게임당사자들이 서로 동등한 파워를 갖고 있을 때에는 서로 동등하게 결과를 나눠 갖는다. 그러나 놀랍게도 파워가 동등하지 않을 때에는 오히려 파워가 약한 사람보다 파워가 강한 사람이 더 못한 결과를 보인다는 것이다. 파워가 강한 당사자는 협상결과를 공동으로 모색해야 할 상대방과의 관계를 주도하려고 하는 경향을 보이기 때문에 파워의 불균형은 협상상황을 더욱 갈등 속으로 빠지게 하는데, 이로 인해 협상결과가 좋지 못하게 나타난다는 것이다.

5.5 교환게임

5.5.1 개념과 활용

교환게임은 국제상거래에서 수출업자와 수입업자가 상담을 벌일 때, 상사중재사건에서 신청인측과 피신청인측이 중재인 선정협상을 벌일 때, 양측이 자신들의 선호도를 서로 교환함으로써 최적의 합의점을 찾아가는 유형의 게임이다. 교환게임은 노조와 사용자측이 노사협상을 벌일 때 사안별 선호순위에 대한 정보를 서로 교환하여 최적해결점을 찾는데도 이용할 수 있고, 기타 다양한 분야에서 활용할 수 있다.

국제상거래협상에 걸려 있는 상대방의 이익이 어느 정도인지 서로 알지 못하는 상황에서, 양측이 자신의 이익을 표로 구성해서 서로 정보를 교환해보면 비로소 모든 조건을 알 수 있게 된다. 이익을 표로 나타내보면, 보통 몇 개의 「가격-수량」 조합은 일방당사자에게는 이윤을 안겨주는 반면 상대방당사자에게는 동일한 크기의 불이익을 안겨주도록 구성된다. 어떤 게임에서는 공동결과의 극대화가 존재하는 반면 반대로 공동결과의 극대화가 존재하지 않는 경우도 있다.

5.5.2 국제상거래에서의 교환게임

국제상품전시회에서 구매자는 자신의 완제품생산에 필요로 하는 품질 좋은 원료를 발견하였다. 그 원료를 구매하고 싶어 판매자에게 공급가격을 문의한다. 이 때 판매자는 구매자에게 얼마만한 기간동안 어느 정도의 수량이 필요한지를 되물어본다. 왜냐하면 공급기간과 공급수량에 따라 공급단가가 달라지기 때문이다. 그러면 구매자는 자신이 필요로 하는 원료의 수요량과 수요시기에 대한 정보를 판매자에게 제공한다. 매매대상이 되는 원료는 부패하기 쉬운 화학제품이나 식품일 수도 있고, 부피가 큰 대형제품일 수도 있다. 구매하는 측에서는 쉽게 부패하는 원료나 부피가 큰 원료를 한꺼번에 필요 이상으로 구매하여 그것을 창고에 보관하게 되면 경제적 손해가 발생한다. 반대로 너무 적은 양을 구매해도 원료고갈로 인해 완제품 생산에 차질을 초래하여 문제가 발생한다. 때문에 구매자는 얼마만한 양을 언제 필요로 하는지 가능한 한 정확하게 계산해서 구매를 결정해야 한다. 마찬가지로 공급자 측에서도 원료를 일정 규모로 생산할 때 가장 많은 수익을 낼 수 있다. 만일 너무 적게 생산할 경우 생산단가가 높아지게 되는 반면, 너무 많이 생산할 경우 자원낭비가 초래된다. 그러므로 구매자와 공급자 양쪽 모두 수익을 최적화하기 위해서는 얼마만큼 구매하고 제조할 것인지 서로 정보를 교환하여 조정해야 한다. 생산량과 구매량이 전적으로 상대에게 의존되어 있지 않을 경우에는 거래수량에 따라 단가를 조정하게 된다. 구매자와 판매자는 이러한 정보의 교환을 통해 합의점을 찾게 된다. 이런 유형의 게임을 경제적 교환게임이라고 한다.[19]

5.5.3 중재인선정에서의 교환게임

국제상사분쟁을 중재로 해결하려고 할 때 당사자들은 자신이 선호하는 중재인을 선정하는 과정을 밟게 된다. 상황에 따라서는 중재기구에서 중재인후보자 명단을 양당사자에게 제시하면서 선호순위를 묻는다. 중재기구 사무국은 10명의 중재인후보자 명단을 양당사자에게 제시한다.

양당사자는 제시된 중재인후보자 10명에 대해 자신이 선호하는 순위를 1번부

■ 표 5-3 ▌선호순위 교환에 의한 중재인선정

중재인	신청인	피신청인	합산결과	선정순위
배 비 장	1	10	11	*5*
홍 길 동	6	9	15	*10*
심 청	2	8	10	*4*
연 흥 부	7	7	14	*9*
이 몽 룡	3	6	9	③
허 생	8	5	13	*8*
장 보 고	4	4	8	②
Peter Pan	9	3	12	*7*
Sindbad	5	2	7	①
諸 葛 亮	10	1	11	*5*
합 계	55	55	110	

* 숫자가 낮을수록 선호순위가 높다.

터 10번까지 매긴 다음 중재기구 사무국에 제출하는데, 중재사무국은 양측의 선호순위를 합산하여 가장 낮은 번호를 받은 중재인후보자를 중재인으로 선정하는 절차를 밟는다. 이를 도표로 나타내면 〈표 5-3〉과 같다.

신청인과 피신청인의 선호순위를 합산한 결과 7점을 받은 중재인후보자인 Sindbad가 중재인으로 선정됨을 보여주고 있다. 그 다음으로는 장보고, 이몽룡의 순으로 선정된다.

5.6 역할게임

역할게임에서 당사자들은 자기에게 주어진 특정 역할을 연기한다. 노사협상에서의 역할게임을 할 경우, 노조측은 경영자측의 역할을 연기하고, 경영자측은 노조측의 역할을 연기함으로써 서로 상대방의 입장이 되어 생각하고 이해하게 된다. 이러한 역할연기는 중재제도를 익히려는 사법연수생들이 각각 중재인, 신청인, 피신청인의 역할을 맡아서 모의중재사건을 처리함으로써 대체분쟁해결제도(ADR: Alternative Dispute Resolution)에 대한 학습효과를 증대시키는 효과도 있다.

협상에 대해 교육하는 기관에서는 대체로 이런 역할연기를 통하여 협상실습의 효과를 극대화시키고 있다. 예컨대, 다국적기업들간의 분쟁해결을 위한 협상, 주택임대차계약협상, 주유소 매각협상, 국제상거래에서의 상담협상 등 다양한 분야에서 역할연기가 활용된다. 역할게임에서는 역할을 보다 더 현실성 있게 하기 위해, 협상 꾸러미 속에 여러 가지 사안을 포함시켜 이들을 어떻게 조합하고 상호 조정하는가에 따라 수많은 형태의 결과에 도달할 수 있도록 한다.

역할연기는 서로 역할을 바꾸어 상대방의 입장과 시각으로 협상사안을 바라봄으로써 그 동안 알지 못했던 뭔가를 볼 수 있게 된다. "내가 만일 이런 입장에 처해 있다면 나는 무엇을 원할까?" "나는 무엇을 추구할 것인가?" "상대방의 주장과 제안이 어떻게 보이는가?" 등의 질문을 스스로 해본다. 이런 과정을 통해서 그 동안 잘못 알고 있었던 것을 바로 잡을 수도 있고, 자신의 요구가 과도했다는 점도 느낄 수 있으며, 상대방에 대한 이해를 높일 수 있다. 역할게임이 성공적이 되기 위해서는 참가자들이 각자 맡은 역할에 대한 견해를 가지고 있어야 하고 또 그런 견해를 주장해야 한다.

역할게임에의 참가자들은 자기의 실체가 아닌 단지 자신이 맡은 역할에서의 주인공으로 행동한다는 점에서 연구와 학습도구로써의 역할게임은 한계가 있다. 역할연기는 참가자의 연기능력에 의해 부분적으로 영향을 받기도 한다. 자신이 맡은 역할을 실제로 경험해본 적이 있는 유경험자는 그 역할을 더 잘 할 수 있는 반면, 자신이 맡은 역할에 대해 전혀 무지한 게임연기자는 역할을 제대로 소화하지 못하기 때문이다.[20] 이 역할게임에 대해서는 나중에 의사소통과 관련한 역할바꾸기 부문에서 좀 더 살펴보기로 한다.

6 피의자의 고민게임

6.1 게임배경

두 형사 피의자가 분리 수감되었다. 검사는 그들이 유죄라고 거의 확신하지만 재판에서 유죄판결을 받아낼 합당한 증거를 확보하지 못하고 있다. 피의자들은 검사에게 범죄사실을 인정하거나 부인할 수 있다.

만일 두 피의자 모두 자백하지 않는다면, 검사는 절도죄나 불법무기소지죄와 같은 약한 죄목으로 기소하여 둘 모두 경미한 처벌을 받게 할 수 있다. 만약 두 피의자 모두 죄를 자백한다면, 검사는 기소할 것이지만 가장 엄한 처벌보다 낮은 구형을 할 것이다. 그러나 만일 한 명만 자백하고 나머지 한 명은 거부한다면, 자백한 피의자에게는 관대한 처분을 하는 반면 거부한 피의자에게는 엄벌로 다스릴 예정이다. 피의자가 어떤 선택을 하는가에 따라 달라지는 형량을 수감기간으로 표시하면 〈표 5-4〉에 표시되어 있는 바와 같이 2개월형, 1년형, 3년형, 그리고 5년형이다.[21)]

■ 표 5-4 ▌피의자의 고민(prisoner's dilemma)

		피의자 을을	
		거부	자백
피의자 갑갑	거부	각각 (1년) 형	갑갑 (5년) 형 을을 (2개월) 형
	자백	갑갑 (2개월) 형 을을 (5년) 형	각각 (3년) 형

이 피의자 고민게임에서의 게임자는 두 명의 피의자가 된다. 게임전략은 자백 아니면 거부 두 가지만 존재한다. 게임횟수는 오직 이번 한 번이 전부이다. 나중에 석방된 후 보복하거나 보답할 기회가 없다는 말이다. 두 피의자는 서로 다른 방에 갇혀 있기 때문에 서로 의사소통을 전혀 할 수 없다. 이와 같이 피의자들에게는 달갑지 않은 상황이 전개되고 있다. 피의자들이 바라는 최상의 결과는 2개월간 감옥살이를 하는 것이다. 그리고 만일 일이 잘 풀리지 않고 꼬일 경우 5년형을 받을 수도 있다.

이제, 피의자들은 어떻게 할 것인가? 이 피의자 고민게임에는 (1) 게임자, (2) 게임전략, (3) 게임결과보수의 세 가지 구성요소가 있다. 또한 피의자의 고민게임에서는 다음의 네 가지를 가정하고 있다. (1) 게임자는 오직 두 사람만 존재한다. (2) 게임전략은 오직 두 가지만 있다. (3) 게임횟수는 오직 한 번뿐이다. (4) 게임자 상호간 의사소통을 할 수 없다.

6.2 게임의 전개

피의자 갑갑이 할 수 있는 최상의 선택은 자기가 자백하고 피의자 을을이 거부하기를 바라는 것이다. 그러나 갑갑은, 아마 을을도 자기와 똑같은 정보를 가지고 같은 식으로 생각할 것이라고 예상할 수 있다. 즉, 을을은 사안을 자기와 동일하게 인식하고 역시 자백할 가능성이 상당히 농후하다고 생각한다. 그러면 이들은 둘 다 3년형을 받게 된다.

갑갑은 만약 자기들이 둘 다 자백하지 않고 거부한다면 둘 모두 1년형을 받는다는데 주목한다. 개인적으로 둘 중 어느 누구에게도 최상의 결과는 아니지만, 그 중에서 그래도 가장 호감이 가는 공동결과이다. 사실 둘 중 어느 누구라도 거부하는 입장을 선택하면, 상대방에게는 가장 유리한 입지를 제공하게 된다. 왜냐하면 상대방은 자백을 하든 거부하든 그 결과는 2개월형이나 1년형이기 때문이다. 갑갑은 을을이 최상의 공동보조는 둘 모두 거부하는 것이라는데 주목하여 거부하는 입장을 취할 것이라고 결론을 내린다. 만약 갑갑이 상상을 많이 하지 않는 사람이면 이런 거부하는 입장을 취할 것이다.

그러나 만약 갑갑이 상상이나 망상을 많이 하는 사람이라면, 좀 더 깊이 생각하게 될 것이다. "가만있자, 을을은 내가 이런 식으로 생각하고 있다는 것을 알고, 이기적으로 자백해버리는 것이 아닐까? 그렇게 되면 그 사람은 2개월형을 받고 나는 5년형을 받게 되는데…" 갖가지 의문이 연달아 일어난다. "을을은 얼마나 머리를 굴리고 있을까? 내가 그 사람을 얼마나 믿어야 하는 걸까? 을을은 나를 어느 정도 믿고 있을까?"

이런 저런 생각들이 혼란스럽게 떠오른다. 신뢰, 정직, 협조, 경쟁, 등의 근본적인 문제들이 실제의 협상에서 끊임없이 제기된다. 사람들이 이러한 문제들에 어떻게 대응하는가는 부분적으로 그들이 그 상황을 어떻게 보고 있는가에 달려있다. 만일 당사자들이 자기들의 이해관계를 서로 다르고 상충된다고 인식하면, 그들은 상대방의 행동 속에서 불신, 속임수 따위의 징후를 발견할 가능성이 많아지고, 그래서 마치 상대방이 믿지 못할 사람인 것처럼 행동하게 된다. 그들은 아마 이와 같은 일련의 생각을 하게 될지도 모른다. 즉, "나는 그를 믿지 못해. 그가 만일 '콩'이라고 말하면 진짜는 '팥'을 의도하고 있을 거야. 그러나 그는 생각보다 더 영리할지 모르기 때문에 그는 내가 자기의 거짓말을 꿰뚫어보고 있다고 예상할지도 몰라. 그렇기 때문에 나를 교묘하게 속이려고 들 터이니, 나는 차라리 자백하는 것이 더 좋을지도 몰라." 이러한 일련의 스치는 생각을 여러 차례 더 반복하여 곱씹어보게 된다. 그래서 생각이 많은 사람은 점차 혼란스러워져서 자기가 무엇을 해야 하는지 확신할 수 없게 된다.

6.3 게임의 영향요소

게임에서 협력할 것인지 아니면 경쟁을 할 것인지에 대해 영향을 미치는 주요 요소를 살펴보자.

6.3.1 게임자의 목표의식

피의자의 고민게임에서 게임자 간의 협력여부에 영향을 미치는 방법 중의 하나는, 게임에서 게임자의 동기를 유발시키는 것이다. 게임을 하는 게임자에게 어떤 지시를 통하여 이러한 동기를 유발할 수 있다고 가정하자.

게임에 대한 설명을 할 때 게임자에게 현재 경쟁상황에 놓여 있으며 상대방보다 더 나은 점수(여기서는 더 적은 형량)를 얻어야 이기는 게임이라고 안내를 하면, 게임자는 거의 대개 모두 자백을 하여 둘 다 3년형을 받는 상황으로 게임이 끝난다. 게임 참가자들은 (검사에 대항하여) 자기들끼리 함께 도와야 하는 협력적 상황에 놓여 있다는 설명을 듣게 되면, 일반적으로 둘 모두 자백하지 않는 입장을 취하게 된다. 또한 참가한 게임자는 자기 자신을 위해 할 수 있는 최선을 다하라는 지시를 받았을 때, 상대방을 물리치거나 도와주는 따위에는 전혀 개의치 않고 개인주의적 입장을 취하게 되어, 그 결과는 「자백-자백」의 형태로 아주 기울어지지는 않는다.[22)]

6.3.2 게임의 횟수

기본적인 피의자의 고민게임은 게임이 일단 시작되어 게임자가 어떤 행동을

■ 표 5-5 ▮ 협력 · 경쟁 행동의 결과와 조합

		바우(B) 협력	바우(B) 경쟁
셀리(S)	협력	바우 +10 / 셀리 +10	바우 +20 / 셀리 −20
	경쟁	바우 −20 / 셀리 +20	바우 −10 / 셀리 −10

한 번만이라도 취하기만 하면 게임은 종료된다. 그러나 현실세계의 협상은 장기간 상호작용을 통해 일어나는 경우가 다반사이다. 게임에서의 상호작용을 실제협상에서의 상호작용과 더욱 비슷하게 만들기 위해, 게임 상황을 여러 가지 방법으로 바꿈으로써 당사자들의 게임을 「수감기간」 대신 「점수」를 얻거나 잃는 형태로 나타낼 수 있다. 이렇게 게임 상황을 바꿈으로써, 당사자들은 한 번만으로 게임을 끝내는 것이 아니라 여러 번의 게임을 통하여 의사결정을 이렇게도 해보고 저렇게도 해볼 수 있다.

이런 방식의 게임에서는 당사자들이 서로에게 영향을 주고받으며 게임을 한다. 이런 방식의 게임을 두 당사자 셀리(S)와 바우(B) 간의 게임으로 나타내면, 〈표 5-5〉 및 〈표 5-6〉과 같다. 이 게임에서 당사자들은 협력행동과 경쟁행동 중의 어느 하나를 선택할 수 있다. 〈표 5-5〉에 나타난 수치는 당사자들이 선택한 조합의 결과를 의미하고, 〈표 5-6〉에 나타난 수치는 당사자들이 12회 동안 게임을 하여 획득한 결과이다.

이런 상황에서 당사자들은 전형적으로 가장 큰 공동결과를 얻기 위하여 더 협력적인 태도를 보인다. 왜냐하면 만일 서로 협력하지 않는다면 상대방이 자기에게 해를 끼칠 수 있다는 사실을 게임 중에 재빨리 알아채기 때문이다. 놀라운 사실은 일정한 시간이 경과한 다음에 나타난다. 당사자들 중 어느 한쪽은 상대방이 비싼 대가를 치르는 한이 있더라도 자기의 결과를 극대화시키는 행동을 취하는 모습을 자주 내보인다. 〈표 5-6〉에서 바우(B)는 6회에서 「경쟁」을 선택하였는데, 이렇게 한 번 경쟁 행동을 나타내기만 하면, 그 다음부터는 계속해서 경쟁 행동으로 나오게 될 가능성이 농후하다. 이것은 바우(B)가 경쟁 행동을 돌출 시키더라도, 셀리(S)는 이것을 바우(B)의 순간적 실수로 간주하여 셀리(S)가 이전부터 보

■ 표 5-6 ▌반복게임에서 협력 · 경쟁 행동과 그 결과

	셀리(S)		바우(B)	
회수	선택	결과	선택	결과
1	협력	-20	경쟁	+20
2	경쟁	-10	경쟁	-10
3	협력	+10	협력	+10
4	협력	+10	협력	+10
5	협력	+10	협력	+10
6	협력	-20	경쟁	+20
7	경쟁	-10	경쟁	-10
8	경쟁	-10	경쟁	-10
9	협력	-20	경쟁	+20
10	경쟁	-10	경쟁	-10
11	경쟁	-10	경쟁	-10
12	경쟁	-10	경쟁	-10
합계	협력6;경쟁6	-90	협력3;경쟁9	+30

여 온 자신의 협력 행동방식을 바꾸지 않을 것이라고 바우(B)는 믿기 때문일 것이다. 그러나 실제로 셀리(S)는 재빨리 「경쟁」의 행동을 취하는 방식으로 대응한다. 그렇게 되면 양당사자는 각자 그 다음의 회부터 10점씩을 잃는 「경쟁-경쟁」의 선택을 할 가능성이 높아진다. 때로는 당사자들 중 누군가가 「협력」을 수차례 선택하는 영웅적인 행동을 보임으로써 양당사자 모두 손해 보는 최악의 조합 「경쟁-경쟁」의 상황에서 빠져 나오는 수도 있다. 이런 영웅적인 행동을 보이는 의미는 상대방에게 둘 모두 승리할 수 있는 선택을 하자는 묵시적 제의를 하면서 그런 목적을 위해 자신이 손실을 감수하고 있다는 신호를 상대방에게 보내는 것이다. 다행히 상대방이 이런 묵시적 제의에 감응하여 협력 행동으로 나온다면 그들은 다시 「협력-협력」조합을 계속 선택할 수 있을 것이다.

6.3.3 상대방의 전략

앞에서 언급한 일방당사자의 여러 회에 걸친 일방적 「협력」 선택에 대응하는 상대방의 또 다른 방식은, 이러한 「협력」 선택행위를 순진하다거나 어리석다고

보고 이를 기회로 삼아 착취하기 위해 「경쟁」을 전략적으로 선택하는 것이다. 그러므로 영웅적 행동을 보이는 것을 얼마나 지속할 것인가는 첫 당사자에게 아주 민감한 문제이다. 일반적으로 당사자들은 바우(B)가 6회에서 「경쟁」을 선택한데 대한 반응으로 셀리(S)가 7회에서 「경쟁」을 선택한 것처럼, 상대방의 선택을 반영하여 행동하는 전략을 구사한다.[23] 앞에서 살펴본 바와 같이, 이것은 제한적이기는 하지만 공동으로 이익을 극대화하는 「협력」상황으로 이끌 수도 있다. 최악의 상황이 악순환 되는 것을 막기 위해서는 어느 일방당사자의 영웅적 행동이 요구되지만, 그런 행동에 앞서 상대방의 전략에 대하여 잘 파악해야 한다.

6.3.4 의사소통의 방식

앞의 사례에서 양측은 자기들의 행동을 통하여 의사소통을 하고 있다. 만약 말이나 글로써 의사를 소통할 수 있다면, 양측은 훨씬 더 빨리 협력 입장을 취할 수 있게 될 것이다. 그러므로 6회 이후에, 만일 셀리(S)가 "당신이 계속하여 「경쟁」을 선택한다면 나도 또한 계속해서 「경쟁」을 선택할 것이지만, 당신이 「협력」으로 입장을 바꾼다면 나도 똑같이 「협력」을 선택할 것이다"라고 말했다면, 바우(B)는 대부분 「협력」 행동을 선택했을 것이다. 이러한 사례는 약속과 협박 모두를 포함하고 있다. 약속을 담고 있는 의사소통은 협박을 담고 있는 의사소통보다 더 효과적인 것으로 밝혀졌다.[24]

6.3.5 게임자의 개성

게임에서 선택되는 전략을 살펴보면, 어떤 때는 합리적 과정을 반영하고 있는가 하면, 또 어떤 때에는 개인의 개성을 반영하고 있기도 한다. 어떤 사람은 강력하게 경쟁하는 경향이 있고 또 어떤 사람은 협력하려는 경향이 있다. 어떤 사람은 근본적으로 의심이 많아 남을 믿지 못할 뿐만 아니라, 상대방도 자기와 똑같은 줄 알고 그런 식으로 행동한다.[25] 성질이 급하고 애매모호한 독단적인 사람은 덜 독단적인 사람보다 양보를 덜하고, 합의에 도달하는데 시간이 오래 걸리며, 합의를 덜 하는 편이다.[26] 그러나 일반적으로 협상에 대한 개성의 영향은 연구결과 사이에 상충되는 부분이 많아 분명하게 말하기 어렵다.[27]

6.4 협상게임의 현실응용

6.4.1 미용실 휴무일

피의자의 고민게임과 비슷한 게임 상황을 주위에서 찾아보자. 예컨대, 미용사와 같은 소규모 사업가의 문제를 생각해 보자. 대부분의 사업가들처럼 그들은 자기들의 수입을 극대화시키기를 바란다. 그래서 사업을 위해 고객들이 원할 때 미용실의 문을 열 필요가 있다. 그러나 미용사들도 인간이므로 가능한 한 일주일에 7일 내내 일하기보다는 하루 정도는 쉬고 싶다. 토요일은 매우 바쁜 날인 반면 월요일은 아주 한가한 날이다. 어느 한 미용사가 생각하길, 월요일에 머리 손질을 원하는 고객은 몇 안 되기 때문에 다른 요일까지 기다렸다가 다시 자기에게로 올 수 있을 것이라고 판단한다. 그래서 월요일에 문을 닫는데, 여타 다른 미용사들은 문을 닫지 않는다. 문제는 이때부터 발생하기 시작한다. 문을 닫은 미용사는 문을 연 다른 미용사에게 자기의 고객을 빼앗기고 말 것이다. 그러므로 미용사들이 월요일에 쉬기를 원할 경우, 그 지역의 모든 미용사들이 함께 협력해야 한다. 반면에 한 사람을 제외한 나머지 모든 미용사들이 문을 닫을 경우, 월요일에 문을 연 그 미용사 한 사람은 엄청난 일감을 얻을 수 있다. 그러므로 이런 상황은 「피의자의 고민」 게임과 마찬가지로 게임자의 동기가 혼합되어 있는 구조이다.

6.4.2 조미료 가격담합

피의자의 고민게임에서 설정된 상황은 실제협상에서 어떤 의미가 있을까? 피의자의 고민게임은 1회만으로 종료되고, 상호의사소통도 불가능하며, 게임결과보수도 수감기간으로 정해져서 보통사람들의 일상과 동떨어진 내용으로 구성되어 있다. 게임에서의 상호작용을 실제협상에서의 상호작용과 더욱 비슷하게 만들기 위해 게임 상황을 여러 가지 방법으로 바꿀 수 있다.

한국과 일본의 조미료 생산업체들은 유럽시장을 평정하게 되었다. 유럽연합에서는 이 두 나라의 기업들이 몰래 가격을 담합함으로써 유럽의 조미료회사들이 경쟁력을 상실하여 도산하였고, 이로 인해 결국 소비자들이 피해를 입게 되었다고 간주하여 담합행위를 조사하였다. 유럽연합은 한국과 일본의 기업들에게 담합행위를 털어놓으라고 했다. 거짓으로 조사에 응하는 기업은 과징금을 많이 부과하되 순순히 자백하고 협조하는 기업에게는 과징금을 면제해주겠다고 하였다.

피의자의 고민게임에서의 「수감기간」을 한국과 일본 기업의 담합게임 상황에서는 「과징금」의 형태로 나타낼 수 있다. 또한 당사자들은 한 번만으로 게임을 끝내는 것이 아니라 다음 기회도 생각해야 하며, 서로 의사소통도 할 수 있다. 그러나 서로 믿을 수 있을 것인가에 대한 신뢰의 문제는 여기서도 마찬가지로 존재하게 된다. 한국과 일본의 기업들은 미래에 경쟁관계에 서게 될지도 모를 상대 회사를 이번 기회에 아예 눌러버리려고 시도할 가능성도 있다고 서로 생각할 수 있기 때문이다. 이런 방식의 게임에서는 당사자들이 서로에게 영향을 주고받으며 게임을 하게 된다. 게임 상황을 바꾸어 두 당사자 한국과 일본 기업들 간의 게임으로 나타내면 〈표 5-7〉과 같다.[28]

■ 표 5-7 ▌한국 · 일본 기업들의 담합게임

		일본기업	
		거부	자백
한국기업	거부	일본 100만 한국 100만	일본 면제 한국 1천만
	자백	일본 1천만 한국 면제	일본 300만 한국 300만

한국과 일본의 기업 모두가 유럽연합의 조사에 협조하지 않고 거부할 경우, 유럽연합은 양측 모두에게 100만 유로의 과징금을 부과한다. 한국과 일본 기업 모두 조사에 협조하여 자백할 경우, 유럽연합은 모두에게 300만 유로씩의 과징금을 부과한다. 한국과 일본 기업 중 어느 한쪽은 협조하여 자백하였으나 다른 쪽은 거부하였을 경우, 유럽연합은 협조하여 자백한 기업에게는 과징금을 면제시켜주되 협조에 거부한 기업에게는 1천만 유로의 과징금을 부과한다.

6.4.3 한국·일본 기업의 고민과 결정과정

한국과 일본 기업들은 각자 처한 상황을 분석하여 합리적인 선택을 한다고 가정해보자. 한국 기업의 입장에서 먼저 살펴보면, 게임상대방인 일본 기업이 어떤 선택을 할 것인지가 궁금하지 않을 수 없다. 혼란스러운 생각을 정리하여 잘 살펴보면 일본 기업이 선택할 수 있는 것은 「거부」 아니면 「자백」의 두 가지밖에 없음을 알 수 있다. 그래서 일단 일본 기업이 「거부」를 한다고 가정해본다. 그럴 경우, 한국 기업이 어떤 선택을 하는 것이 합리적인가를 생각해본다.

■ 표 5-8 ▌한국 · 일본 고민게임의 확장형태

<table>
<tr><th>일본의 선택</th><th>한국의 선택</th><th>한국의 과징금</th><th>한국의 최종선택</th><th>결 과</th></tr>
<tr><td rowspan="2">거부</td><td>거부</td><td>100만</td><td></td><td rowspan="4">어느 경우에도 거부보다 자백이 유리</td></tr>
<tr><td>자백</td><td>면 제</td><td>선택</td></tr>
<tr><td rowspan="2">자백</td><td>거부</td><td>1000만</td><td></td></tr>
<tr><td>자백</td><td>300만</td><td>선택</td></tr>
</table>

〈표 5-8〉에서와 같이 일본 기업이 「거부」를 선택했을 때 한국 기업은 「거부」 아니면 「자백」을 선택할 수 있는데, 한국 기업이 「거부」를 선택하면 1백만 유로의 과징금을 부과 받게 되지만 「자백」을 선택하면 과징금을 면제 받을 수 있다. 따라서 일본 기업이 「거부」를 선택할 경우에는 한국 기업이 「자백」을 선택하는 것이 훨씬 더 유리함을 알 수 있다.

다음으로 일본 기업이 「자백」을 선택했을 때 한국 기업은 「거부」 아니면 「자백」을 선택할 수 있는데, 한국 기업이 「거부」를 선택하면 1천만 유로의 과징금을 부과 받게 되지만 「자백」을 선택하면 3백만 유로의 과징금을 부과 받게 된다. 따라서 일본 기업이 「자백」을 선택할 경우에도 한국 기업은 「자백」을 선택하는 것이 훨씬 더 유리함을 알 수 있다.

결국, 일본 기업이 어떤 선택을 하든 관계없이 한국 기업은 「자백」을 선택하는 것이 더 합리적이다. 따라서 한국 기업은 자백을 하게 된다. 이 담합게임에서 한국과 일본 기업들은 서로 동일한 상황에 처해 있다. 일본 기업도 한국 기업과 마찬가지로 합리적 선택의 과정을 추적하다 보면 결국은 「자백」으로 결론 내리게 된다. 한국과 일본 기업들이 모두 「자백」을 선택하게 되면 유럽연합은 한국과 일본 기업들에게 각각 300만 유로씩의 과징금을 부과하게 되는 방식으로 게임이 종료된다.

이 모의게임에서는 협상자들이 합리적 결정을 내리는 것으로 가정하였으나, 현실 세계에서는 협상자들이 항상 합리적 결정을 하는 것은 아니라는 점에서 고민이 더욱 커진다. 그러면 사람들은 어떤 경우에 비합리적인 행동을 취하게 되는가? 이 부분에 대해서는 다음에 더 살펴보기로 한다.

---

1) Thibaut, J., and Kelley, H. H., The social psychology of groups, New York: John Wiley, 1959.
2) Deutsch, M., *Cooperation and trust: some theoretical notes*, in M. R. Jones, ed., Nebraska symposium on motivation, Lincoln Nebraska: University of Nebraska Press.
3) Pascale, Richard Tanner & Athos, Anthony G., *The Art of Japanese Management—Applications For American Executives—*, Simon and Schuster, New York, 1981.
4) Raven, B. H., and Rubin, J. Z., *Social psychology: People in groups*, New York: John Wiley, 1973. Goffman, E., *Strategic interaction*, Philadelphia: University of Pennsylvania Press, 1969.
5) Raven, B. H. and Rubin, J. Z., 1973, *op. cit.*
6) Nash, J. F., The bargaining problem, *Econometrica*, 18, 1950. Sen, A. K., *Collective choice and individual values,* San Francisco: Holden-Day, 1970.
7) Pruitt, D. G., *Negotiation behavior*, New York: Academic Press, 1981.
8) Raiffa, H., *The art and science of negotiation,* Cambridge: Bellknap Press of Harvard University Press, 1982. Selekman, B. M., Fuller, S. H., Kennedy, T., and Baitsell, J. M., *Problems in labor relations,* New York: McGraw-Hill, 1964.
9) Blau, P. M., *Exchange and power in social life,* New York: John Wiley, 1964. Homans, G. C., *Social behavior: Its elementary forms,* New York: Harcourt, Brace and World Company, 1961. Skinner, B. F., *Science and human behavior,* New York: Macmillian, 1953.
10) Sampson, E. E., Studies in status congruence, in L. Berkowitz, ed., *Advances in experimental social psychology, 4,* New York: Academic Press, 1969. Morgan, W. R., and Sawyer, J., Bargaining expectations and the preference for equality over equity, *Journal of Personality and Social Psychology, 6,* 1967.
11) Adams, J. S., Inequity in social exchange, in L. Berkowitz, ed., *Advances in experimental social psychology, 2,* New York: Academic Press, 1965.
12) 협상에서 공정성이 일반적으로 어떻게 간주되는지에 대하여는 추후에 살펴본다.
13) 마이클 샌델(Michael J. Sandel), 이창신 역, 「정의란 무엇인가(Justice)」, 김영사, 2010.
14) Thibaut, J. and Kelley, H. H., 1959, *op. cit.*
15) 홍보와 놀보의 협상이 결렬되었더라도, 놀보는 1,000만원을 다른 곳에 사용하여 더 큰 효용가치를 얻을 수도 있다. 경쟁적 협상을 전개한다고 하여 반드시 주관적 효용가치가 줄어든다고 할 수 없다는 역사적 비판이 있다. 따라서 놀보가 다른 곳에 투자하여 사용한 가치가 1,000만원이라는 가정이 전제되어야 한다.
16) Kelley, H. H., Beckman, L. L. and Fisher, C. S, Negotiating the division of an award under incomplete information, *Journal of Experimental and Social Psychology*, 3, 1967. Fischer, C., The effects of threats in an incomplete information game, Sociometry, 32, 1970.
17) Morley, I. and Stephenson, G., *The social psychology of bargaining,* London: Allen and Unwin, 1977.
18) Lewicki, Roy J., Litterer, Joseph A., Minton, John W., and Saunders, David M., *Negotiation,* 2nd ed., Irwin, 1994.

19) Rapoport, A., Formal games as probing tools for investigating behavior motivated by trust and suspicion, *Journal of Conflict Resolution, 7,* 1963. Seigel, S. and Fouraker, L. E., *Bargaining and group decision making: Experiments in bilateral monopoly,* New York: McGraw-Hill, 1960. Kelley, H. H. and Schenitzki, D. P., Bargaining, in C. G. McClintock ed., *Experimental social psychology,* New York: Holt Renehart and Winston, 1972.
20) Etizioni, A., Social psychological aspects of international relations, in G. Lindzey and E. Aronson eds., *Handbook of social psychology*, 5, New York: Addison-Wesley, 1969. Nicholson, M., *Conflict analysis*, London: English University Press, 1970.
21) 수감기간은 실정법과는 별개로 논의의 전개가 용이하도록 임의로 정하였음.
22) Deutsch, M., Trust and suspicion, *Journal of Conflict Resolution, 2,* 1958. Scodel, A., Minas, J. S., Ratoosh, P., and Lipetz, M., Some descriptive aspects of two-person, non-zero-sum games, *Journal of Conflict Resolution, 3,* 1959.
23) Meeker, R. J., and Shure, G. H., Pacifist bargaining tactics: Some outsider influences, *Journal of Conflict Resolution, 13,* 1969.
24) Tedeschi, J. T., Bonoma, T. and Brown, R. C., A paradigm for the study of coercive power, *Journal of Conflict Resolution, 15,* 1971.
25) Loomis, J. L., Communication, the development of trust and cooperative behavior, *Human Relations, 12,* 1959. Deutsch, Trust and suspicion, *Journal of Conflict Resolution, 2,* 1960.
26) Druckman, D., Dogmatism, prenegotiation experience, and simulated group representation as determinants of dyadic behavior in a bargaining situation, *Journal of Personality and Social Psychology*, 6, 1967.
27) Hermann, M. G. and Kogan, N., Effects of negotiators' personalities on negotiating behavior, in D. Druckman ed., *Negotiation: Social-psychological perspectives*, Beverly Hills: Sage Publications, 1977. Terhune, K. W., The effects of personality in cooperation and conflict, in P. Swingle ed., *The structure of conflict*, New York: Academic Press, 1970.
28) 〈http://hjf.co.kr/busin_news_view.html?number=309〉에 실린 "한국 조미료업체 등에 과징금 부과"(2002-12-18)를 각색하였다. 해당 기업들의 수가 다수였으나 여기서는 분석모형에 맞춰 한국과 일본으로 단순화시켰다.

6강

○ 협상스타일

1 협상스타일의 노출

사람들이 협상을 할 때 나타내는 행동양식을 보면, 다소간의 차이가 있기는 해도 자기가 좋아하는 패턴은 대개 일정한 성향을 보인다. 협상상황은 나름대로 고유한 특성을 지니고 있지만, 협상에 임하는 사람들은 항상 동일하게 인식하는 것은 아니다. 갈등상황이 발생하면 필요 이상으로 불신을 갖고 승리 아니면 패배의 자세를 취하거나 또는 정반대의 태도를 보이기도 한다. 이런 행동양식은 어릴 때부터 자라면서 배우거나, 교육 또는 실수를 통해서 배우기도 한다.

협상자가 어떤 특정 협상스타일을 특히 선호할 경우 상대방은 그것을 알아챈다.[1] 어떤 특정 협상스타일을 유독 많이 보이는 것과 본인이 그런 스타일을 좋아하는 것은 또 별개이다. 문제는 본인이 특정 협상스타일을 좋아하지 않으면서도 실제 협상에서는 그런 모습을 보이는 경우이다. 이것은 다양한 협상상황에 대한 적응능력과 유연성이 부족하다는 것을 의미한다.[2] 상대방이 당신의 협상스타일을 쉽게 알아차릴 수 있다고 하는 것은, 상대방이 협상에서 당신을 이미 읽고 있으며 행동결과를 예상할 수 있다는 것을 의미한다. 상대방이 이미 알아차리고 대비하고 있는 전략을 자주 사용한다는 것은 무모하지 않겠는가.

2 협상스타일의 특징

갈등상황에 대한 사람들의 다양한 반응과 시각에 따라 (1) 투쟁형, (2) 협력형, (3) 회피형, (4) 배려형, (5) 절충형, 그리고 (6) 유연형의 여섯 가지 협상스타일로 분류할 수 있다.

2.1 투 쟁 형

투쟁형은 자기의 이해관계나 자기가 협상에서 얻게 될 결과에 깊은 관심을 보이는 유형이다. 이런 협상스타일은 일반적으로 상대방과의 관계에 대해 무관심하거나 상대방의 희생을 대가로 자신의 이익을 챙기는 유형이다. 협상을 할 때 자기의 이익만을 고려한 안을 내놓으면서 상대방이 이를 수락하도록 요구하는 스타일이다. 이러한 유형의 사람은 자기의 입장을 고정시켜 놓고 상대방과 협상을 벌이기 때문에 「투쟁형」이라고 부른다. 투쟁형은 협상을 성공시키기 위해 설득, 농간, 진짜 입장 숨기기, 협박과 압박 등의 전술을 사용하는데, 세부적으로 살펴보면 다음과 같다.

- □ 자신이 원하는 것을 얻을 때까지 고집을 부린다.
- □ 자신의 욕구충족을 위해 투쟁한다.
- □ 상대방의 의표를 찌르며 논쟁에서 이기려고 한다.
- □ 자신의 논리를 옹호하는 논리를 전개한다.
- □ 자신이 옳다는 것을 확신시키려고 한다.
- □ 상대방에게 유리할지 모르는 정보는 알려주지 않는다.
- □ 협상결과에 영향을 미치기 위해 파워를 사용한다.
- □ 협상할 때 상대방의 약점을 찾아 공략한다.

2.2 협 력 형

협력형은 자기의 이익뿐만 아니라 상대방의 이익도 고려하여 모두가 만족스런 결과를 도모하기 위해 노력하는 유형이다. 공동협력을 통해 상생(win-win)의 해결이 가능하도록 노력한다. 협력을 잘하는 것은 어떤 단체 내에서 문제를 잘 해결하는 것과 비슷하다. 당사자들은 문제의 사안에 대해 함께 부담감을 갖고 공동의 목표 및 이익을 추구한다. 각 당사자는 자신이 원하는 바를 말하고, 당사자들은 이러한 욕구들을 최적의 방법으로 함께 충족시킬 방법을 찾는다. 협력형 협상스타일을 좀 더 세밀히 살펴보면 다음과 같다.

- □ 상대방과 함께 협력하려고 노력한다.

□ 현안이나 관심사항을 터놓고 말하는 것을 좋아한다.
□ 양측 모두에게 중요한 사안은 전부 취급하려고 한다.
□ 양측 모두 승자가 될 수 있는 창의적인 해결책을 물색한다.
□ 자신의 견해를 말하기 전에 먼저 상대방의 말을 경청한다.
□ 신뢰를 구축하려고 한다.
□ 양측이 원하는 것을 모두 만족시키려고 한다.
□ 정보나 아이디어를 자유롭게 교환한다.

2.3 회 피 형

회피형은 현안뿐만 아니라 상대방과의 관계, 그리고 협상 그 자체도 피하려고 하는 유형이다. 협상자는 자신의 목표를 추구하지도 않고 상대방의 목표에 대해서도 관심을 기울이지 않는다. 회피하는 것은 갈등상황에서 물러나는 것과 비슷하다. 그 결과 상대방은 자기가 원하는 것을 할 수 있다. 그러나 당사자들이 서로 상대방의 어떤 행동에 의존되어 있는 상황이라면, 한쪽이 아무런 행동도 취하지 않고 회피하게 될 때 상대방은 좌절하게 된다.

협상자는 어떤 때에 협상을 회피하게 될까? 그런 때를 살펴보면, 협상자가 갈등을 두려워할 때, 사안이 흥정을 해야 할 만큼 그리 중요하지 않다고 볼 때, 협상을 멈추게 하거나 연기시키기를 원할 때 등이다. 이렇게 한쪽이 협상을 회피하게 되면, 그 결과로 반대편과의 갈등은 사라져 버리거나 미래의 시점으로 연기되기도 한다. 회피형 협상스타일에 속하는 행동유형은 다음과 같다.

□ 완고한 사람과 협상하는 것을 싫어해서 피하려고 한다.
□ 논쟁을 싫어해서 피하려고 한다.
□ 협상 자체를 기피한다.
□ 긴장을 초래할 것 같은 상황은 피하려고 한다.
□ 현안이나 관심사항을 터놓고 이야기하는 걸 꺼린다.
□ 거친 사람과 협상하길 꺼린다.
□ 이길 수 있을지도 모를 협상이라도 피하려고 한다.
□ 완고한 사람과 만나 협상을 해야 될 상황이면 협상을 연기하려 한다.

2.4 배 려 형

배려형은 투쟁형 협상스타일과 정반대의 유형이다. 협상에서 자기의 이익을 포기하더라도 상대방과의 상호관계를 유지하는데 높은 관심을 보인다. 이러한 배려형은 자신의 욕구보다 상대방의 욕구에 초점을 맞춘다. 상대방의 만족을 최우선시하고 자기의 만족은 후순위에 놓는다. 이렇게 하는 이유는 협상의 종결을 희망하거나, 일단 상대방을 만족시킨 다음 무언가를 요구하기 위해서, 또는 자기보다 상대방에게 더 중요한 사안이기 때문이다. 배려형 협상스타일의 세부내용은 다음과 같다.

- □ 자신보다 상대방의 관심사에 초점을 맞춘다.
- □ 상대방의 제안에 순순히 따른다.
- □ 자기가 필요한 것을 포기하더라도 상대방을 도와주려고 한다.
- □ 어떤 대가를 치루더라도 그동안 쌓아둔 상호관계를 지키려고 한다.
- □ 상대방이 원하는 대로 합의서 문구를 작성한다.
- □ 상대방이 행복하도록 애쓴다.
- □ 상대방의 감정을 상하게 하지 않으려고 노력한다.
- □ 상대방과 합의한 사안에 대해서만 초점을 맞추고, 견해가 다른 사안에 대해서는 관심이 없다.

2.5 절 충 형

절충형은 전부 아니면 전무 스타일이 아니라, 「일부승리－일부양보」를 전제로 하고 있다. 따라서 상대방과 함께 자신이 원하는 것의 일부를 확보하는 유형이다. 협상에서 타협을 할 때는 절충하여 중간을 취하는 경우가 많다. 당사자들이 사안을 고정합(固定合: fixed sum)이라고 인식할 때 당사자들은 절충하는 데에 동의하게 되고, 각자 파이의 일부씩을 얻는 방식으로 문제를 해결한다. 절충은 만족을 찾아가는 방법이지 최적을 찾는 해법은 아니다. 절충형 협상스타일의 세부 내용을 보면 다음과 같다.

- □ 서로 절충해서 문제를 해결한다.

- ㅁ 자신의 요구사항 중 약간은 양보할 의사를 보인다.
- ㅁ 협상에서 타협할 기회를 찾는다.
- ㅁ 어떤 것을 얻는 대신 어떤 것은 포기한다.
- ㅁ 자신이 원하는 것 중 일부를 얻으면 그런대로 만족한다.
- ㅁ 양측의 입장을 고려하여 중간 정도로 조정하려고 한다.
- ㅁ 협상을 할 때마다 서로 주고받을 기회가 없는지 살펴본다.
- ㅁ 상대방이 요구조건을 포기하면 자신의 요구조건도 포기한다.

2.6 유 연 형

협상스타일을 분류할 때에는 이상의 다섯 가지로 대개 설명을 한다. 그러나 실제로 개인의 협상스타일을 측정해보면 두 가지 이상의 협상스타일을 공유하는 사람이 나타난다. 이런 유형의 사람은 필요에 따라 협상스타일을 유연하게 바꾼다고 볼 것이므로 「유연형」이라고 명명한다.

3 2차원 관심모형

3.1 관심의 2차원

이상의 갈등관리유형을 2차원의 단일모형으로 표시하면 〈그림 6-1〉과 같다.[3] 다만 여섯 가지 갈등관리유형 중 「유연형」은 종합형태이므로 이 모형에서 고유한 협상스타일로 나타나지 않는다.

세로축은 협상자가 자신이 협상에서 얻게 될 결과에 대해 보이는 관심의 정도를 나타내고 있다. 즉, 자기의 이해관계에 대한 관심의 정도를 말한다. 이에 비해 가로축은 협상자가 상대방의 결과에 대해 보이고 있는 관심의 정도를 나타내고 있다. 협상에서 얻게 될 상대방의 결과에 대해 관심을 보인다는 것은 상대방과의 관계유지에 대해 어느 정도 관심을 보이는가를 의미하기도 한다.

이와 같이 양축 모두가 관심이라는 요소로 표현되었으므로 이 모형을 「2차원

그림 6-1 »› 2차원 관심모형

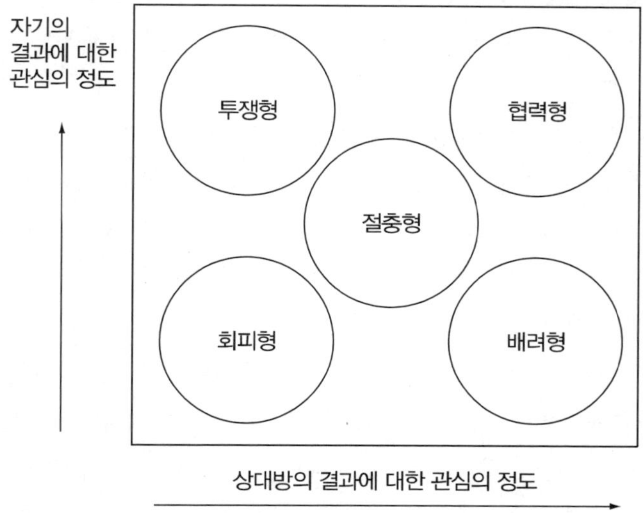

관심모형(dual concerns model)」이라고 한다. 이 양축은 협상자가 갈등에 대하여 취하는 접근방식을 아주 단순화시켰으면서도 상당히 정확하게 설명해주고 있다.

3.2 관심을 보이는 이유

세로축은 협상에서 자기가 얻게 되는 결과에 대해 보이는 관심의 정도를 표시하고 있다. 결과가 중요할수록 협상자는 그 결과를 얻어내려는 모습을 보일 것이다. 대신 양보는 미온적으로 천천히 그리고 조금씩 단계적으로 해나갈 것이다. 그러므로 「투쟁형」이나 「협력형」을 선택하게 될 것이다.

이와는 대조적으로 어떤 결과가 나오더라도 개의치 않는 협상자의 경우에는 「배려형」이나 「회피형」을 취하기 쉽다. 배려형은 상대방에게 이익이 되도록 하는 것이고, 회피형은 갈등이 된 관건이 시간이나 정력을 들여서 소모할 가치가 없다고 보는 것이다.[4)]

그러면 협상자는 어떤 경우에 강력한 태도를 보일까? 연구결과에 의하면, 협상자는 어떤 누구를 대표하고 있을 때에 한결 역동적이 되는데, 이런 경우에는 ①

협상자 자신을 위해서 협상할 때보다 양보하기를 더 꺼려하고,[5] ② 협상자 자신의 배후로부터 신뢰를 받고 있지 못할 때 훨씬 더 강경해지며,[6] ③ 자신이 제 3 자를 강력히 책임지려고 할 때 강경해진다.[7] 또한 ④ 자신의 배후보다 신분이 낮을 때 강경해진다.[8]

가로축은 협상자가 상대방의 성과에 대해 보이는 관심의 정도를 표시하고 있다. 협상자들은 자신의 목표달성 뿐만 아니라 상대방의 목표달성에 대해서도 관심을 갖고 있다. 그 이유는 적어도 두 가지로 나눠 볼 수 있다. 즉, 개인적인 이유와 전략적 이유가 그것이다.

(1) 개인적인 이유

개인적인 이유는 상대방의 복지에 이해관계를 갖고 있기 때문인데, 다음의 세 가지 사유를 포함하고 있다. 즉, ① 상대방을 좋아하기 때문 ② 협상이 끝난 다음에도 상대방과 지내야 하기 때문에 상대방이 불행해지면 자신에게도 즐거운 생활이 되지 못하기 때문 ③ 상대방의 성공으로부터 만족을 얻기 때문이다.

(2) 전략적 이유

전략적 이유는 상대방의 희망사항을 고려하지 않고서는 자기의 목적을 달성할 수 없기 때문인데,[9] 다음의 몇 가지 사유를 내포하고 있다. 즉, ① 상대방의 저항점인 인내의 한계를 벗어날 정도로 밀어붙이지 않기 위함 ② 상대방을 협상에 임하도록 하기 위함 ③ 상대방이 품고 있는 불신을 줄이려는 의도가 그 이유이다.

3.3 관심모형의 응용

2차원 관심모형은 협상과정의 여러 가지 측면을 이해하는데 도움이 된다. (1) 서로 다른 협상스타일을 기술하기에 편리한 용어를 제공해준다. 이 때 이용하고 있는 척도는 협상자 자신 및 상대방에 대한 관심의 크기이다. (2) 모형의 좌상에서 우하로 이어지는 대각선 즉, 투쟁형에서 배려형으로 이어지는 대각선을 그릴 수 있는데, 이 대각선은 사람들이 경쟁적 협상과정을 바라보는 기본적인 방향을 나타내고 있다. 대부분의 경쟁적 협상상황에서, 협상자들은 이기거나 지고 또는 절충하면서 각자 어느 정도의 소득을 얻어낸다. (3) 모형의 좌하에서 우상으로 대각선을 그리면 즉, 회피형에서 협력형으로 이어지는 대각선을 그려보면, 협력적 협상과정의 가능성을 나타내고 있다. 당사자들 모두는 갈등을 소홀히 하고, 최대치를 구하기보다는 어느 정도 양보하는 선에서 절충하거나 문젯거리를 해결함으로써 자기들의 결과를 최적화하려고 한다.

여러 가지 협상스타일들 중에서 어떤 스타일을 선택하는가에 대한 연구결과를 보면 다음과 같다. 즉, (1) 협상자들이 자기 자신의 결과에 대해서 뿐만 아니라 상대방의 결과에 대해서도 깊은 관심을 보일 때에는, 정보를 공유하게 될 뿐만 아니라 공동으로 노력하여 문제를 해결하려는 경향이 높다. (2) 당사자들이 자기의 결과에 대해서는 깊은 관심을 보이지만 상대방의 결과에 대해서는 별로 관심을 기울이지 않을 때에는, 논쟁, 협박, 투쟁행위 등이 나타나게 되고, 공동의 결과는 저조하게 나타난다. (3) 각 당사자가 상대방의 결과에 대해서는 대단한 관심을 보이지만 정작 자기 자신의 결과에 대해서는 무관심할 때, 가장 저조한 수준의 공동결과를 보이게 된다.[10)]

또 다른 연구에서는 협상자가 취한 행위에 대해 설명의무를 부과하면 어떤 효과가 있는지를 조사했는데, 그 조사결과를 요약하면 다음과 같다. 즉, (1) 협상자들이 자기의 지지자들에게 설명의무감을 고도로 느끼면 더욱 투쟁적인 행동을 보이는 반면 공동의 노력을 위한 행동은 잘 하려고 하지 않는 경향을 보인다. (2) 그러나 장래에도 계속해서 상대편과 함께 일해야 하는 상황에서처럼 협상자들이 자기의 지지자들뿐만 아니라 상대편의 지지자들에 대해서도 설명해야 할 의무감을 느낄 때에는, 협력하려는 행동과 공동결과를 이끌어내려는 행동이 높게 나타난다. 결국, 협상사안에 대해 서로 유익한 해결책을 찾아내기 위해서는 협상자들에게 압력을 많이 가할수록 문제를 해결하려는 행동이 더 쉽게 일어나게 된다.

4 Volkema식 협상스타일의 측정

4.1 협상스타일의 측정요령

- 협상스타일을 측정하기 위해 20쌍의 문항에 점수를 기재한다.
- 각 문항의 '가'와 '나'에 대한 응답점수를 합쳐서 10점이 되도록 응답한다.

- 예〉 '6대4' 또는 '0대10'의 방식으로 총합이 10점이 되도록 응답한다.
  - ▴ 9-가. (7) 나는 내가 필요한 것을 포기하더라도 상대방을 도와주려고 한다.
  - ▴ 9-나. (3) 나는 상대방과 정보나 아이디어를 자유롭게 주고받는다.
- 선호하는 문항에 더 높은 점수를 부여한다.

4.2 협상스타일 측정질문

1-가. ( ) 나는 내가 필요한 것을 포기하더라도 상대방을 도와주려고 한다.
1-나. ( ) 나는 상대방과 정보나 아이디어를 자유롭게 주고받는다.

2-가. ( ) 나는 서로 절충해서 문제를 해결하는 걸 좋아한다.
2-나. ( ) 나는 협상을 할 때 상대방의 약점을 찾아 공략한다.

3-가. ( ) 나는 완고한 사람과 협상하는 것을 싫어해서 피하려고 한다.
3-나. ( ) 나는 어떤 대가를 치르더라도 그동안 쌓아둔 인간관계를 지키려고 한다.
4-가. ( ) 나는 공동으로 협력하려고 애를 쓴다.
4-나. ( ) 나는 내 요구사항 중 약간은 양보하려고 한다.

5-가. ( ) 나는 투쟁을 좋아하고, 내 요구사항이 꼭 충족되도록 애를 쓴다.
5-나. ( ) 나는 논쟁을 싫어해서 피하려고 한다.

6-가. ( ) 나는 협상을 기피하려고 하는 편이다.
6-나. ( ) 나는 협상에서 타협할 기회를 찾는다.

7-가. ( ) 나는 상대방이 원하는 대로 합의서 문구를 작성하도록 한다.
7-나. ( ) 나는 내 입장을 옹호하는 논리를 전개한다.

8-가. ( ) 나는 내가 원하는 것을 얻을 때까지 포기하지 않는다.
8-나. ( ) 나는 나와 상대방이 원하는 것을 모두 만족시키려고 한다.

9-가. ( ) 나는 어떤 것을 얻는 대신 어떤 것을 포기하려고 한다.
9-나. ( ) 나는 상대방이 행복하도록 노력한다.

10-가. ( ) 나는 신뢰를 구축하려고 한다.
10-나. ( ) 나는 긴장을 초래할 것 같은 상황은 피하려고 한다.

11-가. ( ) 나는 원하는 것 중 일부를 얻으면 그런대로 만족하려고 하는 편이다.
11-나. ( ) 나는 상대방에게 유리할지도 모르는 정보는 알려주지 않는다.

12-가. ( ) 나는 현안이나 관심사항을 터놓고 이야기하는 걸 꺼려한다.

12-나. (　) 나는 상대방의 감정을 상하게 하지 않으려고 애를 쓴다.

13-가. (　) 나는 내가 옳다는 것을 확신시키려고 한다.
13-나. (　) 나는 내 견해를 말하기 전에 먼저 상대방의 말을 경청한다.

14-가. (　) 나는 내 자신보다 상대방의 관심사에 초점을 맞춘다.
14-나. (　) 나는 양측 입장을 고려하여 중간 정도로 조정하려고 한다.

15-가. (　) 나는 현안이나 관심사항을 터놓고 말하는 것을 좋아한다.
15-나. (　) 나는 거친 사람과 협상하는 걸 꺼려한다.

16-가. (　) 나는 상대방의 제안에 따른다.
16-나. (　) 나는 협상결과에 영향을 미치기 위해 파워를 행사한다.

17-가. (　) 나는 협상을 할 때마다 매번 서로 주고받을 기회를 물색한다.
17-나. (　) 나는 나와 상대방 모두 승자가 될 수 있는 창의적 해결책을 물색한다.

18-가. (　) 나는 상대방의 의표를 찔러 논쟁에서 이기려고 한다.
18-나. (　) 나는 내가 이길 수 있을지도 모를 협상조차도 하고 싶지 않다.

19-가. (　) 나는 나와 상대방 모두에게 중요한 사안은 전부 취급하려고 애쓴다.
19-나. (　) 나는 상대방과 합의한 사안에 대해서만 초점을 맞추고, 견해가 다른 사안에 대해서는 관심이 없다.

20-가. (　) 나는 고집통과 만나 협상을 해야 될 상황이면 협상을 연기하려고 한다.
20-나. (　) 나는 상대방이 요구조건을 포기한다면 내 요구조건도 포기할 수 있다.

4.3 협상스타일의 판정

20쌍의 측정문항에 대한 응답점수를 〈표 6-1〉의 '협상스타일 판정용 기록점수표'에 옮겨서 기재한다. 다섯 가지 협상스타일 중 가장 높은 점수를 얻는 스타일이 응답자의 협상스타일이 된다.

■ 표 6-1 ▌협상스타일 판정용 기록점수표

투쟁형	
총점	
문항	점수
2-나	
5-가	
7-나	
8-가	
11-나	
13-가	
16-나	
18-가	

협력형	
총점	
문항	점수
1-나	
4-가	
8-나	
10-가	
13-나	
15-가	
17-나	
19-가	

절충형	
총점	
문항	점수
2-가	
4-나	
6-나	
9-가	
11-가	
14-나	
17-가	
20-나	

회피형	
총점	
문항	점수
3-가	
5-나	
6-가	
10-나	
12-가	
15-나	
18-나	
20-가	

배려형	
총점	
문항	점수
1-가	
3-나	
7-가	
9-나	
12-나	
14-가	
16-가	
19-나	

4.4 획득점수에 대한 해석방법

4.4.1 해석방법1

- □ 최대점수를 획득한 협상스타일을 선호하는 것으로 해석한다.
- □ 최소점수를 획득한 협상스타일은 잘 사용하지 않는 것으로 해석한다.
- □ 각 협상스타일마다 효과적으로 활용될 수 있는 시기와 장소가 있기 때문에, 모든 협상스타일에 대해 필요하다면 언제든지 활용할 수 있는 능력을 배양해두는 것이 바람직하다.

4.4.2 해석방법2

「자기이익 중시정도」와 「상호관계 중시정도」를 비교하여 해석하는 방법이 있다.[11] 「자기이익 중시정도」의 기준으로 보면, 투쟁형과 협력형은 높은 반면, 회피형과 배려형은 낮다. 한편 「상호관계 중시정도」의 기준으로 보면, 협력형과 배려형이 높은 반면, 투쟁형과 회피형은 낮다. 이러한 측면을 고려하여 다음과 같이 산출식을 도출할 수 있다.

□ 자기이익 중시정도(y)

= 자기이익 중시스타일 − 자기이익 소홀스타일

= (투쟁형 + 협력형) − (회피형 + 배려형)

y = (________)

= {(   ) + (   )} − {(   ) + (   )}

□ 상호관계 중시정도(x)

= 상호관계 중시스타일 − 상호관계 소홀스타일

= (협력형 + 배려형) − (투쟁형 + 회피형)

x = (________)

= {(   ) + (   )} − {(   ) + (   )}

「자기이익 중시정도」에서 합산점수가 양수로 크게 나타나는 사람일수록 협상에서 상대방을 반대편 또는 적으로 바라보는 시각을 갖고 있는 것으로 해석된다.

「상호관계 중시정도」에서 합산점수가 양수로 크게 나타나는 사람일수록 협상에서 상대방을 협상파트너로 인식하는 시각을 갖고 있는 것으로 해석된다.

협상상황은 시간과 장소에 따라 다양하게 전개된다. 이렇게 다양한 협상상황에 유연하게 대처하기 위해서는 모든 협상스타일에 익숙할 필요가 있다. 따라서 측정 결과, 특정방향으로 치우친 협상스타일을 보이는 사람은 자신이 특히 취약한 것으로 나타난 협상스타일을 익히는 훈련이 필요하다.

4.5 실습사례

대학원생을 대상으로 실제 측정한 결과를 요약하면 〈표 6-2〉와 같다.

■ 표 6-2 ▌5인의 협상스타일 측정결과

성명	자기이익 중시정도 (y)	상호관계 중시정도 (x)	이익중시 상대비율 $\alpha(y/x)$	관계중시 상대비율 $\beta(x/y)$
A	20	6	3.33	0.30
B	3	7	0.43	2.33
C	21	1	21.00	0.05
D	1	15	0.07	15.00
E	15	13	1.15	0.87
종합	60	42	1.43	0.70

〈표 6-2〉에 나타난 바와 같이 5인에 대한 측정 결과, C와 D는 극명한 대조를 보이고 있다. 서로 반대 협상스타일에 대한 훈련이 필요함을 보여주는 사례이다.

4.6 만나고 싶은 협상스타일

당신은 여섯 가지 협상스타일 중 어떤 유형의 사람을 협상에서 만나길 원하는가? 빈칸에 기재해보자.

____

____

Volkema가 말하는 일반적으로 만나고 싶은 유형의 사람을 정리하면, 배려형이나 협력형의 사람, 또는 협상스타일이 유연한 사람이다. 배려형이나 협력형의 사람은 상대방과의 상호관계 유지에 높은 관심을 보인다. 사람은 누구나 상대방이 자기 자신에 대해서나 자기의 이해관계에 관심을 가져주길 원한다.

협상에서 만난 상대방이 배려형이나 협력형의 사람일 경우 우리는 협상에서 유리하다는 것을 알고 있다. 배려형과 협력형은 모두 대인관계를 중시하는 협상스타일이다. 그렇기 때문에 사람들은 협상에서 대인관계를 중시하고 이의 형성을 위해 노력한다. 서양에서는 사람의 이름을 부를 때에 성을 빼고 이름만 부르거나 별명을 부르는 경우가 아주 흔하다. 상대방이 당신의 애칭을 다정하게 부르는데 어떻게 속이 뒤집어질 수 있겠는가? 직장생활에서 상사의 업무수행 스타일이 마음에 들지 않는다고 하더라도, 상사가 당신에게 언제나 웃는 낯으로 대해주고, 손을 잡으며 인사하고, 등을 두드리며 격려해준다면, 이런 상사에게 투쟁적으로 대응하기란 정말 곤란하다.

영업하는 사람들은 대인관계의 중요성을 너무나 잘 안다. 일단 계약이 체결되고 나면 고객은 그들을 다시 만날 일이 없을지 모르더라도, 그들은 고객을 자기의 가장 친한 친구처럼 대한다. 그들은 고객에게 다가오며 옷맵시가 좋다느니, 어디서 그렇게 멋진 안경을 구했느냐, 헤어스타일이 아주 잘 어울린다는 등의 이야기를 던진다. 함께 울고 웃으며 속 깊은 이야기를 주고받는 동안 인간관계를 형성한다. 그러다 협상이 난항을 거듭할 때는, 여보게 나 좀 도와주시게 하면서 자기와 거래를 하자며 협조를 구한다. 사실 어떤 사업가는 고객에게 다가 가더라도 비즈니스에 대한 이야기는 일절하지 않는다. 오히려 고객이 이상하게 생각하여 용무가 무엇인지 물으면 우회적으로 그리 중요하지 않은 듯 말한다. 이렇게 여러 번 접촉을 하면서 가랑비에 옷 젖는 듯 스며들며 인간관계를 형성하려고 애를 쓴다. 고객과의 사이에 놓여 있는 무형의 장벽을 허물어뜨림으로써 마치 평생토록 알고 지내는 사이처럼 분위기를 만들고자 한다.

판매원과 고객 사이에 인간관계를 형성한다는 것이 어찌 보면 일종의 환상에 지나지 않을지도 모른다. 그러나 한 가지 분명한 것은 새로 사귄 친구, 친구의 친구, 나의 친인척을 알고 있는 사람이 부탁하는 것을 무조건 매몰차게 거절하기란 힘이 든다는 점이다. 이것은 이름도 성도 얼굴도 모르는 사람이 전화나 이메일로 어떤 부탁을 하면 가차 없이 거절하는 모습과 대비할 수 있다. 이러한 점에서 협상을 할 때는 상대방의 이름을 비롯해서 여러 가지 정보를 알아내어 사용하는 것은 좋은 생각이다. 이렇게 하면 상대방에게 훨씬 더 부드럽고 점잖게 다가 설 수 있고, 신뢰를 구축하기도 편하며, 협조를 얻어내기도 수월하다. 특히 전화로 처리할 일이 있을 때, 한 번만의 전화통화로 일이 해결되지 못해 다시 두 번째로 전화했을 때 다른 직원이 받는 경우가 흔하다. 새로 전화를 받은 이 직원은 그동안 무슨 일이 어떻게 전개되었는지 그 내용을 알지 못한다. 이럴 때 등장하는 말이 "지난번에 누구와 통화를 하셨습니까?"이다. 많은 경우에 우리들은 전에 통화한 사람의 이름을 기억하지 못한다. 그러나 이제부터라도 전화로 통화할 때 상대방의 이름을 메모하는 습관을 기르자. 그런 다음 다시 전화했을 때, 전에 통화했던 사람의 이름을 정확하게 대보자. 그러면 상대편의 반응이 달라질 것이다. 물론 업무처리도 훨씬 수월할 것이다. 이와 같이 협상에서는 조그만 인간관계라도 큰 영향을 미친다.

4.7 싫어하는 협상스타일

여섯 가지 협상스타일 중 어떤 유형의 사람을 협상에서 가장 싫어하는가? 다음의 빈칸에 기재해보자.

____

____

일반적으로 만나고 싶지 않은 유형의 사람은 대개 투쟁형과 회피형의 사람이다. 사람들은 매번 싸우려고 덤비는 사람이나 매사를 회피하려는 사람을 만나길 꺼려한다. 그러나 예외적으로 만일 당신 자신이 이런 유형의 사람이어서 싸움을 좋아하는 사람에게 익숙하고, 또 매번 싸워서 이길 수 있다고 확신하는 경우라면 상대방이 투쟁형이라도 크게 꺼려하지는 않을 것이다.

4.8 대응방법

상대방이 다음의 협상스타일을 보일 때, 당신은 어떻게 대응할 것인가? 자신이 가장 선호하는 대응방법을 기재해보자.

□ 상대방이 투쟁형 협상스타일인 경우:

____

____

□ 상대방이 협력형 협상스타일인 경우:

____

____

□ 상대방이 절충형 협상스타일인 경우:

____

____

□ 상대방이 회피형 협상스타일인 경우:

____

____

□ 상대방이 배려형 협상스타일인 경우:

____

____

□ 상대방이 유연형 협상스타일인 경우:

____

____

사람들은 대개 상대방이 어떻게 나오는가에 따라 대응하는 스타일이 달라진다. 어느 특정 사람과 여러 번 협상을 해보았다면 그 사람의 협상스타일을 익히 알게 되고 그런 협상스타일에 대응하여 행동하게 된다. 만일 상대방이 투쟁적으로 나오는 사람한테는 양보를 잘하는 그런 협상스타일을 보이는 것으로 파악되었다면, 다음 협상에서 당연히 투쟁적으로 대응을 하는 것이 좋을 것이다. 상대방이 만일 협력적 협상스타일의 사람과 협상을 할 때에는 협력적 협상스타일을 보이는 것으로 파악이 되었다면, 다음 협상에서 당연히 협력적 협상스타일로 대응하는 것이 좋을 것이다. 또한 협력적 협상스타일이 잘 통하지 않을 경우를 대비해서 절충형이나 투쟁형을 예비전략으로 마련할지도 모른다. 협상에서 처음 만나는 사람은 어떤 유형인지 잘 알지 못하므로 이리 저리 다양하게 접근하여 협상스타일을 파악한 후, 다음 번 협상에서 유용한 전략수립에 활용할 수 있을 것이다.

사실 협상스타일은 그리 쉽게 바꿀 수 있는 것이 아니다. 그러므로 협상스타일을 바꾸는 것보다 자신에게 잘 어울리는 협상스타일의 상대방을 고르는 방법이 더 현명할 때가 많다. 예컨대, TV홈쇼핑에 물건을 구매 · 주문하고 신용카드로 결제했는데 열흘이 지나도록 배달이 안 되고 있다. 전화를 걸어 이의를 제기하고 항의했지만 전화를 받은 직원이 하는 말이라곤 고작 자신은 권한이 없으며 책임자는 현재 없다고 한다. 이럴 때 그런 담당자와 다투기 보다는 전화를 끊고 5분 정도 기다렸다가 다시 전화를 하는 것이다. 그러면 이번에는 다른 직원이 전화를 받는다. 이 직원은 직전에 전화를 받은 직원과 전혀 다른 스타일로 응대한다. 고객을 위해 정성을 다해 죄송하다는 말과 함께 좀 더 기다려 주시면 회사 측에서 잘못된 점을 모두 바로 잡아 드리겠다고 한다. 그러면서 고객의 마음을 불편하게 해 드린데 대해 위로하는 뜻으로 사은품을 보내 드리겠다고 약속한다. 이 사례에서 알 수 있듯이 상대방에 따라 다른 유형의 협상스타일을 보이는 것도 좋지만, 자신이 좋아하는 스타일의 상대방을 골라 협상을 벌이는 전술도 활용하는 것이 바람직하다.

4.9 세일즈와 고객의 관계 설정

오늘날 세일즈는 「단순한 제품판매」의 차원을 넘어서 「고객의 구매를 도와주는 행위」, 나아가 「고객을 성공하도록 도와주는 행위」의 개념으로 변화되었다. 따라서 판매를 잘 하려면 상대방인 고객에 대해 높은 관심을 가지지 않을 수 없다. 협상스타일에서 상대방과의 관계에 대해 높은 관심을 보이는 유형은 「협력형」과 「배려형」이다.

협상스타일이 「투쟁형」과 「회피형」에 속하는 것으로 측정된 사람들은 세일즈 상황에서 효과적인 성과를 거두기 위해서는 「협력형」과 「배려형」의 성향을 익히고 활용할 수 있도록 해야 할 것이다.

세일즈 상황에서 상대방을 만났을 때, 상대방의 협상스타일을 파악하기 위한 설문조사를 실시할 수 없다. 그러므로 상대방과 처음 만났을 짧은 순간에 상대방의 협상스타일을 파악할 수 있어야 한다. 그러기 위해서는 앞에서 살펴본 바와 같은 협상스타일의 행동특성 가운데 어떤 특성이라도 단서로 확보되면 즉각적인 유형분석을 할 수 있는 능력이 필요하다.

5 Christopher식 협상스타일의 측정[12)]

5.1 네 가지 협상스타일

"지피지기 백전불태(知彼知己 百戰不殆)"라는 말처럼 협상에서는 자신과 상대방의 협상스타일을 제대로 알아야 한다. Elizabeth M. Christopher는 협상자 개인의 협상스타일을 (1) 혁신형(innovator), (2) 사교형(communicator), (3) 치밀형(processor), (4) 사업형(activator)의 네 가지로 분류하고, 이를 측정하는 방법과 행동요령을 소개하고 있다.

5.2 협상스타일 파악을 위한 질문

〈표 6-3〉의 10개의 문항에 각각 4개의 용어가 배열되어 있다. 4개의 용어 가운데 1개를 선택하여 빈칸에 '∨' 표시를 한다. 자신의 직관에 따라 가장 편한 느낌이 드는 용어를 가능한 한 빨리 선택한다.

■ 표 6-3 ▌협상스타일 파악을 위한 질문

1	기회 마련		고객 욕구		절차 과정		최종 결과	
2	신규 개념		동기 부여		계획 수립		직무 수행	
3	경영 혁신		협동 작업		조직 편제		생산 향상	
4	창의 창작		인간 관계		사실 진상		객관 목표	

5	실현 가능		의사 소통		조직 편제		책임 의무	
6	원대 구상		감정 느낌		통제 관리		능률 효율	
7	사안 안건		협동 정신		시험 확인		전진 진보	
8	상호 의존		이해 납득		우선 순위		판단 기준	
9	상황 파악		감정 이입		진행 과정		과업 성취	
10	신중 판단		협의 의논		규칙 전례		설정 목표	

5.3 협상스타일 판정

자신이 응답한 용어에 해당하는 점수를 〈표 6-4〉에 표시된 "협상유형별 용어분류 및 점수배정표"에서 찾아 합계하여 총점을 산출한다. 산출한 총점의 크기에 따라 협상스타일을 분류하면 다음과 같다.

(1) 40~36점: 혁신형 (2) 35~26점: 사교형

(3) 25~16점: 치밀형 (4) 15~10점: 사업형

■ 표 6-4 ‖ 협상유형별 용어분류 및 점수배정표[13)]

1	Opportunities 기회 마련	Needs 고객 욕구	Procedures 절차 과정	Results 최종 결과
2	Concepts 신규 개념	Motivation 동기 부여	Planning 계획 수립	Performance 직무 수행
3	Innovation 경영 혁신	Teamwork 협동 작업	Organizing 조직 편제	Productivity 생산 향상
4	Creativity 창의 창작	People 인간 관계	Facts 사실 진상	Objective 객관 목표
5	Possibility 실현 가능	Communication 의사 소통	Organizing 조직 편제	Responsibility 책임 의무
6	Grand designs 원대 구상	Feelings 감정 느낌	Controlling 통제 관리	Efficiency 능률 효율
7	Issues 사안 안건	Team spirit 협동 정신	Testing 시험 확인	Moving ahead 전진 진보
8	Interdependence 상호 의존	Understanding 이해 납득	Priority 우선 순위	Criteria 판단 기준

9	The big picture 상황 파악	Empathy 감정 이입	Process 진행 과정	Task Accomplishment 과업 성취
10	Later thinking 신중 판단	Consultation 협의 의논	Rules 규칙 전례	Setting goals 설정 목표
배점	4점	3점	2점	1점
유형	Why형	Who형	How형	What형
	혁신형 Innovator	사교형 Communicator	치밀형 Processor	사업형 Activator

5.4 협상스타일별 정보

5.4.1 혁신형 협상스타일

- 측정점수가 40~36점에 속하는 사람의 협상스타일이다.
- 크게 생각하는 경향이 있다. 그룹 전체의 아이디어를 얻기 위해 브레인스토밍을 한다. 해결해야 할 문제에 대해 구성원들이 어떻게 생각하고 있는지 폭 넓게 파악한다.
- 여러 가지 선택사항들을 점검한다.
- 사람과 문제를 동일시하지 않고 분리하여 생각한다. 상대방의 입장이 다르다고 하여 무턱대고 공격하기 보다는 여러 모로 생각하며 그 배경을 고려한다.
- 어떤 것을 자기에게 비꼬아 이야기한 것으로 생각하는 법이 없다. 또는 문젯거리가 있다고 해서 남을 비난하지 않는다.
- 질문을 해도 개방형 질문을 즐겨하고, 상대방의 말을 사려 깊게 경청하며, 성급한 판단을 삼간다.
- 상대방이 제안을 하도록 권장한다.
- 자기가 미리 최저한계선을 정해두고 이를 상대방에게 강요하는 스타일이 아니다. 자기의 입장을 강조하기 보다는 서로의 이해관계에 초점을 맞춘다.

혁신형에 속하는 협상자들은 질문을 할 때, "왜…?"라는 식으로 시작한다. 즉, 'Why'형이다. 예컨대, "왜 우리가 이것을 해야 되지요?" 또는 "왜 이것을 하지 않지요?" 이런 유형에 속하는 사람들은 협상상황에 처하여 문제를 해결하기 위해 아주 여러 가지 측면을 고려하는 경향을 보이고, 폭넓은 개념을 등장시켜 검토하고, 새로운 대안이 없는가를 탐색하며, 대담하고 창조적이며 혁신적인 방법을 찾는다.

그러나 이런 혁신형의 협상자들은 어떤 때는 다른 사람들의 눈에 머리가 구름 속에 가려 있어 결정을 내리지도 책임을 질 줄도 모르는 이상야릇한 사람으로 비칠 수 있다. 그러므로 이런 혁신형의 협상자들은 자신의 협상스타일을 보완하기 위해 의사소통을 활발히 하고, 진상을 정확히 파악하는 기술을 습득해야 하며, 의사결정과정에서 확고한 입장을 표명할 줄 알아야 한다.

5.4.2 사교형의 협상스타일

- □ 측정점수가 35~26점에 속하는 사람의 협상스타일이다.
- □ 사교형의 협상자는 곧 바로 협상에 들어가기 보다는 신뢰할 수 있고 우호적인 분위기를 먼저 형성하는데 시간을 투자한다. 뭔가 일이 이루어질 수 있는 분위기를 먼저 조성하려고 한다.
- □ 신속히 팀들을 구성하고 간단한 회의를 개최하며 역할을 분담한다.
- □ 연합전선을 펼치고 막강한 파워기반을 조성한다.
- □ 상대방의 감정폭발, 욕구, 관심, 느낌 등의 감정표출 행위를 이해하고 당연시 여긴다. 자신이 어떤 느낌을 받고 있는지 거리낌 없이 표현하며, 남을 웃기기도 하고, 안타까움, 좌절, 기쁨 등을 표출한다.
- □ 이들이 생각하는 협상이란 당사자간의 상호관계이며, 이런 상호관계 속에서 각자가 상대방의 견해를 이해해야 한다는 것이다.
- □ 협상결과에 상대방의 몫이 배려되도록 고려하고, 체면을 중시한다.
- □ 감사하다는 말과 같이 남을 배려하는 상징적인 언사를 사용하고, 일이 어떻게 되어 가는지에 대한 후속적인 전화를 한다.

사교형의 협상자는 "왜…?"라는 질문보다 "누가…?"라는 식의 질문 경향을 보인다. 즉, 'Who'형이다. 이 유형은 의사소통, 인간관계형성, 구성원간의 호흡일치, 사람들이 무엇을 필요로 하는지 아는 것을 중요시하는 인간중심의 협상스타일이다.

이런 유형의 사람들은 강력한 가치관과 믿음을 갖고 있고, 사실로 밝혀진 것뿐만 아니라 감정적 느낌도 아주 중요하게 여기며, 동기부여를 잘하는 경향을 보인다.

그러나 이런 유형의 사람들은 남의 눈에는 너무 감정적으로 비치고, 남의 말을 듣기보다는 자기가 주로 말을 하는 편이다. 그러므로 약점을 보완하기 위해서는, 남의 말을 잘 경청하는 기술을 익혀야 한다. 남의 말을 경청할 때는 「의견」과 「사실」을 잘 구분하여서 들어야 한다. 또 감정적으로 결정하기 보다는 객관적인 기준에 의거해서 결정하는 훈련이 필요하다.

5.4.3 치밀형의 협상스타일

- 측정점수가 25~16점의 범위에 속하는 사람의 협상스타일이다.
- 협상에 대해 계획을 수립하고, 상대방에 대해 가능한 한 많이 연구하기 위해 밤낮을 가리지 않고 노력한다.
- 상대방의 결점 및 협상전략이 무엇인지 예측하려고 하며, 아마도 미리 협상에 대한 역할게임까지 해서라도 어떤 것을 양보하고 어떤 것을 얻어낼 것인지 미리 결정하고 예행연습 및 준비를 한다.
- 협상과정에서 논의할 의사일정을 미리 작성하고, 사안의 목적을 구분하여 협상에 임한다.
- 시간적 압박에 쫓기지 않도록 대비한다.
- 안건을 놓고 협상을 벌이지, 인신공격 따위는 하지 않는다.
- 확인된 사실과 적법성에 초점을 맞추고, 전례와 통계, 그리고 전문가의 견해를 중시한다.
- 한계선이 어디인지 분명히 하고, 의사일정에 맞추어 협상을 진행하며, 자신들의 권한이 최종결정을 내릴 수 있는지 여부에 대해 언급한다.
- 서면으로 기록할 뿐만 아니라, 상대방에 대해서도 서면으로 요구한다.

치밀형의 협상자는 "왜 우리가 이것을 해야 하지?"라거나 "누가 관련되어 있지?"라는 질문을 하기 보다는 "어떻게 우리가 이것을 해낼 수 있지?"라는 식으로 질문을 한다. 즉, 'How'형이다. 감정적 느낌에 의존하기 보다는 확인된 사실과 증거에 입각해서 판단을 내리며, 실행에 들어가기 전에 아이디어의 현실성을 미리 검증할 뿐만 아니라 계획수립, 절차, 질서, 방법 등을 중시하는 경향을 보인다.

그러나 치밀형의 협상자를 보는 다른 사람들의 시각은, 때때로 까다롭고, 규정 지상주의이며, 관료적이고 의사결정을 내리는데 너무 오랜 시간이 걸린다고 본다. 그러므로 이런 유형의 사람은 확인된 사실만 갖고 판단하려 하지 말고 심정적 느낌도 고려해서 판단해야 할 것이며, 너무 세부적인 문제에 집착하여 전체 그림을 놓치는 일이 없도록 해야 한다. 그리고 미리 설정한 지침 외에도 새롭게 변화된 사항도 고려하는 지혜가 필요하다.

5.4.4 사업형의 협상스타일

- 측정점수가 15~10점의 범주에 속하는 사람의 협상스타일이다.
- 사업을 하는 사람과 유사한 행태를 보인다.
- 사안에 대해 명료하게 표현한다.
- 더 많은 정보를 얻고 설명을 듣기 위해 질문을 던진다.
- 애매모호한 부분에 대해서는 적극 경청한다.
- 현장에서 생각하고 판단하며, 필요할 경우 즉각 대안을 고안해낸다.
- 모호한 것은 믿지 않으며, 메모, 합의서나 계약서를 선호한다.
- 전체 상황을 고려하여 판단한다. 실용적 결단을 내리며, "이것이 이루어질 수 있을까?" 하는 생각이 근저를 이루고 있다.
- 문제가 생기면 객관적 기준에 따르고, 대충 봐주는 스타일이 아니다.
- 더 큰 것을 얻을 수 있다면 작은 것은 양보할 준비가 되어 있다.

사업형의 협상자는 "왜 우리가 이것을 해야 하나?"라든가 "누가 관련되어 있지?" 또는 "어떻게 해야 하지?" 따위의 질문보다는 "무엇을 하려는 거지?"라는 식의 질문을 던진다. 즉, 'What'형이다. 이 유형에 속하는 사람들은 목표에 도전하고, 목표를 바꾸고, 목표가 무엇인지 확인하며, 의사결정을 하여 결과를 추구한다. 이 유형에 속하는 사람들은 자신이 설정한 목표에 대해 책임질 줄 알며, 그래서 목표달성을 위해 갖은 노력을 다한다. 이들은 효율성과 생산성을 중시한다. 다른 사람들로부터 나오는 반응과 과거 유사한 상황에서 겪은 자신의 경험을 믿는다.

그러나 다른 사람들은 때때로 이런 유형의 사람들을 뻔뻔스럽다거나 호전적이라고 본다. 그러므로 이런 유형의 사람들은 상대방의 감정과 느낌이 어떤지를 고려할 필요가 있고, 관련된 정보를 다양하게 충분히 모을 때까지 판단을 유보하고 참을성을 키울 필요가 있다.

6 위험대응성향

6.1 불확실과 선택

오늘날 전자매체의 발달로 인해 우리는 앉은 자리에서 전화나 인터넷으로 쇼핑도 하고, 보험에도 가입하며, 아무런 협상행동을 전개하지 않으면서도 로또복권과 같은 위험도가 높은 상품을 구매한다. 여기에서는 불확실한 위험상황에서 개인의 대응행위가 어떠한지를 간단히 살펴본다. 최근의 협상은 개인이 획득할 수 있는 정보의 확대로 인해 상대방과의 흥정과정을 거의 무시하다시피 할 정도로 신속하게 진행되며 선택을 어떻게 잘 할 수 있는가에 초점이 맞춰지는 경우가 흔하다. 게임이론에서 소개되는 피의자의 고민도 자기 동료와의 흥정이라는 측면도 있지만 결국은 불확실한 상황에서 혼자 어떤 선택을 하는 것이 더 합리적인가에 초점이 모아진다.

6.2 인디언포커게임

인디언 포커(Indian Poker) 게임을 해보자. 이 게임은 단지 2명만 있어도 가능하지만 그 이상이면 더욱 재미있다. 우선 카드를 섞는다. 그리고 게임을 하는 사람들 앞에 섞은 카드 모두를 엎어서 놓는다. 각각의 게임자들은 엎어놓은 전체카드의 위에서부터 한 장씩 뽑는다. 이 때 다른 게임자들이 그 카드의 값이 무엇인지 볼 수 있도록 카드의 윗부분을 잡고 든다. 단, 자신은 자기 카드의 값을 보면 안 된다. 카드의 값은 Ace가 제일 높고 그 다음은 King, Queen, Jack, 10, 9, 8, … 3, 2의 순서로 내려간다. 이와 같은 방법으로 자신은 상대방 게임자들이 갖고 있는 카드의 값이 얼마인지 볼 수 있지만 자신의 것은 볼 수 없다. 그런 다음 각자의 판단에 따라 내기를 건다. 이 때 판단할 수 있는 정보는 상대방 게임자들이 들고 있는 카드의 값과 얼굴표정이나 행동 등이다.

여기서는 각자 바둑알이나 100원짜리 동전 20개를 가지고 게임을 시작한다. 자신의 판단에 따라 내기를 걸어도 되고 그 판을 그만 두겠다는 표시로 카드를 엎어 내려놓아도 된다. 결국, 마지막으로 겨루던 한 사람이 게임을 포기하거나, 누군가 마지막 내기를 걸었을 때, 게임자들은 비로소 자기의 카드 패를 볼 수 있고 이 때 가장 높은 카드 패를 가진 사람이 이긴다. 10회 정도 게임을 하거나 아니면 누군가 바둑알이나 동전을 모두 딸 때까지 계속한다.

이 게임은 게임자 모두가 자신이 들고 있는 카드 패가 어떤 것인지 모르는 상태에서 상대방을 혼란스럽게 하기 위해 너스레를 떠는 것은 물론 몸짓이나 표정 등의 비언어적인 의사소통을 포함하고 있다. 이 게임은 어떤 위험요소들을 내포하고 있다. 이 위험요소들은 마치 협상에서 금전과 같은 유형적인 측면뿐만 아니라 개인의 체면이나 평판과 같은 무형적인 측면도 포함하고 있다.

6.3 위험에 대한 대응

보통 사람들은 될 수 있는 한 위험요소를 제거하거나 줄이려고 한다. 그러나 위험요소를 줄여야겠다는 그런 생각은 재고해보아야 한다. 더군다나 위험요소를 전부 제거해야겠다는 결벽증 따위는 없어야 한다. 우리가 살아가는 세상은 위험이 도처에 깔려 있다. 그런데도 그런 위험을 모두 제거하려는 생각은 어리석기 짝이 없다.

여기서 「위험」이라는 개념은 어려워하거나 꺼리는 마음을 포함하고 있다. 유명한 고전인 채근담을 보면 이런 문구가 나온다. "뜻대로 안 되는 일에 너무 근심하지 말며, 마음에 통쾌한 일을 기뻐하지 말라. 오랫동안 무사함을 믿지 말며, 처음 맞는 어려움을 꺼려하지 말라." 사람들은 처음 맞이하는 일이나 상황에 대해서는 잘 알지 못하고 그래서 불확실한 것이 많다. 그런 관계로 사람들은 불확실성을 심리적으로 위험하다고 느끼게 되고 이로 인해 선뜻 나서기를 어려워하고 주저하는 것이다. 따라서 여기서는 「위험」이라는 용어와 「어려움」, 「곤란」, 「두려움」,

「주저함」, 「꺼림」이라는 용어가 일맥상통되고 있다. 어릴 적 한 친구는 바다에서 수영을 하면서 곧잘 자맥질을 하였는데, 그 때마다 바다 속 바위구멍에 손을 집어넣어 해삼이나 전복이 있는지 알아보고 싶었지만, 그 구멍 속은 어두워서 아무 것도 보이지 않았기 때문에 사실 두려웠고, 그래서 한 번도 손을 바위구멍 속으로 넣어보지 못했다고 하였다.

협상도 이와 마찬가지로 위험이 상존하는 가운데 진행된다. 앞의 인디언포커 게임에서 알 수 있듯이 위험이 많은 곳에 기회도 많다. 위험한 장사가 많이 남는다는 옛말이 하나도 그르지 않다. 반대로 말하자면 안전이 담보되는 사업은 수익률이 낮다. 그래서 위험률과 수익률은 비례한다. 위험에 대해 사람들은 저마다 생각하는 방식이 다르다. 다른 사람보다 유달리 위험을 즐기는 유형의 사람이 있는가 하면 정반대로 위험은 무조건 피하려는 유형의 사람도 있다.

위험을 감수하느냐 아니면 위험을 기피하느냐의 성향에 따라 협상과정이나 협상결과는 많은 영향을 받는다. 만약 다른 사람들은 기꺼이 위험을 감수하려 하는데 당신은 위험을 꺼린다면, 당신은 아마도 불리하게 될지도 모른다. 예컨대, 한정된 예산을 놓고 줄다리기를 하고 있는 상황에서 다른 사람들은 자기들의 부서로 예산을 배정받기 위해 물불을 가리지 않고 요구하고 있는 상황에서, 당신은 상급기관의 미움을 살까 두려워서 망설이는 등 전혀 위험을 감수하지 않는다면 결과적으로 아무런 예산배정도 받을 수 없는 불이익을 당하게 될지도 모른다. 실제 협상에는 다음과 같은 몇 가지 현상이 나타난다.

6.3.1 부탁의 어려움

주위를 둘러보면 남에게 무엇을 물어보거나 부탁하는 것을 아주 질색하는 사람이 있다. 문제는 그런 사람도 남을 위한 일이라면 기꺼이 나서서 부탁해마지 않는다는 점이다. 사람들은 대개 자신을 위해서는 남에게 부탁하기를 싫어하지만 남을 위해서는 부탁하는 일을 기꺼이 감수한다.

무엇보다도 먼저 자신이 원하는 바를 기꺼이 부탁할 수 있는가의 문제이다. 남에게 자신의 원하는 바를 부탁하는 행위를 스스로 꺼리거나 위험하다고 여기는 것이다.

6.3.2 금전적 손해를 우려함

두 번째로 꺼려하는 위험은 금전적으로 손해를 입지 않을까 하고 우려하는 것이다. 위험을 부담하기 싫어하는 사람들은 어떤 손실을 보는 것도 두려워하기 때문이다. 뒤집어 말하자면 위험을 싫어하는 사람들은 자기의 투자자금에 대해 현재보다 더 높은 수익률을 기대하는 것이다. 그래서 현재의 수익률로는 자기의 돈을 잃게 될까봐 투자하기를 꺼려하는 것이다.

6.3.3 정보의 오류가능성

세 번째로 꺼려하는 위험은 자신이 받은 정보가 부정확하거나 잘못되어 발생하게 되는 결과이다. 주식에 투자를 하면서도 투자대상기업의 재무제표도 읽어보지 않는다든가, 부동산에 투자하면서도 현장에 가보지도 않는 사람들이 있다. 물품을 수입하면서도 품질검사를 하지 않고 건너뛴다거나, 신제품이면 검증이 되지 않아도 무조건 사고 보는 사람들도 있다. 이는 게으름과 무관심 때문일 수도 있고, 아니면 비합리적인 낙천성 때문일 수도 있다. 어떤 이유이든 간에 위험을 기꺼이 감수하는 이런 유형의 사람들은 자기가 전화만 걸어 봐도 무엇이 어떻게 돌아가고 있다는 것을 간단히 알 수 있고, 그래서 위험을 감소시킬 수 있다는 것을 알지만 그럼에도 불구하고 아무런 확인절차 없이 조급하게 결정을 서두른다.

6.4 위험대응성향의 유형

다음과 같이 기대이익이 확실한 사업A의 경우와 불확실한 사업B 중 어떤 사업을 선택할 것인가? 즉, 사업A는 2억원의 이윤이 예상된다. 사업B는 4억원의 이윤 또는 5천만원의 손실이 예상된다. 이들 사업의 예상화폐가치를 비교해보자.

■ B의 예상가치 = 4억원 × 성공확률 + (−5천만원)(1−성공확률)
　　　　　　　= 4억5천만원 × 성공확률 − 5천만원

■ 만일 성공확률이 60%라면,
B의 예상가치 = 4억5천만원×60%-5천만원
　　　　　　= 2억7천만원 − 5천만원
　　　　　　= 2억2천만원

이 사례에서 예상화폐가치가 "A = B"라면, 어떤 것을 선택할까? 그야 당연히 A를 선택할 가능성이 더 많다. 왜냐하면, 사람들은 불확실한 것을 좋아하지 않기 때문이다. 불확실한 상황 아래에서는 기대효용을 극대화할 수 있는 선택을 하려고 한다.

그림 6-2 ››› 위험대응성향의 유형

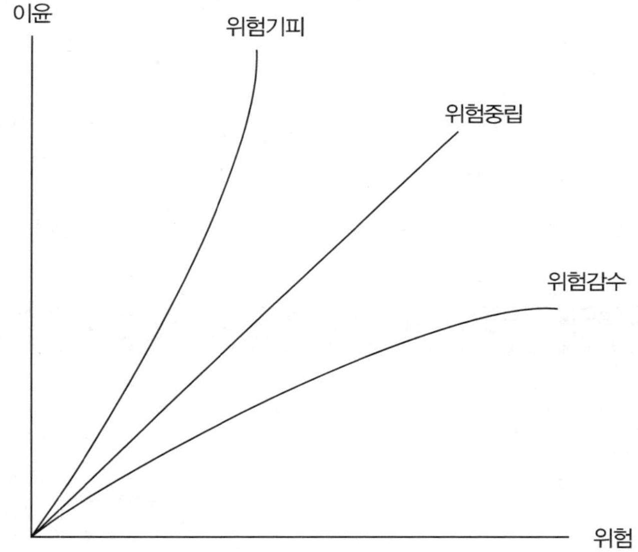

스위스의 수학자 Daniel Bernoulli는 18세기에 이러한 현상을 처음 발견하여 정리하였다. 위험에 대한 사람들의 대응성향은 ① 위험기피, ② 위험중립, ③ 위험감수의 세 가지로 구분할 수 있다. 이런 위험대응성향을 도해하면 [그림 6-2]와 같다.

6.5 위험대응성향의 측정

재산관리 방식을 스스로 평가해봄으로써 자신의 위험대응성향이 어떠한지 측정해보자.

- 당신의 자산은 주로 금융기관의 저축이나 채권보다 주식이나 파생금융상품에 투자되어 있는가?
- 당신 자산의 절반 이상이 융자금이나 신용카드로 된 채무인가?
- 당신은 강원랜드에서 카지노게임을 하거나 로또와 같은 복권을 즐기는지, 또는 당신 재산의 0.01%를 넘는 내기를 해본 적이 있는가?
- 당신이 가입한 생명보험 가액이 당신 연봉의 두 배를 넘지 못하는가?
- 지난 15년간 직장을 자발적으로 세 번 이상 사직하였는가?(직장생활경력 15년 이상자에게만 해당)

이상의 질문에서 '그렇다'라고 대답한 횟수가 많을수록 위험감수형에 속한다. 그렇다면 다음에 표시한 [그림 6-3]의 눈금에서 당신 자신이 대략 어느 부분에 속한다고 생각하는지 심각하게 생각하지 말고 직감적으로 해당부분에 표시해보자.

그림 6-3 »» 위험대응성향의 측정

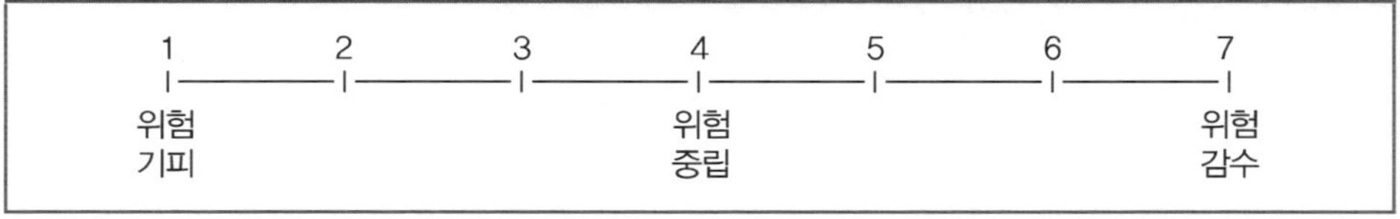

사람들은 위험에 대한 자기의 평가를 약간 부풀리는 경향이 있다. 이러한 현상은 「조폭마누라」, 「협상가(Negotiator)」 또는 「대부(Godfather)」와 같은 영화에서 보더라도 대부분의 사회에서는 물론 특히 남자들 사회에서 위험을 감수하는 사람을 멋지다고 보기 때문이다. 한편, 위험기피자는 위험감수자보다 더 일관된 행동성향을 보인다.

단지 위험을 싫어한다고 해서 유능한 협상자가 될 수 없다는 말은 아니다. 협상을 하려면 더 많은 정보가 필요하고, 중대한 협상을 위해서는 최상의 대안도 마련해야 한다. 자신이 회피형이나 배려형의 협상스타일을 지니고 있다고 생각된다면 간단한 협상상황을 만들어 훈련을 함으로써 협상에 대한 자신감을 키울 수 있다.

6.6 관심과 위험

6.6.1 협상스타일과 위험대응성향의 상호작용

협상스타일을 분류하는 2차원관심모형에서 하나의 차원은 자기중심형을 나타내고, 다른 또 하나의 차원은 친분중심형을 나타내는데, 이 두 가지 차원을 여기에서 설명하고 있는 위험기피형과 위험감수형의 새로운 두 가지 차원과 연관지어 생각해보자. 즉, 「자기중심형」, 「친분중심형」, 「위험기피형」, 「위험감수형」의 네 가지 협상기질들이 서로 어떻게 작용하는지 알아보자.

자기중심형은 이차원관심모형의 협상스타일 중 자신의 이익에 대해 보이는 관심의 정도가 높은 유형을 말한다. 이 유형에 속하는 협상스타일은 투쟁형과 협력형이다.

친분중심형은 이차원관심모형의 협상스타일 중 상대방의 이익에 대해 보이는 관심의 정도가 높은 유형을 말한다. 이 유형에 속하는 협상스타일은 협력형과 배려형이다.

따라서 여기서 상호연관관계를 알아보고자 하는 구체적 협상스타일은 이차원관심모형에서 나타난 투쟁형, 협력형, 배려형의 세 가지 유형과 위험대응성향에서 나타난 위험감수형과 위험기피형의 두 가지 유형을 합쳐 모두 다섯 가지이다.

이 다섯 가지 유형들이 서로 어떻게 어울리는지 알아보기 위해 정리하면 〈표 6-5〉와 같다.

■ 표 6-5 ▌협상자의 기질과 특성

<table>
<tr><td></td><td></td><td>위험감수형</td><td>위험기피형</td><td></td><td></td></tr>
<tr><td rowspan="2">자기중심</td><td>투쟁형</td><td>[위험감수 – 이익투쟁]
과감투쟁, 독불장군
안면몰수 고육지계</td><td>[위험기피 – 이익투쟁]
이이제이, 비겁야비
배후험담, 익명투서</td><td></td><td></td></tr>
<tr><td>협력형</td><td>[위험감수 – 상호협력]
공개지지, 정정당당
용감의연, 편법로비</td><td>[위험기피 – 상호협력]
어부지리, 체면중시
관대묵인, 아부아첨</td><td>협력형</td><td rowspan="2">친분중심</td></tr>
<tr><td></td><td></td><td>[위험감수 – 상대배려]
헌신봉사, 의리중시
친분유지, 커밍아웃</td><td>[위험기피 – 상대배려]
정보제공, 립서비스
익명후원, 비밀공유</td><td>배려형</td></tr>
</table>

6.6.2 투쟁형과 위험감수형의 관계

위험을 감수하며 자기의 이익을 위해 투쟁하는 스타일의 사람들은 새로운 결과를 창출해내기 위해 어느 정도의 희생은 마다하지 않는다. 이런 유형의 사람들은 자기의 행동이 상대방에게 어떤 영향을 미치는가에 대해서 별로 생각하지 않는다. 오로지 창출해낼 새로운 결과에만 관심이 있을 뿐이다. 따라서 이런 유형의 사람들은 협상에서 공격적이고 위압적으로 보이며, 독불장군 식으로 지나치게 요구하는 모습을 보인다. 누가 뭐라고 해도 듣지 않는 철면피이거나 무식용감하며 이익 앞에서는 안면을 몰수한다는 평가를 받기도 한다.

6.6.3 투쟁형과 위험기피형의 관계

위험부담을 싫어하는 성향을 지녔으면서도 협상에서는 강력히 자기의 이익을 실현하려고 하는 사람은 협상을 영합게임(零合: zero-sum game)이나 고정파이(fixed pie)로 인식하는 경향이 있다. 상대방이 파이를 많이 가져갈수록 자기가 먹을 파이의 양이 줄어든다고 보는 것이다. 만일 이런 유형의 협상자가 상대방도 동일한 방식으로 생각하고 있겠지 하고 가정을 하게 되면, 이 때 이 협상자는 자기가 얼마만큼 얻을 수 있는가에 대한 관심보다는 얼마나 많이 잃게 되는가에 더 많은 관심을 갖게 된다. 결국, 이런 유형의 협상자는 의심을 품고 자기방어에 나서는 기질을 지니고 있다. 그래서 배후에서 험담을 하거나 이간질을 하고 이기적이고 계산적인 기질 때문에 익명으로 투서를 한다든가 다른 사람을 시켜서 문제를 해결하려는 이이제이의 전술을 구사한다.

6.6.4 협력형과 위험감수형의 관계

위험을 감수하면서까지 서로의 이익을 위해 협력하려고 하는 유형의 사람들은 상호관계를 형성하고 유지시키는데 매우 신경을 쓴다. 그래서 상대방의 요구를 수용할 뿐만 아니라 상대방을 공개적으로 정정당당하게 지지하기도 하고 편법을 동원한 로비를 하기도 하여 세간으로부터 아첨꾼이라는 평을 받기도 한다.

6.6.5 협력형과 위험기피형의 관계

위험부담을 싫어하는 성향을 지녔으면서도 협상에서는 상대방과의 친분을 꼭 유지하려고 하는 사람은 새로운 관계형성뿐만 아니라 기존의 관계가 위태로워지는 것을 두려워한다. 이런 유형의 사람들은 잘못된 것을 틀렸다고 말하거나 남을 공격하거나 또는 체면이 손상되는 일을 하지 않으려고 한다. 그래서 이런 유형의 사람들은 상대방에 대해 관대하고 묵인하는 성향의 기질을 지녔다. 위험을 기피하면서도 서로의 이익을 위해 협력해야 하므로 전략적으로 어부지리를 추구한다.

6.6.6 배려형과 위험감수형의 관계

위험을 감수하면서도 상대의 이익을 배려하려는 성향을 지닌 사람들이 있다. 이들은 상호관계의 유지를 위해 때로는 자신의 이익에 대해서는 개의치 않는다. 이들은 헌신과 배려가 인생의 낙이라고 생각하는 스타일의 사람들이다. 그래서 이들은 헌신적으로 봉사를 하거나, 위험이 닥쳤는데도 의리를 중시하여 배신을 하지 않는 유형의 사람들이다.

6.6.7 배려형과 위험기피형의 관계

위험을 부담하길 싫어하면서도 상대방의 이익을 배려하려는 유형의 사람들이 있다. 이런 유형의 사람들은 상대방의 요구에 순응하는 모습을 보임으로써 자신의 체면이 손상되지 않도록 한다. 상대방에게 유익한 정보를 제공해줌으로써 자신은 아무런 위험에 빠지지 않으면서도 상대방을 배려한다.

6.6.8 기타 유형과 상호관계

이상의 분류만으로는 위험대응성향과 협상스타일의 모든 상황을 설명하기는 어려울 것이다. 협상자들 가운데는 위험감수형과 위험기피형 외에도 위험중립형이 있을 수 있고, 또 협상스타일 중 절충형, 유연형과 같이 반드시 자기중심이나 친분중심의 어디에도 속하지 않는 경우도 나타나기 때문이다. 그러나 협상이 벌어지는 경우를 보면 이 분류에 속하는 상황이 비일비재하다. 그렇기 때문에 다양한 협상스타일을 익혀야 하는 협상자의 입장에서는 이 분류표를 활용할 수 있다. 친구와 서로 역할게임을 하거나 혼자서 협상연습을 할만한 장소를 찾아가서 상대를 물색한 다음 이런 저런 스타일로 연습을 함으로써 협상기술을 향상시킬 수 있을 것이다.

---

1) Volkema, Roger J., *The Negotiation Tool Kit*, Amacom, 1999.
2) 정영문 역, Duke Robinson 저, "선한 사람이 실패하는 9가지 이유", 창작시대사, 1997 참조: 이 책에서는 선한 사람이 자기도 모르게 협상에서 실패하는 모습을 보여주고 있다.
3) 돈 허트슨, 조지 루카스, 「1분협상수업」, 랜덤하우스, 2011. Blake, R. R., and Mouton, J. S., *The managerial grid*, Houston: Gulf Publications, 1964. Filley, A. C., *Interpersonal conflict resolution*, Glenview, IL: Scott, Foresman, 1975. Thomas, K. W., conflict and conflict management, In M. D. Dunnette ed., *Handbook of industrial and organizational psychology*, Chicago: Rand McNally, 1976. Gladwin, T. N., and Walter, I., *Multinationals under fire: Lessons in the management of conflict*, New York: Wiley, 1980. Rahim, M. A., a measure of styles of handling interpersonal conflict, *Acadmy of Management Journal*, 26, 1983.
4) Longley, J., and Pruitt, D. D., A critique of Jain's theory of groupthink, In L. Wheeler ed., *Review of personality and social psychology*, 1, Beverly-Hills, CA: Sage, 1980. Fry, W. R., Firestone, I. J., and Williams, D., *Bargaining process in mixed-singles dyads: Loving and losing*, 1979. Paper presented at the Eastern Psychological Association meetings.
5) Benton, A. A., and Druckman, D., Salient solutions and the bargaining behavior of representatives and nonrepresentatives, *International Journal of Group Tensions*, 3, 1973.
6) Wall, J. A., Intergroup bargaining: Effects of opposing constituent's stance, opposing representative's bargaining, and representative's locus of control, *Journal of Conflict Resolution*, 21, 1977.
7) Klimoski, R. J., and Ash, R. A., Accountability and negotiator behavior, *Organizational Behavior and Human Performance*, 11, 1974.
8) Kogan, N., Lamm, H., and Trammsdorf, G., Negotiation constraints in the risk-taking domain: Effects of being observed by partners of higher or lower status, *Journal of Personality and Social Psychology*, 23, 1972.
9) Pruitt, D. G., Strategic choice in negotiation, *American Behavioral Scientist*, 27(2), 1983.
10) Abilene Paradox 참조.
11) 이러한 해석 접근방식에서는 「절충형」과 「유연형」의 협상스타일을 감안하지 않았는데, 그 까닭은 「절충형」과 「유연형」의 협상스타일은 관심모형의 2개 차원 중 어느 쪽으로도 편향되지 않기 때문이다.
12) Christopher, Elizabeth M., *Negotiating Skills for Business*, Kogan Page, 1996.
13) 외국인에 대한 측정을 위해 영어표기도 병행하였음.

7강

합리성 공방

1 합리성 개념의 활용

일반적으로 합리성을 말할 때에는 경제적 합리성을 먼저 떠올린다. 경제학에서는 사람들이 합리적이라고 가정하고 논리를 전개한다. 그러나 현실세계에서 실제로 전개되는 협상에서는 합리적으로 행동하는 사람이 있는가 하면 비합리적으로 행동하는 사람도 얼마든지 있다. 이렇게 비합리적으로 행동하는 사람은 경제이론의 가정을 벗어나 있다. 따라서 협상이론에서 사용하는 합리성의 개념은 경제이론에서 등장하는 합리성의 개념과는 그 활용에서 다소간의 차이가 있다고 할 것이다. 즉, 경제적으로는 비합리적 선택일지 모르지만 협상에서는 합리적 선택이 될 수 있다는 점이 다르다. 경제적 합리성이 주로 유형요소를 중심으로 설명하는 것이라면, 협상에서의 합리성은 유형요소뿐만 아니라 무형요소를 포함하여 설명하기 때문이다.

사람들이 불확실한 상황에서는 어떤 것이 합리적인 선택인지 알기 힘들다. 경제적 측면에서의 합리적 선택이론은 어떤 결정이 경제적 효용을 극대화시킬 수 있는가를 알려준다. 협상에서는 경제적으로 어떤 선택을 하는 것이 합리적인지 알고 있음에도 불구하고 경제적으로 비합리적인 행동을 보이는 경우를 설명한다. 따라서 여기서는 우선 게임사례를 통해 사람들이 경제적으로 비합리적 행동을 하는 유형을 살펴보고, 불확실한 상황에서 어떻게 선택하는 것이 경제적으로 합리적인가에 대해서 설명한 다음, 협상에서 비합리적 행동에 대응하기 위해 필요한 인센티브와 사회규범에 대해 차례로 살펴본다.

2 불확실상황과 의사결정

2.1 가상사업상황에서의 선택

두 개의 사업에 대한 〈표 7-1〉과 같은 가상 상황을 생각해보자. 사업A는 성공할 경우 100억원을 벌 수 있다. 그러나 성공할 확률은 1%이고 실패할 확률은 99%이다. 이에 비해 사업B의 경우 성공하면 1억원을 벌 수 있고 실패해도 2천만원은 벌수 있는데, 그 확률은 각각 50%씩이다. 단, 모든 사업에는 전혀 투자비용이 없다고 가정한다. 이상과 같은 상황에서 사업A를 선택할 것인지 아니면 사업B를 선택할 것인지 결정해보자.

■ 표 7-1 ▌사업별 환경과 기대이익

	성공보수	성공확률	기대이익
사업A	100억원	1%	1억원
	0원	99%	
사업B	1억원	50%	6천만원
	2천만원	50%	

* 단, 사업A와 사업B에 대한 투자비용은 없다고 가정한다.
* 기대이익(사업A) = 100억원 × 1%+0원 × 99% = 1억원
* 기대이익(사업B) = 1억원 × 50%+2천만원 × 50% = 6천만원

사업A의 기대이익은 1억원이므로 사업B의 기대이익 6천만원보다 4천만원이나 더 크다. 그러나 어떤 사람들은 사업A보다 사업B를 더 선호한다. 왜 그럴까? 그 이유는 사람들의 위험기피성향 때문이다. 반면에 사업B보다 사업A를 선택하는 사람은 위험감수성향을 지녔다고 평가된다. 그러나 위험감수성향 때문에 선택이 영향을 받은 것이 아니라, 기대이익의 측면에서 사업A가 사업B보다 더 크므로 합리적인 선택을 한 것이라고 주장할 수도 있으므로 추가적인 검토가 필요하다. 따라서 다음의 사례를 보자.

2.2 부자 친척의 제안

해외에서 큰 부자가 되었으나 후손이 없는 고모부로부터 선물을 주겠다는 제안을 받았다. 선물의 내용은 「현금」 아니면 「복권」 둘 중 어느 하나를 선택하는 것이다. 「현금」을 선택하면 1억원을 당장 받을 수 있다. 이에 비해 「복권」을 선택하면 즉석에서 당첨여부를 확인할 수 있는 복권 1장을 받을 수 있는데, 이 복권은 5억원에 당첨될 확률이 10%이고, 1억원에 당첨될 확률은 89%이며, 꽝이 될 확률은 1%이다. 당신은 「현금선물」과 「복권선물」 중 어느 것을 선택할 것인가? 단, 계산의 편의를 위해 복권당첨으로 인한 세금부담은 없다고 가정한다.

이 퀴즈는 사람들이 얼마나 합리적으로 그리고 이성적으로 결정하는지를 점검할 수 있게 해준다.[1)] 퀴즈의 내용을 요약 정리하면 〈표 7-2〉와 같다.

■ 표 7-2 ‖ 현금선물과 복권선물의 비교

	성공보수	성공확률	기대이익
현금선물	1억원	100%	1억원
복권선물	5억원	10%	1억3,900만원
	1억원	89%	
	꽝	1%	

* 단, 세금은 없고, 제3자에게 전매할 수 없다고 가정.
* 현금선물 = 1억원 × 100% = 1억원
* 복권선물 = (5억원 × 10%) + (1억원 × 89%) + (0원 × 1%) = 1억3,900만원

여기에서 현금선물은 1억원의 가치가 있는데 비해, 복권선물은 1억3,900만원의 가치를 지니고 있어, 현금선물보다 복권선물을 선택하는 것이 이성에 의한 합리적 선택이라고 할 수 있다. 그러나 다른 한편으로 생각하면 복권선물은 현금선물에 비해 3,900만원이 더 많은데 비해 꽝이 될 확률 1%가 있어 위험에 노출되어 있다. 때문에 산술계산에 의한 기대이익에 있어서 복권선물이 현금선물보다 크다고 하여 복권을 섣불리 선택하기도 어렵다.

이런 고민 속에 복권선물보다 현금선물을 선택하는 사람은 위험기피성향을 지닌 사람이라고 볼 수 있다. 반대로 현금선물보다는 복권선물을 선택하는 사람은 위험감수성향을 지닌 사람이라고 할 수 있다. 물론 이 경우에도 위험감수성향

때문에 복권선물을 선택하였다기보다 기대이익이 더 크기 때문에 선택했다고 주장할 수 있다. 문제는 이런 선택기회가 이번 단 한 번뿐인데 있다. 만일 매년 새해선물로 이런 기회가 주어진다면 사람들은 어떤 선택을 하게 될까? 이렇게 게임이 단회성게임에서 반복게임으로 바뀌게 되면 사람들은 당연히 현금선물보다는 복권선물을 선택하는 경향을 보인다. 그것은 현금선물보다 복권선물이 더 이익이 된다는 것을 알기 때문이다. 그렇다면 단회성게임으로 이루어진 게임구조를 반복게임의 구조로 바꿀 수는 없을까? 만일 바꿀 수만 있다면 반복게임을 통해 이익을 창출해낼 수 있음이 명백하다.

2.3 보험가입 수요

현실세계의 어떤 부문에서 이런 원리를 이용하여 많은 돈을 벌어들이고 있는지 살펴보자. 보험업을 제일 먼저 거론할 수 있을 것이다. 보험은 대수의 법칙(law of large numbers)을 활용하여 단회성게임을 반복게임으로 변경시킨 시스템이다. 보험가입자는 보험에 한 번만 가입하므로 단회성게임을 하는 셈이지만, 보험회사는 수많은 가입자를 상대로 반복게임을 하게 된다. 〈표 7-2〉에서 복권선물이 현금선물보다 더 큰 이익을 내는 줄 알면서도 단회성게임이기 때문에 복권선물을 선택하지 못하고 현금선물을 선택하는 것처럼, 보험가입자는 단회성게임을 하므로 이익이 많이 나는 위험한 선택보다 다소 손해를 보더라도 안전한 선택을 하게 된다. 이에 비해 보험회사는 수많은 보험가입자를 대상으로 반복게임을 하게 되기 때문에 보험가입자가 생각하는 안전한 선택보다는 위험한 선택을 함으로써 매번 보험계약마다 이익을 보게 되는 것이다.

위험기피성향의 사람은 불확실한 고소득보다는 확실한 저소득을 선호한다. 이러한 위험기피성향의 사람들은 불확실한 소득을 확실한 소득으로 전환시키기 위해 주로 다음의 세 가지 방법을 활용한다. 첫째, 보험에 가입한다. 둘째, 스스로 자가보험에 가입하는 형태로 위험에 대비한다. 예컨대, 집에 화재탐지기를 설치하거나 사고에 대비하여 일정금액을 충당하는 방법 등을 이용한다. 셋째, 위험자산을 구매할 때에는 그 위험자산의 값을 상대적으로 많이 할인하려고 한다.[2)]

2.4 보험상품의 공급

2.4.1 도덕적 해이

보험에 가입한 사람은 사고가 발생해도 보험자가 보상해줄 것이므로 신중하지 못하게 행동하는 도덕적 해이(moral hazard) 현상이 발생할 가능성이 있다. 보험에서의 도덕적 해이는 보험의 장점인 사고예방효과와 정반대의 효과를 초래한다.

따라서 도덕적 해이문제를 해결하기 위해 보험제도에서는 여러 가지 방지책을 강구해 두고 있다. 예컨대, 보험계약 시, 중요사항은 반드시 보험자에게 고지토록 의무화해두고 있는가 하면, 수출보험에서는 보험사고 발생 시, 손해전액을 보상해주는 것이 아니라 10% 정도의 범위 내에서는 피보험자가 부담하도록 하는 방식을 채택하고 있다. 자동차보험에서도 충돌손해 시에는 피보험자본인부담액을 정해두고 있는 공제(deductible)제도를 활용하고 있고, 해외여행자보험에서도 의료비에 대해서 일정금액을 본인이 부담토록 하는 공제규정을 적용하고 있다. 또한 보험금은 손해배상액이 아니라 손해에 대한 보상이라는 점도 기억해두어야 할 사항이다.

한편, 보험회사가 피보험자에게 손해의 일정비율을 부담시키는 제도를 공동보험(coinsurance)이라고 하고, 일정금액을 부담시키는 제도를 공제(deductible)제도라고 한다.[3] 보험자는 이와 같은 일정비율 또는 일정금액을 초과하는 손해에 대해서만 피보험자에게 보험금을 지불한다.

2.4.2 역선택

역선택(adverse selection)은 보험자가 고위험의 피보험자와 저위험의 피보험자를 구분하려면 비용이 많이 들게 되는 까닭에 생겨난 것이다. 보험자는 비록 대수(大數)의 법칙에 의해서 사고발생가능성의 비율을 계산해낼 수 있지만 그것은 대규모 샘플링에 의해서 산출해낸 평균적인 사고발생가능성이다. 보험요율은 특정손해의 평균사고발생가능성 비율을 이용하여 산출되어야 한다. 예컨대, 미국의 보험회사는 16~25세 사이의 미혼남성이 다른 운전자 모집단보다 상대적으로 교통사고 발생가능성이 훨씬 더 크다고 결정하였다. 그 결과, 이 부류의 집단에 대해 적용하는 보험료는 사고발생가능성이 더 낮은 여타 부류의 집단보다 더 높게 책정된다.

그러나 평균적으로 사고발생가능성이 통계상 훨씬 높은 16~25세 사이의 미혼남성이라고 할지라도, 그 집단 내에서는 상대적으로 훨씬 더 부주의하고 경솔한 젊은이들이 있게 마련이다. 이런 사실을 보험자는 알고 있다고 하더라도 16~25세 사이의 미혼남성들의 거대한 집단에서 이런 부류에 속하는 젊은 사람들을 일일이 물색해내어 사고 위험성이 더 높은 젊은이에게는 보험료를 높이고 위험성이 낮은 젊은이에게 보험료를 낮게 책정한다는 것은 아주 어려운 일이다.

개인은 보험회사보다 자기의 진정한 위험이 어느 정도 되는지 더 잘 알고 있다. 예컨대, 피보험자는 스스로 자기가 술꾼이고 침대에서 담배를 피운다거나 자기가 보험수익자로 되어 있는 보험증권상의 배우자를 살해하려고 한다는 것을 혼자만이 알고 있다. 만일 그렇다면, 이런 비대칭적인 정보로 인해 사고의 위험이 높은 사람만이 보험을 사게 될 수 있고 사고위험이 낮은 사람은 보험을 사지 않을 수도 있다.

보험자들은 역선택의 문제점을 최소화하는 수단을 강구하고 있다. 공동보험 및 공제 규정은 사고위험이 낮은 피보험자보다 사고위험이 높은 피보험자에게 훨씬 덜 매력적이어서 그러한 규정을 수락하려는 피보험자는 보험자에게 보험가입 신청인이 속해 있는 위험등급에 대해 고지하게 된다. 보험자는 또한 시간적으로 장기간에 걸쳐서 역선택의 편차를 줄이기 위해 피보험자들을 더욱 세분화하는 방법을 개발하고 있다. 예컨대, 의료검사와 정신과검사를 통하여 더욱 정확한 위험등급을 피보험자에게 매긴다. 또한 자동차용 블랙박스를 장착한 차량운전자에 대해 보험료를 할인해주고 있다.

2.4.3 도난방지시스템

미국을 비롯한 선진국에서는 자동차 도난방지시스템을 장착한 차량에 대해 자동차 보험료를 할인해주는 혜택을 제공하고 있다. 자동차의 도난위험에 대한 평가에서 위험이 줄어든 만큼 보험료를 낮게 매기는 것은 합리적 의사결정이다.

어떤 회사가 도난차량을 위성을 통해 추적할 수 있는 장치를 개발하였다. 이 위성추적이 가능한 도난방지장치는 사유재와 공공재의 성질을 모두 갖추고 있다. 사유재의 성질을 갖추고 있다고 함은 자동차를 도난당했을 때 신속히 추적하여 회수가 가능하기 때문이다. 한편 공공재의 성질도 갖추고 있다 함은 도난방지장치를 장착하지 않은 차량의 주인도 혜택을 볼 수 있다는 의미이다. 도난방지장치를 설치하려면 상당한 비용이 든다. 그러나 도난방지장치를 장착하지 않은 차량의 주인도 혜택을 본다. 왜냐하면 어떤 차에 도난장치가 장착되어 있는지 도둑이 구별할 수 없기 때문이다. 아이러니컬하게도 이러한 양면성 때문에 첨단 도난방지장치를 개발한 회사는 매출액 신장에 애로를 겪게 된다.[4)]

한편, 도둑의 훔치는 기법도 발전한다. 도둑은 자동차를 일단 훔쳐서 어떤 외딴 곳에 놓아두고 지켜본다. 도난방지장치 설치회사가 위성으로 도난차량을 추적하고 있는지의 여부를 확인하기 위해서이다. 만일 훔친 차에 위성추적용 도난방지장치가 설치되어 있다면 그 차는 며칠이 지나지 않아 주인이 찾아가게 될 것이지만, 며칠이 지나도 차가 방치된 그대로 있다면 그 차에는 위성추적가능 도난방지장치가 없는 것으로 판단하여 도둑은 비로소 마음을 놓고 훔친 차를 장물로 처분하게 된다.

2.5 정보비대칭

협상당사자들은 협상대상에 대한 정보를 항상 동등하게 갖고 있는 것은 아니어서 정보비대칭으로 인한 문제가 발생한다. 매수인보다는 매도인이 물품의 품질에 대한 정보를 더 많이 알고 있다. 중고차 매매가 그 대표적 사례이다. 새로운 계좌를 개설할 때 은행원은 고객보다 약관의 내용에 대해 더 잘 안다. 인터넷에 접속하여 회원으로 가입하려면 읽어보아야 할 약관의 내용이 길고 복잡하다. 그렇지만 회원들 중 그 약관을 처음부터 끝까지 다 읽어본 다음 완전히 이해하고 동의한 사람은 그리 흔하지 않다. 약국에서 약을 구매한 사람은 그 약을 복용하기 전에 주의사항을 처음부터 끝까지 모두 읽어보지는 않는다. 미국의 많은 주에서는 주택을 파는 사람은 주택의 흠결내용을 고지(disclose)하도록 하고 있는데, 만일 고지하지 않은 부분에서 고장이 나면 매도인이 고쳐줄 의무를 부담토록 하고 있다.

3 세 개의 문

카드게임을 진행하기 위해 서로 다른 카드 3장을 준비한 다음, 딜러와 상대방이 20회의 게임을 진행한다. 게임방법은 카드 딜러가 서로 다른 카드 패 3장을 상대방에게 일단 모두 보여준다. 그런 다음 딜러는 상대방이 카드 패를 보지 못하도록 카드를 잘 섞으면서도 제일 높은 패가 어느 자리에 위치하는지 알 수 있어야 한다. 상대방은 3장 중에서 제일 높은 카드 패를 찾아내야 한다. 딜러가 잘 섞은 패를 판 위에 놓으면 상대방은 3장의 카드 중에 제일 높은 카드 패로 보이는 어느 한 장을 지목한다. 딜러는 상대방이 지목하지 않은 나머지 2장의 카드 중에서 제일 높지 않은 카드 패 1장을 골라 제거시킨다. 그러면 판 위에는 2장의 카드만 남아 있게 된다. 이제 상대방은 처음에 자신이 지목했던 카드를 그대로 유지할 것인지 아니면 다른 카드로 바꾸어 지목할 것인지 결정하여야 한다. 상대방이 '유지' 아니면 '변경'을 결정한 후 딜러는 카드를 뒤집어 패를 확인함으로써 딜러와 상대방 중 누가 이겼는지 알 수 있게 한다.

20회의 게임을 진행하면서 상대방의 승패에 관한 결과를 〈표 7-3〉에 기록하여 승리한 횟수가 많은 측이 최종적으로 승리한다.

■ 표 7-3 ▌상대방의 카드게임 결과

횟수	유지		변경		횟수	유지		변경	
	승	패	승	패		승	패	승	패
1					11				
2					12				
3					13				
4					14				
5					15				
6					16				
7					17				
8					18				
9					19				
10					20				
최종결과 합계 ⇨									

이상은 Three Door Problem 카드게임에서 유지와 변경 중 어느 것을 선택하는 것이 더 합리적인가에 대한 실험이다. 게임 중 상대방은 마지막 남은 2장의 카드 중 어느 것을 선택할 것인가를 놓고 고민하게 된다. 2장 중 어느 하나가 정답일 것이므로 어느 카드를 선택하더라도 50%의 승률이라고 대개 생각한다. 그래서 때로는 '유지'를 선택하기도 하고 때로는 '변경'을 선택하기도 한다. 남아 있는 카드 2장은 과연 동일한 승률을 지니고 있는 것일까? 그래서 어느 쪽을 선택해도 승률은 마찬가지가 될 것인가? 실제로는 그렇지 않다는 점에 주목하여야 한다. 결론부터 말하자면 무조건 '변경'을 선택해야 승률이 높아진다. 왜 그런 것일까에 대해 생각해보자.

상대방이 만일 계속해서 '유지'를 선택한다면, 이 상대방게임자는 카드 3장 중 어느 1장만을 선택하는 셈이 되므로 승률은 1/3이 된다. 그러나 딜러는 상대방이 선택하지 않은 나머지 2장을 모두 선택하는 셈이 되어 승률은 2/3가 된다. 딜러는 상대방이 최초의 선택기회에서 지목하지 않았고 다음의 선택기회에서도 변경지목하지 않은 나머지 2장의 카드 중에서 이길 수 없는 카드 패만을 1장 뽑아버리면 그만이다. 딜러가 갖게 되는 마지막 1장은 결국 2장의 몫을 하는 셈이다. 따라서 상대방이 선택하지 않아 딜러 마음대로 활용하게 된 카드 2장의 승률은 2/3라는 점을 간과해서는 승리할 수 없게 된다.

이 게임은 텔레비전에서 오락 프로그램으로 가끔 활용되고 있다. 세 개의 문을 설치해놓고 그 중에서 어느 하나가 정답이라고 일러준다. 정답을 맞혀야 하는 출연자는 처음에 어떤 문이 정답일 것이라고 지목을 한다. 게임진행자들은 어느 문이 정답인지 제대로 맞힐 수 없을 정도의 힌트를 제공한다. 그런 다음 인심을 쓰는 체하며 정답이 아닌 문을 하나 열어서 보여준다. 그러면 남아 있는 문은 두 개가 된다. 이제 최종적으로 어떤 문을 선택할 것인가를 출연자에게 묻는다. 처음 지목한 문을 그대로 '유지'할 것인지 아니면 '변경'할 것인지를 물으면, 정답을 찾아야 하는 출연자는 게임진행자들이 제공한 힌트에만 주로 열중하여 고민을 한다. 이런 고민은 시청자들도 결국 함께 하게 되는데, 앞에서 살펴 본 승률이라는 측면에서 접근하는 경우는 찾아보기 힘들다.

4 사고차량의 미스테리

4.1 가상 상황

어느 마을에 있는 모든 차량의 색깔은 '청색'이나 '적색' 둘 중 하나이다. 청색차는 85대이고, 적색차는 15대로 도합 100대가 있다. 어느 날 마을의 차 한 대가 사람을 치고 도주했다. 마침 그 사고 현장을 본 목격자가 있었는데, 그 목격자 증언의 정확성은 80%이다.

4.2 청색차의 사고가능성

목격자는 "사고를 낸 차의 색깔은 청색"이라고 증언했다. 이 증언을 어느 정도 믿어야 할까?

■ 표 7-4 ▌목격자증언의 진실가능성

차량의 색상	청색		적색		합계
실제차량대수	85대		15대		100대
실제사고차량	청색	청색	적색	적색	
사고목격자증언	청색	적색	적색	청색	
증언진실여부	진실	거짓	진실	거짓	
증언진실확률	80%	20%	80%	20%	(가정)
사고차량계산	85대×80%	85대×20%	15대×80%	15대×20%	
사고차량대수	68대	17대	12대	3대	100대
청색차로 증언	68대			3대	71대
적색차로 증언		17대	12대		29대
진실증언확률	96% = 68/71		41% = 12/29		
거짓증언확률		59% = 17/29		4% = 3/71	

앞에서 증인이 올바르게 증언할 확률은 80%라고 가정했다. 전체 85대의 청색차 중, 실제로 청색차가 사고를 냈고, 증인도 청색차라고 제대로 증언했을 가능성

을 계산하면 68대(=85대×80%)가 된다.

전체 85대의 청색차 중, 사실은 청색차가 사고를 냈는데, 증인은 적색차가 사고를 냈다고 잘못 증언했을 가능성을 계산하면 17대(=85대×20%)가 된다.

전체 15대의 적색차 중, 실제로 적색차가 사고를 냈고, 증인도 적색차라고 제대로 증언했을 가능성을 계산하면 12대(=15대×80%)가 된다.

전체 15대의 적색차 중, 사실은 적색차가 사고를 냈는데, 증인은 청색차가 사고를 냈다고 잘못 증언했을 가능성을 계산하면 3대(=15대×20%)가 된다.

결국, 목격자가 청색차라고 증언했을 경우, (1) 청색차라고 증언되는 경우의 수는 71대(=68대+3대)이고, (2) 청색차라고 제대로 증언할 가능성은 96%(≒68/71)이다.

4.3 적색차의 사고가능성

목격자는 "사고를 낸 차의 색깔은 적색"이라고 증언했다. 이 증언을 어느 정도 믿어야 할까?

목격자가 적색차라고 증언했을 경우, (1) 적색차라고 증언되는 경우의 수는 29대(=17대+12대)이고, (2) 적색차라고 제대로 증언할 가능성은 41%(≒12/29)이다.

4.4 시 사 점

청색차가 사고를 냈다는 증언이 사실일 가능성은 96%에 달하는데 비해 적색차가 사고를 냈다는 증언이 사실일 가능성은 41%에 불과하다. 의사결정을 할 때 이런 측면이 고려되지 않고 명목상 목격자 증언의 정확성은 80%라는데 집착하고 있지나 않은지 주의해야 할 부분이다. 예컨대, 재판관이나 중재인의 입장에서 사안을 판단할 때 증인들의 증언을 얼마만큼 믿을 것인가를 직감으로만 판단하여서는 곤란함을 보여준다.

지금까지의 내용은 사람들이 위험, 거리낌, 어려움, 곤란 등을 느끼는 불확실한 협상상황에서 어떤 선택을 하는 것이 경제적으로 합리적인가를 살펴보았다. 그러나 사람들은 협상상황에서 선택을 해야 할 때 반드시 경제적 기준만을 적용하는 것은 아니다. 경제적 기준 외에 또 어떤 요소가 협상에서의 의사결정에 영향을 미치는지 알아보자.

5 게임과 비합리성

5.1 화폐경매게임

여러 사람이 모인 곳에서 만원권 지폐 한 장을 가지고 공개경매를 해보자. 경매는 가장 높은 가격을 부른 사람이 자신의 입찰금액을 지불하고 만원을 받아 갈 수 있는데, 두 번째로 높은 가격을 부른 사람은 아무런 대가 없이 자신의 입찰금액을 지불해야 한다. 입찰호가의 단위는 천원이며 입찰참가자는 서로 수익금을 나눠 갖는 담합을 할 수 없다.

이 화폐경매게임을 실제로 진행시켜 보면 1만원 지폐의 가격이 1만원 이상의 값으로 팔리게 되는 경우가 발생한다. 어떻게 이런 비합리적인 상황이 일어나게 되는 것일까? 화폐경매게임에 참가한 입찰자들은 처음에는 1천원, 2천원 등의 낮은 가격으로 호가를 하다가 다른 사람이 2천원을 내고는 1만원을 가져갈 수 있다는 현실을 알고는 3천원, 4천원 등 5천원이 안 되는 호가를 하는 경향을 보이게 된다. 이런 상황이 벌어지면 사람들은 더 이상의 가격을 부르길 꺼려해서 입찰참가에 주저한다. 그렇더라도 최소한 두 사람은 입찰에 남게 된다. 왜냐하면, 4천원을 부른 사람은 1만원을 받아 갈 수 있지만 차순위로 3천원을 부른 사람은 아무 대가도 받지 못하고 3천원을 내놓아야 하기 때문이다. 그런 사실을 알게 된 3천원을 호가한 입찰자는 다시 5천원을 부르게 되고, 그러면 4천원을 불렀던 입찰자는 또 다시 5천원보다 높은 가격을 부르게 되어 두 사람의 경쟁이 시작된다. 그렇게 호가경쟁이 시작되더라도 1만원의 반인 5천원을 넘어서지 않았을 때는 분위기는 심각해보이지 않는다. 그러나 수익금을 나눠 갖는 담합을 할 수 없다는 경매규칙의 효과 때문에 호가는 5천원을 넘어서게 되고, 그렇게 되면 뭔가 석연찮음을 느끼면서 상호 경쟁이 치열해지기 시작한다. 둘 중 어느 누군가는 아무 대가 없이 돈을 내놓아야 하기 때문에 호가는 1만원에 근접하게 되고, 드디어 누군가가 격해져서 1만원을 넘어서는 호가를 하게 되면 그 다음은 분위기에 따라 호가가 계속 높아지는 비합리적인 현상을 보인다.

5.2 겁쟁이게임

겁쟁이게임(chicken game)에서의 chicken은 병아리, 닭고기라는 뜻으로 많이 알려져 있지만, 속어로는 겁쟁이라는 의미를 갖고 있다. "Footloose"라는 영화를 보면, 두 명의 아이가 동네에서 주도권 싸움을 벌이는데, 그 싸움방식이 특이하다. 다투는 방식은 외길의 양쪽에서 서로를 향해 트랙터를 빠르게 몰아가는데, 서로 부딪히는 한이 있어도 포기하지 않고 마지막까지 핸들을 돌리지 않고 버티는 사람이 이기는 것이다. 만일 핸들을 돌려서 위험을 회피하거나 멈추어 서면 게임에서 지는 것은 물론 겁쟁이로 취급받는다. 영화 "Footloose"에서 주인공은 겁이 많았음에도 불구하고 가속페달에 신발 끈(footloose)이 걸려서 발이 빠지지 않는 바람에 끝까지 버틸 수밖에 없었으며, 따라서 상대방이 중도에 포기하게 되어 결과는 주인공의 승리로 끝난다. 무엇이 목숨까지도 위험한 이런 게임을 가능케 하는가?

5.3 비합리성

비합리주의의 사전적 의미는 사물을 인식하는 데에 이성의 능력이나 논리적 바탕을 부인하고 직관, 의지, 본능 따위를 중요시하는 경향을 말한다. 여기서 논의의 목적상 비합리적 행위는 (1) 경제성과를 극대화하려는 원리에 엄격하게 따르지 않는 행위, (2) 예측할 수 없는 행위라고 해석한다.

이 두 가지 개념들 가운데 첫 번째 개념에 대하여 우리가 알 수 있는 것은 협상자가 경제적인 성과만을 생각하여 노력하는 것이 아니라 무형적인 요소에 의해서도 노력한다는 것이다. 특히 협상자가 ① 체면을 지키려고 하고 배후에게 잘 보이려고 할 때, ② 상대방을 징벌하려거나 보복하려고 할 때, ③ 상대방이 성공하지 못하도록 훼방하려고 할 때, ④ 경제적 성과를 극대화시키기 보다는 고결함이나 평판과 같은 어떤 「원칙」에 충실하게 행동할 때, 비합리적 행위가 현실로 나타나게 된다. 예컨대, 품위유지를 위해 자신에게 과분한 비용을 지출하는 경우가 그러하다. 이와 같이 이들은 오히려 경제적 합리성을 무시하고 사회적으로 정의(定義)되고 있는 합리성과 일관성의 어떤 형태를 더 선호하게 된다.

비합리성의 두 번째 개념이 적용되는 때는 협상자의 행동이 예측불허이거나 일관성이 없을 때이다. 예측불허는 아주 다양한 행위를 망라하고 있다. 어떤 것이 예측불허인가 하는 것은 협상자가 상대방이 무엇을 할 것인지를 예측하는 것과 밀접한 관계가 있기 때문이고, 또 이러한 예측의 정확성 여부와 밀접한 관련이 있기 때문이다. 예측은 과거의 경험과 협상상황을 기본적으로 어떻게 정의하고 있는가에 따라 결정되기 때문에, 아주 다양한 행위가 「불합리」 또는 「예측불허」인 것으로 분류될 수 있다. 가장 흔한 사례를 들어보면 다음과 같다. ① 어떠한 양보도 결코 하지 않고 거절한다. ② 옳지 못하고 그릇된 방향으로 양보한다. 즉, 입장을 굳혀 놓고 더 극단적으로 요구한다. ③ 매우 감정적이어서 변덕스러운 감정과 분위기에 젖어 의사결정을 한다. ④ 자기의 행위를 통제할 능력을 없애버린다. 즉, 양측이 달성할 성과를 결정하는데 운명, 우연한 기회, 또는 행운 등에 의존한다.

이런 예측불허의 행동 중에 마지막 뒷부분의 감정적 결정과 통제능력 포기시도의 두 가지는 경쟁적 협상에서 자주 나타나는 아주 막강한 협상전법이다. 협상 중에 있는 상대방은 의사를 결정할 때 주로 감정적 분위기에 바탕을 두고 결정한다는 것을 보여줌으로써, 몸소 통제 불가능한 사람이라는 신호를 보내는 것이다. 그렇게 되면 의사결정은 더 이상 합리성이라거나 예측가능성에 근거하여 이루어지지 않게 된다. 이에 더하여 상대방의 감정적 행실은 협상자를 당혹스럽게 만들고, 특히 대중 앞에서는 더욱 그러하다. 이러한 당혹스러움을 당하지 않으려는 협상자는 상대방이 하고 싶은 대로 하도록 내버려두게 된다.

백화점에서 엄마에게 짜증을 부리는 아이는 원하는 장난감을 얻을 수 있을지도 모른다. 왜냐하면 「오로지 아이를 조용하게 하기 위해서」 엄마가 아이의 청을 들어줄 가능성이 있기 때문이다. 비슷하게 「불같이 노하여」 협상을 박차고 나가는 경영자는 자기가 하고 싶은 대로 할 수 있을지도 모른다. 왜냐하면 협상테이블에 둘러앉은 다른 사람들이 그가 왜 그 건에 대하여 그렇게 강하게 느끼고 있는가를 알지 못하기 때문이다. Cohen(1980)은 협상에 대한 자신의 인기저서에서 소련의 흐루시초프(Nikita Khrushchev)의 예를 들고 있다. 흐루시초프는 국제연합(UN)의

회의석상에서 테이블을 신발로 사정없이 탕탕 치며 두드렸다. 이런 행동은 점잖은 사회의 모임에서 금기사항이지만, 자기가 원하는 관심을 끄는 데는 효과가 있었다.

장차 어떻게 결말이 날 것인지 알 수 없게 만들어 버리는 방법이 바로 두 번째 형태의 비합리성이다. 이를 두고 「비합리성의 합리성」이라고 하기도 하고, 아슬아슬한 상태까지 밀고 나가는 벼랑 끝 작전이라는 점에서 「극한정책」이라고 부르기도 한다. 이런 방법을 즐기는 협상자는 자기의 상대방과 보통 경쟁적 협상, 분배적 협상을 하게 된다.

어떤 측면에서는, 상대방의 희생으로 자신의 이익을 극대화하도록 코스를 정해 놓고선, 그 다음에는 그 코스에서 자신도 마음대로 벗어나지 못하게 포기능력 자체를 내던져 버린다. 만약 파멸을 막아야 한다고 생각한다면, 그것은 전적으로 상대방에게 달려 있게 되는 것이다. 즉, 파멸의 책임이 상대방에게 있도록 공을 넘겨 놓고 기다리는 것이다. 이와 유사한 상황은 앞에서 살펴본 「겁쟁이」게임에서 찾아 볼 수 있다. 이 게임은 10대들이 주로 하는 게임으로, 2대의 자동차가 사막에서 서로 마주보고 속력을 내어 달린다. 방향을 다른 곳으로 먼저 바꾸는 사람이 「겁쟁이」가 되는 것이다. 만일 한 쪽이 갑자기 운전대를 뽑아서 창밖으로 내던졌다면, 이것은 상대방에게 자기가 더 이상 자동차를 통제할 수 없게 되었다는 신호를 보내고 있는 것이고, 그래서 상대방에게 묵시적으로 "네가 방향을 바꾸고 겁쟁이가 되든지, 아니면 우리가 서로 부딪혀 충돌하는 수밖에 없다"라고 효과적으로 웅변하고 있는 것이다. Deutsch와 Lewicki(1970)의 연구결과, 한 협상자에게 이런 방식으로 행동할 권한을 부여하였더니, 그 협상자는 그 메카니즘을 이용하려는 의지가 명백히 증가하였고, 자기의 협상이익을 증가시킨 것으로 나타났다. 이와는 대조적으로 양측이 이 메카니즘을 함께 사용할 때에는 서로 비참한 갈등을 겪는다.

비합리성의 평판은 이와 같이 아주 막강한 협상전술일 수 있다. 어느 면에서 보면 이런 평판은 다른 사람들의 마음속에 협상자로서 예측불허성을 지닌 사람이라는 이미지를 심어주게 된다. ① 많은 사람들은 직접 부딪혀서 이런 평판이 진짜인지 시험해 보고자 하기 보다는 이런 협상자의 요구에 마지못해 따르게 된다. 이런 평판을 받고 있는 협상자는 자신의 평판을 유지하기 위해서 불끈한다거나 충동적으로 의사결정을 하는 등 왕왕 비합리적으로 행동해야만 할지도 모른다. ② 그렇지 않은 다른 사람들은 그런 비합리성에 정면으로 대응하여 끝장을 보려고 할 것이다. 정면으로 대응하여 이기든지 아니면 양쪽 모두의 파멸로 가든지 어떤 결과도 기꺼이 감수하려 할 것이다. 비합리성은 분배적 · 경쟁적 협상에서 더 즐겨 사용하는 전술임이 분명하다. 비합리적 행동은 협력적 협상의 일반적 취지에 맞지 않는다. 그래서 비합리적 행동을 하게 되면 「신뢰할 수 없는 사람」이라는 낙인이 곧바로 찍히게 된다.

6 합리성과 무형요인

협상에서 합리적 행동이란 보통 경제적 합리성으로 이해하는 경우가 많다. 그래서 합리적 협상행동은 경제적 효용을 극대화시키는 방향으로 나아가는 행동이라고 정의되기도 한다. 이와 같은 관점에서 볼 때에는, 협상 후의 이익이 협상비용보다 커야 한다.

물품매매 협상과정에서 실제로 벌어지는 흥정내용은 품질, 수량, 가격, 인도, 결제 등과 같은 유형요소에 초점이 맞춰진다. 대부분의 사람들은 협상과정이 오퍼와 반대오퍼를 합리적으로 교환하는 것 정도로 예상한다. 상대방도 자기의 수익을 극대화시키는 방향으로 행동을 취할 것이라고 예상한다. 그런데 현실적으로 상대방은 이러한 자신의 예상과는 전혀 다른 방향으로 행동을 하면서 경제적 효용의 극대화와는 무관한 선택을 하는 경우를 흔히 볼 수 있다. 예컨대, 무역클레임을 해결하기 위해 변호사를 고용하여 양국을 오가며 소송을 진행한다면, 무역클레임금액보다 변호사비용이 더 커질 가능성이 얼마든지 있음에도 불구하고 현실적으로 국제적 소송이 전개되고 있다. 또한 노사분규가 원만히 해결되지 않고 파업에 들어간다면, 회사의 이익은 줄어들게 되고 이에 따라 노동자의 임금을 인상해줄 재원이 줄어드는 손해가 발생할 것임을 알고도 현실적으로 파업과 공장폐쇄가 일어나고 있다.

사람들은 어떤 결과가 더 가치 있고 더 보람 있는지 판단할 능력을 지니고 있다. 그럼에도 불구하고 경제적으로 왜 이런 비합리적 행동이 나타나게 되는 것일까? 그것은 유형요소인 경제적 효용 이외에도 무형요소가 협상에 영향을 미치기 때문이다. 따라서 협상에서 합리적 기준을 이해하려면 경제적 유형요소뿐만 아니라 심리적 무형요소도 함께 고려해야 한다.

협상에서는 눈에 보이지 않는 중요한 요소가 협상당사자의 의사결정에 큰 영향을 미친다. 그 중요한 무형요소로는 바로 (1) 인센티브와 (2) 사회규범을 꼽을 수 있다. 중요한 무형요소의 첫 번째 요소인 인센티브는 사람들을 움직이게 하는 동기를 부여한다. 사람들은 이익을 좇아 행동하는 경향을 보인다. 이익이 나는 인센티브를 부여하면 사람들은 그 인센티브에 반응한다. 연구결과에 의하면 동물들도 인센티브에 반응하는 것으로 밝혀졌는데, 하물며 사람이 인센티브에 무감각할 수는 없다고 할 것이다. 사람들은 협상에서 협조나 투쟁적 행동을 함으로써 어떤 이익을 얻게 된다. 인센티브는 이렇게 당사자들이 얻게 되는 이익의 직접적인 결과이다. 협상자들이 이렇게 인센티브에 자극을 받게 되는 것은 자신이 얻게 될 이익을 어떻게 인식하고 있는가, 협상자들의 개성이 어떠한가, 그리고 자기의 배후를 의식하여 또는 상대방협상자의 행동에 반응하여 어떻게 기대하고 있는가 등에 의해서도 지대한 영향을 받을 수 있다.

중요한 무형요소 가운데 두 번째 요소는, 합리성(rationality), 공정성(fairness), 정당성(justice)과 같은 사회규범이다. 협상과정을 규율하는 사회규범에 대하여 협상자가 어떻게 인식하고 있는가에 따라 협상자의 행동이 달라진다. 대부분의 협상자는 협상을 하는 과정에서 서로 합리적인 대화와 행동을 할 것이라고 기대한다. 따라서 협상결과도 공정하고 정의에 부합될 것이라고 기대한다. 그런데 이러한 합리성, 공정성, 정당성에 대한 기대가 무너지면 상호 심각한 오해를 빚게 되고 결국은 협상이 결렬되는 원인으로 작용한다. 그렇다면 무엇이 합리적이고, 공정하며, 정의에 부합되는 것일까? 이런 사회규범에 대한 협상당사자들의 인식은 항상 일치되는 것은 아니다. 사회규범에 대한 인식의 차이는 협상전략 및 협상전술의 선택과 구사는 물론 대응방향에도 영향을 미치게 된다. 이에 따라 협상은 협조적으로 전개될 수도 있고 아니면 투쟁적으로 전개될 수도 있다.[5)]

7 인센티브의 위력

사람들은 인센티브에 반응한다.[6] 백화점에서 바겐세일을 하면 사람들이 장사진을 치다가도 바겐세일이 끝나면 사람들이 뜸해진다. 미국은 자동차 안전기준을 강화하였다. 그래도 교통사고 발생률이 거의 줄어들지 않았다. 왜냐하면 안전기준의 강화로 교통사고 사망위험이 감소한 만큼 사람들이 조심스레 운전해야겠다는 강력한 인센티브가 줄어들었기 때문으로 분석되었다. 즉, 교통사고 사망률은 줄어들었으나 발생건수는 늘어났다. 특히 보행자 사고가 증가하였다. 두 가지 반대되는 효과가 거의 비슷하게 나타난 셈이었다.[7]

교통사고의 위험은 생명과 관련된 중대한 일인데도 불구하고 사람들이 신문이나 사소한 물건들을 사기 위해 운전해서 가는 까닭은 무엇인가? 이들은 비합리적인 행동을 하는 사람들이라고 할 수 있겠는가? 이러한 의문과 관련하여 두 가지를 생각해볼 수 있다. 교통사고로 인한 비용부담의 크기는 물건에 대한 효용가치보다 절대적인 면에서는 크다고 할 수 있지만, 1회 운전하였을 때 교통사고의 발생가능성(즉, 비용이나 위험)과 사소한 물건에 대한 효용가치를 비교하였을 때 물건에 대한 효용가치가 더 크다고 할 수 있다. 즉, 교통사고의 발생가능성이란 반복 실행했을 때 나타나는 통계결과이므로 이를 반복 실행한 회수로 나누면 1회 운전에 해당되는 위험이란 그리 크지 않다. 반면에 사소한 물건에 대한 효용가치는 반복되는 것이 아닌 100% 확률을 가진 효용이므로 사람들은 사소한 물건을 사기 위해 운전을 한다고 할 수 있다. 따라서 비교할 때 동일한 단위로 비교해야 하는데, 질문 자체가 비교단위를 달리하고 있다. 또한 사고발생가능성은 불확실하지만 물건에 대한 효용은 확실하기 때문이기도 하다. 국제무역은 국내상거래보다 위험이나 장벽이 더 높다. 그런데도 불구하고 사람들은 왜 외국과 교역을 하는 것일까? 여러 가지 학설이 있지만, 여기서 소개된 인센티브가 있기 때문에 나타나는 현상이라고 할 수 있다. 즉 인센티브의 크기가 위험이나 장벽이라는 비용보다 더 크기 때문에 국제무역이 발생한다. 해외직접투자이론도 이와 마찬가지로 접근・설명할 수 있을 것이다.

또 다른 예가 타르(tar)가 낮은 담배이다. 타르가 낮으면 기술적인 측면에서

흡연자의 건강이 보호되는 긍정적인 효과가 있지만, 이를 믿는 흡연자들은 담배를 더 많이 소비하게 됨에 따라 결과적으로는 저(低) 타르 담배가 나오기 이전보다 건강이 더 좋아지지도 더 나빠지지도 않게 된다.

다음으로 형법과 인센티브의 관계를 보자. 살인범에 대한 사형제도가 살인을 방지하는가? Isaac Ehrlich 교수의 연구보고에 의하면, 1960년대 평균적으로 미국에서 사형 1건이 8건의 살인을 예방하는 효과를 보이고 있다.[8] 1983년 Edward Learner 교수는 연구자의 편견이 연구결과에 영향을 미칠 수 있음을 지적하였다. 즉, 사형제도 지지연구자의 연구결과는 매 사형집행 건마다 13건의 살인사건을 예방하는 효과가 있는 것으로 발표되었으나, 사형제도 반대연구자의 연구결과는 매 사형집행 건마다 3건의 살인사건을 추가로 발생시키는 효과가 있는 것으로 발표되었다.[9]

계량통계학자들의 다수 견해에 의하면, 극형제도는 살인사건을 감소시키는 효과가 있다고 본다. 왜냐하면 살인자들은 인센티브에 반응하기 때문이라는 것이다. 그러면 살인자들은 인센티브에 어떻게 반응하는 것일까? 다음의 실험결과를 통해 인센티브의 효과를 좀 더 살펴보자.

심리학자들의 실험결과, 뜨거운 커피를 아무 말 없이 실험대상자에게 줬을 때, (1) 커피 잔이 싸구려일 경우 실험대상자는 손을 놓아 커피 잔을 떨어뜨린다. (2) 커피 잔이 아주 귀하고 값비싼 것이라고 사전에 알려줬을 경우 실험대상자는 손을 놓지 않고 잔을 잡고 있게 된다.[10] 결국, 격정적인 순간에도 사람들은 인센티브에 대해 반응하고, 이성적인 사고를 하지 못할 상황에서도 인센티브는 작동된다는 것이다.

인센티브에 대한 반응은 다른 본능적 행동과 비슷하게 잠재의식에 의해 작동된다. 맥주와 치즈를 가지고 여러 마리의 쥐와 비둘기를 대상으로 Texas A&M대학교에서 일련의 동물실험을 진행하였다.

실험실에 여러 마리의 쥐와 비둘기가 다양한 지렛대 형태의 버튼을 누르면 여러 가지 음식과 음료를 「구매」할 수 있도록 장치하였다. 각 음식과 음료마다 나름대로의 가격이 매겨졌다. 버튼을 세 번 누르면 맥주가 나오고, 열 번 누르면 치즈가 나오는 방식이다. 각 동물들에게는 하루에 버튼을 누를 수 있는 횟수를 제한하는 방법으로 나름대로의 「소득」이 제공되었다. 동물들이 자기에게 주어진 소득

금액을 다 써버리면 버튼이 작동되지 않도록 했다. 또한 동물들이 여러 가지 일을 하도록 하여 그 결과에 따라 추가적인 벌이를 할 수 있도록 장치하였다. 동물들은 자기가 수행하는 업무성과에 따라 고정 임금률에 의해 추가적으로 버튼을 더 누를 수 있는 권리를 획득할 수 있었다.

연구결과, 쥐와 비둘기는 가격변화, 소득변화, 그리고 임금률의 변화에 적절하게 반응한다는 사실을 발견할 수 있었다. 맥주의 가격이 인상될 때 동물들은 맥주 구매량을 줄였다. 임금률이 올라갈 때 동물들은 자기의 소득이 아주 높지 않는 한 더 열심히 일을 하였다. 소득수준이 높을 때에는 여가를 더 즐기는 선택을 했다. 이러한 사실은 경제학자들이 인간사회에서 예상하고 관측하는 바와 다를 바 없다. 동물이 이렇게 인센티브에 따라 가격, 소득, 임금률을 인식하는데, 하물며 만물의 영장인 인간이 인센티브에 대해 무감각하랴. 인센티브의 효능이 이렇게 막강한데도 현실에서 사용되는 것은 제한적일 뿐이다. 협상에서도 수많은 옵션을 만들어 상대방에게 제시하는 등의 방법으로 인센티브를 활용함으로써 협상결과를 보다 바람직한 방향으로 유도할 수 있다.

8 아이스크림 분배와 공평규범

사회규범이 존재함으로써 비합리적 행동이 합리적 행동으로 바뀌게 되는 과정을 형과 동생이 아이스크림을 놓고 나눠먹는 상황을 통해 살펴보자. 두 형제가 어떻게 나눠 먹을 것인가에 대한 논쟁을 벌이다 보면 어느새 아이스크림이 녹아 사라져 버린다. 게임을 1회만 실행한다고 가정하자. 즉, 제안을 할 수 있는 횟수는 1회이고 그런 제안에 대한 반응을 보이는 횟수도 1회로 제한되어 있다고 가정한다. 형이 동생에게 아이스크림을 나눠 먹자고 제의한다. 동생이 동의하면 아이스크림은 나누게 되지만, 동생이 거부하면 아이스크림은 녹아 없어지고 아무도 먹지 못한다. 이 경우에 형은 먼저 제의를 하므로 유리한 입장에 있다. 왜냐하면 형은 동생에게 아이스크림의 20%만 주겠다고 제의할 경우, 동생은 그런 제의를 받아들이든지 아니면 아이스크림이 녹아 없어져 아무것도 건지지 못하는 선택을 강요받기 때문이다. 경우에 따라 형은 자기에게 더욱 유리한 제안을 동생에게 할 수도 있다. 동생은 그런 형의 제안이 불공평하다며 거부할 것이다. 동생은 그러면서 아이스크림을 먹지 못하는 한이 있더라도 형에게 자신이 호락호락한 상대가 아니라는 인식을 심어주려 할지도 모른다. 사실 동생은 아이스크림이 녹아 없어져 전혀 맛도 보지 못하는 것보다, 20%라도 건지는 것이 경제적으로 더 낫고 합리적인 판단이라고 할 수 있다. 그러나 형의 제안에 대해 단호히 거부한다. 이런 거부행위는 경제적으로 볼 때 합리적 선택이라고 하기 어려운 것이다. 그럼에도 불구하고 현실적으로 동생은 비합리적 행위를 선택하는 것이다. 이 예를 통해서 우리는 협상과정에서 비합리적 행동이 나타나게 되는 까닭 내지 과정을 이해할 수 있다.

이제 게임의 횟수를 2회로 늘려보자. 즉, 형이 제안을 하고 동생이 반응을 보이고, 형이 다시 선택을 하게 되는 상황을 가정한다. 아이스크림이 녹아 없어지기 전에 2회의 게임을 할 수 있다. 동생은 형의 첫 제안을 거절하고 대안을 제시할 수 있다. 그럴 경우 아이스크림은 절반만 남는다. 그런데 형이 동생의 역제안을 거절하면 절반 밖에 남지 않은 아이스크림마저 녹아 없어지고 마는 상황을 가정한다.

이런 상황 아래에서라면 형은 첫 제안에 더욱 신중해질 수밖에 없다. 왜냐하면 형의 제안에 대해 동생이 선택을 하게 되는데, 동생의 선택자체가 역제안이 되므로 형은 동생의 역제안을 받아들이느냐 마느냐에 따라 아이스크림을 맛볼 수도 있고 아니면 전혀 맛볼 수도 없기 때문이다. 따라서 형은 동생이 선택을 강요하는 제안을 할 수 있는 유리한 입장에 있다는 것을 알고 그에 따라 첫 제의를 50 대 50으로 나누자는 공평한 제안을 하게 될 것이다.

9 공 정 성

9.1 공정성 결정기준

협상자가 비합리적인 행동을 보이는 이유는 앞에서 살펴본 바와 같이, 현재 받고 있는 이득보다 더 많이 받을 자격이 있다고 생각하기 때문이고, 또한 현재의 이득분배과정이 공정하지 못하다고 생각하기 때문이다.[11] 따라서 협상은 자원분배 및 의견차이해결과정이 공정한가의 여부에 달려있다. 결국, 협상에서 무엇이 공정한가에 대한 판단은 (1) 협상결과배분의 공정성, (2) 협상진행과정의 공정성이라는 두 가지 평가기준에 의해 결정된다. 협상결과를 분배하는 방법은 「분배의 정의」라는 기준으로 보통 언급되고, 분쟁을 해결하는 절차는 「절차의 정의」라는 기준으로 보통 부른다.

공정성의 결정에는 보통 다음의 다섯 가지 원칙이 적용된다.[12] 즉, (1) 형평성(equity), (2) 동등성(equality), (3) 필요에 대한 반응(responsiveness to needs), (4) 기회(opportunities), (5) 역사적 전례(historical precedent)가 그것이다. 이 원칙들을 좀 더 상세히 검토해보자.

9.2 형평성

형평성의 원칙에 따를 것 같으면 사람들은 자기가 기여한 만큼 보상을 받아야 한다. 더 많이 기여한 사람일수록 더 높은 수준의 이득을 분배 받아야 한다. 「긍정적 기여」라 함은 보상을 받는 사람의 어떤 행동이나 개성이 바라던 목표달성에 이바지하거나 중요한 욕구를 만족시키거나 또는 유용한 것으로 입증되는 것을 말한다. 이에 비해 「부정적 기여」라 함은 반대의 효과를 갖고 있는 어떤 행동이나 개성을 말한다.

경쟁에서 더 잘 한 사람에게는 상을 수여하고 사회에 해악을 끼친 사람에게는 벌을 준다. 아르바이트 학생은 자신이 일한 시간에 비례해서 수당을 받는다. 분쟁해결을 위해 노력하는 변호사 사무실의 직원들은 서류 전달 차 시내출장을 다닐 때에도 소요시간을 계산한다. 이것은 후일 사건의뢰인에 대한 보수청구의 근거자료로 활용된다.

집에 동생은 없고 언니만 있는 상황에서 손님이 주고 가신 용돈 2만원을 놓고 어린 자매가 분배문제로 티격태격하고 있다. 동생은 균등하게 1만원씩 나눠 가져야 한다고 주장하는데, 언니는 동생이 없는 사이에 자기가 손님 앞에 있었기 때문에 받을 수 있었던 돈이므로 기여도 측면에서 언니인 자기가 1만 5천원을 받아야 하고 동생에게는 5천원만 주어야 한다고 주장한다. 언니의 주장은 형평원칙에 근거하고 있고, 동생의 주장은 다음에 설명하는 동등원칙에 근거하고 있다.

9.3 동 등 성

동등원칙은 당사자들이 동등한 수익금을 받아야 한다는 것이다. 동등원칙은 당사자들이 자신들의 행동이나 기여도가 대충 같다고 볼 때, 또는 당사자들의 다양한 기여도 때문에 차별하여 보상하기가 어려울 때 통용된다.

또한 분쟁을 해결하기 위해 적용해야 할 다른 마땅한 기준이 없을 때 전통적으로 동등원칙이 탁월한 대안으로 통용되어 왔다. 협상의 원칙에 대해 잘 알지 못할 때이거나 잘 알고 있다고 하더라도 불리한 상황을 타개하려고 시도할 때에는 협상자들이 동등원칙을 자주 애용하는 것이다. 마치 어떤 사람을 낯선 곳에서 만나자고 말할 때, 사람들은 특별히 이름이 알려진 명소를 자동으로 떠올리는 것과 같이 협상기준으로 동등원칙을 연상하는 성향을 보인다.

앞에서 살펴본 언니와 동생 간의 용돈분배문제에서 언니가 형평성을 주장하면, 동생은 이에 대해 반박한다. 손님이 용돈을 주실 때 언니는 우연히 집에 있었을 뿐이지 무슨 특별한 역할을 하거나 더 나은 대우를 받을 어떤 자격을 갖추고 있는 것은 아니라고 주장한다. 그래서 동생은 동등원칙을 주장하여 손님이 주신 용돈 2만원을 언니와 균등하게 1만원씩 나눠 가지려고 애를 쓴다.

동등원칙은 아주 강력하다. 특히 당사자들이 형평성을 근거로 이전에 만들어 두었던 자원분배의 합법성에 의문을 제기할 때 더욱 그러하다. 예를 들어, 일방당사자가 자신이 권력을 갖고 있다거나, 특권층 회원이라든지, 또는 높은 지위에 있다는 이유로 성과분배에서 더 많은 몫을 차지한다면, 상대방당사자는 그 권력이나 신분이 자원분배를 불평등하게 할 적절한 이유가 되는지 의문을 제기하게 될 것이다. 우리 사회에서 막강한 권력을 가진 그룹과 힘없는 그룹 간의 수많은 대치관계는 이런 자원분배문제에 기인하고 있다.[13)]

협상과정에서 동등원칙은 크게 세 가지 형태로 나눠서 적용할 수 있다. 즉, (1) 동등양보원칙, (2) 동등희생원칙, (3) 동등초과원칙으로 구분할 수 있다.

첫째, 동등양보원칙을 적용할 수 있다. 이 원칙은 협상당사자들이 자기들의 첫 출발점에서 중간지점을 향해 각각 동일한 횟수와 크기의 양보를 하는 방법이다. 예를 들면, 만일 분명한 하나의 중간점이 존재한다면, 협상당사자들은 그 중간점을 향해 양보하기를 기대하게 된다. 만일 2만원을 두 사람이 나눠 갖도록 했다면, 그리고 그 돈을 어떻게 나눠 가지라는 어떤 기준도 제시하지 않았다면, 이 두 사람은 1만원씩 나눠 가져야 하는 것이 분명하다고 주장하게 될 것이다. 협상당사자들은 서로 양보한 횟수뿐만 아니라, 첫 제안으로부터 타결지점까지 이동한 총 거리가 동등한가에 대한 판단을 함으로써 협상의 공정성 여부를 판가름하게 된다. 즉, 양측이 2만원을 나눠 갖는 데서부터 시작하였으므로 각자 1만원씩 물러나야 공정하다고 생각하게 된다.

둘째, 동등희생원칙을 적용할 수 있다. 이 원칙에 의할 것 같으면, 동등성이란 개인이 자신의 열망에 비해 양보한 정도로 판단하게 된다. 여기서 양보는 희생으로 간주된다. 이런 평가방식은 양보의 대상이 동일하지 않을 때 누가 더 큰 희생을 치렀는지 비교를 하게 된다. 예를 들어, 회의석상에서 한정된 예산을 놓고, 상해지사장은 상해에 투입하자고 주장하는데 반해, 뉴욕지사장은 뉴욕에 투입하자고 주장한다는 상황을 가정해보자. 만일 뉴욕지사장이 뉴욕에 투자하지 않는데 동의한다면, 뉴욕지사장은 자기가 정말로 투자하고 싶은 사업을 포기했기 때문에 상해지사장이 자기에게 여전히 어떤 무엇인가를 빚지고 있다고 주장할 수 있다. 동등희생원칙에 따라 결정된 양보는 누가 더 큰 주관적인 희생을 감수하였는지로 평가된다.

「시간」 개념이 도입되면 동일한 크기의 양보를 주고받았더라도 당사자들이 각자 느끼는 주관적 희생의 크기는 큰 차이를 보일 수 있다. 예컨대, A는 B에게 500만원을 한 번 양보했다가 1년 후 B로부터 500만원을 반대로 양보 받았다. 외형상 동일한 크기의 양보를 동일한 횟수로 주고받았으므로 누가 더 큰 희생을 치렀다고 할 수 없다. 그러나 만일 A와 B가 가난한 고교졸업반 학생이었다고 가정해보자. A는 B에게 500만원을 양보했을 때 A는 등록금이 없어 대학에 진학하지 못한 반면, B는 대학에 진학할 수 있었다. 1년 후에 A는 B로부터 동일한 500만원을 양보 받았지만 A가 양보하여 치른 희생의 크기는 B의 치른 희생의 크기와 비할 바가 못 된다.

셋째, 동등초과원칙을 적용할 수 있다. 두 사람이 합작사업을 할 것인지 아니면 독립적으로 사업을 할 것인지를 놓고 결정하는 중에 있다고 가정하자. 이들 두 사람은 형평원칙을 적용할 수 있다. 형평원칙을 적용하면, 더 열심히 일하는 사람에게 더 많이 보상하고, 자금이나 설비 등을 합작회사에 더 크게 투자하는 사람에게 더 많이 보상하는 방식이 된다. 이들은 동등원칙을 적용할 수도 있다. 즉, 합작회사의 모든 수익은 반반으로 나눈다는 것이다.

그러나 이들은 동등초과원칙을 적용할 수도 있다. 이 방법에 따르면, 각 당사자는 자기가 혼자서 사업을 했다면 벌 수 있었을 수익금에다가 합작사업으로 인해서 더 벌게 된 수익금의 반을 합쳐서 가져가는 것이다. 흥보가 혼자 사업을 한다면 20억원을 벌 수 있고, 놀보가 혼자 사업을 한다면 10억원을 벌 수 있으나, 흥보와 놀보가 합작하면 50억원을 벌어들일 수 있다고 가정해 보자. 이 경우 이들은 각각 25억원씩을 가져가는 것이 아니라, 흥보는 30억원, 놀보는 20억원을 받게 된다. 이것은 각자가 혼자 사업하면 벌 수 있는 금액에다가 합작사업으로 인해 추가로 더 벌 수 있었던 20억원을 반씩 나눠서 가지기 때문이다.

이런 결정을 할 수 있는 적절한 정보가 협상자들에게 주어질 때에는 이런 원칙이 형평원칙이나 동등원칙보다 성과분배를 예측하는데 더 성공적일 수 있다.

9.4 기타의 공정성원칙

공정성이나 정당성에 대해 판단할 때 적용하는 또 다른 원칙이 있다. 그것은 바로 필요, 기회, 전례이다.

9.4.1 필요원칙

분배정의 가운데 필요원칙은 「우는 아이 젖 더 주는 격」과 일맥상통한다. 즉, 필요하다는 주장을 얼마나 강하게 피력하는가에 공정한 분배의 여부가 달려있다는 것이다. 당사자가 어떤 성과에 대하여 필요성을 더 잘 설명할수록 상대방을 납득시킬 가능성이 더 커지고, 그래서 성과를 더 잘 분배받을 수 있게 된다.

어느 단체를 대리하고 있는 협상자는 상대방에게 X라는 사안에 대해 상대방이 양보를 해주어야 자기의 배후에 있는 사람들이 만족할 수 있으며 그래야만 협상이 성공적으로 마무리될 수 있다는 점을 강력하게 피력함으로써 상대방으로부터 X를 양보 받아낼 수 있을 것이다.

여기서 주목할 부분은, 수익분배과정에서 과거의 어떤 불평등했던 것을 치유하거나 보상하기 위해 양보해 줄 것을 요구하는 경우라면, 이는 단지 형평원칙이나 동등원칙을 필요원칙과 결합시키는 과정에 지나지 않는다는 점이다.

9.4.2 기회원칙

기회원칙을 설명하자면, 사람들은 자기가 기회를 얼마나 잘 활용할 수 있는가의 정도에 따라 분배를 받아야 한다는 것이다. 만일 협상자 A가 분배를 받는다면 이를 즉각 이용하여 협상자 B보다 더 잘 활용할 수 있고 그 가치를 빠른 시일 내에 급증시킬 수 있으며 양당사자 A와 B 모두에게 더 큰 보수를 분배할 수 있도록 생산할 수 있다면 이 경우에는 기회원칙을 적용하는 것이 합당하다.

회사의 이익금을 분배할 때, 경영진에서는 새로운 유망한 사업에 투자를 많이 해서 회사의 수익규모를 더 늘린 다음 나중에 분배한다면 모두에게 유리할 것이라며 주주와 노동자 측을 설득할 경우, 이 때 전개되는 논리의 합당한 근거는 「기회원칙」이라고 할 수 있다.

9.4.3 전 례

끝으로 역사적 전례원칙이 있는데, 이 원칙은 현재 진행 중인 협상에서 성과를 어떻게 분배하여야 공정한가를 결정하기 위해 과거를 돌아보거나 일련의 과정 중 처음으로 되돌아가서 바라보는 것을 말한다. 역사적 전례는 여러 가지 측면에서 대단히 중요하다.

성과분배의 판단기준으로서 역사적 전례원칙은 현행계약을 있는 그대로의 「현상(現狀: status quo)」으로 간주하고, 당사자들로 하여금 어느 누구도 현행계약 수준보다 더 낮은 수준으로 내려가지 않도록 하는 것이다. 이것은 노사계약과 같이 반복해서 벌어지는 협상에서 공통적으로 나타나는 현상이다. 노조측은 현재 유효하게 적용되고 있는 수준보다 낮은 해결안을 결코 수락할 수 없다는 것을 사용자측에게 항상 주지시킨다.

그러나 한국은 1997년 11월에 국가적 경제위기를 맞이하여 IMF로부터 구제금융을 받기로 결정하였다. 이어서 1998년 초, 대기업 및 중소기업의 연쇄부도, 대량정리해고, 폐업, 파산 등이 빚어졌다. 공무원들도 10% 급여삭감, 노동자들의 급여삭감 및 무급휴가 등이 일어났다. 무역계약에서도 마찬가지 현상이 발생하였다. 장기적으로 거래하는 매매당사자들은 지난번 거래 시의 단가와 품질을 기준으로 하여 다음 거래에서 가격과 품질 등의 조건을 정한다. IMF의 구제금융을 받을 정도로 한국경제가 위기에 봉착하고 환율이 급등하게 되자, 외국의 바이어들은 한국의 달러표시 수출품 가격을 인하하라는 주문을 해왔다. 수출해서 벌어들인 달러화를 원화로 환산했을 때 달러 대비 원화 가치의 급락(환율급등)으로 인해 한국의 수출업자는 예전보다 큰 이익을 남길 수 있었다. 때문에 환율급등으로 인해 창출된 수출업자 측의 수익을 알고 있는 수입업자는 수출업자에게 그 수익을 함께 나눠 갖자고 요구한 셈이다. 이러한 사례는 역사적 전례와 반대되는 현상으로 특별한 경제적 상황에서 발생할 수 있는 예외적 현상에 속한다고 할 것이다.

한편, 협상절차의 차원에서 역사적 전례원칙은 현행 자원분배방식이 계속되어야 한다는 것을 의미한다. 왜냐하면 "항상 이런 방식으로 해왔기 때문이다." 어떤 당사자들은 어떤 안건이 이전에 한번도 협상대상이 된 적이 없다는 간단한 이유만으로도 협상하려고 하지 않는 경향을 보인다. 이런 사람들은 이전에 협상대상에 올려 본 적이 없는 안건을 협상하려고 하다가는 상처받기 쉽다고 믿는다. 만일 두 동업자가 수년 전에 합작사업을 시작하였고 이윤을 60 대 40으로 나눠 갖기로 결정했다면, 더 큰 몫을 벌어들이는 당사자는 사업의 상황이 공정한 분배로서 60 대 40을 더 이상 지속하기 어렵게 되었다손 치더라도 이윤을 이런 방식으로 계속 분배하길 원할 것이다.

역사적 전례는 다자협상(multiple negotiation)의 상황에서도 공정성의 기준으로 활용될 수 있다. 수많은 회사들과의 노사협상을 앞에 둔 전국노조는 첫 협상대상으로 「가장 허약한」 회사를 선정할 수 있다. 이유는 가장 허약한 회사로부터 가장 유리한 해결을 쉽게 이끌어 낼 수 있으리라 기대하기 때문이다. 그리고는 역사적 전례원칙을 원용하여 다른 모든 회사들에게 동일한 해결안을 받아들이라고 요구할 수 있다.

예비역 학생들이 예비군 훈련을 마치고 생맥주를 한잔 하다가 외출 나온 현역 군인들과 난투극을 벌였다. 군인은 3명이고 학생들은 10명이 넘었다. 결과는 군인들이 더 많이 다치게 되었고 치료비 협상이 벌어지게 되었다. 이 협상과정에서 많이 다친 군인 H보다 적게 다친 군인 C가 더 많은 보상을 요구하고 있는 상황이었지만, 많이 다친 군인 H에 대한 보상금액이 저렴하게 먼저 결정되는 바람에 상대적으로 적게 다친 군인 C와의 협상에서 전례로 작용되어 동일한 금액으로 보상되었다.

9.5 공정성 원칙 간의 충돌

일반적으로 수익을 어떻게 분배할 것인가를 결정할 때 심각한 상황이 자주 발생한다. 그 내막을 들여다보면 분배에 어떤 원칙을 적용할 것인가를 놓고 협상 당사자간에 강한 이견을 보일 때 가장 격정적이고 민감한 협상이 일어나게 되는 것이다.

협상에서 어떤 원칙을 적용할 것인가와 같은 근본적인 원칙결정논의는 무형요소에 대한 것임을 주목하여야 한다. 그러나 이러한 무형의 문제를 해결하게 되면 유형의 문제는 손쉽게 해결할 수 있게 되는 경우가 흔하다. 그러므로 일단 당사자들이 동등원칙이나 형평원칙을 적용할 것을 결정하기만 하면 자원분배문제는 그 원칙의 적용으로 자동 해결된다. 따라서 당사자들이 공정성 원칙 간의 충돌문제에 대해 어떻게 해결할 것인가를 살펴보자.

(1) 사람들이 과업을 효과적으로 열심히 수행하는 것에 높은 가치를 부여할 때에는, 형평원칙에 높은 가중치를 주게 된다. (2) 권력, 지위, 신분에서 차이가 있을 경우, 권력 · 지위 · 신분의 차이가 적법하다고 인정하는 사람들은 형평원칙에 가중치를 더 준다. 예컨대, 사장은 과장보다 더 많은 보수를 받을 가치가 있다고 보게 된다. (3) 탁월한 해결책이 있을 때에, 사람들은 가장 실용적인 해결책으로서 그런 해결책에 매력을 갖게 되고, 그런 해결책을 중심으로 동등한 양보를 하게 된다.

(4) 탁월한 해결책이 없을 때, 사람들이 흔히 이용하는 대안은, 양측의 첫 제안에서 중간지점을 해결점으로 선택하고, 이 해결점을 향해 양측이 모두 동등하게 양보하는 방법이다. (5) 우정, 융화, 단결이 일방 또는 쌍방 당사자에게 중요할 때에는 동등성이 강조된다. 갈등을 예방하고 최소화시키는 것이 장기적으로 상호관계의 유지에 중요하다. 그래서 동등성은 분배과정에서 빚어지는 갈등을 최소화시키는 좋은 기준이 된다.

(6) 개인적인 필요에 의해 부탁해오는 상대방을 협상자가 좋아할 때, 또는 상대방의 성과나 복지에 대해 협상자가 책임감을 느끼고 있을 때, 이럴 때 협상자는 상대방의 부탁요구에 쉽게 응하는 경향을 보인다. 그 까닭은 이렇게 상대방의 부탁이나 요구에 따라주는 것이 공정하다고 보기 때문이다. 더구나 협상자들 간에 서로 좋은 관계를 유지하고 있고 또 서로 호감을 갖고 있을 때에는 이러한 부탁이나 요구를 더 잘 받아준다. 특히, 협상자가 자기과신이나 자부심이 강할수록 상대방이 필요한 것을 호소해 올 경우 더 잘 받아준다.

(7) 전례가 있을 때, 사람들은 "이럴 수밖에 없다"라고 할 정도의 명백한 원칙이 없는 한, 역사적 전례에 따르는 경향을 보인다. 그러므로 역사적 전례는 별다른 기피가 없는 한 통용된다.

(8) 적용할 수 있는 원칙들이 다양하게 여럿이 있는 경우에는 당사자들이 어느 원칙을 적용해야 할지 판단하기 곤란해진다. 예컨대 원칙이 이해하기에 너무 난해하거나 또는 너무 정교한 경우에는 당사자들이 복잡하다고 인식하게 된다. 이런 경우에는 당사자들이 동등원칙을 채택하기 쉽다. 달리 말하자면, 사안이 너무 복잡해서 어떤 원칙이 최상인지 결정하기 어려울 땐, 동등원칙이 적용된다.

---

1) Allias Paradox 및 Prospect theory 참조.

2) 예컨대, 만기 시에 수령하게 되는 적금 금액이 동등할 경우, 시중은행보다는 (상호)저축은행에 내야 하는 적립금액이 더 작다.

3) Coinsurance와 Deductible의 차이: Under coinsurance the insuree shoulders a fixed percentage of his loss; under a deductible plan, the insuree shoulders a fixed dollar amount of the loss, with the insurance company paying for all loses above the amount.

4) 최근 인기를 끌고 있는 차량용 블랙박스도 차량도난방지장치와 비슷한 성격을 띠고 있다.

5) Lewicki, Roy J., & Litterer, Joseph A., *Negotiation*, Irwin, 1985.

6) Landsburg, Steven E., "Chapter 1. The Power of Incentives — How Seat Belts Kill," *The Armchair Economist (Economics and Everyday Life)*, The Free Press, [LAW 379] Supplemental Reading Materials.

7) University of Chicago의 Sam Peltzman의 연구결과.

8) Prof. Isaac Ehrlich of the University of Buffalo(1975).

9) Prof. Edward Learner of the Univ. of California at LA.("Let's Take the Con Out of Econometrics")

10) (1)은 의식의 결과이고, (2)는 잠재의식의 결과이다. 그러므로 인센티브를 평소에 학습시켜 잠재의식 속에 넣어두어야 필요할 때 적시에 작동된다.

11) 여기서 언급되는 '공정'이라는 용어는 '정당'이라는 말과 그 뜻이 엄밀히 구분되지 아니하고 경우에 따라 혼용된다.

12) Deutsch, M., Equity, equality and need: What determines which value will be used as the basis for distributive justice? *Journal of Social Issues, 31*, 1975. Leventhal, G. S., Fairness in social relationships, In J. W. Thibaut, J. T. Spence, & R. C. Carson (Eds.), *Contemporary topics in social psychology*, Morristown, NJ: General Learning Press, 1976. Pruitt, D. G., *Negotiation*

behavior, New York, NY: McGraw-Hill, 1981.

13) 예컨대, 한국에서 국립대학교 총장을 직접 뽑는 선거에 과거에는 대학 교수들만이 참여하였으나, 점차 직원들의 참여비중이 높아지는 추세를 보였다.

8강

직관의 비밀

1 합리성으로 해결되지 않는 의문들

백화점을 비롯한 상가에서는 왜 정가가 있는데도 왕창세일이니 바겐세일이니 하며 할인율을 내다걸며 마케팅을 하는 걸까? 이런 행위가 과연 합리적일까?

건강에 관심이 많은 사람들이 선호하는 저지방우유를 표시할 때, '1%의 지방 함유'라는 표현과 '99% 무지방'이라는 표현은 동일한 함량을 나타내고 있는데, 소비자들에게 판매되는 효과에서는 왜 차이가 날까? 소비자들이 비합리적이라서 그럴까?

남북한 간의 금강산관광이 중단된 이후 강원도 고성군지역은 경제가 어렵다며 아우성이다. 강원도의 북한 접경지역은 철원군, 화천군, 양구군, 인제군, 그리고 고성군이다. 그 중에서 고성군 지역이 유독 경제적으로 더 어려워서 고통을 호소하는 것일까? 아니면 고성군의 지역주민들이 비합리적이라서 그러는 것일까?

목욕탕의 열탕에 몸을 담구었던 아저씨가 냉탕에 들어가서 외치는 "어이구, 시원하다!"라는 말은 아주 비합리적인 거짓말일까? 그 말에 따라 들어갔다가 찬물에 온몸이 쪼그라든 어린이는 그 아저씨를 아주 비합리적인 사람이라고 인식해야 하는 걸까?

올림픽경기의 시상식대에 올라선 수상자들을 볼 때, 동메달을 딴 선수보다 은메달을 딴 선수의 얼굴표정이 더 어두워 보이는 것은 왜 그런 걸까? 은메달리스트들이 비합리적이라서 그런 걸까?

오페라를 보러 갔다. 5만원짜리 입장권을 사두었는데 그걸 잃어버린 경우 당신은 그래도 입장권을 다시 사서 오페라를 볼 것인가? 오페라를 보러 갔다. 도중에 5만원을 잃어 버렸다. 당신은 그래도 입장권을 사서 오페라를 볼 것인가? 전자와 후자의 결정에서 어떤 차이가 있는가? 있다면 무엇 때문에 그러한가?

이상과 같이 합리성으로 해결되지 않는 의문들에 대해 지금부터 살펴보기로 한다.

2 알레의 역설[1)]

2.1 기대효용이론의 모순

인간은 생각보다 훨씬 더 자주 그리고 일관되게 합리성의 틀을 벗어난다. 사람들은 지나치게 손실을 회피하려는 경향이 있고, 현상을 유지하는 데 집착하며, 첫인상에 너무 기대어 판단을 그르치는 경향이 있다.[2)] 사람들이 직관에 의해 비합리적인 행동을 하는 사례를 잘 보여주는 이론으로 「알레의 역설(Allais paradox)」을 꼽을 수 있다. 이 이론은 사람들이 불확실한 것보다 확실한 것을 선호하기 때문에 '전체적으로 더 유리한 결정보다 불리하더라도 확실한 결정'을 택한다고 설명한다.

이 알레의 역설은, 기대효용이론(expected utility theory)에 따른 예측과 실제 관찰된 선택 사이에는 모순이 발생함을 보여준다. 이 역설과 관련해서는 앞에서 「부자친척의 제안」으로 간단히 소개한 바 있으나, 여기서는 좀 더 자세히 살펴보기로 한다. 자, 다음과 같은 복권 A와 B 둘 중 어느 것을 선택할 것인가?

- **[상황1]**
  - 1A: $100만을 받을 확률 100%
  - 1B: $100만을 받을 확률 89%, $500만을 받을 확률 10%, 꽝이 될 확률 1%
- **[상황2]**
  - 2A: $100만을 받을 확률 11%, 꽝이 될 확률 89%
  - 2B: $500만을 받을 확률 10%, 꽝이 될 확률 90%

어떠한 선택이 올바른 선택인가를 살펴보기 위해 기대효용 값을 계산해보자.

- **[상황1]의 기대효용**
  - U(1A) = $100만 × 100% = $100만
  - U(1B) = ($100만 × 89%) + ($500만 × 10%) + ($0 × 1%) = $139만

■ **[상황2]의 기대효용**

- U(2A) = ($100만 × 11%) + ($0 × 89%) = $11만
- U(2B) = ($500만 × 10%) + ($0 × 89%) = $50만

기대효용 값에 따를 것 같으면, [상황1]에서는 1B를, [상황2]에서는 2B를 각각 선택하는 것이 합리적이다. 그러나 실제의 실험결과는 그렇지 않게 나타났다. 즉, [상황1]에서 사람들은 1A를 선호하였고, [상황2]에서 사람들은 2B를 선호하였다.

기대효용이론의 관점에서 볼 것 같으면, [상황1]이든 [상황2]이든 선택대상 양쪽(A와 B)에 같은 크기를 더하거나 빼더라도 어떤 쪽을 선택할 것인가 하는 상대적 매력에는 아무런 영향이 없어야 마땅하다.

■ 표 8-1 ▌두 가지의 선택상황

상황1				상황2			
선택 1A		선택 1B		선택 2A		선택 2B	
당첨금	확률	당첨금	확률	당첨금	확률	당첨금	확률
$100만	100%	$100만	89%	꽝	89%	꽝	90%
		꽝	1%	$100만	11%		
		$500만	10%			$500만	10%

논의를 다시 전개하기 위해 [상황1]과 [상황2]를 요약하면 〈표 8-1〉과 같다. 두 가지 상황의 [1A, 1B]와 [2A, 2B] 모두에 공통으로 89%가 포함되어 있다는 점에 주목하여, 〈표 8-1〉의 선택상황을 다시 구성하면 〈표 8-2〉와 같이 나타낼 수 있다.

■ 표 8-2 ▌두 가지의 선택상황 재구성

상황 1				상황 2			
선택 1A		선택 1B		선택 2A		선택 2B	
당첨금	확률	당첨금	확률	당첨금	확률	당첨금	확률
$100만	89%	$100만	89%	꽝	89%	꽝	89%
$100만	11%	꽝	1%	$100만	11%	꽝	1%
		$500만	10%			$500만	10%

〈표 8-2〉의 [상황1]에서 $100만을 받을 확률 89%는 1A와 1B에서 공통결과이므로 양쪽에서 이것을 상쇄해보자. 그러면 1A에는 $100만을 받을 확률 11%가 남게 되고, 1B에는 꽝이 될 확률이 1%이지만 $500만을 받을 확률이 10%가 남게 된다.

한편, [상황2]에서 꽝이 될 확률 89%는 2A와 2B에서 공통결과이므로 양쪽에서 이것을 상쇄해보자. 그러면 [상황1]에서의 상쇄결과와 마찬가지로 2A에는 $100만을 받을 확률 11%가 남게 되고, 2B에는 꽝이 될 확률이 1%이지만 $500만을 받을 확률이 10%가 남게 된다.

결국, 1A와 2A는 동일한 선택상황에 놓이게 된다. 같은 방법으로 1B와 2B도 동일한 선택상황에 놓이게 됨을 알 수 있다.

그렇다면 [상황1]에서 1A를 선택했던 사람은 [상황2]에서 2A를 선택해야 하고, [상황1]에서 1B를 선택했던 사람은 [상황2]에서 2B를 선택해야 일관성이 있다고 할 수 있다. 기대효용이론의 논리적 결과가 이러함에도 불구하고, 실제 조사결과가 그렇지 않은 것은 서로 모순된다고 Allais는 지적하였다.

2.2 모순현상에 대한 수학적 검증

수학적 접근을 선호하지 않는 독자들은 이 부분을 읽지 않아도 무방하다. 왜냐하면 앞의 설명내용을 단지 수학적으로 검증하는 절차이기 때문이다. 자, 그러면 앞에서 살펴본 게임의 값과 효용함수를 사용하여 이 역설이 어떻게 증명되는가를 보자. 사람들은 첫 번째 상황에서 1B보다는 1A를, 두 번째 상황에서 2A보다는 2B를 각각 더 선호하는 것으로 나타났다. 그러므로 더 선호되는 선택(1A, 2B)의 기대효용은 덜 선호되는 선택(1B, 2A)의 기대효용보다 더 커야 한다고 보아야 한다. 이를 수식으로 표현하면 다음과 같다.

[상황1] 불확실한 1B보다 확실한 1A를 선호하므로 다음과 같은 수식으로 나타낼 수 있다.

$$1.00U(\$1M) > 0.89U(\$1M)+0.01U(\$0M)+0.1U(\$5M) \quad \cdots\cdots ①$$

[상황2] 2A보다는 2B를 선호하므로 다음과 같은 수식으로 표현할 수 있다.

$$0.89U(\$0M)+0.11U(\$1M) < 0.9U(\$0M)+0.1U(\$5M) \quad \cdots\cdots ②$$

후자인 [상황2]의 수식②는 다음과 같이 전개할 수 있다.

$$0.11U(\$1M) < 0.01U(\$0M)+0.1U(\$5M)$$

$$1.00U(\$1M)-0.89U(\$1M) < 0.01U(\$0M)+0.1U(\$5M)$$

$$1.00U(\$1M) < 0.89U(\$1M)+0.01U(\$0M)+0.1U(\$5M) \quad \cdots\cdots\cdots ③$$

전개 결과 나타난 [상황2]의 수식③은 [상황1]의 수식①과 정반대로 나타나 서로 모순된다. Allais가 지적한 이러한 모순은, 기대효용이론이 독립공리를 가정하고 있다는 점에서 비롯된다.

2.3 독립공리

Allais는 자신의 역설을 독립공리(independence axiom)에 대한 반증으로 제시하였다.[3] 여기서 독립공리라는 낱말 중에 들어 있는 「독립」의 의미는, 만일 게임자가 단일복권 L_1과 L_2를 선택함에 있어 무차별적이라면, 그 게임자는 단일복권 L_1에 「당첨확률이 p인 임의의 단일복권 L_3」을 곁들인 것과, 단일복권 L_2에 동일한 「당첨확률이 p의 임의의 단일복권 L_3」을 곁들인 것 중에 어떤 것을 선택할 것인가는 역시 무차별적이어야 한다는 것이다.

그런데 이러한 원칙이 먹히지 않도록 하는 것은 바로 앞에서 살펴본 공통결과의 효과 때문이다. 이런 「공통결과」라는 개념은, L_3이 제시한 당첨금이 증가함에 따라 L_1과 L_2는 점차 위로금의 형태로 되어 가고, L_3이 제시하는 더 높은 당첨금에 당첨되지 못하게 될 경우 받게 될 위험과 실망을 최소화시키고자 게임자는 두 개의 복권에 대한 선택의 선호도를 변경하게 됨을 말한다.

Allais가 말하고자 하는 주요핵심은 기대효용이론의 독립공리는 타당하지 않을 수도 있다는 것이다. 독립공리가 말하는 것은, 해당 게임에서 둘 중 어느 것을 선택할 것인가를 고민할 때 양쪽에 똑같이 포함되어 있는 선택결과(당첨금)는 전체적으로 보면 어느 쪽을 선택하든 아무 상관이 없어야 한다는 것이다. 그러나 이는 상보성(相補性)이라고 하는 개념을 간과한 것이다. 즉, 해당 게임에서 어느 한 쪽을 선택할 때에는 다른 쪽을 선택했을 때 얻게 되는 결과가 무엇인지에 따라 영향을 받을 수 있다는 사실을 간과하고 있다.

앞에서 살펴본 선택 1B에서 꽝이 될 확률은 1%이다. 그러나 이 1%는 별것 아닌 것처럼 보여도 사실은 대단한 위력을 지니고 있다. 왜냐하면, 이 게임에서 1B를 선택했는데 재수 없게도 꽝이 되었다고 치자, 만일 1A를 선택했더라면 100% 확실하게 $100만을 받을 수 있었다는 것을 아는 게임자는 더더욱 실망하게 되기 때문이다. 그러나 이런 실망감은 이 게임의 다른 선택의 결과(예컨대, 확실히 일정금액을 받을 수 있다는 느낌)에서 비롯된다. 그러므로 Allais는, 게임을 할 때 두 가지 선택대안 중 어느 한 가지를 다른 선택대안과 무관하게 독립적으로 평가할 수 없다고 주장한다. 예컨대, 독립공리의 요건과는 달리 1B는 1A와는 독립적으로 평가될 수 없다. 이와 같이 독립공리는 Allais의 주장에 따르면 맞지 않게 된다. 사람들은 1A와 2B를 선택할 때 비합리적으로 행동하지 않는다. 그러므로 기대효용이론으로는 상보성 때문에 발생하는 그러한 「합리성의 한계(bounded rationality)」를[4] 설명하기에는 충분하지 못하다고 할 것이다.

3 전망이론

3.1 전망이론의 등장

알레의 역설은 기대효용이론을 수정·보완하려는 시도로 이어졌고, 전통경제학이 가정했던 합리적이고 객관적인 인간상에 대한 한계를 인식하게끔 만들었다. 이로 인해 행동경제학에서는 알레가 제기한 문제점을 비롯하여 기대효용이론이 설명하지 못하는 부분들을 기초로 여러 대안을 제시하게 하였다. 그 중에서도 특히 눈에 띄는 이론으로, 「전망이론(prospect theory)」을 들 수 있다.[5] 이 모형의 핵심은 기대효용이론에서보다 더 넓은 범위의 행위를 감안하도록 심리학적 요소를 가미하여 만든 것이었다.

심리학적 요소가 내포되어 분석 메커니즘이 다소 복잡해지기는 했지만, 전망이론은 위험이 수반된 상황에서 전망에 근거한 대안들 중에 사람들이 어떻게 선택하는지를 설명해주고 있고, 또한 잠재적 이득과 손실을 어떻게 평가하는지를 설명해주고 있다. 현실을 보다 잘 반영하고 있는 전망이론에 따르면, 사람들이 불확실한 상황 하에서 의사를 결정할 때에, 이득과 관련된 선택의 경우에는 위험을 회피하려는 성향을 보이고, 손실과 관련된 선택의 경우에는 위험을 감수하려는 성향을 보인다.

한편, 전망이론은 선택결과 당첨되는 확률을 알고 있다고 가정한다. 이 이론이 제시하는 모형은 실생활의 선택을 설명하고자 하는 것이지, 최적의사결정을 내고자 하는 것은 아니다. 이 이론은 심리학적 연구를 토대로 하여 행동경제학의 발전에 중요한 역할을 하였다.6)

3.2 전망이론과 반사효과

3.2.1 「이득–손실」상황 실험

다음의 각 실험상황에서 A와 B 중 어느 하나만을 선택해야 한다면 어떻게 결정할 것인가?

[상황3] 이득상황

- 3A: $3000을 받을 확률 100%
- 3B: $5000을 받을 확률 60%, 전혀 받지 못할 확률 40%

[상황4] 손실상황

- 4A: $3000을 잃을 확률 100%
- 4B: $5000을 잃을 확률 60%, 전혀 잃지 않을 확률 40%

이 상황에서 어떤 선택을 해야 한다는 정답은 없다. 각 상황에서의 기대효용을 계산하면 다음과 같다. 즉, 상황3에서 3A와 3B의 기대효용은 같고, 상황4에서 4A와 4B의 기대효용도 같다.

■ **[상황3]의 기대효용**

- U(3A) = $3000 × 100% = $3000
- U(3B) = ($5000 × 60%) + ($5000 × 0%) = $3000

■ **[상황4]의 기대효용**

- U(4A) = -$3000 × 100% = -$3000
- U(4B) = (-$5000 × 60%) + (0 × 40%) = -$3000

불확실한 상황 그래서 위험이 내포된 상황에서 사람들은 이걸 선택할까 아니면 저걸 선택할까 고민하며 망설인다. 그러나 실제로 사람들에게 선택을 물어보면, [상황3]에서는 3A를, [상황4]에서는 4B를 대체적으로 선택한다. 문제는 3A와 3B, 그리고 4A와 4B는 각각 동일한 기대효용을 지니고 있는데도 사람들은 왜 3B와 4A를 마다하고 3A와 4B를 선택할까 하는 점이다. 또한 이러한 선택의 기준은 무엇일까 하는 점이다.

전망이론은 이러한 궁금증을 풀어준다. 즉, 전망이론은 사람들이 [상황3]의 이득상황에서는 위험을 기피하려고 하기 때문에 결과가 확실한 3A를 선택하고, [상황4]의 손실상황에서는 위험을 감수하려고 하기 때문에 결과가 불확실한 4B를 선택하는 것이라고 설명한다. 이와 같이 위험이 내포된 대안들 가운데 선택을 해야 할 때 사람들은 절대적인 가치에 바탕을 두기보다 상대적인 기준점(reference point)에 바탕을 두고 결정함을 전망이론은 보여주고 있다.

이러한 「이득-손실」상황을 현실세계의 주식시장에서 조명해보자. 예컨대, 합리적으로 판단하였을 때 주식을 계속 보유하는 것이 더 나은 상황인데도 혹시 있을지도 모를 추가적인 손실을 피하기 위해 일단 주식을 팔아치우는 불합리한 과잉투매현상은 어떻게 설명할 것인가? 그것은 앞에서 이미 살펴본 바와 같이 사람들은 불확실한 것보다 확실한 것을 선호하기 때문에 전체적으로 불리하더라도 확실한 것을 선택한다는 알레의 역설로 설명이 가능하다. 그러나 주가가 조금만 올라도 팔아서 이익을 실현하는 사람이 주가가 떨어져도 손절매를 하지 않는 현상은 어떻게 설명할 것인가? 이것은 이득상황에서는 위험기피(risk aversion)를 선호하는데 반해 손실상황에서는 위험감수(risk seeking)를 선호하는 심리적 현상, 즉 「반사효과(reflection effect)」로 해석할 수 있다.

또한, 사람들의 성향을 보면, 멀리서 1만원짜리 물품을 5천원에 판매한다고 하면 멀다않고 찾아가서 사지만, 1000만원짜리 물품을 999만원에 판다고 해서 먼 거리를 기꺼이 찾아가지는 않는다. 5천원을 아끼는 것보다 만원을 아끼는 것이 훨씬 더 합리적인데도 사람들은 그렇게 행동하지 않는 모순을 보인다. 전망이론은 사람들의 이와 같은 모순된 행동이 왜 발생하는가를 설명해준다. 즉, 이러한 모순은 사람들이 가치판단에 적용하는 기준점이 다르기 때문에 발생한다. 다음의 가치함수를 살펴보면 그 진상을 더 쉽게 이해할 수 있다.

3.2.2 주관적 가치의 개입

전통경제학인 기대효용이론에 따르면 사람들은 절대적인 사실을 바로 인지해서 판단해야 한다. 그러나 현실세계의 사람들은 제한된 합리성 하에서 기존상태로부터 상대적인 변화상태를 인식하여 판단한다. 즉, ▲ 기존상태가 어떠했는지, ▲ 선택이 이득인지 손실인지, ▲ 그 이득 · 손실의 크기가 어느 정도인지 등에 따라서 가치를 다르게 판단한다. 기대효용이론의 효용함수에 이 세 가지 특징을 반영한 것이 전망이론의 「가치함수(value function)」이다.

사람들은 선택상황에 직면하면 이 선택과 저 선택은 각각 어느 정도의 가치가 있을까라고 생각는데, 이 때 객관적인 가치뿐만 아니라 자기의 주관적인 가치도 반영하여 결정한다. 가치함수는 이러한 의사결정의 결과로 받게 되는 이득이나 손실을 자기의 주관적인 가치에 대응시킨 함수를 말한다. [그림 8-1]에서처럼 가치함수의 모양은 기준점(reference point)을 중심으로 S자로 나타난다. 이 기준점은 사람마다 다르다. 따라서 그 사람의 기준점이 어디에 위치해 있는가에 따라 주관적 가치의 변화정도가 달라짐을 보여주고 있다.

심리적 반응이 상황의 객관적인 상태를 정확하게 반영한다면, 객관적 상태와 주관적 상태의 상관성은 기준점을 지나는 직선으로 나타날 것이다. 그러나 가치함수는 S자의 모양을 보이면서 기준점[7]을 통과하는 비대칭곡선이다. 직선이 아니라 곡선이라는 것은, 심리적 반응이 상황의 객관적인 상태를 정확하게 반영하지 않음을 보여준다.

전망이론은 이득과 손해를 측정하지만, 기대효용이론과는 달리 절대적 부의 가치를 측정하는 것은 아니다. 사람들은 손실을 보는 사안의 경우에는 조그마한 손실가능성에도 민감하게 반응하는 반면, 이득을 보는 사안의 경우에는 큰 이득 가능성에도 둔감하게 반응함을 보여준다. 즉, 사람들은 절대치가 동일한 크기라면 기분 좋은 이득보다 마음 아픈 손실을 더 크게 느끼는 손실회피의 성향이 있다. 이런 현상을 설명하는 전망이론은, 합리적인 사람이라면 기준점에 대해 무차별적이라고 보는 기대효용이론과는 전적으로 다르다.

[그림 8-1]의 오른쪽 윗부분(1 · 4분면)의 곡선은 기울기가 오른쪽으로 갈수록 완만해지는 모양이다. 이것이 의미하는 바는, 객관적으로 보았을 때 1단위의 이득이 증가하면 주관적인 만족은 2단위 정도가 증가하지만, 이어서 추가로 1단위의

그림 8-1 ››› 주 · 객관적 가치를 감안한 가치함수

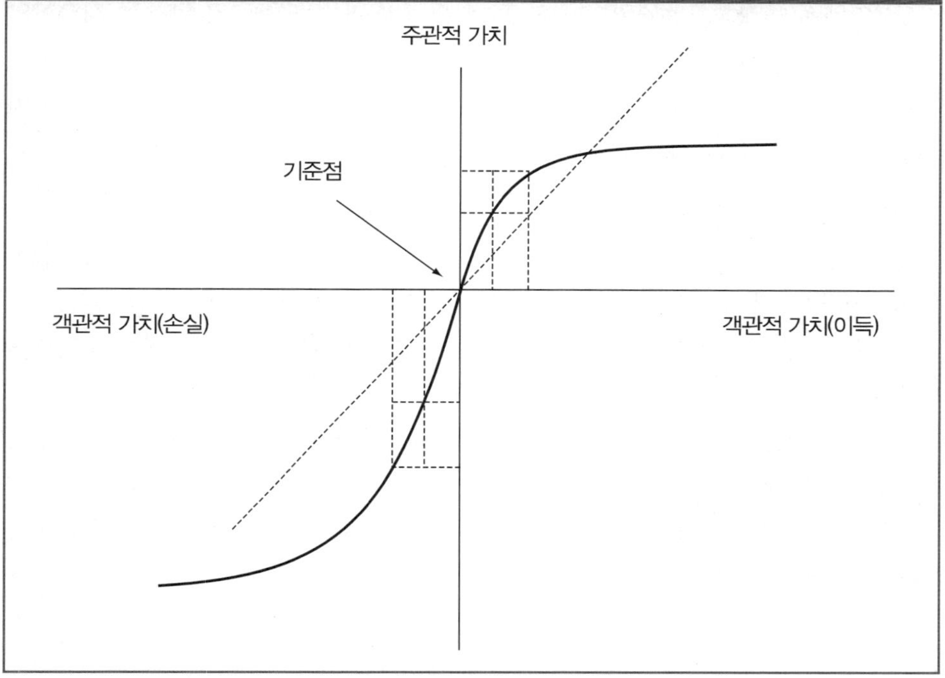

이득이 더 증가하였다고 하여 주관적인 만족도 계속하여 2단위씩 증가하는 것은 아니고 그림에서 보다시피 겨우 1단위 정도만 더 증가한다는 것이다. 여기서 2단위란 항상 나타나는 정확한 수치가 아니라 단지 그림을 설명하기 위해 임의로 목측한 크기일 뿐이다. 즉, 이득의 크기가 점점 더 커질수록 사람들이 추가단위에서 얻는 추가만족의 크기는 줄어든다. 이 곡선의 모양은 한계효용체감과 유사하다. 현실세계에서 부자들에게 재산이 더 증가한다고 하여 그 부자의 주관적인 만족은 예전만큼의 크기로 더 늘어나는 것은 아니고 상대적으로 그 크기는 점점 더 작아진다.

왼쪽 아랫부분(3 · 4분면)의 곡선은 전체적으로 기울기가 왼쪽으로 갈수록 완만해지는 모양을 보이는데, 오른쪽 윗부분(1 · 4분면)의 곡선과 대칭적으로 비슷한 형태를 띤다. 그러나 왼쪽 아랫부분(3 · 4분면)의 곡선이 오른쪽 윗부분(1 · 4분면)의 곡선보다 확실히 더 가파른 기울기를 보이고 있다. 이것이 의미하는 바는, 만일 객관적으로 보았을 때 1단위의 손실이 커지면 주관적인 만족은 3단위 정도 떨어진다. 이어서 추가로 1단위의 손실이 더 커졌다고 하여 주관적인 만족도 계속하여 3단위씩 떨어지는 것은 아니고 그림에서 보다시피 3단위보다는 훨씬 작은 크기로 감소한다. 이것은 손실에 대한 감각이 점차 둔해짐을 보여준다. 앞에서와 마찬가지로 여기서 3단위도 항상 나타나는 정확한 수치가 아니라 단지 그림을 설명하기 위해 임의로 목측한 크기일 뿐이다.

여기서 주목할 점은 손실영역에서의 곡선 기울기가 이득영역에서의 곡선 기울기보다 더 가파르다는 것이다. 즉, 이득이 1단위 증가하였을 때 얻게 되는 주관적인 만족의 절대크기보다 손실이 1단위 증가하였을 때 감소하게 되는 주관적인 만족의 절대크기가 확실히 더 크다는 것이다.

가치함수는 두 가지의 비합리적 의사결정을 설명한다. 첫째, 「손실기피성향」을 설명한다. 즉, 이득과 손실에 대한 사람들의 태도를 비교해보면, 동일한 크기의 이득과 손실이라 하더라도 사람들은 이득보다 손실을 상대적으로 더 크게 평가하는 경향이 있다.

둘째, 「반사효과」를 설명한다. 즉, 사람들은 이득국면에서는 위험기피성향을 보이는데 반해, 손실국면에서는 위험감수성향을 보인다.

3.3 전망이론과 확실성효과

3.3.1 확실성효과

앞에서의 실험을 다시 다음과 같은 방식으로 진행해보자.

- [상황5]
  - 5A: $8000을 받을 확률 50%
  - 5B: $4000을 받을 확률 100%

- [상황6]
  - 6A: $8000을 받을 확률 1%
  - 6B: $4000을 받을 확률 2%

■ **[상황5]의 기대효용**

- ▲ U(5A) = $8000 × 50% = $4000
- ▲ U(5B) = $4000 × 100% = $4000

■ **[상황6]의 기대효용**

- ▲ U(6A) = $8000 × 1% = $80
- ▲ U(6B) = $4000 × 2% = $80

기대효용이론에 따르면, [상황5]에서 5A와 5B는 무차별적이고, [상황6]에서도 6A와 6B가 무차별적으로 선택되어야 한다. 그러나 실제로 조사한 결과, [상황5]에서는 5B를 압도적으로 더 많이 선택하는 것으로 나타났고, [상황6]에서는 6A를 압도적으로 더 많이 선택하는 것으로 나타났다. 이런 실험결과는 기대효용이론과 일치하지 않는다. 무엇 때문에 이런 결과가 나타났을까?

그 까닭은 바로 「확실성효과(certainty effect)」 때문이다. 즉, 당첨금, 몫, 수익과 같은 선택결과의 크기보다는 확률의 크기가 훨씬 더 클 경우 사람들은 좀 더 성공할 수 있을 쪽을 선호한다. 그러나 확률이 1%~2% 정도로 낮은 경우 사람들은 선택결과가 더 큰 쪽을 선호한다.

그러나 [상황5]에서 확실한 5B가 아닌 불확실한 5A를 선택하는 사람들도 있다는 점을 어떻게 설명할 것인가? 아마도 $8000이 꼭 필요한 사람은 5A를 선택했을지 모른다. 이 부분에 대해 좀 더 살펴보기 위해 [상황5]을 다음과 같이 금액을 높여서 [상황7]과 같이 바꾸어 보자.

■ **[상황7]**

- ▲ 7A: $80억 받을 확률 50%
- ▲ 7B: $40억 받을 확률 100%

[상황7]에 처하게 되면 사람들은 대개 7B를 선택한다. [상황5]에서 설령 5B(확실)가 아닌 5A(불확실)를 선택했던 사람이더라도 [상황7]에서는 7A(불확실)가 아닌 7B(확실)를 선택하게 된다. 이와 같이 큰 이득이 보장되는 상황에서는 불확실한 쪽보다 확실한 쪽을 선택하는 현상을 「확실성효과」라고 한다.

[상황5]에서 $4000이나 $8000을 선택할 때는 사람들은 잠재적 의식 속에서 이 금액이 인생을 바꿀만한 큰 금액은 못 된다고 판단할 수 있다. 그렇다면 불확실하

더라도 좀 더 큰 금액에 내기를 걸어보자는 선택을 할 수 있다. 그러나 [상황7]에서처럼 인생을 확 바꾸어 놓을 수 있을 만큼의 큰 금액인 $40억(확실)이나 $80억(불확실)을 선택하는 상황에 처하게 되면 사람들은 굳이 모험을 감행할 필요를 느끼지 않고 대부분 확실한 쪽에 가까운 $40억을 선택하게 된다.

그러나 사람들이 확실한 것을 좋아하고 불확실한 것을 싫어하기 때문에 확실성효과가 나타나는 것은 아니다. 이득상황에서는 확실한 이득을 선호하지만, 반대로 손실상황에서는 확실한 손실을 회피하는 대신 오히려 불확실한 손실을 선호하게 되는 현상은 앞의 반사효과에서 설명한 바와 같다.

3.3.2 확률가중치함수

어떤 상황이 주어지면 사람들은 절대적인 부에 대해서만 신경을 쓰지 상대적인 부에 대해서는 신경을 쓰지 않는다고 기대효용이론은 설명한다. 그러나 사람의 심리를 들여다보면, 특정대상의 가치에 대해서 뿐만 아니라 그 특정대상이 선택될 확률에 대해서도 사람들의 주관적 판단이 개입된다. 예컨대, 어떤 사건의 객관적인 발생확률이 아주 작으면 사람들은 그 사건을 무시하는 경향을 보인다. 그러나 정반대로 로또복권이나 광우병의 경우처럼 객관적인 발생확률은 아주 작음에도 불구하고 사람들은 그 확률을 과대평가하기도 한다.

「확률가중치함수(w)」는 사람들이 조그마한 가능성이 있는 사안에 대해서는 과잉반응을 보이는 반면, 중간정도 이상의 가능성이 있는 사안에 대해서는 과소반응을 보이는 것을 표시하고 있다.

「확률가중치($w(p_i)$)」는 객관적 확률을 사람들이 주관적으로 어떻게 인식하는가를 반영한다. 앞의 「가치함수」에서는 객관적 이득 · 손실(x_i)에 대해 부여한 주관적 가치($v(x_i)$)를 살펴보았다. 이번에는 객관적 확률(p_i)에 대한 주관적 인식을 반영시킨 확률가중치를 살펴본다.

[그림 8-2]에서 보면, 영(zero)에 가까운 객관적 확률은 비록 그 값이 작더라도 심리적으로 과대평가되어 사람들의 과잉반응을 유발한다. 이에 비해 대부분의 객관적 확률 값은 상대적으로 과소평가되는 경향을 보인다.

객관적 확률이 70%에서 69%로 떨어지는 경우와 객관적 확률이 1%에서 0으로 떨어지는 경우를 비교하면, 두 경우 모두의 변화의 절대치가 1%로 동일하지만, 주

그림 8-2 ››› 주 · 객관적 확률을 감안한 확률가중치함수

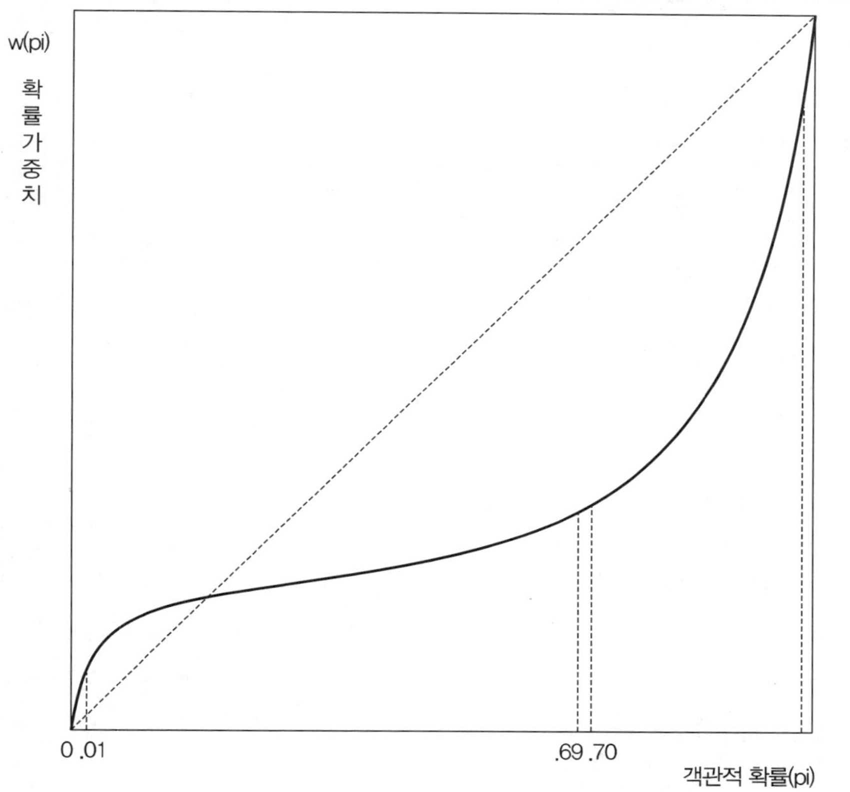

관적 확률을 나타내는 확률가중치는 전자보다 후자에서 더 극심한 영향을 받는다.

또한 객관적 확률이 100%에 가까워질수록 주관적 확률가중치가 가파르게 변화하는 모양새를 볼 수 있다. 객관적 확률이 69%에서 70%로 1% 변화하는 경우와 99%에서 100%로 1% 변화하는 경우를 비교해보면, 주관적 확률가중치는 전자보다 후자에서 더 극심한 영향을 받는다.

Kahneman과 Tversky는 이것을 확실성효과라고 불렀다. 이 확실성효과는 이와 같이 확률 100%가 갖는 심리적 효과를 말한다.

3.4 전망이론의 공식

이상에서 살펴 본 반사효과와 확실성효과의 관계를 요약하면 〈표 8-3〉과 같다.

■ 표 8-3 ▌반사효과와 확실성효과의 비교

	전망이론	
설명이론	반사효과	확실성효과
선택상황	「이득-손실」상황	「확실-불확실」상황
차이대상	주 · 객관적 가치인식차이	주 · 객관적 확률인식차이
설명함수	가치함수	확률가중치함수
함수기호	$v(x_i)$	$w(p_i)$

전망이론은 「편집(editing)」과 「평가(evaluation)」라는 두 단계의 의사결정과정을 설명한다. 우선 편집단계에서, 사람들은 스스로의 경험에 따라 선택결과들의 순위를 매긴다. 특히, 사람들은 선택했을 때 주어지는 이쪽 결과와 저쪽 결과를 비교하여 어느 정도가 기본적으로 동등한지를 판단한다. 또 기준점을 정한 다음, 기준점을 중심으로 이득으로 간주되는 대안과 손실로 간주되는 대안을 주관적으로 결정한다. 물론 이러한 과정을 통해 될 수 있는 한 손실은 더 적게 보려고 하고 이득은 더 많이 보려고 한다. 이와 같이 각각의 대안이 지니고 있는 가치에 대한 구체적인 평가를 하기에 앞서 각 대안들을 단순화해서 편집하는 과정을 먼저 거친다.

다음으로 평가단계에서 사람들은 마치 효용가치를 계산하듯이 행동하는데, 그 방식을 보면 잠재적인 선택결과와 그 선택결과의 확률을 바탕으로 가치를 계산하고, 그런 다음 더 나은 가치를 지닌 대안을 선택한다. Kahneman과 Tversky가 평가단계에 가정한 공식은 다음과 같다.

$$U = \sum_{i=1}^{n} w(p_i)v(x_i) = w(p_1)v(x_1) + w(p_2)v(x_2) + \ldots + w(p_n)v(x_n)$$

U는 불확실한 상황 하에서의 전망가치

x_1는 잠재적 선택결과를 나타내는 몫

p는 잠재적 선택결과를 나타내는 몫들 각각의 확률
v는 선택결과를 나타내는 몫에 대해 가치를 부여하는 가치함수
w는 확률가중치함수를 말한다.

이제 효용과 확률에 주관적인 가치함수 및 확률가중치함수를 부여한다는 접근방식을 취함으로써 불확실성 하에서의 전망가치(U)는 위의 공식으로 나타낼 수 있게 되었다. 그러나 이 값들은 개인마다 다른 주관적인 가치와 확률가중치에 관한 값이다. 그러므로 개인에 따라 천차만별이기 때문에 그 값을 계산해내기란 쉽지 않다. 최근에는 기능성자기공명영상(FMRI: functional magnetic resonance imaging) 분석을 통한 연구가 진행되는 등 신경경제학이 관심을 끌고 있다.[8)]

4 비합리성의 숨은 원리

4.1 프레이밍효과

프레임(frame)은 흔히 생각의 틀이라고 한다. 사람들은 어떤 상황에 대해 누군가가 보여주는 틀 안에서 그 상황을 바라보고 생각하는 경향이 있다. 이렇게 특정한 틀에서 벗어나지 못하고 사고의 범위가 한정되는 현상을 일컬어 프레이밍효과(framing effect, 틀짓기효과)라고 한다. 다음의 신종희귀전염병 사례를 보자.

지구의 어느 오지에 신종희귀전염병이 창궐하고 있다. 이 전염병으로 10만명 정도가 사망할 것으로 전문가들은 예상한다. 전염병 퇴치계획을 수립하여 집행하려고 한다. 각각의 상황에서 당신은 어느 계획을 선택하겠는가?[9)]

- [상황8]
  - 계획8A: 3만명 구제확률 100%
  - 계획8B: 10만명 전원 구제확률 30%, 10만명 전원 사망확률 70%

개인의 판단성향에 따라 선택결과는 다르지만 연구결과에 의하면, [상황8]에서 사람들은 확실한 결과가 보장되는 계획8A을 선호하는 것으로 나타났다.

■ [상황9]

- 계획9A: 7만명 사망확률 100%
- 계획9B: 10만명 전원 구제확률 30%, 10만명 전원 사망확률 70%

연구결과, [상황9]에서 사람들은 불확실한 결과에 의존하는 계획9B를 선호하는 것으로 밝혀졌다. 이러한 선택결과의 선호성향은 앞에서 살펴본 확실성효과로 어느 정도 설명이 가능하다. 즉, 사람들은 이득상황에서는 확실성을 선호하는 위험기피성향을 보이는데 반해, 손실상황에서는 불확실성을 선호하는 위험감수성향을 보인다.

그러나 계획을 수립하여 제시하는 방식이 [상황8]은 긍정프레임으로 구성되어 있는 반면, [상황9]는 부정프레임으로 구성되어 있을 뿐, 계획8A = 9A이며, 계획8B = 9B이다. 이와 같이 [상황8]과 [상황9]는 동일한 예측결과를 나타내고 있지만, 그 계획을 「긍정 프레임」으로 제시하는지 아니면 「부정 프레임」으로 제시하는지에 따라 의사결정이 달라진다. 다시 말하자면, 동일한 사안을 놓고 의사결정권자에게 어떻게 표현하는가에 따라 선택의 결과가 달라질 수 있음을 프레임효과는 보여준다.

프레이밍(framing)은 어떤 상황을 이해하거나 반응하기 위하여 자신의 지식·기억 등을 바탕으로 그 상황을 해석하는 현상을 말한다. 이를 간단하게 표현하자면, 사람들은 일생에 걸쳐 정신적·감정적 이해를 위한 틀을 형성하게 되는데, 세상을 이해하는데 이러한 틀을 사용하는 현상을 말한다. 그리고 이 틀은 사람이 어떤 결정을 하는데 영향을 주게 된다.

한편, 프레이밍은 미디어연구, 사회학, 심리학 등에서 사용되며 특히 어떤 정치적 사회적 움직임이나 사건들에 대해 매스미디어에 의해 사회적으로 형성되는 해석을 만드는 일 혹은 여론조작을 말하기도 한다. 프레이밍이론과 프레임분석은 커뮤니케이션연구, 뉴스, 정치 그리고 사회운동과 같은 다양한 분야를 연구·분석하기 위한 광범위한 이론적 방법을 제시하였다. 1974년 어빙 고프만이 쓴 『프레임 분석』에 의해 프레이밍의 개념이 제시되었다. 고프만은 프레임의 아이디어를 「해석의 설계」라고 이름 지었으며 이것은 개인들이나 단체로 하여금 어떤 사건이나 상황의 발생을 인지하고 위치하게 하고 알아보고 이름 짓는 것을 가능하게 한

다고 하였다. 이는 의미를 부여하고 경험을 조직화하며 조직된 행동을 만들어 내도록 한다.[10)]

예컨대, 프레이밍이론의 예시로 좌익정치를 묘사하는 표현인 「진보적(progressive)」이라는 단어를 들 수 있다. 이는 개선 · 전진이라는 긍정적인 의미를 내포하고 있기 때문에, 자연적으로 우익이 퇴보 · 후퇴라는 의미로 받아들일 수 있도록 한다.[11)] 사람들은 언론에 보도된 그대로, 그 안에서만 사고하며, 자신이 「게이트」가 되어 "사실"을 그대로 받아들이지 못하고 있다. 어떤 한 사건 A가 발생했다. 그 사건을 보고 언론에서는 A와 B를 연계시켜 보도하는 경향이 있다. 그러면, 그 보도들을 보는 독자들은 A와 B라는 틀 안에서만 그 사건을 보게 된다. 새로운 틀, C로 사건을 보려 하지 않는다.[12)]

4.2 앵커링효과

4.2.1 조건반사와 앵커링

우리 집 어항에는 구피들이 살고 있다. 매일 먹이를 줄 때마다 어항에 불을 켠다. 구피들은 불이 켜지면 으레 먹이를 주는 줄 알고 수면 위쪽으로 올라온다. 이렇게 습관화된 구피들은 어항에 불이 켜지기만 하면 먹이를 주지 않아도 위쪽으로 올라온다. 불이 켜지는 것과 먹이가 연관되어 있는 것이다. 이런 현상은 「각인」이나 「조건반사」와 관련이 있다. 사람들도 마찬가지로 어떤 것에 각인이 되어 있어 조건반사를 한다. 신맛이 나는 자두를 먹어 본 사람은 다음에 자두를 보는 순간 입안에 침이 고이게 된다. 이것은 자두와 침은 심리적으로 서로 연관되어 있다는 뜻이다. 이런 조건반사와 비슷한 현상으로 「앵커링(anchoring)」이 있다.

배가 항구에 정박할 때 사용하는 닻이나 암벽을 탈 때 줄과 사람을 연결하는 고리, 그리고 방송에서 해설과 논평을 곁들여 종합뉴스를 진행하는 사람을 앵커라고 부른다. 우리가 일반적으로 알고 있는 앵커라는 용어의 뜻과는 달리 여기서의 앵커링은 행동경제학의 용어로서 일상생활에서 흔히 접하게 되는 심리상태의 하나를 일컫는다. 앵커링효과는 정박효과 또는 앵커링법칙(anchoring rule)으로도 불리는데, 초기에 마음속에 닻을 내린 정보에 의해 추후에 내리는 결정이 영향을 받는 현상이다. 최초 습득한 정보에 몰입하여 새로운 정보를 수용하지 않거나 이를 부분적으로만 수정하는 행동특성도 앵커링효과에 기인하는 것이고, 협상테이블에서 처음 언급된 조건에 얽매여 크게 벗어나지 못하는 현상도 앵커링효과에 기인한다.

4.2.2 앵커링 활용

앵커링의 효과는 매우 강력해서 수많은 부문에서 폭넓게 활용되고 있다. 독일의 심리학자 스트랙과 무스바일러가 2006년 발표한 실험결과에 따르면, 판사들도 앵커링의 덫을 피해가지 못한 것으로 나타났다. 판사들에게 강간범 재판을 맡긴 뒤 쉬는 시간에 기자들이 전화를 걸어 "형량이 3년 이하이냐"라고 물은 경우 판사들은 평균 33개월의 징역형을 내렸다. 하지만 다른 판사들에게 기자들이 "형량이 1년 이하냐"고 묻자 판사들이 내린 형량은 평균 25개월로 뚝 떨어진 것으로 드러났다.[13)]

또한 미국 프린스턴대 연구진에 따르면 선거에 나온 후보자 사진을 보여주고 누가 당선될지 고르라고 한 설문과 실제 상원의원 선거 결과를 비교했더니 72%가 일치했다. 이때 사람들이 사진을 보고 후보자의 능력을 가늠하기까진 1초도 안 걸렸다. 첫인상의 효과가 그만큼 강렬하다는 것이다. 이렇듯 선택은 종종 비합리적이다.[14)]

사람들은 물건을 구매할 때 뭔가와 비교하려고 하는데, 이 때 먼저 본 숫자를 기준으로 삼아 판단하는 심리가 있다. 이러한 심리를 이용하여 판매자는 구매자에게 비교될만한 적절한 숫자를 시각적으로 잘 나열하게 되면 매상이 오를 수 있다. 예컨대, 대형매장에서 세일을 할 때 굳이 정상가에 'x' 표시를 하고 수정된 가격을 적어놓거나, 정상가격이 표시된 가격표를 그대로 남겨두는 이유도 이 때문이다. 홈쇼핑이 가정용소파에 대해 판매가로 200만원을 먼저 표시해둔 다음 맞춤가로 179만원을 제시하는 식이다. 소비자들은 이렇게 할인된 가격이 적정한 가격인지 아닌지 정확히 판단할 수 없지만, 200만원이라는 숫자를 먼저 본 뒤에는 왠지 횡재했다는 기분을 느낀다. 또한 라면 1개에 600원 대신 30개에 17,500원이라고 붙여 놓으면 소비자는 30개라는 숫자를 보고 싸다고 여겨 대량구매를 하기 때문에 매출이 증가한다.

가격에 대한 앵커링을 활용하는 다른 방법 중 하나는 프리미엄 상품을 추가하는 것이다. 상품에 여러 가지 등급이 있다면, 선호가 뚜렷하지 않은 소비자는 중간 가격의 상품을 고르는 경향이 있기 때문이다. 고급요리집의 메뉴판을 보면 대개 3가지의 코스요리를 준비되어 있다. A코스 7만원, B코스 5만원, C코스 3만원 식이다. 특별한 경우가 아니라면 사람들은 대부분 B코스를 선택한다. 요리집 주인이 앵커링효과의 비밀원리를 잘 활용하려면 B코스의 이윤이 가장 높도록 메뉴를 구성하면 된다. 사람들은 코스요리 가격에 숨어 있는 비밀원리를 아는지 모르는지 그저 마음 편하게 B코스 요리를 주문하게 된다. 설령 그 속에 숨어 있는 비밀원리를 안다고 하더라도 사람들은 이를 피하지 못한다. 왜냐하면 사람의 두뇌가 그렇게 작동하게 되어 있기 때문이다. 명품업계도 예외가 아니다. 명품업체들이 매장에 5천만원짜리 악어가죽 가방을 진열하는 것은 반드시 팔기 위해서가 아니라, 5백만원짜리 핸드백도 그다지 비싸지 않다고 착각하게 만들기 위해서다.[15]

이와 같이 소비자들의 머릿속에 어떤 숫자를 미리 심어두면 소비자들은 그 숫자를 기준으로 삼아 가격이 싼지 비싼지를 판단하는 경향이 강하다. 여기서 미리 심어두는 숫자가 앵커링이다. 앵커링 법칙(anchoring rule)은 우리가 답을 알 수 없어 추측을 해야 할 때는 최근에 들은 수를 취하는 경향을 보이기 때문에 나타나는 현상이다. 물론 사람들은 이성적으로 그 추측치를 보정하기는 하지만, 그 보정이 불완전하기 때문에 최종 추측치는 사람들이 들었던 최초의 기준치 쪽으로 기우는 경향을 보인다.

4.2.3 숫자와 비율의 유혹

아래의 내용은 인터넷에 올라 있는 글 중에서 발췌하여 편집한 것이다.

> 「변종크로츠펠트-야곱병」이라 불리는 인간광우병의 환자 수는 180명 정도이다. 문제는 광우병의 위험을 논할 때 치매환자도 함께 거론된다는 점이다. 치매환자의 수가 9000%로 엄청나게 늘었는데 이 중에서 많은 수가 진단을 받지 못한 인간광우병환자라는 주장이다. 의학통계를 볼 때는 조심해서 봐야 한다. 의학통계에서 원래 말하는 치매는 「변종크로츠펠트-야곱병」이 아니라 고전적인 「크로츠펠트-야곱병」을 지칭하는 것이다. 인간광우병과 유사하지만 소고기와 상관없이 원래 발생하던 질환이다. 9000%라고 하니 엄청난 것 같지만 90배 늘었다는 이야기다.[16]

여기서는 인간광우병에 대한 찬반을 논외로 하고, 어떤 상황을 표현할 때 이를 숫자로 표현할 것인가 아니면 비율로 표현할 것인가에 대해 생각해보자. 동일한 가치를 지닌 숫자라도 180명, 90배, 9000% 등과 같이 표현방식에 따라 듣는 사람의 느낌이 상당히 달라진다. 다음의 표현방식 중 A와 B를 비교해보자.

■ **표현방식1**

- 1A: 그 병에 걸린 환자는 180명이다.(전체 10만명 중에서)
- 1B: 그 병에 걸릴 확률은 0.18%이다.(전체 10만명 중에서)

■ **표현방식2**

- 2A: 그 병에 걸린 환자는 178명 증가하였다.(2명에서 180명으로)
- 2B: 그 병에 걸릴 확률은 9000% 증가하였다.(0.002%에서 0.18%로)

표현방식1에서 1A와 1B는 동일한 내용을 달리 표현했지만 언뜻 받는 느낌은 다르다. 표현방식2에서도 2A와 2B는 동일한 내용을 달리 표현했을 뿐인데 그 느낌이 다르다. 이 때문에 사람들은 자기의 주장을 뒷받침하기 위한 증거자료를 제시할 때, 기준시점을 임의로 정하여서 그 기준시점을 기점으로 숫자이든 비율이든 크게 보이는 통계치를 강조하기도 하고, 정반대로 숫자이든 비율이든 작게 보이는 통계치를 제시하여 감추려고도 한다.

자기의 주장이 유리하게 보이는 통계치를 강조한 사례로 2008년 광우병 파동을 보자. 미국산 소의 수입을 반대하는 쪽에서는 광우병 사망자의 수를 실제의 숫자로 알려 국민들에게 경각심을 불러일으키려고 하였다. 반면에 미국산 소의 수입을 찬성하는 쪽에서는 광우병으로 인한 사망확률이 불과 수백만 분의 일에 지나지 않는다는 사실을 알리려고 하였다.

또한 변화율을 강조하는 방법으로 자기의 주장을 유리하게 보이도록 하는 경우도 있다. 수익률이 0.1%에서 0.3%로 증가한 경우나, 30%에서 90%로 증가한 경우는 모두 300% 증가한 것은 틀림없는 사실이다. 그러나 전자와 후자가 사람들에게 미치는 영향은 전혀 별개이다. 동일직장에서 급여인상의 대원칙을 하후상박(下厚上薄)으로 정하였다고 치자. 하위직급에는 후하게 올려주되 상위직급에게는 박하게 대한다는 뜻이다. 그런데 이 원칙은 비율로 보면 하위직급이 많이 올라가지만, 절대금액으로 보면 상위직급이 더 많이 올라가도록 허용한다.

4.3 매몰비용

매몰비용(sunken cost)이란 이미 지출되었기 때문에 회수가 불가능한 비용을 말한다. 물건이 깊은 물속에 가라앉아 버리면 다시 건질 수 없듯이 과거 속으로 가라앉아 버려 현재 다시 쓸 수 없는 비용이라는 뜻이다. 경제학에서 매몰비용은 이미 지출되었기 때문에 합리적인 선택을 할 때 고려되어서는 안 되는 비용이다.

예를 들어, 5천만원으로 시작한 사업이 여의치 않아 그만두고 싶지만 이미 투자한 5천만원이 아까워서 사업을 계속 한다면 이것은 매몰비용을 고려한 행동을 한 것이다. 이 때 5천만원이 매몰비용이다. 따라서 이 상황에서 사업을 계속할 것인가 혹은 다른 일을 할 것인가를 놓고 선택할 때, 이미 지출한 5천만원을 고려해서는 안 된다. 매몰비용은 다시 돌려받을 수 없으므로 연연하지 말고 잊어버리고 새로운 미래를 위해 가능성을 찾는 것이 현명한 것이다.

판매가격 표시가 되어 있는 전자제품 전문매장에 가서 책임자를 만나 1시간 이상 이것저것 물어보며 시간을 끌어본다. 그런 다음 가격을 깎아달라고 하면 깎아줄까? 미국에 있는 한국유학생들 사이에 이런 주제로 이야기한 결과, 실제로 그런 방식으로 가전제품의 가격을 할인받은 학생이 있었다. 그러면 정가판매장의 책임자는 왜 가격을 할인해주었을까? 그 까닭은 매장책임자가 그동안 투입한 시간을 매몰비용으로 처리하지 못하였기 때문이었다.

이와 같이 사람들은 지금까지의 노력이나 약속이 있으면 그 매몰비용을 과대평가하는 경향이 있다. 정치권들은 이러한 인간의 심리적인 경향을 교묘하게 이용하고 있다. 세종시와 관련한 수도이전 찬반논쟁에서 "이미 토지보상이 끝나는 등 상당한 투자가 이루어졌기 때문에 수도이전은 되돌릴 수 없다"고 주장하였다. 또한 이명박 정부에서 추진한 4대강 공사를 두고 찬반논쟁이 벌어지자, "이미 수천억원이 지출되었기 때문에 4대강 공사를 중단할 수 없다"라는 주장처럼 매몰비용은 다방면에서 활용되고 있다. 생명보험도 마찬가지로 어려운 생활형편에서도 포기하지 않고 오랫동안 유지해온 보험일수록 매몰비용 때문에 리모델링하기를 주저하는 경향을 보인다.[17)]

4.4 휴리스틱

의사결정은 쉬운 듯 보이면서도 상당히 어렵고 복잡한 과제이다. 외부적으로는 의사결정을 어렵게 만드는 요인들이 즐비하고 내부적으로는 인간의 인지능력에 한계가 있기 때문이다. 휴리스틱(heuristic)은 인간의 합리적 판단에 대해 근본적으로 의문을 제기한다.[18] 휴리스틱은 불확실하고 복잡한 상황에 직면해서 가능한 한 빨리 의사결정을 해야 할 때 자신의 상식과 경험에 의존하여 단순하게 즉흥적으로 추론함을 말한다. 휴리스틱은 스스로 발견하는 학습법이라는 사전적 의미를 지닌 낱말로 간편추론법, 인지적 발견법, 주먹구구식 사고, 추단법, 어림법 등으로 번역되기도 한다. 취업면접, 선수선발, 의사진단, 즉심판결, 관상보기, 오디션 등의 각종평가는 몇 가지 질문과 자료를 근거로 짧은 시간 안에 판단한다. 상대방에 대한 엄청난 양의 정보를 한꺼번에 모두 평가하지 못하기 때문에 가끔 오판을 하기도 하지만 사람들은 그래도 자신의 경험에 의존한 즉각적인 판단이 대부분 잘 맞는다고 생각한다.

비싼 옷과 값싼 옷에 대한 사람들의 인식을 살펴보자. 사람들은 일반적으로 비싼 옷을 값싼 옷보다 더 멋있는 것으로 생각하는 경향이 있다. 그러나 상대적으로 값싼 브랜드 옷에 비싼 가격을 매겨놓으면 사람들은 상대적으로 더 멋있는 것으로 느낀다. 이와 같이 가격이 품질을 말해주는 휴리스틱으로 인한 오판의 가능성은 얼마든지 있다. 그럼에도 불구하고 휴리스틱은 쓸모없는 수많은 대안들을 실제 시도하지 않고도 배제시킬 수 있어 인지적 지름길로 문제해결을 안내하기 때문에 상당히 효율적이다. 예컨대, 사람들은 장기나 바둑에서 어떤 수를 둘 것인지 컴퓨터 연산을 거치지 않고 짧은 시간 내에 간단히 결정한다. 만일 장기나 바둑의 수를 일일이 컴퓨터 연산으로 처리하여 결정하려면 엄청나게 비효율적일 뿐만 아니라 사실상 인간의 두뇌지능에 의한 결정보다 항상 낫다고 할 수도 없다.

사람들이 모든 사안을 이성에 의해 합리적으로 판단하는 데에는 한계가 있다. 때문에 일상생활에서 효율적 판단을 위해서는 이성에 의한 합리적 의사결정은 제한되고 자연히 휴리스틱에 의존하게 된다. 그렇다면 사람들은 어떤 경우에 합리적 의사결정보다는 휴리스틱에 의존한 판단을 하게 되는가? 사람들은 다음과 같은 경우 휴리스틱에 의존한 결정을 하는 경향이 있다.

▲ 깊이 생각할 시간적 여유가 없는 경우
▲ 옥석을 가릴 수 없을 정도로 정보가 넘쳐나서 정확히 처리할 수 없을 경우
▲ 정보가 역동적으로 변화하여 기존의 지식을 적용할 수 없는 경우
▲ 판단에 참고할 만한 정보가 전혀 없는 경우
▲ 자신에게 전혀 중요하지 않아 무시하고 싶은 사안일 경우
▲ 매너리즘에 젖어 습관적으로 결정할 경우
▲ 이성에 의한 합리적 결정에 대한 교육훈련이 부족한 경우

휴리스틱은 몇 가지로 유형화시킬 수 있는데, 여기서는 대표성 휴리스틱과 가용성 휴리스틱에 대하여 살펴본다.

4.4.1 대표성 휴리스틱

해구신은 정력에 좋다는 속설로 인해 과거에 물개들이 무분별하게 남획되었다. 성기를 닮은 음식은 정력에 좋을 것이라는 믿음이 핵심적인 원인으로 작용하였다. 이처럼, 한 대상이 다른 대상과 동일한 기능을 갖는다는 어림짐작의 근거로 그 대상들 간의 대표적인 유사성에 초점을 맞추는 추론을 「대표성 휴리스틱(representativeness heuristic)」이라고 한다. 이를 모의실험을 통해 살펴보자.

사실A: 홍길동은 환경단체에서 활동하고 있는 35세의 남성이다. 홍길동은 지구온난화로 인한 기후변화문제, 멸종위기의 동식물보호 등의 환경이슈와 관련한 시위에 아주 적극적으로 참여한다.
질문A: 홍길동이 벤처사업가일 확률은 얼마일까?
사실B: 홍길동은 환경단체에서 활동하고 있는 35세의 남성이다. 홍길동은 지구온난화로 인한 기후변화문제, 멸종위기의 동식물보호 등의 환경이슈와 관련한 시위에 아주 적극적으로 참여한다.
질문B: 홍길동이 환경운동가인 벤처사업가일 확률은 얼마일까?

사실A와 사실B는 동일하지만 사람들이 응답하는 경향을 보면, 질문A보다 질문B의 발생확률이 더 높다고 생각한다. 그러나 냉정히 살펴보면 벤처사업가는 환경운동가인 벤처사업가를 포함한 더 넓은 개념이다. 그러므로 질문B의 환경운동가인 벤처사업가보다 질문A의 벤처사업가일 확률이 더 큰 것은 너무나 당연하다. 그럼에도 불구하고 사람들은 일반시나리오보다 특정시나리오의 발생확률이 더 높다고 정반대로 생각하는 까닭은 무엇일까? 그것은 사람들이 어떤 사건의 발생확

률이나 어떤 대상의 특정범주 소속확률을 추정할 때 실제의 확률을 엄밀히 계산하기보다는 그 사건이나 대상이 얼마나 대표적인지를 가지고 확률을 추정하기 때문이다.

4.4.2 가용성 휴리스틱

어떤 대상에 대하여 판단을 할 때 구체적이고 생생한 사례를 얼마나 쉽게 연상할 수 있는가에 기초하여 결론을 내리는 추론방법을 「가용성 휴리스틱(availability heuristic)」이라고 한다.[19] 즉, 사람들이 어떤 사안을 판단할 때 실제의 사회적 · 과학적 근거에 의존하기보다는 쉽게 떠오르는 사례에 의존하는 추론방식을 말한다. 이런 식의 추론은 신속한 판단에 매우 유용하지만, 그때그때 가장 쉽게 연상되는 것이 가끔은 전체적으로 볼 때 전형적인 사례가 아닐 수도 있다는 점이 큰 문제이다. 특히, 개인의 경험이나 언론에서 대대적으로 보도한 뉴스의 영향으로 어떤 대상이 실제보다 과장되게 인식될 경우, 특정 사건이나 대상이 회상의 완벽성, 상상의 용이성 등에 의해 판단에 오류가 생길 수 있다.

가용성 휴리스틱의 사례로는, 백신과 치료제가 충분하지 않아 전 국민을 공포에 몰아넣었던 2009년의 신종플루를 들 수 있다. 처음에는 돼지독감으로 보도된 이 신종플루가 인간에게 치명적이라는 소식에 접하자 사람들은 돼지고기에 대해 극도의 경계심을 보였다. 원인이 불확실한 신종질환에 대해 돼지와 연계시키는 바람에 축산농가를 비롯한 돼지관련 산업은 막대한 피해를 입게 되었다. 후에 돼지독감이라는 이름 대신 신종플루로 바꾸어 부르게 되었지만, 신종플루 뉴스에 접한 사람들은 주변에 기침하는 사람, 불결한 사람과는 악수도 하지 않으려 하고 각종 건물 화장실과 공용식당에는 손세척기를 설치하는 등의 강박관념을 보였다.

이러한 가용성 휴리스틱의 사례는 오래 전부터 반복되어 오고 있다. 대한민국 검찰은 1989년 11월 3일 삼양식품을 비롯한 5개 식품회사들이 미국에서 비식용 공업용 우지를 사용하여 라면을 생산 · 유통한 죄로 회사 대표와 실무자 10명을 구속 입건하였다. 이 사건은 실제 인체 위해성이 입증되지 못하였음에도 불구하고 검찰과 시민단체에서 「공업용 쇠기름」이라며 죄악시했던 사건으로 후에 서울고등법원에서 무죄 판결을 선고받았다. 그러나 이 사건이 발생하자 언론은 대대적으로 보도하였고 소비자들은 식품회사들에 대한 불신이 커져서 라면 매출이 급감하였다.

언론이 극적인 장면을 반복적으로 그리고 집중적으로 보도하게 되면 사람들의 마음속에는 극적인 장면이 각인되었다가 불확실한 상황 하에서 의사결정을 할 때 지대한 영향을 미치게 된다. 항공기 사고의 극적인 장면을 반복적으로 접한 사람들은 항공기를 타게 되면 혹시 사고가 나서 죽게 되지 않을까 하고 불안해한다. 그런데 사람들은 항공기보다 실제로 더 위험한 자동차를 탈 때에는 그런 불안을 느끼지 않는다.

---

1) Maurice Allais가 주창한 이론. Maurice Allais는 프랑스 경제학자, 물리학자(1911-2010)로 노벨경제학상(1988년)을 수상하였다. Wikipedia의 Allais Paradox를 번역 · 요약. Wikipedia(the free encyclopedia)의 Allais Paradox 참조.

2) http://www.hankyung.com/news(2011.08.12.) 에어리얼 루빈스타인 교수의 강연내용 중 일부. 에어리얼 루빈스타인은 신경경제학(neuroeconomics)을 연구하는 게임이론 분야의 세계적인 경제학자로 미국 뉴욕대와 이스라엘 텔아비브대의 교수이다.

3) Allais의 역설은, 기대효용이론이 대체공리(substitution axiom)를 가정하고 있다는 점에서 비롯된다.[이명헌 경영스쿨(www.emh.co.kr) 참조]. 대체공리는, A보다 B를 선호한다면 (A, p)보다 (B, p)도 더 선호된다는 가정이다. 예컨대, ($200만)보다 ($300만)을 선호한다면 「($200만, 100%-20%)=($200만, 80%)」보다 「($300만, 100%-20%)=($300만, 80%)」도 더 선호된다는 것이다. [용어정의]: ▲ x_1이라는 결과가 나올 확률이 p_1, x_2라는 결과가 나올 확률이 p_2, ……, x_n라는 결과가 나올 확률이 p_n인 게임(prospect; gamble)은 (x_1, p_1; x_2, p_2; ……; x_n, p_n)으로 표시한다. 예를 들어, 200만이 나올 확률이 30%, 300만이 나올 확률이 70%인 게임은 (200만, 30%; 300만, 70%)로 표시한다. ▲ 나올 수 있는 모든 경우의 확률을 합하면 1이므로 「$p_1 + \cdots + p_n = 1$」이다. ▲ x가 나올 확률이 p이고, x가 나오지 않을 확률은 1-p일 경우, 「(x, p)=(x, p; 0, 1-p)」로 표시한다. 예를 들어, 200만이 나올 확률이 80%, 200만이 나오지 않을 확률이 20%인 게임은 (200만, 80%) 또는 (200만, 80%; 0, 20%)로 표시한다. ▲ 아무런 위험도 없이 x라는 결과를 100% 얻을 수 있는 게임은 (x)라고 표시한다. 예를 들어, (100)은 항상 100이 나오는 게임을 말한다. ▲ x를 얻을 확률이 p인 게임이 주는 효용은 u(x, p)로 표시한다.

4) **Bounded rationality** is the idea that in decision-making, rationality of individuals is limited by the information they have, the cognitive limitations of their minds, and the finite amount of time they have to make a decision. It was proposed by Herbert Simon as an alternative basis for the mathematical modeling of decision making, as used in economics and related disciplines; it complements *rationality as optimization*, which views decision-making as a fully rational process of finding an optimal choice given the information available. Another way to look at bounded rationality is that, because decision-makers lack the ability and resources to arrive at the optimal solution, they instead apply their rationality only after having greatly simplified the choices available. Thus the decision-maker is a satisficer, one seeking a satisfactory solution rather than the optimal one. Simon used the analogy of a pair of scissors, where one blade is the "cognitive limitations" of actual humans and the other the "structures of the environment"; minds with limited cognitive resources can thus be successful by exploiting pre-existing structure and regularity in the environment.

Some models of human behavior in the social sciences assume that humans can be reasonably approximated or described as "rational" entities (see for example rational choice theory). Many economics models assume that people are on average rational, and can in large enough quantities be approximated to act according to their preferences. The concept of bounded rationality revises this assumption to account for the fact that perfectly rational decisions are often not feasible in practice due to the finite computational resources available for making them.

5) 1979년 3월, "*Econometrica*"에 실린 Daniel Kahneman과 Amos Tversky의 논문, "Prospect Theory: An analysis of decision under risk"는 기대효용이론의 "사람들은 선택할 때 기댓값(expected value)이 큰 것을 선호한다."라는 대전제에 깊은 의문을 제기하며 완전히 새로운 관점을 제시하였다. 이 논문을 바탕으로 이 두 학자는 2002년 노벨 경제학상을 수상하였다.
6) http://ko.wikipedia.org/wiki/전망이론. Prospect theory is a theory that describes decisions between alternatives that involve risk, where the probabilities of outcomes are known. The model is descriptive: it tries to model real-life choices, rather than optimal decisions.
7) x축과 y축이 겹치는 점이지만 원점(0,0)이 아님
8) 헤럴드경제 2006-02-06 14:11, LGT "고객의 무의식 코드를 읽어라" 국내 첫 FMRI분석법 도입… 잠재 소비심리 파악 나서
9) Daniel Kahneman과 Amos Tversky의 1981년 연구결과(R. M. Entman, 1993, "Framing: Toward Clarification of a Fractured Paradigm", *Journal of Communication* 43(4), Autumn, pp.53-54.)를 재구성.
10) http://ko.wikipedia.org/wiki.
11) http://ko.wikipedia.org/wiki. 오미영 · 정인숙, 「커뮤니케이션 핵심이론: 알기 쉬운 커뮤니케이션 길라잡이」, 2005.
12) http://www.youngsamsung.com/knowledgeplus.do?cmd=view&seq=1798
13) 댄 가드너 지음, 김고명 옮김, 「이유 없는 두려움」, 지식갤러리, 2012.
14) 한국일보 기사, "첫인상 보고 총선 후보에 투표하다간 …" 2012.03.09. 조지프 핼리넌 지음, 김광수 옮김, 「우리는 왜 실수를 하는가」, 문학동네, 2012. 참조.
15) ChosunBiz, 2012.05.10., 최규민 기자, "폭탄세일… 끼워주기… 알고 보면 제값 다 받아"
16) 다음 출처의 내용을 편집하였음. http://blog.yahoo.com/_FC5TXO6XMBFRWQTKH7NT2Z5WIU/articles/520998
17) http://blog.daum.net/inscafe/81 보험다락방: "행동경제학이 보험에 던지는 메시지(2)" (2011.01.23.) 참조.
18) Amos Tversky and Daniel Kahneman은 1974년 사이언스(Science)지에 발표한 논문 *Judgment under Uncertainty: Heuristics and Biases*에서 휴리스틱(heuristic)에 관해 언급하였다.
19) 가용성 휴리스틱은 앞서 언급한 전망이론의 확률가중치함수뿐만 아니라 앵커링효과와도 관련이 있는 것으로 그 대표적인 사례로 광우병사태를 살펴보았다.

9강

○ 법경제협상

1 분쟁과 경제원리

미국 뉴멕시코 주의 한 여인은 맥도널드(McDonald)를 상대로 소송을 제기하여 배심원의 평결을 받았는데, 그 금액이 손해보상금으로 20만 달러와 징벌손해금으로 270만 달러였다. 소송을 제기한 이유는, 그녀가 식당에서 운전하여 빠져나갈 때 맥도널드로부터 받은 뜨거운 커피가 그녀에게 쏟아져서 그녀가 받은 부상에 대한 것이었다. 운전자에게 뜨거운 커피를 판매하는 것은 대형사고를 불러일으킬 수 있는 위험한 행위이므로 징벌이 필요하다는 취지에서 나온 판결이었다. 이 사건에 대해 배심원의 평결이 나오자, 수많은 지방자치단체들이 사고발생을 우려하여 놀이기구와 그네를 공원에서 제거하였고, 공공수영장에서 다이빙대를 철수시켰다. 그 이유는 책임부담에 대한 두려움 때문이었다.[1)]

미국에서의 불법행위에 대한 책임은 이와 같이 강력하다. 징벌손해배상금(punitive damages)은 피고를 응징하는 방법으로 원고에게 주는 배상금이다. 국제비즈니스를 하는 사람들은 자국에 없는 징벌손해배상금 제도가 외국에는 있다는 점에 유의하여야 한다. 이 징벌손해배상금 제도는 왜 필요한지 이해하고 대비할 필요가 있을 뿐만 아니라, 더 나아가 상대방의 불법적인 행위로 인해 피해를 당했을 때 이 징벌손해배상금을 청구할 줄도 알아야 한다.[2)]

불법행위에 대한 책임을 비롯해서 여러 가지 형태로 존재하는 법제도는 경제적인 측면에서 어떤 의미가 있을까? 그 해답은 효율성 측면에서 접근함으로써 찾을 수 있을 것이다. 협상에는 양당사자 또는 다수의 당사자 외에 제3자가 개입하는 경우가 있다. 그 제3자는 관중 또는 배후일 수도 있지만, 판사, 중재인, 조정인, 배심원 등과 같이 갈등이나 분쟁을 판단해야 하는 사람일 수도 있다. 이런 제3자가 갈등이나 분쟁을 잘 해결하기 위해서는 어떤 기준을 가지고 임해야 하는가의 문제가 있다. 법경제학에서는 효율성의 기준으로 접근하고 있다. 따라서 여기서는 협상과 관련한 효율성을 좀 더 알아보기 위해 코즈정리(Coase Theorem)를 비롯한 법제도의 경제적 의미에 대해 살펴본다.

2 코즈정리[3)]

2.1 재산분쟁해결과 효율성

2.1.1 두 가지 방식의 원칙

분쟁이 발생하였을 때 당사자들이 협상을 성공적으로 이끈다면 제3자가 법을 적용하여 개입할 필요가 없다. 그러나 당사자 간의 협상이 실패할 경우 법이 필요하게 된다. 이러한 전제가 재산에 대한 기본의문에 적용된다. 여기서 코즈정리(Coase Theorem)를 간단히 설명하기 위해 예를 들어보자.

소 목축업자가 옥수수 농장 근처에 살고 있다. 농부는 자기 땅에서 옥수수를 재배하는데 일부는 휴경농지로 놀려두고 있다. 목축업자의 소들은 목축업자의 땅을 온통 돌아다닌다. 목장과 농장의 경계는 분명하다. 그러나 울타리는 없다. 그래서 때때로 소들이 농장으로 들어가서 옥수수 밭을 망가뜨린다. 울타리를 친다면 그런 피해는 막을 수 있다. 소가 못 들어오게 울타리를 쳐서 막으려면 비용이 들고, 그렇다고 가만있자니 옥수수 수확이 줄어들어 이 또한 비용이 든다. 그래서 목축업자와 농장주인은 서로 만나 누가 손해비용을 부담할 것인지 정하기 위해 협상을 개시하였다. 당사자들이 협상으로 해결하길 원하지 않을 경우, 법에 의뢰해서 손해에 대한 책임을 나눠 정해야 하는 상황이다. 법으로 해결할 경우, 법은 다음의 두 가지 방식의 규칙을 가지고 있다.

- 농장책임원칙: 농장주인은 소 떼가 농장으로 들어오지 못하도록 할 책임이 있다. 그렇기 때문에 농장주인은 소 떼의 침범으로 인한 손해에 대해 스스로 부담해야 한다.
- 목장책임원칙: 목축업자는 소 떼가 자기의 목장에 머물도록 조치를 취할 책임이 있다. 그렇기 때문에 소 떼가 목장을 벗어나서 끼친 손해에 대해

책임을 부담해야 한다.

이상의 두 가지 법제도 중에 어떤 것이 더 나은가? 사람들은 공정한 원칙에 따라 피해를 보상해 주어야 한다고 생각할 것이다. 그렇다면 변호사들을 비롯한 법률가들이 전통적으로 행하는 접근방식대로 분쟁의 원인과 공정성에 대하여 생각해야 할 것이다. Coase 교수는 이 대목에서 효율성(efficiency)이라는 개념을 사용하여 해답을 찾고자 하였다.

다른 사정이 동일하다면, 소 떼의 농장훼손 때문에 농장주인이 입는 손해비용 크기를 100달러라고 하고, 농장주인이 피해를 방지하기 위해 울타리 설치하려면 필요한 비용은 50달러가 소요되고, 목축업자가 울타리를 설치하려면 필요한 비용이 75달러라고 가정하자. 이런 가정 아래에서는 목축업자가 울타리를 설치하는 것보다 농장주인이 설치하는 것이 비용측면에서 더 효율적이다. 만일 당사자들이 원만히 협조하여 울타리 설치문제를 해결하지 못하면, 소 떼에 의해 입게 되는 농장의 연간 손해금액 100달러는 법에서 정하고 있는 원칙에 따라 책임 있는 당사자가 부담해야 한다.

2.1.2 농장책임원칙

농장주인과 목축업자가 협조적이지 않을 경우, 목장책임원칙보다 농장책임원칙을 법규로 채택하는 것이 경제적으로 더 효율적임을 알 수 있다. 그러나 당사자들이 협조적일 경우, 법규는 효율성에 있어 아무런 차이가 없다. 극단적인 협조의 예를 들어, 농장주인과 목축업자가 결혼을 하게 되었다고 치면 이 둘은 울타리 설치비용이 더 저렴하게 소요되는 쪽으로 합의하게 될 것이므로 법이 필요 없게 된다. 이와 같이 농장주인과 목축업자가 협조적이기만 하면 구태여 결혼까지 갈 필요가 없다. 합리적인 상인이라면 수시로 협상을 전개하여 협조적인 합의를 이끌어내게 될 것이다. 비협조적으로 행동하면서 법이 정하는 바에 따르는 것보다 협상을 전개하여 합의를 이끌어냄으로써, 농장주인과 목축업자는 25달러를 절약할 수 있다. 만일 당사자들이 서로 성공적으로 협상할 수 있다면, 법이 어떻든 상관없이 효율적인 결과를 성취할 수 있게 된다.

2.1.3 목장책임원칙

이번에는 목장책임원칙의 상황에서 협상이 어떻게 진행되는지 살펴보면 다음과 같다.

목축업자: 법에 따를 것 같으면 내가 울타리를 쳐야 할 책임이 있습니다. 내가 우리 목장에 울타리를 치고 유지하려면 연간 75달러 소요됩니다. 반면에 당신이 농장에 울타리를 치고 유지하려면 연간 50달러 밖에 들지 않은 걸로 알고 있습니다. 그러니 우리 협상을 합시다. 내가 매년 50달러를 당신께 드릴 테니 당신의 농장에 울타리를 치는 것이 어떻겠습니까?

농장주인: 내가 만일 당신의 제의에 동의해서 매년 50달러를 받아 울타리를 친다고 해봅시다. 그럴 경우 당신은 매년 25달러씩이나 이득을 보는데, 나는 아무런 이득도 없이 괜히 울타리를 치느라고 수고만 하게 됩니다. 그러니 당신이 알아서 목장에다가 울타리를 치시든지 아니면 50달러보다 좀 더 내놓으시든지 해야 합니다.

목축업자: 좋습니다. 그렇다면 서로 협조한다는 의미에서 이득을 반반으로 나눕시다. 내가 매년 62.50달러를 당신께 드릴 테니 이 돈으로 울타리를 설치하시지요. 그러면 우리가 협조를 함으로써 얻게 되는 총금액 25달러의 절반씩을 서로 나눠 갖게 되는 셈이 아닙니까?

농장주인: 좋습니다. 당신의 제안을 받아들이겠습니다.

이상의 시나리오는 두 당사자간 협조적인 분위기에서 협상이 진행되는 경우를 가정한 것이다. 그러나 협조적으로 문제해결이 어려운 상황에서는 앞에서 언급한 바와 같이 소 떼에 의해 입게 되는 농장의 연간 손해금액 100달러는 법에서 정하고 있는 목장책임원칙에 따라 목축업자가 부담해야 한다.

2.1.4 비협조적 협상과 효율성

지금까지의 내용을 일반화시켜 보자. 일방당사자가 상대방을 방해할 때, 법은 일방당사자가 그런 권리를 가지고 있다고 결정해야 할 것인가 아니면 상대방이 그런 방해로부터 자유로워야 할 권리를 가지고 있다고 결정해야 할 것인가? 당사자들이 서로 비협조적이어서 법을 적용해야 할 경우에 이르면, 권리의 합법적인 분배문제는 효율성에 귀착된다. 당사자 간의 협상이 성공하면 다행이겠으나 협상이 항상 성공하는 것은 아니다.

협상은 어째서 때로는 성공하기도 하고 때로는 실패하기도 하는 것일까? 협상은 당사자 간의 의사소통을 통해서 일어난다. 의사소통에는 회의실 임대, 속기사의 고용, 토의에 시간을 소모하는 등 여러 가지 비용이 발생한다. 코즈(Coase) 교수는 「거래비용」이라는 용어를 사용하여 의사소통비용을 설명하였다. 사실 Coase 교수는 이 거래비용의 개념 속에 다른 모든 협상 장애비용을 포함시켰다. 이런 식으로 개념을 정의하고 나면, 협상은 거래비용이 없을 때 반드시 성공한다. 이런 결과를 코즈정리를 이용하여 요약하면 다음과 같다.

> 거래비용이 없을 경우, 당사자들은 협상에 의해 자원을 효율적으로 사용한다. 재산권에 대해 법적으로 어떻게 할당하는가의 문제는 자원의 효율적 사용 문제와는 무관하다.

코즈정리를 반대로 해석하자면 재산권에 대한 법적 할당문제가 경우에 따라 중요할 때가 있다는 것을 묵시적으로 말해주고 있다. 이를 좀 더 명시적으로 표현하면 코즈정리를 다음과 같이 추론할 수 있다.

> 거래비용이 협상을 방해할 정도로 높을 경우, 자원을 효율적으로 사용하는가의 여부는 재산권을 어떻게 할당하는가에 달려있다.

이러한 추론을 평가하기 위해, 목축업자와 농장주인의 사례로 다시 돌아가 보자. 협상에는 의사소통을 필요로 한다. 의사소통에 비용이 든다고 가정해보자. 이제, 협상을 위한 거래비용이 35달러라고 가정해보자. 이렇게 되면, 협상의 순가치는 협조로 생기는 잉여인 25달러에서 거래비용인 35달러를 공제한 마이너스 10달러가 된다.

그렇다면 당사자들은 협상을 하려고 하지 않을 것이다. 할 수 없이 비협조적 방법으로 문제를 해결하게 되고, 결국은 법에 의존하는 방법으로 가게 될 것이다.[4] 법으로 해결하려고 했을 때, 법은 어떤 입장을 취해야 효율적이라고 할 수 있을까? 다음을 보자.

농장주인은 자기가 소 떼들로부터 피해를 입지 말아야 한다고 주장할 것이고, 이런 주장이 받아들여져서 목축업자가 피해를 보상하거나 울타리를 쳐야 한다고 한다면, 목축업자는 울타리를 치는 것이 더 경제적이므로 울타리를 치게 될 것이고, 따라서 결과적으로 사회적인 비효율이 선택된 셈이 된다. 그러므로 이러한 비효율을 피하기 위해 이번에는 법을 바꾸어 목축업자의 권리를 보호하는 방향으로 법이 전개된다면, 이때에는 농장주인이 울타리를 쳐야 하게 된다. 이때에도 당사자들은 거래비용 때문에 협상을 하지 않을 것이고, 그래서 당사자들은 비협조적으로 법에 따름으로써 효율성에 도달하게 된다.

2.2 거래비용 요소

거래비용이란 무엇인가? 거래비용은 무시해도 좋은가? 이러한 질문에 답하지 않고는 법을 이해하기 위해 Coase정리를 사용할 수 없다. 여기에 대해서 거래비용이 있을 경우와 없을 경우로 나눠 언급한다. 거래비용은 교환비용이다. 교환은 3단계를 거쳐 일어난다. 첫째, 거래상대방이 누구인지 찾아내야 한다. 팔려고 하는 사람은 살 사람을 찾아내야 하고, 사려고 하는 사람은 팔 사람을 찾아내야 한다. 둘째, 거래당사자들 사이에 흥정이 일어나야 한다. 흥정은 합의안을 작성하는 과정까지를 포함하는 의미이다. 셋째, 흥정이 이뤄지고 난 다음, 합의내용이 이행되어야 한다. 여기에서 이행이란 당사자가 약속을 지키는지 감시하고 합의위반을 응징하는 것을 포함하는 의미이다. 이상의 세 가지 형태의 교환단계에 대응하는 거래비용에 대하여 각각 이름을 붙이면, (1) 물색비용, (2) 흥정비용, 그리고 (3) 이행감시비용이라고 할 수 있다.

2.2.1 물색비용

물색비용은 높을 때도 있고 낮을 때도 있다. 골동품을 비롯해서 유일한 재화나 서비스에 대한 물색비용은 높은 반면, 표준 물품이나 표준 서비스에 대한 물색비용은 저렴하다. 예컨대, 고려청자 진품을 파는 사람을 찾는 것이 맥주나 껌을 파는 사람을 찾아내는 것보다 더 어렵다. 그러므로 현실적으로 찾기 힘든 대상을 물색하는데 다양한 수준의 거래비용이 발생하게 된다.

2.2.2 흥정비용

정보가 공개되면 쉽게 흥정을 할 수 있으므로 흥정비용이 저렴하다. 반면에 정보가 공개되지 않으면 흥정이 곤란하여 흥정비용이 높아진다. 앞의 농장주인과 목축업자 사례에서 협상을 전개할 때 자신의 가치나 비용뿐만 아니라 상대방의 것에 대해서도 알고 있다고 가정하였다. 각 당사자가 이러한 값들을 알고 있을 때 협상에서 정보는 「공개적」이라고 말한다. 반대로, 일방 당사자가 이러한 값들의 일부를 알고 있고 나머지는 알지 못할 때 정보가 「비공개적」이라고 말한다.

일반적으로 정보가 공개되면 당사자들이 협조를 위한 합리적인 조건을 계산할 수 있어서 합의를 촉진시킨다. 그렇기 때문에 정보가 공개적일 때 협상은 간단하고 쉬운 경향을 띠게 된다. 이를 설명하기 위해 사과를 매매하기 위한 흥정을 예로 들어보면, 이 거래에 대해 알아야 할 것이 별로 많지 않기 때문에 협상이 간단하다는 것을 알 수 있다.

반대로, 정보가 비공개적일 때 협상은 복잡하고 어려운 경향을 띤다. 정보가 비공개적이면, 협조를 위한 합리적인 조건을 계산하기 전에 비공개적인 정보의 많은 부분을 공개적인 정보로 바꾸는 작업을 먼저 수행해야 하기 때문에 협상에 방해가 된다. 일반적으로 수많은 비공개 정보를 공개 정보로 전환시켜야 하는 때에 흥정은 비싼 대가를 치르게 된다. 주택매매를 위한 협상은 융자, 이사시점, 주택의 상태, 가격 등 많은 안건들을 내포하고 있다.[5] 집을 파는 사람은 집에 대한 숨은 하자를 매수인이 알고 있는 것보다 훨씬 더 많이 알고 있다. 그리고 매수인은 매도인이 알고 있는 것보다 융자를 받기 위한 자기의 능력을 훨씬 더 많이 알고 있다. 각자는 협상과정을 통해서 서로 상대방으로부터 이러한 사실들을 알아내려고 한다. 정도의 차이는 있지만, 당사자들은 어느 정도의 정보를 털어놓길 원한다. 그러나 사람들은 모든 것을 털어놓는 것은 꺼린다. 협조를 함으로써 생겨나는 잉여에 대한 각 당사자의 몫의 일부는 정보를 털어놓지 않기 때문에 생겨나는 것이다. 그러나 흥정을 마무리 지으려면 어떤 정보는 공개해야 하는 경우가 있다. 이러한 갈등을 균형 있게 처리하려면 어렵고 또 잠정적으로 비용이 들어간다.

지금까지 흥정 사례들의 대부분은 당사자가 둘일 경우를 예로 들었다. 양당사자 간의 의사소통은 그래도 수월한 편이고, 특히 양당사자가 서로 가까운 곳에 위치해 있을 때는 더욱 그러하다. 그러나 셋 이상이 연루된 협상이 수없이 많다. 당사자의 수가 많아질수록 흥정은 비용이 더 많이 들고 어려워진다. 특히 당사자들이 서로 산재해 있을 때에는 더욱 그렇다. 이러한 사실은 많은 국가들이 관련된 조약들이 왜 그렇게 결론 내기가 어려운가를 잘 설명해준다. 당사자들은 어떻게든 합의를 이끌어내기를 원하는데, 이것은 협상의 가치를 변동시킬 수 있는 우연성을 많이 내포하고 있기 때문에 그 대가가 크다고 할 수 있다.

협상에서 또 다른 장애는 적대감이다. 분쟁당사자들은 합리적 합의를 방해하는 감정을 가지고 있을 수 있다. 예를 들자면 이혼을 들 수 있다. 조정자가 적대감을 가진 당사자들 사이에서 협상을 도와줄 수 있다. 그러나 적개심이 없다고 하더라도, 협상자들이 비합리적으로 행동하게 될 경우가 있기 때문에 협상이 비싼 대가를 치를 수도 있다. 예컨대, 자기 측의 유리함을 지나치게 과대 계상하는 경우가 그러하다. 협상전략을 수립할 때, 각 당사자는 상대방이 과연 얼마만큼 양보할 것인지를 예측하려고 한다. 만일 당사자들이 상대방 당사자의 해결 기대수준을 잘못 계산할 경우, 각자는 상대방이 양보할 의사가 없구나 하고 놀라게 되고, 그런 결과로 협상이 실패하게 된다. 오산은 당사자들이 서로를 알지 못할 때, 문화의 차이로 인해 의사소통이 불명확할 때, 또는 당사자들이 공정성에 대한 도덕적 입장 차이를 보일 때 발생할 가능성이 높다.

2.2.3 이행감시비용

거래비용의 마지막 세 번째 요소인 이행감시비용은, 합의를 이행하는데 시간이 걸릴 때 발생한다. 합의를 이행하는데 시간이 걸리지 않는다면 이행감시비용은 필요 없다. 가게에서 음료수 한 박스를 사고 그 대가로 1만원을 건네주는 것처럼 사는 사람과 파는 사람이 동시에 자기의 의무를 이행하는 거래에서는 이행감시비용이 필요 없다. 그러나 복잡한 거래에서는 행동을 감시하고 합의위반을 응징하는데 적잖은 대가를 치러야 한다. 일반적으로 합의위반 사실을 알아내기 용이하고 응징을 위한 관리비가 저렴할 때 이행감시비용은 낮다. 다음의 신문기사 사례를 보자.

> MS(마이크로소프트)회사는 한국의 컴퓨터 소프트웨어 불법복제를 단속하기 위해 아르바이트 대학생 2명을 고용하여 용산전자상가를 대상으로 함정단속을 실시하였다. 이 대학생 2명은 일당 15만원과 컴퓨터 구입비용을 MS의 대리인 법률사무소로부터 받고, 하루에 10여대의 컴퓨터 구입에 나섰다. 컴퓨터를 구입할 때, MS의 소프트웨어도 복사하여 장착해달라고 요청하면 판매업자들은 그런 요구에 응하였다. 그러면 이 학생들은 이 판매업자를 불법소프트웨어 판매업자로 고발하는 형식을 취하였다. 이렇게 걸려든 한국의 컴퓨터 판매업자들은 MS 정품을 훨씬 더 많이 판매하고 있는데 굳이 불법 소프트웨어를 장착해달라고 요청하는 식의 함정단속을 해야 하는가 하고 볼멘소리를 터트리고 있다. 어쨌거나 MS의 법률사무소 측은 판매업자들에게 사과광고와 함께 1,000만원

의 위자료를 요청했다고 한다.[6)]

이 사례에서 MS 측은 소프트웨어의 합법적인 판매가 제대로 이행되는지 감시하기 위해 아르바이트 대학생을 고용하는데 비용을 지출하고 나아가 컴퓨터구입비용도 지출하였다. 이와 같이 현실적으로 미공개 정보를 수집하고 감시하기 위해서는 비용이 필요하다.

2.2.4 거래비용의 요약

앞에서 물색비용, 흥정비용, 이행감시비용으로 구분하여 설명한 거래비용은 그 거래의 성격에 따라 전혀 없을 수도 있고 엄청나게 커질 수도 있다. 협상에서 거래비용에 영향을 미치는 요소를 정리하면 〈표 9-1〉과 같다.

■ 표 9-1 ▌협상에서 거래비용에 영향을 미치는 요소

요소	낮은 거래비용	높은 거래비용
상품 또는 서비스	표준화된 것	희귀품, 유일한 것
권리관계	간단, 명료	불명확, 복잡
당사자의 수	소수	다수
당사자의 감정	우호적	적대적
당사자 친소	허물없음	소원함
행동유형	합리적	비합리적
교환시차	즉시	지연
흥정가치의 변화	우연성 없음	우연성 많음
감시비용	낮음	높음
응징비용	낮음	높음

2.3 거래비용과 분쟁해결방법

거래비용은 영에서부터 무한대까지 다양하다. 거래비용이 있어도 코즈정리는 작동한다. [그림 9-1]에서 수평선은 거래비용을 나타내는데, 당사자간 협상이 전개될 수 있는 범위와 그 한계점을 보여주고 있다. A구역은 법이 개입하지 않아도 시장기능이 알아서 효율성을 달성하는 범위이다. 즉, 당사자들이 분쟁을 스스로

그림 9-1 ››› 코즈정리와 거래비용의 한계수준

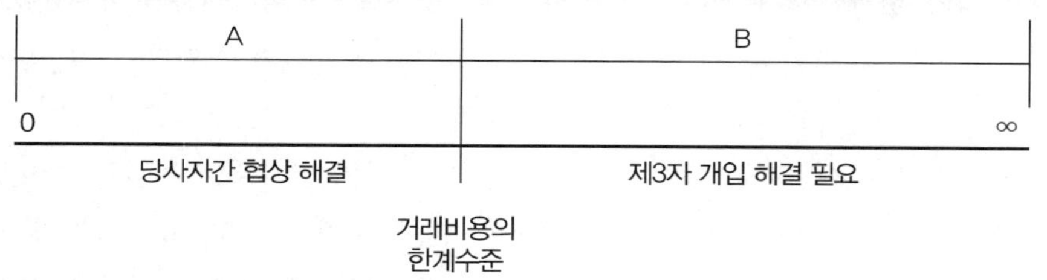

효율적으로 해결할 수 있는 범위이다. 이에 비해 B구역은 시장기능이 효율성을 달성하지 못하는 범위이다. 그러므로 법에서 재산권을 규정할 때 효율성을 고려하여야 하며, 분쟁에 제3자가 개입하여 해결을 하게 되는 범위이다.

[그림 9-1]에서 거래비용의 크기에 따라 당사자 간 협상이 가능한 구역과 제3자가 개입하는 구역으로 양분하였는데, 현실적으로 분쟁당사자들은 거래비용에 대해 동일하게 인식하는 것은 아니다. 이러한 인식차이를 이해하기 위해 [그림 9-2]를 보자.

흥보와 놀보는 효율적으로 분쟁해결을 위해 소요되는 거래비용의 한계를 서로 다르게 인식하고 있다. 거래비용을 고려할 때, 흥보는 b지점까지 협상으로 해결이 가능하다고 인식하는데 비해, 놀보는 a지점까지만 협상으로 해결이 가능하다고 인식하고 있다. 흥보와 놀보는 제3자가 개입하여 법으로 해결하는 구역에 대

그림 9-2 ››› 거래비용에 대한 인식차이

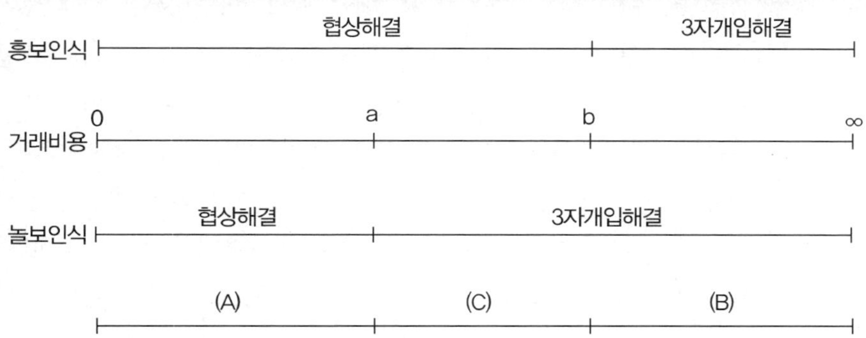

해서도 마찬가지로 인식의 차이를 보이고 있다. 결국 흥보와 놀보는 (A)구역에서는 당사자간 협상이 효율적이라고 인식하고, (B)구역에서는 제3자가 개입하여 법으로 해결하는 것이 효율적이라고 인식하는 점에서는 차이가 없지만, (C)구역에서는 어떤 방식이 더 효율적인지 인식의 차이를 보이고 있다.

그러므로 코즈정리에 의하면, 당사자 간의 분쟁을 협상으로 해결하는 방식이 보다 효율적인지, 아니면 제3자가 개입하여 해결하는 방식이 더 효율적인지 판단하여야 한다. 분쟁당사자들은 효율적이지 못한 방법으로 분쟁을 해결하려고 할 때 더 손해를 보게 되므로 협상대상에 대한 사전 준비 시, 철저한 점검을 필요로 한다. 요약하면 다음과 같다.

- 당사자들이 모두 거래비용이 높다고 생각하면 제3자 개입방식으로 분쟁을 해결하는 것이 효율적이다. 예컨대, 법에 의존하는 방식이다.
- 당사자들이 모두 거래비용이 낮다고 생각하면 협상을 통해 해결하는 것이 보다 효율적이다. 예컨대, 시장기능에 의존하는 방법이다.
- 거래비용의 크기에 대한 당사자들의 인식이 서로 다르면, 제3자 개입방식이나 협상방식 중 어느 것이 더 적합한지에 대한 합의가 이루어지지 않는다.

결국, 코즈정리는 거래비용이 존재하는 경우에도 작동함을 알 수 있다.

2.4 규범적 코즈정리와 규범적 홉즈정리

지금까지 살펴본 코즈정리에서 좀 더 논의를 확장시키면, 법이 거래비용을 낮춰줌으로써 협상을 조장할 수 있다는 점을 알 수 있다. 거래비용을 낮추는 것은 협상에 윤활유를 치는 것과 같다. 법이 사적 협상의 장애를 누그러뜨리는 역할을 행하는 방법 중 한 가지는 재산권을 간단명료하게 규정하는 것이다. 법적 권리가 애매모호할 때보다 간단명료할 때 흥정이 더 수월하게 진행된다. 재산을 등기해 둠으로써 사적 거래를 촉진시킬 수 있다. 그렇게 함으로써 법적 권리를 효율적으로 할당하는 일을 해야 되는 법제정자들의 어려움을 덜어줄 수 있다. 이러한 원리를 「규범적 코즈정리(Normative Coase Theorem)」라고 부르는데 다음과 같이 표현할 수 있다.

사적 합의에 장애가 되는 요소들을 제거시키도록 법을 만들어라.

이 「규범적 코즈정리」는 입법자들에게 지침을 제공하기 때문에 규범적이라고 할 수 있다. 이 원칙은 사적 거래가 당사자들의 권리를 효율적으로 할당할 수 있다는 가정을 하고 있다는 점에서 코즈정리에 바탕을 두고 있다. 이 원칙의 응용에 대하여 논하자면, 1990년대에 세계적으로 붐을 이루었던 민영화 추세는 사적 합의를 저해하는 수많은 장애를 제거시켰음을 상기할 필요가 있다.

법률제도는 협상을 촉진시키는 역할만 하는 것이 아니라, 사회에 비용을 발생시키는 협력의 실패와 불화를 극소화시키는 역할도 한다. 불화로부터 발생하는 손실을 극소화시키는 것이 얼마나 중요한가 하면, 17세기 영국의 철학자 홉즈(Thomas Hobbes)가 특별히 평가하여 가치를 부여한 것을 보면 알 수 있다. 홉즈가 생각하기로는, 사람들은 협력을 하면 서로 이익이 되는 협력의 잉여(cooperative surplus)를 나누는데 합의를 할 수 있을 만큼 충분히 이성적이거나 합리적인 경우는 좀처럼 드물다고 생각했고, 또한 심지어 협상에 대한 심각한 장애가 없을 때에도 그러하다고 생각했다. 사람들은 천부적인 탐욕 때문에 강력한 제3자가 나서서 그들에게 합의를 강요하지 않는 한 싸우려고 든다. 이런 사고를 바탕으로 이른바 「규범적 홉즈정리(Normative Hobbes Theorem)」라는 원칙을 제안하였는데 그 내용은 다음과 같다.

사적 합의의 실패로 빚어지는 해악을 극소화시키도록 법을 만들어라.

이 이론에 따를 것 같으면, 강압적 협박을 방지하고 불화의 파괴성을 제거할 수 있도록 법을 제정해야 한다. 당사자들이 사적 합의의 도달에 실패할 때, 이들은 교환으로 얻을 수 있는 잉여를 누리지 못하고 상실하게 된다. 그래서 결국 모두에게 해악이 되는 결과가 초래되는 불행을 극소화시키기 위해, 법은 재산권을 할당할 때 그 재산권의 가치를 가장 높게 평가하는 사람에게 할당해야 한다. 그렇게 함으로써 법은 권리의 교환을 불필요하게 만들고 그럼으로써 거래비용을 절약하게 한다. 이를 설명하자면, 규범적 홉즈정리는 앞에서 든 사례의 상황에서 법이 「목장책임원칙」보다는 「농장책임원칙」을 채택하도록 하여 목축업자가 권리를 갖도록 한다.

이런 재산법에 대한 두 가지 규범적 원칙—규범적 코즈정리와 규범적 홉즈정리—은 법에서 폭넓게 응용할 수 있다. 두 개의 원칙이라 함은, 자원분배에 대한 사적 합의의 장애를 최소화하는 규범적 코즈정리가 그 하나이고, 자원분배에 대해 사적 분쟁이 야기하는 해악을 최소화하는 규범적 홉즈정리가 나머지 하나이다. 규범적 코즈정리는 사적 합의의 사전적 해악을 최대한 제거하려는데 초점을 맞추고 있는 반면, 규범적 홉즈정리는 사적 합의의 사후적 해악을 최대한 제거하려는데 초점을 맞추고 있다는 점이 두 원칙의 큰 차이점이라고 할 수 있다.

2.5 두 정리의 도해

이러한 두 개의 정리를 그림으로 나타내보자. [그림 9-3]에서 수직 축은 현재 법적 권리를 보유하고 있는 사람으로부터 권리를 타인에게 이전시킴에 따라 발생하는 잉여를 표시하고 있다. 설명의 편의상, 앞에서 들었던 농장주인과 목축업자의 사례를 다시 상기해보자.

울타리를 칠 의무가 목축업자에게 있는 법률이 시행 중인 상황이라고 가정해보자. 이제 울타리를 칠 의무를 목축업자로부터 농장주인에게로 이전시켜보자. 그러면 25달러의 잉여가 발생한다.

이번에는 반대로 농장주인에게 울타리를 칠 의무를 부담케 한 법률이 시행되고 있다고 가정해보자. 이런 상황에서 농장주인이 울타리를 칠 의무로부터 목축업자가 울타리를 칠 의무를 부담하도록 법을 바꾸게 되면 역으로 25달러의 손해가 발생한다.

법률적 권리를 이전함으로 인해서 생기는 정(正)의 잉여는 입법자들이 애당초 법적 권리를 엉뚱한 당사자에게 할당했기 때문에 발생한다. 「애당초」 할당이라는 말은 사적 당사자들끼리 법적 권리를 거래하는 방식으로 권리를 재분배하기 이전의 권리할당을 말한다. 「엉뚱한」 당사자라는 말은 다른 사람보다 그 권리의 가치를 낮게 평가하는 사람을 지칭한다. 법이 권리를 애당초 할당할 때, 어떤 다른 사람보다도 그 권리의 가치를 낮게 평가하는 사람에게 그 권리를 주어버릴 때, 당사자들은 그 권리를 거래함으로써 잉여를 얻을 수 있다. 애당초부터 법에 의해 잘못 할당된 권리를 사적 거래를 통해 바로 잡는 것이다.

그림 9-3 ››› 규범적 코즈정리와 규범적 홉즈정리의 도해

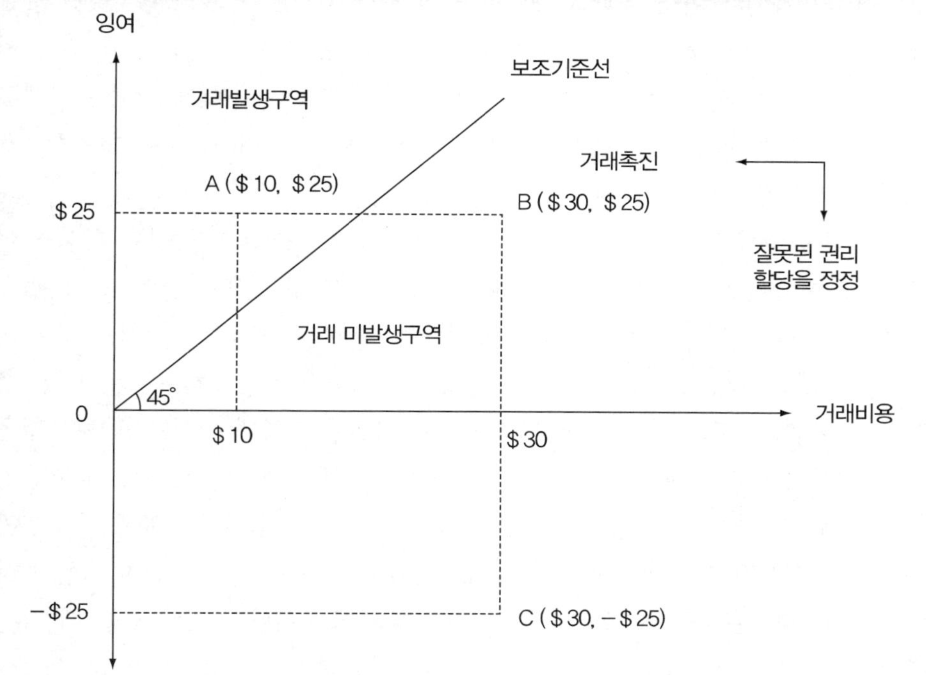

[그림 9-3]에서 수평축은 법적 권리의 사적 교환에서 발생하는 거래비용을 나타내고 있다. 코즈정리의 이상적 세계에서, 거래비용은 없다. [그림 9-3]에서의 수직 축 상에서는 거래비용이 없다. 현실세계에서 법적 권리를 사적으로 교환할 때 거래비용은 영(零)이 아닌 정의 값을 갖는다. 그렇기 때문에 사적 교환에서 얻게 되는 순손익을 계산하려면 잉여에서 거래비용을 빼야 한다. 만일 교환으로부터 발생하는 잉여가 25달러이고, 사적 교환의 거래비용이 10달러라면, 법적 권리의 사적 교환으로 인한 순이익은 15달러가 된다. 이러한 사실을 [그림 9-3]에 점으로 표시하면 A($10, $25)로 나타낼 수 있다. 이번에는 가정을 바꾸어 잉여가 계속하여 25달러인데 비하여 거래비용은 30달러라고 가정해보자. 그러면 당사자들은 사적 거래로 인해 −$5(=$25−$30)의 순손실을 보게 될 것이다. 이러한 상황은 B($30, $25)로 그림에서 표시되어 있다.

잉여가 거래비용을 초과할 경우 법적 권리를 사적으로 교환하는 것이 더 효

율적이다. 45°선 왼쪽 위의 어느 점에서나, 잉여는 거래비용을 초과하고 있다. 반대로 거래비용이 잉여를 초과할 때마다 법적 권리의 교환은 효율성을 갖지 못한다. 그래서 45°선의 오른쪽 아래에 위치한 모든 점들은 효율적이지 못하기 때문에 사적 거래가 발생하지 않는다. 법이 최초에 법적 권리를 누구에게 주었든 관계없이 법적 권리에 대해 가치를 가장 높게 평가하는 사람이 권리를 보유하는 방향으로 움직임이 전개된다.

[그림 9-3]에서 법은 두 가지 역할을 한다. 첫째, 거래비용을 낮춰 거래가 이루어지도록 윤활제 역할을 한다. 즉, 효율성을 달성할 수 있도록 한다. 둘째, 법을 바꾸어 권리에 대한 가치를 가장 높게 평가하는 사람에게 권리를 최초에 할당한다.

그러나 문제는 입법자들은 누가 그 권리를 가장 높게 평가하고 있는지 알 수 없는 때가 많고, 또 이를 알아내기도 어렵다. 사전에 알아내는 쉬운 방법은 없을까? 입찰방식을 택하는 것도 하나의 방법이 될 것이다. 그러나 부동산 가치 산정이 객관적으로 정확성을 기하기 어렵고, 법정증언 또한 신뢰성의 문제로 고민하는 것처럼 현실적으로 이 문제를 쉽게 해결한다는 것이 어렵다. 이러한 점들이 바로 당사자들이 분쟁을 스스로 해결하지 아니하고 소송이나 중재로 갔을 때 감수해야 하는 위험요소 가운데 하나이다. 즉, 다음의 식을 참고할 수 있다.

분쟁사건을 담당한 제3자는 합리적 판단을 위해 다음의 법칙을 따르게 될 것이다.

'I < T'의 경우에는, 권리를 가장 높게 평가하는 당사자에게 그 권리를 부여하는 판단을 한다.
'T < I'의 경우에는, 전례에 따라 판단한다.

* I : 권리를 가장 높게 평가하고 있는 당사자가 누구인지 판단하는데 필요한 정보입수에 소요되는 비용.
T: 권리를 교환하는데 들어가는 거래비용.

3 재산권 보호방법과 효율성

여기에서는 기본적 의문사항에 속하는 「재산권 침해에 대한 구제수단은 무엇인가」에 대해 살펴보자.

3.1 손해배상과 금지명령

미국의 보통법(common law)에 따라 법원이 구제해주는 방법에는 두 가지가 있다. 그것은 법적 구제방법 아니면 형평에 맞는 구제방법이다.[7] 협상에서 지적 소유권과 같은 재산권의 이해관계를 조정·해결하는데 바탕이 되는 철학이라고 할 수 있다.

3.1.1 법적 구제

「법적 구제(legal remedy)」는 피고가 원고에게 금전적 손해를 배상하도록 하는 방법이다. 이러한 손해는 피고가 원고에게 입힌 잘못에 대해 보상해주는 금액의 합계를 말한다. 법원은 원고에게 원상회복해 주도록 하는 금액의 크기를 결정한다. 이러한 금액의 합계를 측정하는 데는 복잡한 문제들이 개재된다.[8]

3.1.2 형평에 맞는 구제

「형평에 맞는 구제(equitable remedy)」는 법원이 피고에게 어떤 행동을 이행하도록 지시하거나 어떤 특정 방식으로 행동하지 못하도록 규제하는 명령을 말한다. 이러한 명령은 금지명령의 형태로 자주 나타난다. 이 금지명령은 피고에게 어떤 특정 행동을 하도록 하거나 하지 못하도록 명령하는 것을 말한다.[9] 법적 구제가 과거의 피해를 보상하는 것이라면, 형평에 맞는 구제는 미래의 손해를 예방하는 효과가 있다고 할 수 있다. 손해배상(damages)이 약속위반 및 사고에 대한 구제라면, 금지명령(injunction)은 타인의 재산을 불법적으로 침해하거나 방해한데 대한 구제라고 할 수 있다.

이해를 돕기 위해 예를 들어 설명을 하자면, 농장주인은 목축업자에게 건초를 제공하기로 한 약속을 제대로 이행하지 못하면 계약위반으로 인한 손해배상금을 지불하여야 한다. 이것이 손해배상이다. 한편, 농장주인은 방목 중인 소들로부터 약탈당하지 않을 권리를 가지고 있는 제도 하에서라면, 소들이 농장에 불법적으로 들어와 손해를 끼쳤을 때 법원은 아마도 과거의 손해에 대한 배상판결을 내림은 물론 미래에 목축업자의 소들이 농장주인에게 피해를 입히지 않도록 목축업자에게 명령을 내리게 될 것이다. 이것이 금지명령이다.

3.2 염색공장과 양어장

3.2.1 구제방식과 협상

법원이 목축업자에게 농장을 침범하지 말라고 했다 해서, 목축업자더러 울타리를 치라는 말은 아니다. 즉, 법원의 명령을 강제할 것인지의 여부는 농장주인에게 달려 있다. 그러므로 목축업자가 농장주인에게 돈을 건네주면서, 대신 소 떼가 농장을 훼손해도 된다는 합의를 받으면 그만이다. 따라서 농장주인과 목축업자간에 거래가 성사될 가능성이 있다.

만일 목축업자가 농장에 소들이 들어가도 괜찮도록 허용되는데 부여하는 가치와, 농장주인이 소 떼의 침범에서 해방되는데 부여하는 가치를 서로 비교하였을 때, 전자가 후자보다 더 클 경우, 목축업자는 농장주인으로부터 자기가 필요로 하는 그러한 권리를 사려고 하는 흥정을 벌이게 된다.

당사자간 분쟁의 대부분은 소송을 하지 않고 당사자간 협상으로 해결되나, 소송에서 적용될 구제의 정도는 협상조건에 영향을 미친다. 특히 협상조건의 구제방식이 손해배상인지 아니면 금지명령인지에 따라 달라진다.

3.2.2 사실관계

염색공장은 중금속을 비롯한 오염물질을 배출하여 양어장의 물을 오염시키고 있다. 염색공장과 양어장은 서로 인접해 있고, 이들 외에 주변에는 아무도 없다. 염색공장이 배수구에 정화장치를 설치하거나 양어장이 정수필터를 설치하면 공해로 인한 손해를 완전히 제거할 수 있다고 가정한다.

〈표 9-2〉는 공해를 줄이기 위해 어떤 조치를 취하는 가에 따라 당사자들의 이윤이 달라짐을 보여주고 있다. 이윤 속에는 법적 분쟁의 결과로 주거나 받게 될지도 모르는 보상금액은 제외되어 있다고 가정한다. 염색공장과 양어장이 서로 협력하여 이익을 극대화시키는 선택을 할 경우 이윤의 최대합계는 120이 되지만, 양측이 최악의 선택을 할 경우에는 이윤의 최대합계가 70에 불과하다.

■ 표 9–2 ▌법적 조치 이전의 이윤조합

		양어장: 필터 없음	양어장: 필터 설치
염색공장	정화장치 설치안함	10 100	20 100
염색공장	정화장치 설 치 함	30 50	20 50

3.2.3 소송의 경우

이제 오염문제의 해결을 위해 소송을 할 경우, 세 가지 방안이 가능하다. (1) 오염자의 권리를 인정하는 법제도를 시행할 경우, 염색공장은 오염물질을 자유롭게 배출할 수 있다. (2) 오염피해자의 손해배상청구 권리를 인정하는 법제도를 시행할 경우, 양어장은 염색공장으로부터 손해배상을 청구할 권리를 갖게 된다. (3) 오염피해자의 권리를 인정하되 금지명령까지 받을 수 있는 법제도를 시행할 경우, 양어장은 염색공장으로 하여금 오염물질을 배출하지 못하도록 법원명령을 받을 수 있는 권리를 갖게 된다.

〈표 9–3〉에 표시된 것은 이상의 세 가지 법제도 중 어느 한 가지가 시행되고 있을 때, 각각의 경우에 해당하는 비협조적인 해결 및 협조적인 해결의 가치를 판단한 것이다.

3.2.4 비협조적 상황에서의 이윤

〈표 9–3〉에서 염색공장과 양어장이 협조를 하지 않을 경우를 먼저 살펴보자. 제도1에서는 오염자의 권리를 인정하고 있는 상황이다. 따라서 염색공장은 정화장치를 설치하지 않을 것이므로 이윤의 크기는 100이다. 이 때 양어장은 자신의 이윤을 극대화하기 위해 필터를 설치하게 되고 이윤은 20을 얻게 된다.

제도2에서는 손해배상을 인정하고 있는 상황이다. 염색공장은 양어장의 피해에 대해 손해배상을 하더라도 정화장치를 설치하지 않는 것이 더 이익이다. 따라서 염색공장은 정화장치를 설치하지 않고 이윤 100을 남겨서 양어장의 손해를 배상해준다. 이 때 양어장의 손해는 다음과 같다. 즉, 염색공장이 정화장치를 설치했더라면 오염문제가 해결되어 양어장은 30의 이윤을 얻을 수 있었을 텐데 염색

■ 표 9-3 ▌세 가지 다른 법제도 하에서의 협상과 이득

	비협조		차이	협 조	
	염색공장	양어장		염색공장	양어장
[제도1]: 오염자권리인정	100	20	0	100	20
[제도2]: 손해배상제도	80	30	10	85	35
[제도3]: 금지명령제도	50	30	40	70	50

공장이 정화장치를 설치하지 않음으로 인해 양어장은 이윤을 10밖에 얻지 못한다. 따라서 손해의 크기는 20이 된다. 염색공장은 양어장에 20만큼의 손해를 배상해주어야 한다. 결국 염색공장의 이윤은 80(=100-20)이 되고, 양어장의 이윤은 30(=10+20)이 된다.

제도3에서는 오염피해자의 권리를 인정하되 금지명령까지 받을 수 있는 법제도를 시행하고 있는 상황이다. 염색공장은 당연히 정화장치를 설치해야 하므로 얻을 수 있는 이윤의 크기는 50이다. 양어장은 이제 오염문제가 해결되었으므로 30만큼의 이윤을 얻을 수 있게 된다.

3.2.5 협조적인 상황에서의 이윤

〈표 9-3〉에서 염색공장과 양어장이 협조를 하게 되면 어떻게 되는지 살펴보자. 제도1에서는 오염자의 권리를 인정하고 있는 상황이다. 따라서 염색공장은 정화장치를 설치하지 않을 것이므로 이윤의 크기는 100이다. 이 때 양어장은 자신의 이윤을 극대화하기 위해 필터를 설치하게 되고 이윤은 20을 얻게 된다. 제도1 하에서는 당사자 간에 협조적이든 비협조적이든 결과에 차이가 없다.

제도2에서는 손해배상을 인정하고 있는 상황이다. 염색공장은 양어장의 피해에 대해 손해배상을 하더라도 정화장치를 설치하지 않는 것이 더 이익이다. 따라서 염색공장은 정화장치를 설치하지 않고 이윤 100을 남겨서 양어장의 손해를 배상해준다. 이 때 양어장의 손해는 다음과 같다. 즉, 염색공장이 정화장치를 설치했더라면 오염문제가 해결되어 양어장은 30의 이윤을 얻을 수 있었을 텐데 염색공장이 정화장치를 설치하지 않음으로 인해 양어장은 이윤을 10밖에 얻지 못한다. 따라서 손해의 크기는 20이 된다. 염색공장은 양어장에 20만큼의 손해를 배상

해 주어야 한다. 결국 염색공장의 이윤은 80(=100−20)이 되고, 양어장의 이윤은 30(=10+20)이 된다. 여기까지는 비협조적인 상황과 동일하다. 그런데 이제는 양당사자가 협조를 하는 분위기 속에 있기 때문에 둘이서 협상을 하게 된다. 먼저 염색공장 측에서 양어장 측에게 제안을 한다. 양어장의 최대이익은 30인데, 양어장 측에서 필터를 설치하면 20의 이윤을 낼 수 있고 최대이익에서 모자란 부분 10을 주겠다는 제안을 한다. 양어장으로서는 나쁜 제안은 아니지만 그래도 염색공장에게 역으로 이렇게 제안한다. 염색공장의 제안을 수락할 경우, 염색공장은 90의 이윤을 얻게 되는 셈인데, 그렇다면 비협조적 상황에서 염색공장이 얻을 수 있었던 이윤 80과 비교하여 10만큼 더 득을 보게 되지만 양어장의 이윤은 30으로 변한 게 없으니 구태여 협상을 해서 얻은 게 아무 것도 없다. 그러므로 염색공장에서 협상으로 얻게 되는 추가이윤 10을 절반씩 나눠 갖자고 역으로 제안한다. 염색공장으로서도 양어장의 이러한 역제안이 옳다고 판단하여 결국 수락하게 된다. 이로써 염색공장의 이윤은 85(=100−10−5)가 되고, 양어장의 이윤은 35(20+10+5)가 된다.

제도3에서는 오염피해자의 권리를 인정하되 금지명령까지 받을 수 있는 법제도를 시행하고 있는 상황이다. 염색공장은 당연히 정화장치를 설치해야 하므로 얻을 수 있는 이윤의 크기는 50이다. 양어장은 이제 오염문제가 해결되었으므로 30만큼의 이윤을 얻을 수 있게 된다. 여기까지는 비협조적 상황과 동일하다. 그러나 비협조적 상황에서 양당사자 이윤의 합계는 80에 불과하다. 이제 양당사자가 협조를 하게 되는 상황으로 바뀌었으므로, 염색공장 측에서 먼저 제안을 한다. 만일 양어장 측이 자체적으로 필터를 설치할 경우 얻을 수 있는 이윤인 20에다가 비협조 상황에서 얻을 수 있는 이윤인 30과의 차이인 10을 줄 테니 양어장 측에서 자체적으로 필터를 설치하는 것이 어떻겠느냐고 제안한다. 그러면 양어장 측에서는 손해보는 것이 없는 셈이다. 그러나 염색공장은 정화장치를 설치하지 않음으로 인해서 100이라는 이윤을 얻을 수 있는데 겨우 10만큼만 양어장에 주겠다고 제안하는 걸 보면 90이라는 이윤을 얻겠다는 속셈임을 알 수 있다. 만일 양어장 측에서 염색공장의 제의를 거절하여 협상이 결렬되면 염색공장은 기껏해야 50이라는 이윤 밖에 얻지 못한다. 그렇다면 양어장은 협조를 하나 하지 않으나 마찬가지로 30이라는 이윤 밖에 얻지 못하는데 염색공장은 양어장의 협조 덕분으로 90이라는 이윤을 얻게 되어 비협조상황보다 40만큼 더 이득을 보게 된다. 이것은 공평하지 못하다고 생각한 양어장 측에서 다음과 같이 역제의를 한다. 즉, 비협조상황보다 양어장 측에서 협조를 해줌으로 인해 염색공장이 40만큼의 이득을 더 보게 되므로 그 이득을 절반씩 나누어 갖자고 역으로 제의한다. 염색공장 측은 양어장 측의 협조 없이는 이윤을 50 밖에 얻지 못할 상황이므로 기꺼이 양어장 측의 역제안을 수락한다. 결국, 협조적 상황 하에서는 염색공장이 70(=100-10-20)만큼의 이윤을 얻게 되고, 양어장은 50(=20+10+20)만큼의 이윤을 얻게 된다. 역시 비협조상황보다 협조적 협상을 성공시킴으로 인해서 양당사자는 모두 더 많은 이윤을 얻을 수 있게 된다.

3.2.6 시사점

비관적 가정을 낙관적 가정으로 전환해보자. 염색공장과 양어장이 서로 협조할 때, 이 두 당사자의 최상의 전략은 합동이윤을 극대화하는 것이다. 즉, 양어장은 필터를 설치하고 염색공장은 정화장치를 설치하지 않는 선택을 하여 합동이윤이 120이 되도록 하는 것이 가장 효율적인 해결방법이다.

효율적인 해결을 달성하는 데는 두 가지 방법이 있다. 그 하나는, 「비협조적인 해결이 효율적인」 규칙을 법으로 채택하는 것이다. 이런 해결은 규범적 홉즈정리가 권하는 것이다. 앞의 예에서, 염색공장 측에게 오염을 배출할 자유를 주는 「제도1」에서는 「비협조적인 해결이 효율적」이다.

다른 한 가지는, 당사자들이 효율성을 달성하기 위하여 협조하는 것이다. 세 가지 제도 어디에서든 협조적 해결을 하는 것이 효율적이다. 코즈정리에 따를 것 같으면, 「제도2」 및 「제도3」과 같이 법에 의해 권리를 비효율적으로 분배하더라도 당사자 간의 협상이 성공적으로 진행된다면 사적인 합의에 의해 치유될 것이다.

거래비용이 없고, 성공적인 협상을 통해 비효율적인 법을 치유한다면 도대체 법은 무엇을 하는 것일까? 그 대답 중 하나는, 협상을 촉진시킨다는 것이다.

법이 어떤 입장을 취하는가에 따라 당사자인 염색공장과 양어장이 협조를 할 때 이익이 달라진다. 양당사자가 협조를 하게 되면 법제도가 어떤 형태이든 관계없이 합동이윤은 120이다. 그러나 양어장은 「제도3」의 금지명령제도 하에서 가장 큰 이윤을 얻을 수 있고, 「제도2」의 손해배상제도 하에서 중간 정도의 이윤을 얻을 수 있는데 비해, 「제도1」의 오염자 권리인정 법제도 하에서는 가장 낮은 이윤을 얻는다.

3.3 효율적 구제제도

금지명령이 재산권 침해에 대해 왜 효율적인 구제인가를 설명하기 위해서는, 재산권과 거래비용 간의 연관성에 대하여 논의해야 한다.

앞에서 우리는 당사자들의 법적 권리가 명확하고 간단할 때 협상을 더 성공적으로 할 수 있음을 살펴본 적이 있다. 금지명령제도는 손해배상제도보다 더 간단명료하다고 할 수 있다. 금지명령은 법원이 예측할 수 없는 손해를 더 간단명료하게 결정할 수 있기 때문이다. 예컨대, 우주에서 위성궤도를 침해하여 발생한 손해를 법원이 규명한다는 것은 쉽지 않다. 반면에, 이런 권리를 금지명령이라는 제도 하에 두게 되면 당사자들에게 명확한 입장을 부여하게 되고, 이런 입장에 의거해서 당사자들은 협상을 할 수 있게 된다. 협상을 하는 과정 동안에, 당사자들은 자기들 스스로의 손해의 가치를 산정할 수 있다.

결국, 법적 권리의 침해에 대한 최상의 구제를 결정하는 법칙은 다음과 같다.

- 거래비용이 높을 때 협상보다 소송을 유도: 거래비용이 높아서 당사자들이 서로 협조하는데 장애가 있을 경우, 보다 효율적인 구제방법은 손해배상판결을 내리는 것이다.
- 거래비용이 낮을 때 협상을 촉진시킴: 거래비용이 낮기 때문에 당사자들이 서로 협조하는데 장애가 별로 없을 경우, 보다 효율적인 구제방법은 원고의 재산에 피해를 입힌 피고에 대하여 금지명령을 내리는 방식의 판결을 하는 것이다.

4 흥정거래이론

4.1 약속의 구속성 문제

4.1.1 흥정거래의 원칙

만일 흥정거래의 일부로서 약속을 하였다면 그 약속은 법적으로 강제될 수 있지만, 그렇지 않은 경우 그 약속은 법적 구속력이 없다. 흥정거래이론가들은 청약, 수락, 약인(約因: consideration)의 세 가지 조건으로 구분하여 이론을 설명한다. 약속의 대가로 제공하는 약인의 형태는 금전, 물품, 서비스, 약속 등으로 나타난다.

4.1.2 약인의 성격

흥정거래이론(bargain theory)에 따르면, 약속은 약인이 있어야 구속력을 갖는다. 부자 삼촌이 조카에게 생일선물로 세계일주 여행을 시켜주겠다고 약속하였더라도 약인이 없기 때문에, 흥정거래이론에 따르면 그 약속은 구속력을 갖지 못한다. 일반적으로 반대급부가 수반되지 않는 순수한 선물약속은 흥정거래이론 하에서는 강제력을 지니지 못한다.

여기서 흥정거래의 공정성 측면을 보면, 약속의 가치가 약인의 가치와 상응해야 한다. 그러나 법원은 약인이 약속의 대가로 상응하는 가치를 지니고 있는가에 대하여는 묻지 않는다. 다만, 약속을 이끌어낼 정도로 적절한 약인이 있었는가가 중요하다.

4.1.3 약인의 문제점

법원이 모든 거래의 가치를 제대로 판단하기 위해서는 엄청난 정보를 가지고 있어야 하지만 현실적으로 그것이 불가능하다는 제약이 있고, 또 분쟁당사자들은 가치에 대하여 솔직하게 털어놓지 않으므로 더 어렵다고 할 수 있다.

흥정거래이론에 따라 정의되었던 약인이 세월이 흘러감에 따라 원칙에 대한 예외가 점차 증가하고 누적되었다. 따라서 법원은 약인의 개념을 바꾸어 정의하였다. 즉, 「약속을 이끌어내기 위해 피약속자가 약속자에게 준 무엇」이라는 의미 대신에, 법원이 사용한 약인이라는 단어는 「약속에 구속성을 부여하는 어떤 것」이라는 의미가 되었다. 이렇게 의미를 바꾸다 보니, 개념정의 자체가 동의어를 쓸데없이 반복하여 쓰는 꼴이 되고 말았다. 예컨대, 「결혼한 아내」과 같은 우스운 모양새가 되었다.

한편, 영미법은 약인에 의존하여 약속의 구속성 여부를 판단하는데 비해, 대륙법은 원인(cause)에 의존하여 판단한다. 약인을 설명하기 위해 흥정거래이론이 있다면, 원인을 설명하기 위해 의도이론(will theory)을 비롯한 수많은 이론이 있다. 즉, 「영미법-약인-흥정거래이론」이라면, 「대륙법-원인-의도이론」이다. 의도이론에 따를 것 같으면, 당사자들이 그 계약에 의해 구속받겠다는 의도가 있어야 비로소 그 계약이 구속력을 갖게 된다는 것이다.

로마법(Roman law)에서는 어떤 종류의 약속은 강제이행이 인정되었는가 하면 또 다른 어떤 종류의 약속은 강제이행이 인정되지 않았다. 로마법에서 약속이 강제로 이행될 수 있으려면 보통 오퍼와 수락을 필요로 했지만, 일반적으로 약인을 요건으로 하지는 않았다. 로마법은 약인의 원칙이 부족하였는데, 그 까닭은 로마법이 흥정거래이론에 근거를 두지 않았기 때문이었다. 따라서 선물을 주겠다는 약속은 흥정거래이론 하에서는 약속에 대한 약인이 존재하지 아니하므로 그 약속의 강제이행이 인정되지 않지만, 로마법 하에서라면 오퍼와 수락이 존재하였기 때문에 선물약속의 강제이행이 인정될지도 모른다. 로마법 국가와는 달리 보통법(common law) 국가에서는 상황에 따라 선물약속이 강제된다.

결국, 글로벌 비즈니스의 세계에서는 영미법과 대륙법이 교차되고 있음을 고려할 때 약인만으로 약속의 구속성 여부를 판단하는 데에는 한계가 있다.

4.2 계약위반 구제방법 문제

흥정거래이론에 의하면, 지켜야 할 약속을 위반하였을 때에는 그 거래로 인해 얻을 수 있었던 기대이익의 상실에 대하여 책임을 부담해야 한다. 그러나 막상 상실한 기대이익을 계산한다는 것은 쉬운 일이 아니다.

4.3 흥정거래이론에 대한 비판

계약법의 첫 번째 의문사항인 약속의 구속성에 대해 흥정거래이론을 적용하면 문제를 간단히 해결할 수 있다. 그러나 흥정거래이론의 해결방법은 불행하게도 문제를 모두 해결하지는 못하고 있다. 흥정거래이론은 당사자들 간에 이루어진 약속이 거래에서 비롯되지 않았을 때 그 약속의 구속성을 인정하지 않는다.

예를 들어 수출업자는 수입희망업체에게 일주일 간의 확정오퍼를 낸다. 이 경우 당사자 간에 어떤 약인도 존재하지 않는다. 따라서 흥정거래이론에 따를 것 같으면 이런 확정오퍼를 지키지 않아도 된다는 문제가 발생하게 된다.

두 번째 예로는, 성공한 사업가가 대학 측에 기부금을 내겠다고 한 약속에 따라 대학 측에서 공사를 시작했다고 치자. 성공한 사업가가 실제로 정해진 기간 내에 기부금을 납부하지 않으면 어떻게 되는 것일까? 흥정거래이론에 따를 것 같으면, 이 역시 약인이 없으므로 이 약속의 법적 구속성은 없게 된다.

이상의 두 가지 사례에서, 양당사자는 모두 약속이 구속성을 갖기를 바라고 있지만, 흥정거래이론은 구속성을 인정하지 않는 입장을 취하고 있다. 법 때문에 사람들의 욕구를 좌절시키는 법률이론을 가리켜 독단적(dogmatic)이라고 한다. 반대로 법 때문에 사람들의 욕구가 만족되는 법률이론을 가리켜 수용적(responsive)이라고 한다. 일반적으로 수용적 이론은 사람들의 복지를 극대화시키는 반면, 독단적인 이론은 사람들의 복지를 희생시킨다. 미국의 현대적 법원은 독단적이기보다 수용적인 것을 선호한다. 그런 결과로 인해 미국의 현대적 법원은 확정오퍼와 선물약속의 구속성을 인정하는 경우가 흔하다. 이러한 사실로 인해 흥정거래이론은 그릇된 이론이라는 평을 받고 있다.[10)]

5 계약과 공백

5.1 계약체결과 공백

계약을 체결하려면 주위에 도사리고 있는 위험이 적지 않다. 계약서에서는 제반위험을 명시하고 양당사자가 나눠서 부담하도록 명시하면 되겠지만, 불확실한 위험인 경우 명시하기에 애매모호하다. 계약에서 어떤 위험에 대해 일언반구도 없을 때, 이를 두고 그 계약은 「공백(gap)」을 지니고 있다고 한다.

공백은 「고의가 아닌 것」과 「고의적인 것」으로 구분할 수 있다. 먼저 고의가 아닌 공백의 예를 보자. 계약에서는 비행기납치의 가능성에 대해서는 아무런 언급도 해두지 않았는데, 비행기납치가 실제로 발생하면 공항이 폐쇄되고 매도인으로부터 물품이 제 때에 배달되기 어렵다. 고의적인 공백의 예를 보면, 계약에는 불법파업의 가능성에 대해 아무런 언급이 없는데, 실제로 불법파업이 발생하면 생산업자는 약속한 물품을 생산할 수가 없게 된다. 계약당사자들은 계약에 이러한 공백을 고의적으로 내버려두는데, 그 까닭은 불법파업의 가능성이 그리 높지 않다고 생각하기 때문이다. 그러나 불법파업이 실제로 발생한다면, 멀게만 느껴졌던 그런 위험을 계약당사자들 간에 어떻게 나눠 부담할 것인가를 놓고 협상을 벌이고 이것저것 따지느라 시간과 비용이 많이 들어가게 된다.

5.2 합리적인 공백

사업자들이 계약체결과 관련하여 발생할 수 있는 다양한 위험을 놓고, 어떤 위험을 누가 책임질 것인지 계약서에 명시하지 않고 고의적으로 공백을 남겨두게 되는 경우에 대하여 검토해보자. 계약을 체결할 당시에 협상을 벌여서 앞으로 발생할지도 모를 위험을 누가 부담할 것인지 결정을 해 두려면 확실히 거래비용이 발생한다. 그 대신, 계약의 당사자들은 자기들의 계약에 위험부담에 대한 내용을 공백으로 남겨두었다가 실제로 위험이 발생할지 안 할지 지켜볼 수 있다. 계약에서 공백을 남겨두면 만일 훗날 그런 위험이 발생하여 손실이 현실화될 경우 당사자들은 그런 손실을 분배해야 할 것이다.

이러한 위험과 관련하여 시간적인 관점에서 두 가지를 생각할 수 있다. 즉, 계약체결 당시에 당사자들이 미래에 입게 될 가능성이 있다고 생각할 수 있는 손실위험, 즉 「사전위험」이 그 하나이다. 그리고 나머지 하나는, 계약체결 후에 실제로 현실화된 손실을 말하는 「사후손실」이 그것이다. 일반적으로 계약당사자들은 이러한 사전위험의 할당과 사후손실의 할당 사이에서 선택을 하여야 한다.

이러한 사전위험 할당과 사후손실의 할당 사이에 거래비용이 어떻게 차이가 나는지 살펴보자. 당사자들이 만일 사전위험을 할당하기 위해 협상을 전개하고 있다면, 그들은 확실한 거래비용을 부담하게 될 것이다. 당사자들이 만일 사전에 위험에 대한 책임을 누가 부담할 것인지 분명히 하지 않고 공백으로 남겨둔다면, 그들은 손해발생 가능성의 여하에 따라 거래비용을 부담하게 될 것이다. 「계약에서의 공백으로 인한 예상거래비용」은 「손해가 현실화될 가능성」에다가 「발생한 손해를 분배하는데 들어가는 비용」을 곱한 것과 같다.

[계약에서의 공백으로 인한 예상거래비용]
=[손해의 현실화 가능성] × [발생 손해의 분배에 소요되는 비용]

「위험에 대해 누가 책임을 부담할 것인지 사전에 계약서에 일일이 명시하기 위해 협상을 벌이는데 들어가는 실제비용」이 「사후에 공백을 메우는데 들어가는 예상비용」을 초과할 때마다 당사자들은 계약에 공백을 남겨놓음으로써 거래비용을 절약할 수 있다고 생각한다. 이를 요약하면 다음과 같은 규칙으로 나타낼 수 있다.

> * 계약을 체결하기 위한 거래비용 최소화 전략:
> (1) 위험할당비용 > 손해할당비용 × 손해발생가능성 ⇨ 공백 놔두기
> (2) 위험할당비용 < 손해할당비용 × 손해발생가능성 ⇨ 공백 채우기

당사자들은 손해할당보다 위험할당을 하는데 더 쉽게 합의에 도달할 수 있다. 즉, 사후에 실제로 발생한 손해를 누가 부담할 것인가를 놓고 티격태격 따지는 것보다 사전에 그런 손해가 발생할 위험을 누가 부담할 것인지 합의하는 것이 훨씬 더 수월하다. 왜 그런지 보기 위해, 국제계약의 이행을 지연시킬 심각한 전쟁위험의 발생가능성에 대하여 살펴보자. 전쟁위험할당에 관한 명시조항을 국제계약에 삽입하기 위해 협상을 벌이는데 들어가는 비용을 100달러라고 가정하자. 국제계약서에 전쟁위험조항을 명시적으로 삽입할 경우, 심각한 전쟁이 발발하여도 당사자들은 전쟁으로 인해 발생한 손해를 누가 부담할 것인지 쉽게 해결할 수 있다.

이와는 달리, 당사자들은 이런 전쟁위험에 관한 내용을 국제계약에 전혀 언급하지 않고 공백으로 남겨 둘 수가 있다. 국제계약에 공백으로 남겨둔 경우, 실제로 심각한 전쟁이 발발하여 손해를 보게 되었을 때, 국제계약의 당사자들은 그 손해를 누가 얼마만큼 부담할 것인가를 놓고 할당하려면 불화와 곤란을 겪게 될 것이다. 심각한 전쟁이 실제로 발생하여 입게 된 손해를 할당하는데 들어가는 거래비용이 3,000달러에 상당한다고 가정해보자. 언뜻 보기에는 손해할당비용이 위험할당비용보다 훨씬 더 높은 것 같지만, 사실은 손해의 발생확률에 따라 달라진다. 이제 심각한 전쟁발생확률이 3%라고 가정하자. 그러므로 전쟁위험을 공백으로 남겨둠으로 인한 예상거래비용은 90달러(＝3,000달러×3%)가 된다. 이 사례에서 당사자들은 국제계약에서 전쟁위험을 할당하지 않고 공백으로 남겨둘 경우 예상거래비용에서 10달러(＝100달러-90달러)를 절약할 수 있다.[11]

5.3 법원에 의한 공백 메우기

계약에 공백이 있으면 분쟁을 유발하기 쉽고, 어떤 분쟁은 법정으로 간다. 그런 분쟁에 대해 올바른 판결을 내리기 위해서 법원은 계약에 공백을 메워주는 역할을 해야 한다.[12) 법원은 이러한 역할을 수행하는 방법으로, 당사자들이 분쟁해결에 필요한 조항을 실제로는 계약에서 공백으로 남겨두었지만 만일 계약당시 당사자들이 그 조항에 대해 협상을 벌였더라면 어떻게 했을 것이라는 식으로 계약에 어떤 조항을 집어넣는 방법으로 공백을 메운다.

계약상의 명시조항은 법원이 공백을 메워줄 때 적용하는 조항보다 보통 우선한다. 명시조항은 묵시조항에 우선하여 적용되고, 반대의 명시조항이 없을 경우에 그 묵시조항은 과실책임(default)을 이유로 하여 계약상의 공백을 메운다. 계약법에서의 공백 메우기 조항은 대부분 과실책임조항들이다.

비효율적인 계약조항을 효율적인 계약조항으로 대체함으로써 잉여가 발생한다. 비슷하게, 비효율적인 과실책임조항을 효율적인 과실책임조항으로 대체하면 잉여가 발생한다. 계약당사자들이 공백을 남겨둘 때, 법원은 그 공백을 과실책임조항으로 채워준다. 효율적인 과실책임조항은 당사자들이 잉여를 극대화시킬 수 있도록 유도하는 반면, 비효율적인 과실책임조항은 당사자들의 잉여를 감소시킨다. 일반적으로, 법제정자들이 비효율적인 과실책임조항을 효율적인 과실책임조항으로 대체시킬 때, 계약의 양당사자는 득을 볼 수 있다.

양당사자는 계약에서 비효율적인 조항보다 효율적인 조항을 더 선호한다. 마찬가지로, 양당사자는 비효율적인 과실책임조항보다 효율적인 과실책임조항을 더 선호한다. 만일 법률이 양당사자가 선호하는 과실책임조항을 제공한다면, 그들은 구태여 계약에다가 그런 조항들을 명시할 필요도 없이 빼버리면 된다. 이러한 조항들을 계약에서 빼버림으로써, 당사자들은 여타 계약조항들에 초점을 맞춰 협상을 벌일 수 있는 여유를 갖게 된다. 계약을 할 때마다 협상을 필요로 하는 조항들이 적으면 적을수록, 계약과정에 비용이 적게 든다. 그러므로 법은 계약에서 공백으로 남겨둔 부분에 대해 효율적인 과실책임조항을 제공함으로써 계약을 위해 협상을 벌이는 당사자들의 거래비용을 최소화시키도록 해야 한다. 국제무역에서 Incoterms, 신용장통일규칙, 선하증권통일규칙 등이 이러한 기능을 한다.

6 계약에서의 장단기 효과

6.1 상호관계의 기간

계약이 일단 성립되면 당사자 사이에는 계약서의 약관에 나타난 의무뿐만 아니라 여기에 나타나지 않은 여러 가지 의무도 뒤따른다.[13] 사업에서 당사자 간의 관계는 장기적이다. 장기적이다 보니 상황이 변하게 되고 당사자들도 변화에 대응을 하게 된다. 변화에 적응하려면 경직된 규칙보다 융통성 있는 이해가 필요하다. 그러므로 공식적 규정으로만 당사자들의 상호관계를 완전히 통제하기란 어렵다고 할 것이다.

장기관계에 있는 당사자는 상대방의 협조를 얻어내기 위해 구속성 있는 규정보다 비공식 방식에 자주 의존한다. 고압적인 파트너는 법적 소송보다 경고하는 방식으로 결속을 다진다. 비윤리적 행동을 보이는 사업가는 구설수에 오르거나 축출 또는 매장 당한다.[14] 이런 비공식적인 방법은 오래 지속되는 상호관계에서 많이 나타난다. 구속성을 띤 계약과는 달리, 장기적인 관계는 당사자들의 행동에 얼마나 영향을 미치는가에 대하여 알아보기 위해 대리게임을 살펴본다.[15]

6.2 대리게임

대리게임(agency game)에서, 본인은 대리인의 관리 하에 일정 자금을 집어넣는 방식으로 투자를 한다. 경제학자들은 자금투자의 위험을 떠안는 게임자를 「본인」이라 부른다. 예컨대, 은행에 신탁계정을 개설하여 입금하는 사람은 본인이 된다. 그리고 즉석식품회사와 프랜차이즈 계약관계를 맺는 가맹점은 본인이 된다. 경제학자들은 본인의 자금을 관리하는 두 번째 게임자를 「대리인」이라고 부른다. 예컨대, 신탁거래관계에서 은행은 대리인이 되고, 프랜차이즈 계약관계에서 총판권자는 대리인이 된다. 「본인-대리인 관계」의 경제모델은 신탁관계와 총판관계를 비롯한 수많은 법률관계에 적용된다.

■ 표 9-4 ▌계약이 없는 대리게임

		놀보(대리인) 협조	놀보(대리인) 이용(착취)
흥보(본인)	투자실행	0.5 \ 0.5	-1.0 \ 1.0
	투자중단	0 \ 0	0 \ 0

계약이 존재하지 않는 상황에서 본인(흥보)과 대리인(놀보)이 대리게임을 할 경우 흥보와 놀보는 각각 어떤 선택을 하는가에 대해 경제적으로 분석해보자. 이때 흥보와 놀보는 단 1회만의 게임을 한다고 가정한다. 〈표 9-4〉에서 흥보가 놀보와의 거래를 위해 투자를 할 경우, 놀보는 협조하는 경우보다 착취하는 경우 이익이 더 크므로 협조보다 착취를 항상 선택한다. 따라서 흥보는 투자금액 1을 상실하는 손해를 본다. 놀보는 흥보의 희생대가로 1만큼 이득을 본다. 이러한 놀보의 행동을 예상한 흥보는 투자를 중단한다. 그러나 만일 놀보가 흥보의 투자에 대해 협조를 선택한다면 둘 간의 거래로 인한 잉여가 1인데 이를 균등 분배하여 0.5씩 나눠 갖는다.

이때의 상황에 대한 가정은 약속위반에 대한 약속을 강제하는 법이 없거나, 법원이 신뢰받지 못하거나, 계약이 없다는 전제조건이 있다.

■ 표 9-5 ▌계약이 존재하는 경우의 대리게임

		놀보 계약이행	놀보 계약위반
흥보	투자실행 (계약체결)	0.5 \ 0.5	0.5 \ -0.5
	투자중단 (계약중단)	0 \ 0	0 \ 0

이제 가정을 바꾸어서 흥보의 투자에 대해 놀보가 계약을 위배한다면 법이 약속을 강제한다고 가정하자. 이 때 법은 손해 본 것만 보상한다고 가정한다. 〈표 9-5〉에서 흥보가 투자를 했는데, 놀보가 약속을 위반하면 놀보는 〈표 9-4〉에서

본 바와 같이 1이라는 이득을 보지만 흥보에게 1.5만큼을 보상해줘야 한다. 왜냐하면 흥보의 투자금액 1뿐만 아니라 놀보가 약속을 이행했더라면 흥보가 받을 수 있었던 잉여수익의 몫인 0.5를 추가로 보상해주는 것이다. 따라서 놀보는 계약을 위반함으로써 0.5만큼 손해를 본다. 반면 계약을 이행하면 0.5만큼의 잉여수익 몫을 받게 된다. 따라서 이 경우 놀보는 항상 계약위반보다 계약이행을 선택한다. 이러한 상황의 전개를 예상하는 흥보는 투자나 거래를 안 할 경우 아무 것도 받지 못하는데 투자나 거래를 하면 0.5를 벌게 되므로 투자나 거래를 한다. 따라서 투자나 거래가 발생하고 놀보는 협조를 하게 된다. 이것이 「계약법의 존재」로 인해 나타나는 긍정적인 효과이다. 즉, 계약법의 존재가치를 경제적으로 설명하는 것이다.

6.3 반복게임

이번에는 지속되는 상호관계에서 협조를 알아보기 위해 대리게임이 무한 반복된다고 가정해보자. 반복게임(repeated game)의 어떤 회(回)에서건, 본인(흥보)은 투자를 하고, 대리인(놀보)은 상대방을 이용함으로써 즉각 이익을 보게 된다. 그러나 본인은 계속되는 다음의 게임에서 대리인에게 보복할 기회가 있다.[16)]

〈표 9-6〉은 본인이 대리인의 간사한 이용에 대항해 보복을 함으로써 더 이상 간사하게 이용하지 못하도록 하는 효과적인 전략을 보여주고 있다. 대리인이 게임의 n회에서 간사하게 상대방을 이용한다고 가정하자. 대리인은 n회에서 몫으로 1을 받는다. 그러나 본인은 (n+1)회와 (n+2)회에서 투자를 하지 않음으로써 보복을 감행한다. 그렇게 되면 대리인은 (n+1)회와 (n+2)회에 아무 것도 챙길 수 없어 몫이 영(0)이 된다. 그러므로 상대방을 간사하게 이용하는 전략을 구사한 결과 n회부터 (n+2)회까지 대리인이 받은 몫의 합계는 1에 불과하다.

이와는 달리 놀보가 게임의 매 회마다 협조하는 전략으로 나온다고 가정해보자. 놀보가 협조할 경우, 흥보는 투자로 대응한다. 놀보는 n회부터 (n+2)회까지 변함없이 0.5씩의 몫을 챙길 수 있다. 그러므로 놀보가 협조전략을 3회 구사할 경우, 놀보 몫의 합계는 1.5가 된다.[17)]

■표 9-6 ▌흥보가 맞대응할 때, 놀보의 몫

	회 / 전략	n–1	n	n+1	n+2	n+3	n+4	n+5	n+6
대리인 (놀보)의 몫	착취	…	1	0	0	1	0	0	…
	협조	…	0.5	0.5	0.5	0.5	0.5	0.5	…

〈표 9-6〉에서 놀보는 상대방을 간사하게 이용하는 것보다 협조를 하는 것이 더 이익이다. 우선 n부터 (n+2)회까지 3회에 걸친 게임의 결과를 보면 놀보가 착취를 선택할 경우 1밖에 얻지 못하는데 비해, 협조를 선택할 경우 1.5(=0.5×3)를 얻게 됨을 알 수 있다. 놀보가 계속해서 동일한 전략을 구사할 경우, 결과는 3회 게임 때마다 반복해서 발생한다. 즉, (n+3)부터 (n+5)까지의 게임에서 놀보가 착취를 선택할 경우 1밖에 얻지 못하는데 비해, 동일한 3회 반복게임에서 협조를 선택할 경우 1.5를 얻게 되어 더 유리하다. 그래서 대리인인 놀보는 장기적인 관점에서 볼 때 상대방을 간사하게 이용하는 것보다 협조를 선택하는 것이 더 낫다.

흥보의 보복 전략은, 만일 놀보가 n회의 게임에서 착취를 선택할 경우, 놀보는 다음 게임인 (n+1)회와 (n+2)회에서 아무런 소득도 얻지 못할 것이라는 교훈을 일러주고 있다. 놀보가 이러한 교훈을 알고 있다면, 놀보는 (n+3)회 게임부터 아마도 자신의 착취전략을 협조전략으로 바꾸게 될 것이다.

이미 설명한 바와 같이, 흥보는 놀보의 협조적인 태도에 대해서는 투자를 함으로써 놀보가 수익을 얻을 수 있도록 하지만, 만일 놀보가 착취적인 태도를 보일 경우에는 투자를 하지 않음으로써 놀보에게 보복을 가하는 전략을 구사한다. 이렇게 협조에는 보상을 하되 착취에는 응징으로 대응하는 것을 일러 「맞대응」이라고 한다.[18] 흥보가 맞대응전략을 구사할 때, 놀보는 협조를 하는 것이 자신의 몫을 가장 크게 챙길 수 있다. 한편, 흥보는 맞대응을 함으로써 자신의 몫을 극대화할 수 있을 것인가에 대한 의문이 있다. 실험결과에 의하면, 흥보가 맞대응을 하게 되면 여러 가지 상황에서 흥보의 몫이 거의 극대화에 가깝게 된다고 한다. 또 이러한 실증분석의 결과는 이론에 의해서도 일반적으로 뒷받침되고 있다.[19] 그러므로 맞대응 전략은 반복적인 대리게임에서 효율적인 균형을 이룰 수 있는 수단이라고 할 수 있다.[20]

여기서 지금까지 살펴본 대리게임의 결론을 요약해보자.

〈표 9-4〉는 계약이 없는 상황에서 본인(흥보)과 대리인(놀보) 간의 협조문제를 기술하고 있다. 즉, 흥보는 놀보가 협조를 해야겠다는 생각이 없는 한 투자를 하지 않는다.

〈표 9-5〉는 흥보와 놀보의 문제를 법적으로 해결할 수 있는 상황을 나타내고 있다. 법적 해결은 구속성을 띤 계약을 체결함으로서 가능하다. 구속성을 띤 계약을 체결함에 따라, 만일 놀보가 계약을 위반할 경우 놀보에게 계약위반의 대가가 더 증가되도록 함으로써 문제를 해결할 수 있다. 구속성을 띤 계약을 문제해결방법으로 상정할 때에는, 효율적인 정부가 존재하여 계약위반에 대하여 계약을 강제로 이행할 수 있도록 해야 하며, 이와 함께 효율적인 재산법이 존재해야 한다는 전제가 있다.

이와는 대조적으로, 〈표 9-6〉은 문제에 대한 비법률적 해결을 표시하고 있다. 비법률적 해결은 지속적인 관계를 상정하고 있다. 지속적인 관계에서는, 놀보가 흥보를 간사하게 이용할 때 흥보가 보복을 취함으로써 문제를 해결할 수 있다. 지속적인 관계는 효율적인 정부를 반드시 필요로 하는 것은 아니다.

6.4 전통적 형태의 약속

장기관계를 지속하려면 약속을 잘 지켜야 한다. 전통적 형태로 약속을 지키는 모습을 우리는 친구 사이의 우정, 친인척간의 도리, 사회의 도덕과 종교 등에서 찾아볼 수 있다. 친구 간에는 예부터 내려오는 붕우유신(朋友有信)이 신뢰의 바탕이 되고 있고, 친인척 간에는 경조사 등으로 상부상조하는 모습을 볼 수 있다. 사회에는 많은 사람들이 윤리도덕과 종교의 교리에 따라 행동하고 있다. 이와 같이 오늘날 법의 바탕을 이루고 있는 신의성실의 원칙이 사회의 저변을 형성하고 있는 것이다. 때문에 전통적 형태의 약속은 국가가 강행법규를 제정하여 보호하지 않아도 당사자 간의 경제적 협력을 촉진시킬 수 있다. 그 결과로 전통적 형태의 약속이행은 국가의 법적 보호장치가 미약한 사회에서 경제생활의 주류를 이루고 있다. 국가의 법적 보호장치가 미약한 가운데 전개되는 사업에는 국제거래, 부패하고 나약한 정부의 국가에서 행하는 사업, 내란 중의 사업 등이 여기에 포함된다. 수호전에 등장하는 양산박 108호걸들을 보더라도 이들은 나라의 법보다 자기들끼리의 의리를 더 중시한다. 전통적 형태의 약속은 정부의 반대에 직면하는 사회에서의 경제활동을 주도하는 경우가 많다. 정부의 반대에 직면하게 되는 사업은 범죄조직, 공산사회에서의 사적 거래가 해당된다. 이러한 상황 하에서는 주로 전통적 형태의 약속이 번성하게 된다.

전통적 형태의 약속을 바탕으로 상거래가 이루어지고 있는 사회에 그러한 전통관습을 무시하며 자신의 이익만을 주로 챙기려는 사람이 등장하게 되면 단기적으로 그 사람은 이익을 챙길 수 있게 된다. 전통적 사회의 약속을 중시하는 사람은 다른 사람들과의 신뢰관계나 눈치를 살피는 동안 그런 관습을 아예 무시하는 사람은 남보다 앞서서 눈치 볼 것 없이 이익을 재빨리 챙겨 버리는 것이다. 이러한 예는 전통적 관습이 다른 새로운 관습으로 대체되는 과정에서 발생하게 된다. 예컨대, 한국의 전통적 상도의는 해방과 6.25동란을 치르면서 남의 눈치를 볼 필요가 없다고 생각하게 되거나 절박한 상황 하에서는 달리 행동하게 되는 막판게임의 법칙이 적용되었다. 그런 과정에서 부를 축적하는 사람이 있는가 하면, 전통적 상도의를 중시했던 사람들은 그 도의를 지키려다 망하고 마는 안타까운 상황도 발생하였다. 전통적 상도의를 무시하는 사람이 일부라도 생겨나면 악화가 양화를 구축하는 법칙에 따라 너도나도 살아남기 위해 기존의 질서를 무너트린다. 심지어는 「법을 다 지키면 어떻게 장사를 하느냐」고 하는 상황에까지 이르고, 상도의뿐만 아니라 법을 어기는 것도 예사로 알게 된다. 이것은 개인의 이익을 사회적 비용으로 메워주는 결과를 초래한다. 그 결과, 사회가 정상적인 수준의 시장경제로 진입하기까지는 천문학적 숫자의 사회적 비용을 지불하여야 한다. 그 대표적인 사례가 한국의 금융시장 구조조정이다. 원칙도 없이 힘의 논리에 의해 인사권을 정치권에서 남발, 남용하면서 빚은 비효율성, 비경제적 운영의 결과로 천문학적인 공적자금의 투입을 불러일으켰고, 결국은 금융기관을 이용하여 사리를 챙겼던 사람들 때문에 사회구성원들이 그 비용을 부담하게 되었다. 사리를 챙긴 사람들은 전통적 사회의 약속을 악용한 셈이다.

한편, 여기서 말하는 「전통적 형태의 약속」이란 과거에 얼마나 좋은 상관습이 있었는지 아니면 없었는지 이런 것은 상관없이 과거부터 현재까지 행하여지고 있는 상관습을 말한다는 점이다. 그래서 그 사회를 평가할 때 전통적 상관습이 지배하고 있는 사회인지, 아니면 효율적인 법에 의해 지배되고 있는 사회인지 구분한다. 또한 국가가 만일 효율적인 법을 시행하게 될 경우 전통적 형태의 약속은 그 이용이 감소하게 된다.

사업가들은 장기관계에서 자신이 손해를 보지 않기 위해 궁리를 하기 때문에 영악할 정도로 기묘한 제도를 잘 만들어낸다.[21] 예컨대, 미국의 자동차회사는 소규모업체와 장기계약을 체결하는 방식으로 부품을 구입·조달하는 경우가 많다. 이러한 계약에서 자동차회사는 제조과정에 필요한 특정설비를 하청업체에 임대하는 전략을 구사한다. 자동차회사가 이런 전략을 구사하는 이유는, 만일 하청업체가 핵심부품의 납품을 거절할 경우, 자동차회사는 자사가 빌려준 설비의 반환을 요구한 다음 그 설비를 타 업체에 이관한다. 그런 다음 설비를 다시 가동시켜 부품을 조달하기 위함이다.

업계는 거래비용을 줄이기 위해 장기관계에 의존하는 경우가 많다. 장기관계를 유지함으로써 반복게임을 하게 되고, 그럼으로써 협조관계를 강화시킬 수 있다. 이런 방식을 사용하는 것이 구속성을 띤 계약에 의존하는 것보다 문제를 보다 잘 해결할 수 있다는 것을 업계는 잘 알고 있다. 장기적인 거래관계는 일회성 교환게임보다 결혼과 더 유사하다. 그러므로 계약당사자들이 서로 다시는 거래하지 않을 것으로 예상할 때 생기는 첨예한 거래관습과는 전혀 다르다.

6.5 막판게임 문제

시작이 있으면 끝도 있게 마련이다. 장기간의 상호관계도 결국은 종국이 있다. 종국에 다다르면 사업의 상호관계는 문제에 직면하게 된다. 1980년대 중반, 중국이 개혁개방을 본격적으로 개시한 이래 몇 년이 지나지 않아서 발생한 일이다. 중국으로부터 사료용 옥수수를 수입할 때 수량부족 현상이 자주 발생하였다. 중국 현지에서의 옥수수 선적수량을 증명하는 선하증권을 보고 물품대금을 지급하였지만, 실제로 한국의 항구에 도착한 옥수수의 수량은 선하증권의 수량보다 훨씬 부족하였다. 국제무역계에서는 있을 수 없는 이런 현상이 그동안 중국 측과의 상호관계를 고려하여 특수사정으로 이해하고 묵시적으로 넘어갔지만, 게임이 막판으로 다가오게 되자 수량부족에 대해 누군가가 책임을 져야 하는 상황에 이르게 되어 분쟁이 발생한 것이었다. 막판에 다다르면 왜 이런 문제가 발생하는지, 장기관계의 해체문제에 대해 살펴보자.

〈표 9-6〉에서 살펴본 맞대응으로 되돌아 가보자. 즉, 놀보가 흥보를 간사하게 이용하려고 들 때, 흥보는 몇 회에 걸쳐 투자를 하지 않는 방법으로 보복에 나선다. 그러나 흥보는 마지막 회의 게임에서는 상대방에게 보복을 가할 수단이 없다. 그러므로 대리게임에서의 마지막 회는 일회성 대리게임과 동일한 논리를 갖게 된다. 즉, 장기게임이 단회성게임으로 바뀌기 때문에 법적 안정장치가 없으면 마지막에 다다를수록 정상적인 게임이 진행되지 않는다.

설명을 위해, 〈표 9-6〉에서 반복게임은 끝이 있고, 양당사자는 그런 사실을 알고 있다고 가정해보자. 좀 더 확실히 하기 위해, 양당사자는 게임이 (n+3)회를 마지막으로 종료된다는 것을 알고 있다고 가정하자. 놀보는 (n+3)회에 본인을 간사하게 이용하더라도 흥보가 자신에 대해 보복할 기회가 더 이상 없기 때문에 흥보의 보복을 두려워하지 않는다. (n+3)회에서 놀보가 착취를 선택하면 1이라는 몫을 받는데 비해 협조를 선택하면 0.5의 몫밖에는 받지 못한다. 따라서 놀보는 자기의 수익을 극대화하기 위해 (n+3)회에서 협조보다는 착취를 선택한다. 이러한 사실을 훤히 알고 있는 흥보는 (n+3)회에 투자를 하지 않을 것이다. 그러므로 흥보와 놀보는 (n+3)회에서 협조를 할 수 없다.

반복게임에서의 마지막 회는 일회성게임과 동일한 원리가 적용된다는 것은 이미 살펴본 바와 같다. 결국, 대리게임에서의 흥보와 놀보는 구속성을 띤 계약이 없이는 마지막 회에서 게임을 할 수 없다. 더욱 심각한 것은 흥보와 놀보는 마지막 게임은 진행되지 않을 것임을 알고 그 이전 단계에서 잇속을 차리기 시작한다는 점이다. 이런 것이 악화되면 훨씬 더 거슬러 올라가서 모든 게임에서 협조적 분위기를 망치는 결과를 초래한다. 즉, 놀보는 흥보가 (n+3)회에 투자를 하지 않을 것임을 알기 때문에 (n+2)회의 게임이 마지막이라는 것을 안다. 더 이상 흥보로부터 (n+3)에서 보복을 받을 우려가 없다는 사실을 인지한 놀보는 자신의 몫을 극대화시키기 위해 (n+2)회의 게임에서 흥보를 간사하게 이용하는 착취를 선택한다. 이러한 사실을 흥보도 물론 알고 있다. 그래서 흥보는 (n+2)회에도 투자를 하지 않는다.

이와 동일한 논리가 (n+1)회에도 그대로 적용되고, 그래서 제일 첫 게임까지

거슬러 올라간다. 일반적으로 어떤 회에서 당사자들의 협조가 불가능하게 되면 그 앞의 게임에서도 협조가 불가능해지는 현상이 발생한다. 만일 철두철미하게 합리적인 당사자들이 반복대리게임이 몇 회에서 종료되는지 알고 있다면, 전체 게임에 영향을 미치기 때문에 모든 게임에서 협조가 일어나지 않는다.

「막판게임 문제(endgame problem)」이라는 용어는 반복게임이 최종회에 다가감에 따라 협조관계가 무너짐을 뜻한다. 친인척 간에 가볍게 흔히 하는 고스톱게임에서도 막판게임 문제가 발생한다. 늦도록 고스톱을 치던 직장동료들이 내일을 위해 이제 일어서자면서 마지막으로 12판만 더 치자고 합의한다. 그리고 나서는 11판을 치고 나면 마지막 12번째에 치는 사람의 밑천이 바닥이 난 것을 아는 사람은 그 게임에서 이겨 봐야 돈을 받지 못한다는 사실을 알고 패를 돌리자마자 고를 부르지 않고 들어가 버린다.

6.6 장기관계의 법칙

사업을 영위하다 보면, 당사자들을 법정으로 끌고 가는 분쟁이 가끔 발생한다. 장기관계(long-run relations)를 지속해 오던 당사자들이 법적 분쟁에 휘말리게 되었을 때, 법원은 그러한 장기관계를 복원시켜주려고 노력하는 것이 바람직하다. 관계복원은 당사자들의 권리를 강제로 집행하는 것과 다르다. 결국, 법원은 때때로 일회성거래와 장기관계를 구별하여 다른 형태로 판결할 필요가 있다.

어린 자녀문제가 포함되어 있는 이혼분쟁과 자동차 매매에 관한 분쟁을 비교해보자. 어린 자녀를 둔 부모의 이혼은 그 자녀를 돌보기 위해 부부 간에 서로 장기관계를 필요로 하고 있다. 법원은 부부사이에 계속해서 통할 수 있는 모종의 관계를 설정하려고 애를 쓴다. 이혼을 희망하는 부부 간의 이 모종의 관계는 절충하기에 달려 있다. 절충을 모색해야 하는 판사는 이혼당사자 간의 관계에서 형평성을 폭넓게 고려해야 한다. 그러므로 판사는 어느 정도 알선 · 조정자로서의 기능을 담당한다.

이와는 대조적으로, 자동차 매매인은 전형적으로 일회성 거래에 매여 있을 뿐이다. 이들은 소송으로 문제를 해결하고 난 뒤에 서로 별 볼일이 없는 사이이다. 판사는 이들 간에 서로 잘 통할 수 있는 관계를 설정할 필요가 없다. 판사는 구태여 절충을 모색할 필요도 없이 당사자들 간의 권리관계가 어떻게 되는지 파악하면 그만이다. 당사자들의 권리관계는 분쟁의 협소한 사실에 근거하여 결정될 것이다. 그러므로 판사는 매매당사자 간의 제반관계를 다 반영한 형평성을 폭넓게 고려할 필요가 없다. 당사자들의 권리관계에 대한 결정은 어느 일방당사자에게 완전히 유리한 결정이 되기 쉽다. 어느 일방당사자에게 완전히 유리한 결정은 권리관계에 대한 분명한 정의를 밝히는 것이다. 판사가 「권리관계에 대한 분명한 정의」를 내려줌으로써 흥정과 교환을 촉진하게 된다. 반면에 「권리관계에 대한 애매한 정의」는 장래에 불화를 조장하게 된다.

법사회학자의 주장에 따르면, 요즈음 발생하는 사업분쟁의 대부분은 자동차 매매분쟁보다 이혼분쟁과 더 밀접하게 닮았다고 한다. 그러므로 이러한 사회학자들은 사업관련분쟁에 대해 그 해결수단을 종래와는 달리 해야 한다고 주장한다. 즉, 분쟁해결을 위한 그 대체수단은 상호관계의 복원에 초점을 맞추어야 한다는 것이다. 예컨대, 총판권자와 가맹점이 계약상의 분쟁으로 인해 법원에 소송을 제기해왔을 때, 판사는 우선적으로 당사자들의 권리관계에 근거한 결정을 하지 말아야 한다는 것이다. 대신 판사는 양당사자가 자기들의 분쟁을 해결하기 위해 서로 선의로 「협상할 의무」를 부담하고 있다는 점을 일깨워줘야 한다는 것이다. 「대체분쟁해결(ADR)」은 결과보다 과정에 초점을 맞추고 있다. 장기관계에 놓여 있는 당사자들 간에 분쟁이 발생하였을 때, 그런 분쟁을 해결하는데 대체분쟁해결과 같은 분쟁해결과정에 초점을 맞추는 것이 법원의 성능을 더 개선시킬 수 있는지에 대해 많은 연구가 전개되고 있다.[22)]

---

1) 형태는 다르지만 한국에서도 이와 유사한 현상을 찾아볼 수 있다. 과거에는 여름에 동해안 해수욕장에 들어가려면 입장료를 납부해야 했다. 그러나 입장료를 받은 대가로 지방자치단체는 익사자로부터 소송을 당할 경우 많은 부담을 안게 되었다. 비용과 편익을 분석한 결과 해수욕장의 입장료를 차라리 받지 않는 편이 낫다는 판단을 하게 되었고, 그런 결과 요즈음은 여름철이 되어도 입장료 없이 해수욕장에 들어갈 수 있게 되었다. 참고사항: 최근에는 「해수욕장」 대신 「해변」이라는 용어로 바꾸어 사용하고 있다.

2) 징벌손해배상금에서는 (1) 징벌배상금을 판결하는 조건, (2) 징벌배상금의 계산방식, 이 두 가지가 핵심 사안이다. 미국의 대부분의 주들은 징벌손해배상금을 판결로 내릴 경우 어떠한 조건을 충족하여야 하는가에 대하여 규정해두고 있는데 그 내용을 보면, 피고의 행위가 악의적이고, 가혹하고, 야비하며, 의도적이고 방자하거나 사기성을 띠고 있을 경우에 징벌손해배상을 판결하도록 하고 있다.

The following is the section on "Exemplary Damages" (which is another name for punitive damages) from the CALIFORNIA CIVIL CODE, §3294:

"For Oppression, Fraud or Malice.

(a) In an action for the breach of an obligation not arising from contract, where the defendant

has been guilty of oppression, fraud, or malice, the plaintiff, in addition to the actual damages, may recover damages for the sake of the example and by way of punishing the defendant."
That is not much detail to govern actions upon which millions of dollars turn. Notice that nothing is said about how to compute punitive damages.
이러한 법규들은 그저 징벌손해배상의 판결에 대한 가이드라인만을 제시하고 있을 뿐이다. 또한 징벌손해배상금을 어떻게 산정해야 하는지에 대해서는 더욱 불확실하다. 성문법 상에는 징벌손해 배상금의 계산에 대하여 특별히 지침을 제시하는 것이 없다. 예컨대, 징벌손해금이 보상손해금의 두 배만 되어야 하는지 아니면 1,000배가 되어도 괜찮은지 불확실하다.

3) 이 Coase Theorem은 법에 대한 경제적 분석에 도움이 되는데, 이 이론을 발명한 Ronald A. Coase는 노벨 경제학상(Nobel Prize in economics)을 받았다. Cooter, Robert & Ulen, Thomas, Chapter 4: An Economic theory of Property, *Law & Economics*, 3rd ed., Addison Wesley Longman, 1999.

4) 분쟁해결방법은 이해관계를 조정하는 방법, 법에 의해 권리관계를 판단하는 방법, 그리고 파워에 의존한 실력행사방법이 있는데, 여기서는 합리적 해결방법에 대해 논의를 전개하고 있으므로 파워에 의존한 실력행사방법은 논외로 하고 있다.

5) 주택매매보다 무기거래나 기술거래는 정보교환에 훨씬 더 주의해야 한다. 제값을 쳐주지 않기 때문에 오히려 해외에 투자 · 진출하는 것이 낫다고 하는 내부화(internalization)이론이 그 예이다.

6) 2000. 7. 3. 디지틀조선일보 기사

7) 국제무역에서 자신이 팔고자 하는 상품이나 서비스와 관련한 재산권(property right)의 법규정이 손해배상만 규정하고 있을 때와는 달리 강제명령(injunction)까지 규정하고 있을 때 분쟁해결 결과는 크게 다르게 나타날 수 있다. 특히, 기업들은 미국과 교역을 할 때 상대방의 재산권을 침해할 경우 손해배상만 생각해서는 안 되고 강제명령까지를 고려해야 할 것이다. 징벌적 손해배상과 관련해서도 고려해야 할 사안이다.

8) 여기에서 알아두어야 할 것이 두 가지가 더 있다. 첫째, 피고가 법원의 판결을 이행하지 아니하면, 피고의 재산은 판결금액을 조달하기 위해 압류되어 매각될 수 있다. 둘째, 배상손해(compensatory damages)는 응징손해(punitive damages)와 구별된다는 점이다. 응징손해는 피고에 대해 산정된 배상손해를 초과하는 금전적 손해이다. 응징손해의 목적은 피고를 응징하는데 있는 것이지 원고를 보상하는데 있는 것이 아니다.

9) 법원의 명령을 위배하는 피고에게는 금전적 판결의 지급을 하지 않는 경우보다 훨씬 더 과중한 조치가 떨어지게 된다. 피고가 법원의 명령을 따르지 않는 것은 원고를 당혹스럽게 만들 뿐만 아니라 법원의 권위를 모독하는 것이 된다. 법원의 정당한 명령을 무시하는 피고는 그 명령을 지키는데 동의할 때까지 법정모독죄에 저촉되어 인신을 구속당할 수 있다.

10) 미국의 통일상법을 보면, 모든 확정오퍼에 적용되는 것은 아니지만 어떤 확정오퍼는 3개월의 범위 내에서 유효하다고 인정하고 있다(The Uniform Commercial Code §2-205). 미국의 법원은 일반적으로 합리적인 신뢰의 범위 내에서 선물약속의 구속성을 인정하고 있다. 그 약속을 받은 당사자가 대학교와 같이 비영리기관인 경우, 미국의 법원들은 때때로 선물약속을 그 약속의 전부에 대해 구속성이 있는 것으로 인정하고 있다.

11) 거래비용만이 계약당시에 위험할당의 고려요소로 등장하는 것이 아니다. 반복게임이 아닌 경우도 있고, 반복게임의 경우라고 할지라도 그 게임의 횟수가 보험의 대수법칙에 해당할 만큼 크지도 않을 경우도 있을 것이며, 또 반복게임의 횟수가 대수의 법칙에 해당할 만큼 크다고 치더라도 위험이 실제로 발생하여 입은 손해의 크기가 기업의 운명을 좌우할 만큼 심각할 정도라면 이때에는 거래비용이 문제가 아니다. 또한 그 위험의 발생확률에 대한 정확한 정보를 구하기가 현실적으로 쉽지 않고, 위험할당이나 손해할당에 들어가는 거래비용의 예상도 사실 계산해서 구하기가 쉽지 않다. 따라서 이 부분에 대한 논리전개에서는 「거래비용」만을 고려할 때 적용될 수 있는 원칙이라는 묵시적 가정이 전제된다.

12) 여기서의 「법원」은 분쟁을 상담, 알선, 조정, 중재, 재판하는 제3자를 말하기도 하고, 때로는 입법을 담당하고 있는 제3자를 지칭하기도 한다.

13) 예컨대, 무역거래에서 은행으로부터 신용장을 수령했을 경우, 무역계약서나 신용장의 약관에 나타나 있지 않지만, 국제상업회의소에서 제정한 신용장통일규칙에서 명시하고 있는 당사자로서의 의무를 부담하게 된다. 마찬가지로 FOB나 CIF를 계약상에 삽입한 무역업자는 무역계약상에서 언

급되어 있지는 않지만 인코텀즈(Incoterms)에서 정한 의무를 부담하게 된다.

14) 평판은 당사자들로 하여금 계약내용을 이행하도록 유도하는 역할을 하는 것으로 분석되었다. 이런 연구를 한 사람: Klein, Benjamin, and Leffler, Keith, *The Role of Market Forces in Assuring Contractual Performance*, 89 J. POL. ECON. 615, 1981.

15) 이런 연구를 한 사람들 가운데 법률가로는 Ian Macneil을 들 수 있고, 경제학자들 중에는 Oliver Williamson, Ben Klein, 그리고 Victor Goldberg를 들 수 있다. See also the classic study by Macaulay, Stewart, *Non-Contractual Relations in Business*: A Preliminary Study, 28 AM. SOC. REV. 55, 1963.

16) 앞의 「상호의존성」부문에서 우리는 이미 반복게임에서의 협력 · 경쟁 행동과 그 결과에 대해 간단히 살펴본 바 있다.

17) <표 9-6>은 시간이 지나도 놀보가 받는 몫의 값에 변화가 없는 것으로 표시되어 있다. 그러나 엄격히 말하자면, 받는 몫은 시간이 지남에 따라 바뀌어야 한다. r을 할인율(discount rate)라고 하자. 만일 다음의 부등식이 성립된다면 놀보가 협조를 함으로서 받는 몫의 합계는 간사하게 이용하는 경우보다 더 크다. 즉, $0.5 + 0.5/(1+r) + 0.5/(1+r)^2 > 1$.

18) Axelrod, R., *The Evolution of Cooperation*, 1984.

19) Fudenberg, Drew and Maskin, Eric, The Folk Theorem in Repeated Games with Discounting, or With Incomplete Information, 54 *Econometrica*, 1986. Dixit, Avinash and Nalebuff, Barry, Thinking Strategically: The Competitive Edge in Business, *Politics, and Everyday Life*, 1991. Drew Fudenberg and Jean Tirole, *Game Theory*, 1991.

20) 여기서 살펴보는 모형에는 몇 가지 묵시적인 가정을 전제로 하고 있다. 가장 중요한 묵시적 가정으로는, 게임자들이 서로의 움직임을 관찰할 수 있다는 가정과 게임자들이 미래할인율을 너무 심하게 생각하고 있지 않다는 가정을 들 수 있다. 협조적인 해결이 없는 예외적인 게임은 여기에서 고려하고 있지 않다. See Harrison, Glenn W. and Hirshleifer, Jack, An Experimental Evaluation of Weakest Link/Best Shot Models of Public Goods, 97 *J. Political Econ.*, 1989. Hirshleifer, Jack and Coll, Juan Carlos Martinez, What Strategies Can Support the Evolutionary Emergence of Cooperation?, 32 *J. Conflict Resolution*, 1988.

21) Klein, Benjamin, & Crawford, Robert and Alchian, Armen, Vertical Integration, Appropriable Rents, and the Competitive contracting Process, 21 *J. Law & Econ.* 297, 1978.

22) 이론적 연구결과, 몇 가지 점에서 대체분쟁해결(ADR)에 대한 부정적인 결론에 도달하였다. 참고자료: Lisa Bernstein, Understanding the Limits of Court-Connected ADR: A Critique of Federal Court-Annexed Arbitration Programs, 141 U. PA. L. REV. 2169, 1993. 다른 한편으로 Ellen Deason(University of Illinois at Urbana-Champaign) 교수의 주장과 자료를 보면 ADR에 대한 이런 부정적 주장의 근거가 미약한 것으로 나타나고 있다.

10강

○ 소통의 과정

1 들어가는 말

1.1 소원과 통교

소통(疏通)의 「소(疏)」는 멀어진다는 뜻이고 「통(通)」은 통한다는 뜻이다. 소통이란 낱말에 왜 멀어진다는 의미가 포함되어 있을까? 소통은 하기에 따라 「소」가 될 수도 있기 때문이다. 소통은 가치중립적인 용어이다. 그러므로 소와 통 모두를 잘 해서는 안 되고, 통을 잘 해야 하는 것이다. 「소원」의 의미는 서로 사이가 두텁지 아니하고 거리가 있어서 서먹서먹함을 뜻하고, 「통교」의 의미는 국가나 개인 사이에 서로 사이좋게 지냄을 뜻한다.

의사전달이 꽉 막히는 사람과는 멀어져간다. ⇨ 소원(疏遠)
의사전달이 잘 통하는 사람과는 가까워진다. ⇨ 통교(通交)

소통의 사전적 의미는 "막히지 않고서 통함, 덮이거나 막힌 것을 열어 트이게 함, 생각하는 바가 서로 통함"이라는 뜻이다. 삼국지에서 조조는 야심가 동탁을 도모하려다 실패하자 아버지의 의형제 여백사(呂伯奢)의 집에 피신하였다. 그런데 자신을 도와 숨겨 준 여백사의 가족들이 집 후원에서 칼을 갈며 "묶어서 죽일까 그냥 죽일까? 혹시라도 놓치면 큰일이니 묶어서 죽이세"라고 말하는 소리를 몰래 엿듣고는 그들을 살해한다. 나중에 알고 보니 그들은 조조를 대접하기 위해 돼지를 묶어놓고 잡으려고 하였던 것을 조조는 그들이 자신을 죽이려고 한 것으로 오인하였던 것이다.[1)] 오늘날에 와서는 이메일, Facebook, Twitter와 같은 첨단기법을 이용하여 사람들 간의 소통이 활발히 전개됨은 물론 기업들만 보더라도 회사의 중요결정사항을 구성원들에게 알림에 있어 체계적인 의사소통기법을 구사하여 갈등의 벽을 제거하고 있다. 이와 같이 소통은 어떻게 하느냐에 따라 가까운 사람과 아주 멀어질 수 있을 정도로 심각한 갈등결과를 초래하기도 하지만, 정반대로 심각한 갈등을 해소할 수 있는 길을 열어주기도 한다.

의사소통을 나타내는 「communication」에서 상호작용을 의미하는 접두사 「co-」가 빠진 「munication」은 잘 사용되지 않는 기괴한 용어이지만, 「소음에 불과한 말(speaking just to make a noise)」이라는 의미를 지니고 있다.[2] 그러므로 협상에서 자신의 말이 소음에 불과하지 않고 상대방과 상호 잘 되기 위해서는 의사소통이 잘 이루어져야 한다는 의미가 단어 자체에 함축되어 있다고 할 것이다.

1.2 논의의 방향

의사소통은 협상에서 중추적 수단이 되는 과정이므로 정보 및 의미가 일방당사자로부터 타방당사자로 전달되는 의사소통의 기본구조와 과정에 대해 알아볼 필요가 있다. 또한 협상자들이 어떠한 과정을 통하여 서로의 인식, 믿음, 전망, 그리고 행동에 영향을 미치게 되는지에 대해서도 논의가 필요하다. 협상자들이 서로 엄격하게 서면용지만을 써서 매매주문을 내는 경우가 아닌 한, 언어적 및 비언어적인 의사소통 모두는 협상목적을 달성하는데 결정적으로 중요하다.

따라서 여기서는 먼저 의사소통의 기본모형을 살펴봄으로써 협상과정에서 이 기본모형을 응용할 수 있도록 하고, 그 다음에는 협상에서 인식의 역할을 살펴본다. 그런 다음에 의사소통의 효과를 결정하는 여러 방법을 평가하고, 특히 협상환경에서 의사소통을 비효율적이게 하거나 감소시키는 요인들이 무엇인가에 대하여 언급한다. 끝으로 협상의 효과를 개선시키는데 사용할 수 있는 의사소통기법 몇 가지를 검토한다.

2 의사소통의 모형과 요소

2.1 의사소통 기본모형

의사소통의 복잡성을 생각할 때 모든 요소들을 단일모형 속에 집어넣는다는

그림 10-1 »» 의사소통의 기본모형

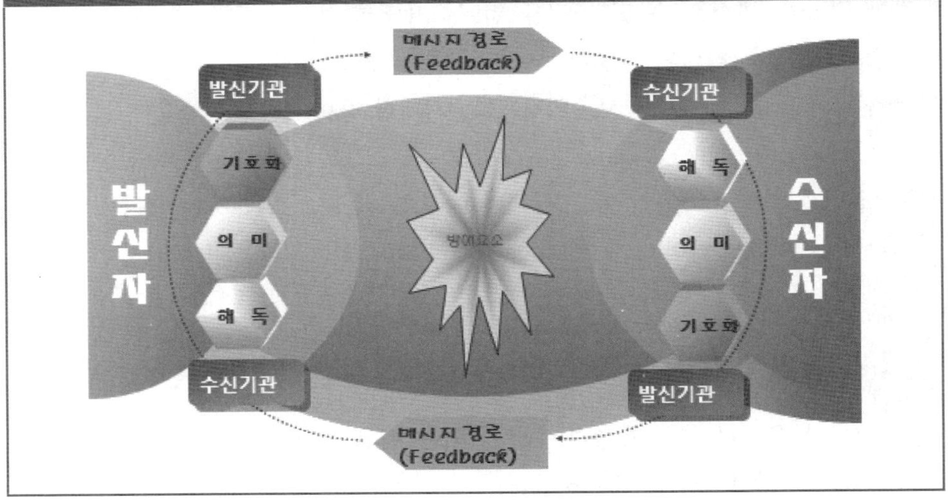

것은 쉬운 일이 아니다. Shannon과 Weaver는 정보이론(information theory)을 연구하면서 의사소통을 하나의 체계적인 「발신자-수신자 과정모형」으로 분석하였다. 즉, 의사소통에서 발신자, 발신기관, 메시지, 전달, 소음방해, 경로, 수신기관, 수신자 등을 주된 요소로 보고 있다.[3] Shannon과 Weaver의 발신자-수신자 선형모형은 오랜 세월동안 애용되어 왔지만, 오늘날처럼 정보가 폭주하고 최첨단 전자통신기기가 활발히 활용되고 있는 멀티미디어 시대에 더 이상 적합하지 않다는 지적도 있다. 예컨대, 컴퓨터의 블로그 게시판에 올라 있는 수많은 글을 보면서 누가 메시지의 발신자이고 누가 수신자인가를 어떻게 일일이 확인하고 구별할 수 있겠는가 하는 점이다.[4] 그러나 협상을 위한 의사소통을 제대로 이해하기 위해서는 여전히 이 고전적인 모형이 유용하다고 할 수 있다. 따라서 의사소통에 대한 분석적 이해를 위해 [그림 10-1]에 나타나 있는 바와 같은 기본모형을 활용하기로 한다.[5]

발신자는 마음속에 메시지를 담고 있다. 발신자는 그 메시지를 수신자가 알아들을 수 있는 언어로 기호화(encode)하려고 한다. 만일 협상상황이라면, 그것은 아마도 발신자가 어떤 결과를 더 선호하는가에 대한 언급일 것이다. 그 메시지는 낱말이나 문장과 같은 언어(verbal language)로 기호화되거나 아니면 얼굴표정이나 몸짓과 같은 비언어적(nonverbal) 표현으로 기호화될 수 있다. 일단 기호화가 된 메시지는 목소리, 얼굴표정, 글, 맞대면, 영상, 이메일, 문자, 서신, 전보 등을 통해 수신자에게로 전달된다. 수신자의 눈, 코, 귀, 혀, 몸과 같은 감각기관은 그 메시지를 포착하여 전달하고, 마음은 그 의미를 해독(recode)한다.[6]

발신자로부터 수신자에게로의 일방향식(one-way) 의사소통에서, 이것은 메시지가 전달되었음을 말한다. 자기의 메시지를 서면으로 작성하여 우편으로 수신자에게 보낸 발신자는 일반적으로 그 메시지가 상대방에게 전달되었으면 상대방이 그 메시지를 이해하였다고 간주한다.

그러나 대부분의 의사소통은, 특히 협상에서의 의사소통은 적어도 둘 이상의 당사자들 간에 주고받는 대화와 토의를 내포하고 있다. 그런 관계로 쌍방향식(two-ways) 의사소통과정에서 수신자는 더 적극적인 역할을 떠맡게 된다. 우선 수신자는 그 메시지가 어떤 방식으로 수신되었는가에 대한 정보를 제공하고, 그 다음 수신자는 자기 자신이 발신자가 되어 앞서의 수신메시지에 응답하거나 뭔가를 새로이 보강하게 된다. 이런 과정을 피드백(feedback)이라고 한다. 피드백과정에서, 수신자는 보고 듣는 것을 통하여 발신자가 뜻하는 바를 이해하고 그 메시지의 뜻을 해독한다. 수신자는 의사소통과정을 통하여 발신자의 메시지가 담고 있는 정보의 내용을 이해할 뿐만 아니라 그 정보의 내용을 해석하게 된다.

그 다음의 과정을 보면 수신자가 원래의 발신자에게 의사를 전달하는 발신자가 된다. 수신자가 이제는 발신자로 되어 기호화된 메시지를 전달하는 모습을 나타낸다. 즉, 이전의 메시지를 더 명확히 하고 이해하기 위한 질문이나 여타 다른 통신, 이전의 메시지가 담고 있는 정보의 내용에 대한 항의나 반발, 또는 애당초 메시지의 내용에 대한 반박 등의 형태로 나타날 수 있다. 이러한 모든 것들이 기호화되고, 여러 경로를 통해 발신되면, 원래의 발신자가 이제는 수신자가 되어 신호를 받아 해독하게 된다. 이런 일련의 과정은, "술 한 잔 어때?"라고 묻는 직장동료의 물음에 고개를 끄덕여 승낙의 표시를 하는 것과 같은 간단한 형태에서부터, 계약서를 작성하는 협상당사자들이 사용하는 복잡한 발언과 그에 대한 대응 등의 형태에 이르기까지 다양하고 복잡하다.

의사소통모형은 당사자들이 사실, 의견, 느낌, 선호도, 경험 등의 광범위하고 다양한 정보를 교환하는 데에 적용할 수 있다. 그러나 우리들 대부분이 경험을 통해서 알고 있듯이, 인간의 의사소통체계가 이렇게 고도의 효율성을 갖고 이루어지는 경우는 좀처럼 드물다. 모형 속의 제반 요소들은 메시지와 그 의미를 정확하게 수신하는 것을 방해 · 왜곡시키는 외부요인들에 의해 많은 영향을 받는다.

동의보감을 저술한 허준은 인체의 해부를 통하여 병의 원인과 치료법을 찾아내었다. 전통한방방식에만 의존하지 않고 새로운 방식인 해부를 시도하였다는 점에서 주목을 받았다. 이와 마찬가지로 「의사소통」을 해부해 보면 각 부분을 여러가지 요소로 나눌 수 있고, 그렇게 함으로써 어느 부분에 고장이 났느냐에 따라 처방을 달리 할 수 있다. 또한 협상에서 공방의 필요가 있을 때 각 부분의 급소를 찾아낼 수 있어 전략상 유리하게 활용할 수 있다. 따라서 여기서는 의사소통의 제반요소들을 먼저 기술하고 난 다음, 의사소통과정에서 왜곡이 어떻게 발생하는가를 살펴본다.

2.2 발신자와 수신자

발신자와 수신자는 각자의 목적과 목표를 갖고 있으면서 이를 달성하고자 한다. 발신자는 수신자의 마음을 바꾸거나 양보를 얻어내서 협상을 마무리 지으려고 할 수 있다. 수신자는 자기의 마음을 바꾸거나 양보할 생각이 없을 수 있다. 더군다나 수신자는 반대쪽 상대방과 비슷한 목적을 마음속에 갖고 있을 수도 있다. 발신자와 수신자의 목적이 다를수록, 또는 이들 둘 간의 관계가 적대적일수록, 의사소통에서 왜곡이나 오류의 발생가능성은 더 커진다. 예를 들면, 다음과 같은 현상이 발생한다.

정치가와 여자의 차이점에 대한 재담을 보자. 즉, 여자가 "아니요"라고 말하면 그것은 "글쎄요"의 의미이고, 여자가 "글쎄요"라고 하는 것은 "예"를 뜻한다. "예"라고 대답하는 여자가 있으면 그 여자는 칠칠치 못한 여자로 취급받는다. 이에 비해 정치가가 "예"라고 말할 때면 그것은 "글쎄요"의 뜻이고, 정치가가 "글쎄요"라고 하는 것은 "아니요"를 뜻한다. 정치가가 "아니요"라고 말하면 그 사람은 정신 나간 사람으로 취급받는다.[7] 한국의 노인에게 질문을 하면 자신의 의도와는 다르게 답변하는 경우가 흔히 있다. 예컨대, 부모가 자식에게 좋은 것을 먹이기 위해 자기는 먹기 싫다고 말한다. 진심은 먹고 싶지만 실제로 말하는 것은 반대로 말한다. 한국에서 국회의원 선거결과를 예측하는 출구조사가 방송사에 의해 엉터리로 발표되어 망신을 당한 적이 있다. 그 원인을 보면 직접 출구조사를 하지 못하도록 규제하는 바람에 전화로 조사하다보니 응답자들은 정보기관으로부터 감시 당하거나 피해를 볼 수 있다는 불안의식이 생겨나 사실과 다른 응답을 한 것으로 추정된다. 「삼국지」에서 조비가 황제위를 찬탈할 때 실제의 마음과는 달리 세 번 양보하는 절차를 밟는다.

이외에도 앞의 협상스타일과 위험대응성향에서 살펴보았듯이 발신자와 수신자는 개인적 기질에서 차이가 있다. 즉, 각자는 개인의 가치관, 안건 및 목표에 대한 태도, 경험, 인생역정, 그리고 개성 등이 대부분 서로 다르다. 이러한 요소들은 세상을 보는 시각을 다르게 한다.

2.3 발신기관과 수신기관

발신기관과 수신기관은 단지 정보가 수수되는 기관이다. 정보는 말이나 문자와 같이 언어적으로 보낼 수도 있지만 몸짓, 손짓, 얼굴표정 등과 같이 비언어적으로도 표현할 수 있다.

발신기관으로 어떤 것을 선택하느냐에 따라 결과가 달라질 수 있다. 즉, 어떤 메시지는 말로 하는 것이 더 낫고, 어떤 메시지는 글로써 표현하는 것이 더 나은 경우가 있다. 더군다나 얼굴을 맞대고 정보를 교환할 때 정보를 표현하는 전달경로가 여럿이다 보면 전달경로 간의 불일치로 인해 문제가 종종 발생한다. 예컨대, "당신의 입술은 '안돼요, 안돼요'라고 말하고 있지만 당신의 눈빛은 '돼요, 돼요'라고 말하고 있습니다."라는 오래 전부터 내려오는 이런 대사는 언어적 및 비언어적 경로로 동시에 보내진 메시지의 오류가능성과 불일치성을 잘 표현해 주고 있다.

또한 관상학에서는 시력이 약하면 얼굴을 찡그려 보므로 상대방에게 부정적인 인상을 주게 되어 그 사람의 운명이 바뀌게 된다는 것이다. 물론 이런 사람들은 안경을 쓴다면 운명이 달라질 수 있다고 한다. 청력이 약한 사람은 직장에서 상사의 부름이나 지시를 정확히 수신하지 못하여 알게 모르게 불이익을 받을 수 있다. 이와 같이 발신기관이나 수신기관의 오작동은 메시지의 정확한 전달을 곤란하게 한다.

2.4 메시지와 경로

메시지와 경로는 정보가 소통되는 매개체이다. 인류는 주로 말이나 글과 같은 기호를 사용하여 정보를 전달하는 능력을 가진 유일한 존재이다. 어떤 메시지는 자기가 뜻하는 바를 직접 표현한다. 즉, 테이블 저쪽에 내가 원하는 책이 있다면 몸을 기울여 그 책을 잡으면 된다. 반면에 어떤 사람들은 기호적 표현을 사용한다. 즉, 테이블 반대편 쪽에 앉아 있는 사람에게 부탁하여 "그 책을 나에게 좀 주시겠습니까?"라고 한다. 우리가 의사소통에 기호를 많이 사용할수록, 의도하는 뜻을 정확히 전달하기 어려워진다. 간단한 예로, 만일 부탁 받은 사람이 한국말을 알지 못한다거나, 테이블 위에 책이 여러 권 있다면 의사소통이 정확하지 못하게 될 가능성이 높아진다.

경로는 메시지를 실어 나르는 수단이다. 만일 우리가 직접 말을 한다면, 이 경우의 경로는 공중파이다. 만일 우리가 글을 쓴다면, 이 경우의 경로는 종이, 펜, 또는 컴퓨터이다. 만일 우리가 전화로 말을 한다면, 그 경로는 전화선로와 극초단파이다.

메시지와 경로 이 두 가지 모두는 소음과 같은 방해요소로 인하여 왜곡되는 경향이 있다. 의사소통과정에서는 다양한 방해수단이 있다. 경로왜곡의 사례로 삼국지에서 반간지계(反間之計)를 들 수 있다. 조조는 마초와 한수를 이간질하였다. 성내(城內)의 두 장수를 이간질하기 위해 고의로 썼다가 지운 흔적이 있는 편지를 한수에게 보내고 나서는 조조와 내통하고 있다는 소문을 병사들로 하여금 내게 하여 마초와 한수의 사이를 갈라놓았다.

메시지는 호텔의 무도회장과 같은 시끄러운 곳보다는 조용한 곳에서 더 명확히 전달할 수 있다. 의사소통 환경에서 산만함과 혼란스러움의 크기가 더 클수록, 소음이 정확하고 완전한 메시지의 전달을 더더욱 방해하게 된다.

2.5 해독, 의미, 기호화

「해독, 의미, 기호화」는 어떤 사람이 다른 사람의 메시지를 해석하고, 명확하게 말하기 위한 과정이다.

2.5.1 해 독

「해독」은 메시지를 기호화된 형태로부터 우리가 이해할 수 있도록 해석하는 번역과정이다. 만일 당사자들이 메시지를 전달하기 위해 동일한 언어를 사용하거나, 동일한 공통의 제스처를 사용한다면, 그 해독과정은 비교적 간단하고 오해가 없는 편이다. 그러나 동일언어를 사용하지 않거나, 동일한 제스처가 통용되지 않는 경우에는 해독과정에서 오해가 발생할 가능성이 높아진다. 특히, 국제무역을 하는 한국인은 대개 외국어를 써야 하므로 해독상의 오류가 자주 발생한다. 또한 이리로 오라고 하는 손짓이나 작별인사 때의 손짓에서 한 · 미간에 차이를 실감할 수 있다. 작별인사 때, 한국인은 손을 가로로 흔드는데 미국인은 손가락을 굽혔다 폈다하는 모습이 마치 무엇을 씹어 먹는 듯하다. 우리는 이런 모습을 텔레비전에 나오는 영어강사의 작별인사에서 가끔 볼 수 있다. 다국어가 쓰이는 경우, 통역이 다른 사람의 메시지를 해독하는데 도와 줄 수 있겠지만 완전한 통역은 불가능하다. 실제로 국제상사중재사건의 심리 중에 어느 통역은 "하자(瑕疵)"라는 말의 의미를 몰라서 당황하며 되묻는 경우도 있었다. 이 통역은 외국생활을 주로 한 한국인이었던 것이다. 그러므로 화자는 다른 사람의 의미나 어조, 그리고 단어를 완전히 이해하기 어렵거나, 심지어는 의사소통에 추가적인 오해를 낳을 수도 있다. 한편, 속기사가 기록할 때 반어법을 어떻게 처리할 것인가로 고민하기도 한다.

2.5.2 의 미

「의미」는 사람들 내심에 존재하는 사실, 아이디어, 느낌, 반응, 또는 생각 등을 말한다. 이 의미의 과정에서는 일종의 여과기처럼 걸러내는 작용을 하는데, 이 여과기를 통해 수신 · 해독한 메시지를 해석하게 된다. 만일 어느 한 당사자가 다른 사람에게 "그 책을 나에게 좀 주시겠습니까?"라고 부탁하였는데, 상대방이 "안 됩니다"라고 말하였다고 치자. 기호화된 "안 됩니다"라는 대답을 듣게 되면 사람들은 그 "의미"가 무엇인지 다양하게 해석할 수 있고 또 그에 대한 반응이 다양하게 촉발될 수 있다. 즉, ① 상대방이 내가 한 말을 제대로 알아들었을까? ② "안 됩니다"라는 말은 나의 부탁을 정면으로 거절한 것일까? ③ 상대방이 왜 "안 됩니다"라고 말했을까? ④ 상대방도 그 책이 필요한 것일까? ⑤ 상대방이 억지를 잘 쓰는 사람이어서 의도적으로 나를 방해하는 것일까? 등으로 해석될 소지가 있다.

이러한 제반 질문에 대한 대답은 의사소통의 전후관계와 당사자 간의 관계에 따라 달라질 것이고, "안 됩니다"라는 말의 「의미」를 다르게 할 것이다.

2.5.3 기호화

「기호화」는 메시지가 기호의 형태로 바뀌는 과정을 말한다. 기호화 과정은 능변이나 눌변, 서면이나 구두로 표현하는 기술 등의 기호화 기술에 따라 영향을 받는다. 저명한 물리학자인 스티븐 호킹(Stephen Hawing) 박사는 불치병인 루게릭병으로 지체장애가 있음에도 불구하고 블랙홀의 신비를 벗기는 기호화 작업을 멋지게 해내었다.

또한 기호화 과정은, 소통하고자 하는 바가 무엇인지, 이전의 의사소통과정에서 어떻게 반응하였는지, 이전의 의사소통과정 속에 내포된 의미가 무엇인지에 의해서도 영향을 받게 된다. 발신자는 자기가 선호하는 형태로 메시지를 기호화하기 쉽다. 그러나 이런 형태는 수신자가 선호하는 바와 다를 수 있다. 사업가 두 사람이 계약을 체결하기 위해 협상할 필요가 있다고 하자. 한 사람은 함께 만나 저녁을 먹으면서 논의하는 것을 좋아하는 반면, 상대편은 각자 계약서 초안을 서면으로 작성하여 교환한 다음 개별적으로 수정하는 것을 더 선호할 수 있다. 이와 같이 실제로 계약서를 어떤 방식으로 작성할 것인가 하는 것이 협상의 주제가 될 수 있다.

2.6 피 드 백

피드백(feedback)은 발신자의 메시지에 대한 수신자의 반작용과정이다. 일방향식(one-way) 의사소통과정에서조차도 피드백은 필수적이다. 메시지가 ▲ 실제로 수신되었고, ▲ 해독되었으며, ▲ 발신자가 의도한 바와 같은 의미로 받아들여졌다는 것을 발신자에게 알리는 것이 필요하다. 피드백이 없으면 의사소통에서 심각한 왜곡이 발생할 수 있다. 즉, 발신자는 피드백이 없으면, 자기의 메시지가 상대방에게 접수되었는지, 상대방이 메시지의 내용을 제대로 이해하고 있는지 못하는지 그 여부를 결코 알 수 없기 때문이다. 예컨대, 만일 외국인에게 전화를 하였는데 상대방이 받지 않아서 음성으로 메시지를 녹음시켜 두었다면, 이 메시지가 상대방에게 제대로 전달되었는지, 아니면 기계는 제대로 수신하여 녹음해 두었다고 하더라도 주인이 실제로 수신했는지, 상대방은 나의 외국어표현을 잘 알아들었는지, 또한 나의 의미가 제대로 전달되었는지 궁금하고 불확실한 마음이 생기는 것이 현실이다. 또한 대규모 청중을 상대로 말을 하는 사람도 자기의 말이 청중에게 제대로 전달되고 있는지를 알아보기 위해 청중이 긍정의 표시로 고개를 끄덕인다거나 미소 짓는 모습, 또는 다른 방식으로 피드백을 살피게 된다.

3 인식과정의 분석과 활용

3.1 인식의 개념

인식은 신체의 감각기관들이 주변으로부터의 신호를 암호화된 신경신호로 변환시키는 과정을 통해 정신적 개념을 만들기 위하여 지각정보를 해석하고, 확인하며, 그리고 형성하는 것을 의미한다.[8] 인식을 하려면 신경계통에 신호가 있어야 한다. 이 신호는 감각기관에 대한 물리적 자극으로 일어난다. 시력은 눈의 망막을 때리는 빛이 있어야 하고, 후각은 냄새분자가 있어야 하며, 청각은 압력변화인 압력파(pressure waves)가 있어야 한다. 감각계통(sensory system)은 신경계통(nervous system)의 한 부분으로 감각정보의 처리를 담당하고 있다. 일반적으로 알려져 있는 감각계통은 시각, 청각, 촉각, 미각, 후각이다. 요컨대, 감각은 우리가 정보를 해석할 때 물질세계로부터 정신세계로 바꾸어주는 변환기 역할을 하여 세상에 대한 우리 자신의 인식을 만들어내게 한다.[9] 인식은 이러한 신호들의 수동적인 수신에 의해서만이 아니라, 학습 · 기억 · 기대에 의해서도 형성될 수 있다.

철학에서의 인식에 대한 이슈는 소리, 냄새, 색깔과 같은 감각물질들은 인식하는 사람의 마음에서보다 객관적인 현실 속에서 존재하는 범위가 어디까지인가에 대한 것이다. 정신물리학은 인식에 대한 효과를 측정한다. 즉, 입력된 물리적 입자를 변화시키는 인식에 대한 효과를 측정코자 한다. 신경과학계에서는 인식에 관한 두뇌의 메카니즘을 연구한다. 인식체계는 또한 전산학분야에서도 정보처리과정과 관련하여 연구되고 있다.

두뇌의 인식체계는 비록 지각정보가 불완전하고 급속히 변하더라도 사람들에게 주변 세상을 안정적으로 바라볼 수 있게 한다. 인간과 동물의 두뇌구조는 단위방식(modular way)으로 되어 있어서, 각각의 영역에서 서로 다른 지각정보를 처리한다. 이러한 두뇌의 구조단위들 중 어떤 것들은 지각지도(sensory maps)을 그려내고, 두뇌의 범위를 벗어난 세계에 대해서도 그림을 그려낸다. 이러한 상이한 두뇌의 구조단위들은 서로 연관되어 있어서 서로 영향을 미친다. 예컨대, 맛은 그 향에 의해서도 강한 영향을 받는다.

3.2 인식의 과정

인식(perception)은 외부의 자극을 심사 · 선정 · 해석하여 개개의 객체에 대한 의미를 갖게 되는 과정이다.[10] 인식은 사람들이 자기들이 처한 환경을 알게 되는 과정으로 상당히 복잡한 물리적 · 심리적 과정이다. 또한 인식은 "감을 잡는(sense-making)" 과정으로 [그림 10-2]에서 보다시피 사람들이 자극을 해석하여 적절한 행동과 반응을 보이는 과정에서 나타난다.

그림 10-2 »» 인식의 과정

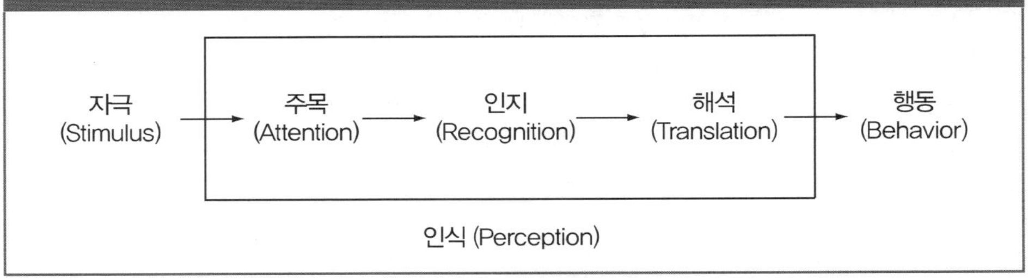

신체의 물리적인 수신기관인 눈, 귀, 코, 혀, 몸과 심리적 수신기관인 마음은 주변의 다양한 자극으로부터 나오는 실마리(cues)에 관심을 집중시키고 이를 입수한다. 잠이 들면 누가 업어가도 모르는 사람의 경우를 가상해보자. 이 사람의 귀에 어떤 소리가 자극으로 다가갔지만 잠을 자느라 그 소리에 주목하지 않기 때문에 소리를 인식하지 못한다. 때문에 잠에서 깨어나도 자는 동안 무슨 소리가 들렸는지 모른다. 이러한 인식과정에 대해서는 오랜 역사를 지니고 있는 유식론을 통해서 좀 더 조명해볼 수 있으리라 생각되어 간단히 살펴보기로 한다.

3.3 유 식 론

유식론(唯識論)에 의하면 일반인의 인식은 여덟 가지의 경로를 통해서 일어나는데 요약하면 〈표 10-1〉과 같다. 오직 '유(唯)'자에 알 '식(識)'자로 된 낱말「유식」은 우리가 알고 있는 우주천지는 모두 오직 식으로 형성되었음을 뜻한다. 인도에서 무착(無着)과 세친(世親) 두 형제에 의해 유식론이 정립되기 시작한 것은 대략 AD 300~400년경이다. 인도에서 인간심리를 관찰해 학문적으로 정리하는 가운데 가장 큰 업적을 세운 것이 바로 말나식과 아뢰야식의 발견이라고 한다.

■ 표 10-1 ▌유식론에 입각한 인식의 과정

구분	육근		육경		식(識)
	근(根)	능력	경(境)	인식대상	
제1식	안(眼)	시각	색(色)경	색깔	안식
제2식	이(耳)	청각	성(聲)경	소리	이식
제3식	비(鼻)	후각	향(香)경	냄새	비식
제4식	설(舌)	미각	미(味)경	맛	설식
제5식	신(身)	촉각	촉(觸)경	촉감	신식
제6식	의(意)	인지	법(法)경	뜻	의식
제7식	아(我)	사량 (思量)	자아 (ego)	아집 (我執)	말나식 (자아의식)
제8식	종(種)	이숙 (異熟)	상분 (삼라만상)	업(業)	아뢰야식 (무의식)
제9식	불(佛)	견성 (見性)	진여 (眞如)	공(空)	암마라식

먼저 물리적 감각기관을 통해 느끼는 대로 생겨나는 다섯 가지 인식을 전5식(前五識)이라고 하여, 눈으로 색깔을 보아서 생기는 인식을 안식이라 하고, 귀로 소리를 들어서 생기는 인식을 이식이라 하고, 코로 냄새를 맡아서 생기는 인식을 비식이라 하고, 혀로 맛을 보아서 생기는 인식을 설식이라 하고, 몸으로 촉감을 느껴서 생기는 인식을 신식이라고 한다.

제6식인 의식(意識: mano-vijnana)은 법[11)]을 인지하는 높은 차원의 심리적 인식이다. 제6식은 전5식을 통해 정보를 받아들이고 행위를 조종하고 총괄한다. 혀가 음식을 맛보는 것은 설식이지만 "맛있는 음식이네!"라고 인지하는 것은 의식이다. 또한 눈이 꽃을 보는 것은 안식이지만 "예쁜 꽃이네!"라고 인지하는 것은 의식이다. 사람의 눈은 가시광선만을 감지할 수 있지만 의식은 감마선, X선, 자외선, 적외선, 극초단파를 감지할 수 있다. 이 제6식은 또한 추세를 살펴 앞으로 어떻게 될 것인지 판단하는 추론능력을 지녔다.

다음으로, 말나식(末那識: manas)은 일곱 번째 의식을 말한다. 감각이나 의식을 통괄하여 자아의식을 낳게 하는 마음의 작용이다.[12)] 말나식은 제6식보다 한 단계 더 깊은 마음의 세계를 말한다. 여기에서의 자아는 육체가 아닌 행위주체로서의 「나」를 지칭하며, 프로이드가 말한 에고(ego)이다. 내 속에 또 다른 내가 있어 나의 의지와는 달리 나를 다른 곳으로 끌고 가는 또 다른 나를 말한다. 그리고 사량(思量)이란 분별로써 헤아린다는 의미로, 만물의 차별이 여기에서 비롯된다. 모든 사물을 비교의 대상으로 삼아 각각의 모습과 성질들을 임의의 기준으로 분별하는 것이다. 말나식의 문제는 분별을 일으켜 좋고 나쁨을 기억하게 만든다는 데 있다. 말나식이 제6식에게 색안경을 씌워버리면 제6식은 올바른 추론을 할 수 없게 된다. 유식학파에서는 번뇌 가운데 말나식(자아의식)에 상응하여 항상 일어나게 되는 번뇌를 아치(我癡)·아견(我見)·아만(我慢)·아애(我愛)의 4혹(四惑)이라고 하였다.[13)] 그래서 말나식을 잠재우고 제6식을 일깨우는 것이 바로 참선이다. 인(因)을 도와 과(果)를 낳게 하는 작용을 「연(緣)」이라고 한다. 제7식은 제8식에 내재되어 있는 업(業)을 받아서 6식에게 전달하는 기능을 한다.

다음으로 잠재의식을 말하는 제8식 아뢰야식(阿賴耶識)이 있다. 아뢰야식은 근본식이라고도 부른다. 프로이드는 이 근본식을 무의식[14)]이라고 하였다. 아뢰야식의 인식대상은 상분(相分)이다. 상분은 몸, 종자, 자연계를 통 털어 말하는 삼라만상을 지칭한다.[15)] 아뢰야식은 선악을 떠나서 모든 종자가 다 들어 있다. 나쁜 종자, 좋은 종자가 모두 들어 있다. 우리가 남을 미워하면 미워하는 마음은 사라져 버려도 그 종자가 여기 다 남아있게 된다. 이 종자는 이숙(異熟)이라는 낱말의 뜻처럼 다르게 성숙시키는 능력을 지니고 있다. 누군가를 사랑하면 사랑하는 종자가 들어 있다가 사랑하는 마음이 자꾸 깊어지는 것이다. 남을 미워하면 미워할수록 더 미워지는 것이고, 그러다가 나중에는 죽이기까지 한다. 우리가 생각을 내면 그걸로 끝이 아니라 아뢰야식에 항시 저장되는 것이다. 이것을 종자식이라 한다. 선악의 종자가 여기에 들어있게 된다. 그러다가 연이 닿으면 종자가 다시 싹이 터져 나온다.[16] 예컨대, 꿈을 꾸는데 그 꿈의 내용은 어디에서 오느냐는 것이다. 즉, 바로 무의식에서 온다고 본다. 그러므로 꿈을 분석하면 사람의 모든 삶을 알 수가 있다고 주장하기도 한다. 수십 년 전의 일들을 왜 잊지 않고 기억하는 걸까? 어디에서 저장하고 있는 걸까? 이러한 정보는 바로 아뢰야식에서 머물고 있다고 해석한다.[17]

제1식부터 제6식까지는 표면의식으로 표층심리를 나타내고 있는데, 이는 사람의 본심이 아니라고 해석한다. 제7식부터는 표층심리를 벗어나 심층심리로 들어간다. 제1식부터 제8식까지를 통 털어서 생각 또는 마음이라고 한다.

끝으로 제9식이라 할 수 있는 암마라식(菴摩羅識)이 있다.[18] 이 암마라식은 일반인의 인식단계를 넘어선 깨달음의 경지에서 보이는 인식으로 청정한 마음을 말한다.[19]

3.4 오감의 활용사례[20]

3.4.1 시각마케팅

인간이 지닌 오감 중 정보인지능력이 가장 뛰어난 감각은 바로 시각이다. 고객들이 상품의 시각적 요소를 중시한다는 점에 착안하여 디자인, 색상, 진열 등에 초점을 맞춰 마케팅을 전개하는 기법을 시각마케팅이라고 한다. 이는 시각을 통한 첫인상이 제품에 대한 평가에 가장 큰 영향을 미치며 구매행동과도 연결될 수 있음을 의미한다. 특히, 시각적으로 판단하는 인상 중에서 80%가 색채에 의한 것이라고 한다. 이러한 제품의 시각적 정보를 활용하여 소비자의 구매행동에 영향을 미치고자 하는 전략을 컬러마케팅이라고도 부른다.

3.4.2 청각마케팅

소리나 음악을 활용하여 고객들의 구매욕을 자연스럽게 자극하는 마케팅기법을 청각마케팅이라고 한다. 식품매장의 생선코너에서는 갈매기와 파도소리를, 과

일코너에서는 매미소리를 틀어놓음으로써 식품의 신선한 느낌을 고객에게 전달하여 구매를 유도한다. 백화점의 매장에서는 내방객이 적은 오전시간에는 클래식처럼 느린 음악을 틀어놓는다. 정오부터 2시까지는 경쾌한 음악을, 그리고 내방객이 가장 많은 4시부터 6시 사이에는 빠른 템포의 팝 음악을 틀어놓아 내방객의 정서와 기분에 맞춤으로써 구매욕을 불러일으킨다.

3.4.3 후각마케팅

인간의 느낌과 기억을 불러일으키는 감각요소가 바로 후각이다. 이러한 후각을 자극하여 구매를 유도하기 때문에 향기마케팅이라고도 한다. 의류매장은 센추럴향이나 샤넬향으로 고급스런 이미지를 갖도록 한다. 병원에서는 라벤더향을 뿌려 환자가 안정감을 느끼도록 한다. 여행사 사무실은 파인애플향이나 코코넛향으로 이국적인 정취를 불러일으킨다. 은행지점에서는 볶은 커피향으로 고객들이 편안함을 느끼도록 한다.

3.4.4 미각마케팅

백화점이나 대형할인마트에서는 고객들이 허기를 느끼는 시간대에 시식코너를 운영하여 미각을 활용한 마케팅을 전개한다. 심지어 관광지 노변의 과일장수도 과일을 잘게 썰어 운전자에게 맛보게 하는 방식으로 판매를 한다.

3.4.5 촉각마케팅

고객들이 상품을 직접 만져보거나 입어보거나 또는 발라보게 하는 방식으로 촉각을 이용하여 마케팅을 전개한다. 화장품 회사들은 고객들에게 샘플을 무료로 나누어주어 사용해보게 한 다음 판매를 한다. 의류매장에서는 핏팅룸(fitting room)을 설치해둠으로써 고객들이 직접 입어보고 맞는 옷을 구매하도록 자극시킨다.

3.5 인식에 영향을 미치는 요소

인식과정에 대해 빨리 알고 싶으면 이 책에서 고개를 들어 눈을 감는다. 그리고는 천천히 눈을 떠본다. 당신이 지금 방안을 둘러보든 아니면 창밖을 바라보든 관계없이, 당신이 보고 있는 모든 외부자극의 목록을 만들어 보라. 예를 들어, 벽, 컴퓨터, 책상, 그림, 가구, 카펫, 창문, 커튼, 건물 등. 다음으로는 목록에 올라 있는 각각의 객체에 대한 크기, 색상, 구조, 모양 등과 같은 특성을 파악해 보라. 금방 이 작업을 다루기 어렵게 될 것이다. 사람들의 감각기관은 이러한 모든 정보를 받아들이는 반면, 두뇌는 이 모든 것을 효율적으로 처리하지 못하기 때문이다. 그러므로 인식은 선택적일 수밖에 없게 되고, 오로지 어떤 특정 외부자극에만 초점을 맞추고 나머지는 버리게 된다. 이러한 선택에 영향을 미치는 요인은 너무나 많고 다양하다. 그 요인들에 대해 좀 더 살펴보자.

일단 주목함으로써 인지하게 되면, 사람들은 그 인지된 바를 해석하여 행동으로 반응을 보인다. 이런 과정을 지칭하여 인식의 형성(perceptual organization)이라고 한다. 외부의 자극이 일단 인지되면, 적절한 반응이 필요하게 된다. 산에서 "바위 굴러온다, 조심해!"와 같은 언어적 경고의 메시지는 우리의 귀로부터 두뇌로 전달되는 것으로, 우리에게 빠르게 굴러오는 바위를 보게 하고 얼른 비켜서게 할 것이다. 우리가 앞에서 언급한 바와 같이, 인식의 선택 및 형성은 두 그룹의 영향을 받는다. 즉, ① 자극의 물리적 특성이 그 하나요, ② 인식이 발생하는 사회적 환경의 특성이 또 다른 하나이다. 협상에서의 인식은 대부분 사회적 환경의 특성에 의해 영향을 받지만, 자극의 물리적 특성에 의해서도 영향을 받는다. 그러므로 이러한 물리적 특성에 대하여 먼저 검토해 보고, 나중에 사회적 특성에 대하여 좀 더 상세히 살펴보기로 한다.

4 물리적 자극의 영향

자극의 물리적 특성은 인식에 극적으로 영향을 미친다. 자극의 크기, 세기, 대조, 색다름, 반복, 빈도, 위치 등은 사람들의 인식에 영향을 미친다. 또한 물리적 자극을 수용하는 개인별 능력의 차이, 그리고 물리적 자극에 대한 무지가 인식에 영향을 미친다.

4.1 자극의 크기

일반적으로 객체인 물체가 클수록 더 많은 주의를 끌게 되고 더 빨리 눈에 띈다. 프랑스의 루브르 박물관은 루브르궁을 개조해 만든 대형 박물관으로 연간 관람객이 한국 전체의 외국관광객과 맞먹는다. 이집트의 피라미드, 그 중에서도 기자의 대 피라미드의 높이는 147미터, 밑변이 230미터이고, 무게가 2톤이 넘는 돌 230만개를 사용하여 만들어졌다. 이 대 피라미드는 사람의 손으로 만들어진 세계 최대의 건조물로 관광객의 인기를 끌고 있다. 에베레스트(Mt. Everest)의 높이는 8,848미터로 지구에서 가장 높은 봉우리라고 사람들에게 인식되어 있다. 이와 같이 자극의 크기가 클수록 사람들은 잘 인식하는 성향이 있다. 이러한 점을 고려하여 기업들은 빌딩에 대형전광판을 설치하여 광고하고 있고, 대형빌딩을 신축할 때 세계최고층이라고 홍보하는가 하면, 선거에 출마한 후보자는 건물 벽 전체를 장식한 선거용 현수막을 내걸어 유권자들의 인식에 영향을 미치려고 한다.

4.2 자극의 세기

자극의 세기 또는 강도(强度: intensity of stimulus)는 사람들의 인식에 영향을 미친다. 시각적 매체에서 밝은 색을 강하게 사용할수록 어두운 색보다 사람들에게 더 쉽게 인식된다. 약하게 맞았을 때와 세게 맞았을 때 받는 느낌이 다르다.

사람들의 음색 또한 혀와 구강의 기하학적 형상에 따라 다르게 나온다. 그러나 동일한 음색을 지녔을 때 폐에서부터 내뱉는 호흡이 얼마나 센가에 따라 소리의 강도는 달라진다. 즉, 뿜어져 나오는 압력파의 강도에 따라 소리의 강도가 정해진다. 청각적 매체에서는 조용하기보다 소리가 클수록 사람들의 관심을 더 잘 끌게 된다.

베버의 법칙(Weber's law)을 보자. 이는 처음에 강한 자극을 주면 자극의 변화를 감지하는 능력이 약해져서 작은 자극은 느낄 수 없으며 더 큰 자극에서만 변화를 느낄 수 있다는 법칙을 말한다.[21] 베버의 법칙은 독일의 해부학자 · 생리학자인 베버[22]가 주로 무게 · 온도 · 압력에 대한 감각의 반응을 연구하면서 발견한 법칙이다. 베버는 2개의 유사한 자극 간에 촉각의 차이를 감지할 수 있는 가장 작은 자극의 양에 대한 개념을 도입했다. 이는 심리학과 감각생리학에서 매우 중요한 개념이다.

자극이 증가되었음을 감각이 느낄 수 있기 위해서는 그 변화의 차이가 일정한 역치(閾値: threshold)[23] 이상이 되어야 하는데, 이는 감각을 생성하는데 필요한 증가량의 변화를 느낄 수 있는 최소의 차이이다. 더욱이 그 차이는 절대치보다는 전체적인 자극 강도의 비율이 중요하다. 그러므로 만일 10kg을 들고 있을 때 1kg을 증가시켰다면, 20kg을 들고 있을 때 무게가 증가되었음을 느낄 수 있기 위해서는 1kg보다 더 많은 무게를 증가시켜야 한다는 것이다.[24] 즉, 100만원을 지닌 사람에게 10만원이 생겼을 때 느끼는 감각과 1억원을 지닌 사람에게 10만원이 생겼을 때 느끼는 감각은 동일하지 않은 이치라고 할 수 있다. 그러므로 후자에게는 10만원보다 훨씬 큰 금액이 증가되어야 전자가 받는 감각을 느낄 수 있다. 이와 비슷한 관찰은 듣기나 보기와 같은 다른 감각들에 대해서도 이루어졌다. 베버는 또한 모든 감각에서 「종말역치(terminal threshold)」를 기술했는데, 이는 더 이상의 감각 증가가 느껴지지 않는 최대 자극을 의미한다.[25]

4.3 자극의 대조효과

만일 인식대상인 객체가 어떤 극단적인 특성을 지니고 있다면 그에 이웃한 객체는 대조적으로 인식된다. 인식과정에서 이와 같이 이웃과의 맥락에 의해 영향을 받게 되는 현상을 「대조효과(contrast effect)」라고 한다. 색상, 크기, 강렬함 등으로 배경과는 다르게 자극을 돋보이게 꾸미는 것은 시각적으로 대조되게 보인다.

이 대조효과에는, 여러 자극이 동시에 등장할 때 나타나는 「동시대조효과(simultaneous contrast effect)」와 여러 자극이 차례로 등장할 때 나타나는 「연속대조효과(successive contrast effect)」가 있다. 미지근한 물이라고 하더라도 상황에 따라서는 차갑게 느껴지기도 하고 따뜻하게 느껴지기도 한다. 그것은 미지근한 물에 손을 담그기 직전에 뜨거운 물에 손을 담갔는지 아니면 얼음물에 손을 담갔는지에 따라 그 느낌이 달라지기 때문이다. 이러한 관찰을 통한 대조효과는 17세기의 철학자 John Locke가 이미 언급한 바 있다.[26]

20세기 초에 독일의 물리학자, 심리학자, 생리학자 그리고 철학자인 Wilhelm

Wundt[27]는 인식의 기본원리로서 대조효과를 확인하였고, 그 이후부터 이 대조효과는 여러 다른 분야에서 확인되어 왔다.[28] 이 대조효과는 색상 및 밝기와 같은 시각적 부문에서 뿐만 아니라, 청각, 무게를 비롯한 다른 부문에서도 인식에 영향을 미치는 것으로 확인되고 있다.[29] 예컨대, 청각적 대조효과를 들 수 있다. 만일 연설하는 사람이 항상 크게 말한다면 그는 관심을 끌 수 없을 것이다. 오히려 조용하고, 차분하고, 단조로운 목소리는 시끄럽고 떠들썩하게 소리치는 상황 속에서 주의를 끌 수 있다. 어떤 실험에서는 히틀러(Hitler)라는 이름을 생각게 하면 사람들은 상대방을 더 적대적으로 평가하는 것으로 밝혀졌다.[30] 어떤 노래가 좋은지 싫은지 인식하는 것은 전에 그 음악을 들었을 때 기분이 좋았는지 나빴는지에 따라 인식이 달라질 수 있다.[31] 이러한 대조효과가 제대로 작동하려면, 비교하려는 객체들이 서로 어느 정도는 비슷해야 한다. 예컨대, 보통 키의 텔레비전 리포터가 키가 큰 배구선수와 인터뷰할 때는 더 작아 보인다. 그러나 이 리포터가 높은 빌딩 옆에 서 있을 때는 키가 더 작아 보이지 않는 것과 같은 이치이다.

4.4 자극의 색다름

친숙하지 않은 독특한 자극은 사람들의 시선을 끈다. 매일 청바지를 입고 등교하던 학생들이 졸업사진을 촬영하기 위해 양복과 양장 차림으로 나타났을 때 주위의 시선을 끌게 된다.

드디어 공부를 마치고 자만심이 가득한 채 돌아온 한석봉에게 어머니는 불을 끄고 붓글씨를 써보도록 한다. 물론 어머니도 불을 끈 채로 떡을 썰었다. 한석봉의 글씨는 삐뚤빼뚤, 어머니의 떡은 달인이 썰어놓은 듯 가지런하다. 이렇게 크게 깨달아 조선시대의 명필이 된 한석봉과 그 어머니의 이야기는 색다름으로 인해 우리들이 오랜 세월이 지나도 잘 기억하고 있다. 이와 같이 색다름은 인식에 큰 영향을 미친다.

또한 1997년 12월의 IMF 구제금융 이후 한국 TV방송의 광고에서는 비용절감을 위해 모델을 쓰는 대신에 만화주인공을 등장시킨 적이 있다. 이 때 친숙하지 않은 색다른 주인공의 등장에 시청자들은 관심을 보이게 되었고, 광고주는 비용절감효과를 누릴 수 있었다.

4.5 자극의 반복과 빈도

반복되는 자극은 더 주목받기 십상이다. 광고에 대한 접촉 빈도가 높을수록 소비자들의 광고에 대한 선호도 역시 높아진다. 소비자들로부터 좋은 호응을 얻으려는 광고주는 메시지를 반복하여 노출되는 빈도수를 높이려고 한다.

미국의 사회심리학자 Robert B. Zajonc의 단순노출효과(mere exposure effect) 가설에 따르면, 사람은 어떤 대상에 단순히 반복적으로 노출되는 것만으로도 그 대상에 호감을 느끼고 친숙해진다. 그는 이 가설을 증명하기 위해 대학 졸업생 사진을 12장 준비하여 학생들에게 무작위로 1초당 두 장 꼴로 보여주어 얼굴 사진을 보는 횟수(0, 1, 2, 5, 10, 25회)와 호감도의 상호관계를 파악하였다. 그 결과, 얼굴 사진을 본 횟수가 증가하면 사진내용에 관계없이 기계적으로 호감이 높아지는 것으로 나타났다. 단, 제약조건은 첫인상이 긍정적이어야 하며 적어도 중립적이어야 제 기능을 발휘한다. 1889년에 세계박람회를 기념하기 위해 건립된 파리의 에펠탑은 처음에는 수많은 반대에 부딪혔고 철거운동까지 전개되었었다. 그러나 오늘날 에펠탑은 파리의 랜드 마크가 되어 파리 시민들의 사랑을 받고 있다. 그런 관계로 단순노출효과를 에펠탑효과라고 부르기도 한다.

광고 이론가 Herbert E. Krugman은 소비자들에게 광고효과가 발생하기 위해서는 최소 3번의 노출이 필요하다는 3회-노출이론(three-hit theory)을 제시하였다. 소비자들이 광고에 1회 노출되었을 때는 단순한 호기심을 가지는 단계이고, 2회 노출되었을 때는 그 광고가 자신에게 어떤 혜택을 주는지 알고자 하는 단계이다. 3회째 노출되었을 때는 광고와 브랜드를 연결시키게 된다는 것이다.

협상상황에서 어떤 입장을 위해 설득작업을 벌이는 협상자는 확실히 목적을 달성하기 위해서는 여러 가지 접근방법을 쓰고 또 여러 국면에서 그 입장을 수차례 반복하여야 한다.

4.6 자극의 위치와 순서

외부자극이 여럿 있을 때 그 자극을 나타내는 위치와 순서가 상대방의 인식에 상당한 영향을 미친다. 여기에는 대표적으로 최초효과(primacy effect)와 최신효과(recency effect)가 있다.

4.6.1 최초효과

여러 개의 자극이 있을 때 최초의 자극이 기억될 가능성이 높다. 달에 맨 처음 발걸음을 내디뎠던 사람은 닐 암스트롱이다. 그러면 두 번째는 누구인지 기억하는가? 미국의 초대 대통령은 조지 워싱턴이다. 그렇다면 2대 대통령의 이름은? 이와 같이 사람들은 처음의 자극은 상대적으로 잘 기억한다. 삼성그룹은 광고카피에서 "아무도 2등은 기억하지 않습니다. 역사는 1등만 기억합니다."라고 하였다. 이런 광고 문구는 결국 「최초」가 인식에 미치는 영향을 고려하여 만들어진 것으로 해석된다.

4.6.2 최신효과

여러 개의 자극이 있을 때 맨 마지막 자극도 기억될 가능성이 높다. 협상자가 최신효과를 믿고 있다면 수많은 사실들을 제시한 후 맨 마지막에 결론을 도출할지도 모른다. 이와는 반대로 발언자가 최초효과를 믿고 있을 경우에는, 결론을 먼저 말하고 나서 그 다음에 그 결론을 뒷받침하는 사실과 주장을 적시하고 진술하게 될 것이다.

4.7 자극 수용능력의 차이

물리적 자극에 대한 인간의 감각기관은 역치(threshold)와 포화(saturation)[32] 사이에서 반응한다. 예컨대, 인간이 볼 수 있는 색역(色域)이나 청취할 수 있는 음역(音域)은 정해져 있다. 또한 동일한 자극이라고 해서 모든 사람이 동일하게 수용하는 것은 아니다.

이와 비슷하게, 어떤 사람은 소주를 5병 마셔도 괜찮은데, 어떤 이는 소주를 한 잔만 마셔도 알레르기 반응을 일으킨다. 소주에 들어있는 특정성분에 대한 역치가 사람마다 다른 것이다. 역치는 공감이나 위로를 할 때에도 요긴하게 쓰인다. 상대방이 왜 힘들어하는지, 왜 울고 있는지, 왜 흥분해서 날뛰는지에 대해 평소에는 공감하지 못했더라도 역치를 떠올려 생각해보면 위로해주고 싶은 마음이 생길 수 있다.

한편, 아무런 소리가 나지도 않고 보이는 것도 없는데 고양이가 귀를 쫑긋 움직이며 어딘가를 노려보고 있다면, 분명 무슨 소리가 났으며 무엇인가 있다는 신호다. 사람은 이와 같이 듣지도 보지도 못하는 경우에도 매개체를 통해 심지어는 아무런 매개체가 없어도 어떤 실마리를 인지할 수 있는 능력을 지니고 있다. 오감의 범위를 벗어나 존재하는 물리적 자극에 대해서는 인간의 육체적 감각기관이 아닌 마음으로 인지하게 된다.

4.8 자극에 대한 착각이나 무지

우리가 정지해 있는 기차에 앉아 있을 때 옆의 기차가 움직이는데도 불구하고 자신이 타고 있는 기차가 반대방향으로 움직이는 것처럼 보여서 깜짝 놀란 경험이 있을 것이다. 이것은 유도운동(induced movement)현상이라는 착각에 의한 것으로, 자동차나 선박을 타고 있어도 동일한 경험을 할 수 있다.

다음의 [그림 10-3]이 어떻게 보이는지 말해보자.[33] (1) 서로 교차하고 있다. (2) 서로 평행하고 있다. (3) 서로 교차하기도 하고 평행하기도 한다.

사람들이 단순한 착각에 머무르지 않고 자극에 대한 속성이나 특성을 제대로 알지 못하는 경우, 습관은 그 자극에 대해 무심결에 대응케 하여 중대한 결과를

그림 10-3 »» 착시테스트

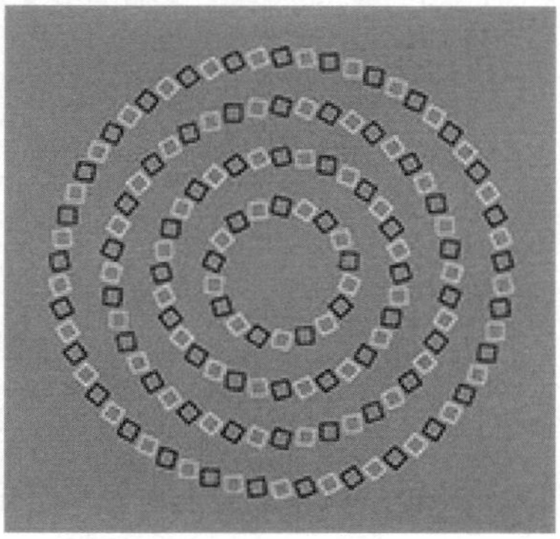

초래할 수도 있다. 야간에 비행하는 항공조종사가 실제로는 고정된 불빛인데 그것을 움직이는 불빛으로 착각하여 따라간다고 가상해보라. 이것은 상상만 해도 끔찍하다. 실제로 암실 안에서 가까운 거리에 정지된 불빛을 놓고 그것을 한참 바라보고 있으면 그 불빛이 움직이는 것처럼 보이게 되는데, 이것은 자동운동(automatic movement)현상이라 불리는 착각에 의한 것이다. 따라서 야간에 운행하는 비행기의 불빛은 반짝이는 섬광으로 표시하고 있다. 이 외에도 가현운동(apparent movement)현상이라는 착각의 원리가 있다. 이것은 사람의 시각은 두 개의 대상이 0.06초의 간격으로 다른 장소에 나타나면 마치 한 개의 대상이 움직이는 것처럼 인지하는 현상을 말한다. 이런 착각을 현실생활에 활용한 것으로는 네온사인, 영화 등이 있다.

비행기 추락사고가 나면 그 사고의 원인을 캐내기 위해 제일 관심을 보이는 물체가 바로 블랙박스이다. 사람들은 블랙박스라고 하니까 그 박스의 색깔이 검은색인줄로 알고 있는 경우가 많다. 그러나 실제로 블랙박스의 색깔은 오렌지색이다. 색깔로 말하자면 블랙박스가 아니라 오렌지박스인 셈이다.

또 다른 예를 보자. 테니스나 골프를 친 다음 사우나를 하면 몸이 개운해진다. 그런 습관에 젖어 있는 사람이라면 심해에 잠수를 한 다음 사우나로 달려갈지도 모른다. 그러면 어떻게 될까? 사우나로의 돌진은 잠수병이라고 알려진 감압병을 촉진시키게 된다. 공기 중에는 질소가 기체 상태로 포함되어 있다. 압력이 높고 온도가 낮을수록 질소는 혈액에 잘 용해된다. 수중에서 체류하는 시간이 길면 길수록, 또 수심이 깊을수록 사람의 내부온도는 감소한다. 때문에 공기 중의 질소가 혈액에 더 잘 용해된다. 그러나 잠수 직후 사우나에서 몸이 갑자기 따뜻하게 데워지면 체온저하로 인해 혈액에 용해되어 있던 질소가 쉽게 기화되면서 그 결과 다량의 공기방울이 발생된다. 인체 여러 곳에서 동시에 다발적으로 공기방울이 형성된다면 심각한 상황을 초래할 수 있다. 즉, 여러 장기의 혈액순환을 차단하여 인체조직에 저산소증을 유발하거나 괴사를 촉진시키고, 또 정맥을 통하여 한꺼번에 많은 양의 공기방울이 폐로 들어오게 되어 폐의 산소교환을 방해한다. 그러면 호흡곤란이 일어나서 질식할 수 있다. 그러므로 심해에 잠수 직후에는 사우나에서 급히 몸을 데울 것이 아니라 차가워진 몸을 서서히 녹여야 한다. 이와 같이 사람들은 어떤 자극에 대해 잘못 인식하거나 착각하는 경우가 흔하다.

5 사회적 인식과 왜곡

5.1 사회적 인식

사람들은 색상, 소리, 냄새, 맛, 촉감과 같은 단순한 물리적 특성뿐만 아니라 다양한 사회적 특성을 인식하는 방식이 크게 다르다. 즉, 상대방의 국적, 인종, 성, 나이, 키, 몸무게, 의상, 억양, 사투리, 어조, 언어습관, 얼굴표정, 손짓, 몸짓, 행동, 학력, 경력, 혈연, 평판, 직업, 신분, 재산 등과 같은 특성을 어떻게 인식하는가에 따라 의사소통에 영향을 미친다.

이를 테면, 어떤 정보가 약사, 의사, 회계사, 변호사, 판사, 검사, 가정주부, 회사중역, 정치인, 수리공, 그룹회장, 공무원, 학생 등 다양한 직업군 중 어디에서 나왔느냐에 따라 사람들은 그 정보를 다르게 인식하는 경향을 보인다. 또한 사리사욕을 밝힌다는 평을 받고 있는 사람보다는 개방적이고 정직하다는 평을 받고 있는 사람을 더 우호적으로 인식하는 경향을 보인다. 유유상종(類類相從)이라는 말처럼, 상대방과 여러 면에서 유사성을 발견하게 되면 우호적으로 인식하게 되고 신뢰와 협력의 관계가 형성되기 쉽다. 이와는 반대로 상대방과 유사성을 발견할 수 없으면 상대방에 대해 우호적이지 않거나 불신을 하게 되고 나아가 배타적, 경쟁적 관계가 형성될 가능성이 높다.

5.1.1 신경 · 언어프로그래밍

사람의 행동은 감각을 통해 뇌에 축적된 경험에 따라 좌우된다는 「신경 · 언어프로그래밍(NLP: Neuro-Linguistic Programming)」이론이 있다. 여기서 'N'은 시각, 청각, 후각, 미각, 촉각 등의 오감을, 'L'은 생각 · 행동을 연결하는 언어를, 'P'는 언어에 의해 유발된 신경반응을 체계화하는 과정을 뜻한다. 이 이론의 개발자는 미국의 언어학자인 존 그라인더와 컴퓨터공학 · 심리학을 전공한 리처드 밴들러이다. 이들은 성공한 사람의 행동을 면밀히 관찰해 인간의 심리체계와 행동원리의 구조를 밝혀냈다.[34]

예컨대, 교통사고를 당한 사람과 자동차 여행을 한 사람이 있다. 두 사람은

그림 10-4 ››› NLP의 작동원리

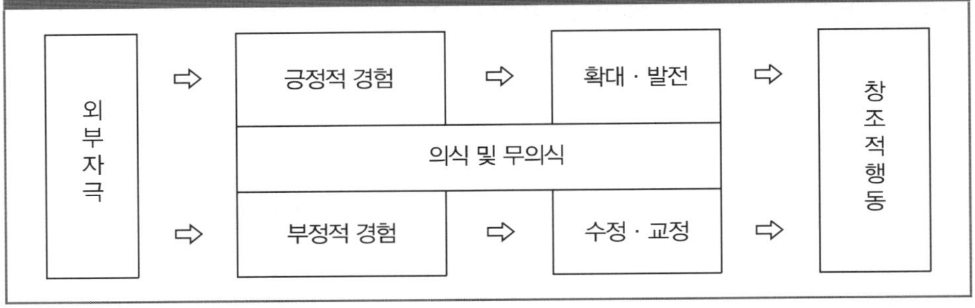

「차」라는 똑같은 말에도 반응이 정반대일 것이다. 한 쪽이 불안과 공포의 등가물로 받아들인다면, 다른 한 쪽은 여행의 기분이 남아 그저 흥겨울 뿐이다. 그만큼 사람의 경험에 따라 사물의 모습이 달라지게 마련인데 이는 사물의 이미지가 서로 다르게 뇌에 입력됐기 때문이다.

NLP는 무엇보다 성공한 사람과 실패한 사람의 신경과정 프로그램이 다르다는 사실에 주목한다. 성공한 사람이 일마다 긍정적 · 적극적으로 임하는 반면, 실패한 사람은 부정적 · 소극적 생각이 앞서게 「반복훈련」됐다는 것이다. 특히 인간의 의식보다 훨씬 큰 비중을 차지하는 무의식에 관심을 두고 이를 발전적으로 계발하는 방안도 연구한다. 무의식을 끊임없이 자극하고 훈련하면 인간의 행동도 좋은 쪽으로 변화한다는 주장이다.

인지한 사건의 사회적 전후관계도 상대방을 인식하는데 지대한 영향을 미친다. 협상안건의 성질이나 당사자들의 과거경험에 따라 협상상황이 경쟁적으로 전개될 수도 있고 협력적으로 전개될 수도 있다. 연구결과, 인식은 다음과 같이 변화하게 된다.[35)]

(1) 협상상황이 협력적으로 전개되면, 당사자들 간의 유사점 및 공동관심사가 증가되는 반면, 차이점이나 눈 밖에 나는 사항은 감소하게 된다. 이렇게 협상상황이 협력적으로 전개될 경우, 서로의 신뢰가 구축되고 추구하는 가치관이 근접하게 되거나 일치되게 된다.

(2) 협상상황이 경쟁적으로 전개되면, 상호 간의 동질성을 발견하기는커녕 당사자들 간에 차이점이 극명하게 드러나게 되고 위협도 등장하게 된다. 협상상황

이 이렇게 경쟁적으로 전개될 경우, 상대방과 정반대의 느낌이 더욱 늘어나서 "너는 나쁜 놈이고, 나는 좋은 사람이야"라는 생각이 고착화된다. 상대방이 설령 중립적이거나 타협적인 행동을 보이더라도 경쟁상황으로 인해 이를 그대로 해석하여 받아들이지 않고 악의적인 동기가 있는 것으로 오인하는 편견에 사로잡힌다.

협상상황이 경쟁적으로 전개될 것인가 아니면 협력적으로 전개될 것인가 하는 것은 당사자들 간의 과거지사 여하에 따라 영향을 받을 수도 있고, 또 협상사안의 성질이 영합(zero-sum)인지 아니면 비영합(nonzero-sum)인지에 따라 영향을 받을 수도 있다. 이렇게 협상당사자들 간의 관계를 경쟁이나 협력 중에 어떤 성격으로 규정하느냐에 따라 서로 상대방의 개인적 특성을 달리 판단하게 된다.

협상당사자들은 또한 서로의 유사성 정도를 잘못 진단할 수도 있다. 이런 잘못된 인식에 바탕을 두고 상대방의 행동을 예상하게 된다면, 협상과정에서 근본적으로 잘못된 전략을 수립하게 되거나 상대방의 태도를 오인하게 된다.

협상자의 개성 또한 자신의 인식에 영향을 미친다. 첫째, 사람들은 상대방과 유사한 면을 지니고 있는지 그 여부를 판단할 때는 자기의 개성과 상대방의 개성을 대비해본다. 그런 다음 상대방을 좋아하는지 아니면 싫어하는지 판단하게 된다. 둘째, 사람들은 자기의 필요나 욕구에 따라 또는 자기의 과거경험이나 동기에 따라 상대방을 멋대로 단정하는 인지상의 오류를 범할 수 있다.

5.1.2 인지오류의 전형적인 모습

인지상의 오류는 다섯 가지 전형적인 모습으로 나타나고 있다. 즉, ① 스테레오타입(stereotype), ② 후광효과(halo effects), ③ 선택적 인식(selective perceptions), ④ 투사(projection), ⑤ 지각방어(perceptual defense)이다.

이 중에서 스테레오타입과 후광효과는 개인에 대한 소량의 인지된 정보를 이용하여 일반화(generalization)시킨 결론을 도출하려고 하는 인식의 왜곡현상이다.

스테레오타입(stereotype)은 「고정관념」, 「상동태도」, 「전형화」 등으로 번역되고 있다. 그러나 통념상 「고정관념」이란 마음속에 굳어 있어 변하지 않는 생각을 말한다. 즉, 어떤 사람이나 집단의 마음속에 굳게 자리 잡고 있어서 늘 머리에서 떠나지 않고 어떠한 상황의 변화에도 흔들리지 않는 생각이다. 국어사전에서도 「고정관념」이란 자연히 마음이 그리로 가서 항상 의식에 고착되어 있는 생각을 말하는 것으로 「고착관념」과 동의어로 풀이하고 있다. 문제는 이런 고정관념을 다시 영어로 번역하면 stereotype이 아니라 anchoring bias, 또는 fixed idea로 된다는 점이다. 뿐만 아니라 「후광효과(halo effect)」도 광의로 보면 고정관념에 포함될 수 있다. 그러므로 여기서는 stereotype을 그대로 「스테레오타입」으로 표기하기로 한다.

한편, 선택적 인식, 투사, 지각방어는 어떤 특정한 속성을 지닌 대상을 기대함으로 인해 빚어지는 인식의 왜곡현상이다.

5.2 스테레오타입

스테레오타입(stereotype)은 단지 어떤 사람이나 사물이 어떤 특정 집단에 소속되어 있다는 이유만을 근거로 그 속성을 판단할 때 발생하게 되는 인식과정이다. 예컨대, 홍길동이 해병대 출신이라면, 사람들은 해병대 집단의 모든 특성을 이 홍길동 개인에게 덮어씌우는 것이다. 홍길동이라는 사람에 대해 제대로 알기 위해 모든 면을 일일이 경험하기에는 너무 복잡·다양하고 시간이 많이 걸리기 때문에 이런 식으로 인식하는 것은 어찌 보면 상당히 효율적이다. 그러나 그 이면에는 인식의 오류가 자리 잡고 있음을 간과하기 쉽다.

다른 한편, 프랑스인의 머리속에 한국인은 개고기를 먹는 사람들의 집단으로 인상지어지면, 개고기를 먹지 않는 한국인일지라도 개고기를 먹는 사람으로 연상하게 된다. 실제로 저자는 미국의 시카고 학술행사에서 아프리카의 튀니지에서 온 여학생을 만났을 때 이와 유사한 경험을 하게 되었다. 초면의 그 여학생은 저자가 한국에서 온 것을 알게 되자 저자에게 던진 첫 질문은 바로 "한국남성은 결혼을 해도 부엌에 들어가지 않는다면서요?"라는 것이었다. 저자가 실제로 부엌에서 요리를 하든 않든 사실과는 관계없이 저자는 한국남성에 대해 지니고 있는 그 튀니지 여학생의 선입견(스테레오타입)으로 이미 자연스레 인상지어지고 있었던 것이다.

스테레오타입은 광범위하고 다양한 사회적·인구통계학적 집단에 대하여 형성될 수 있다. 즉, 젊은이와 늙은이, 남성과 여성, 전라도사람과 경상도사람, 한국인과 일본인, 노조와 사용자, 혈액형에 따른 성격규정 등이 그러하다. 각각의 경우에서, 스테레오타입의 형성은 일반적으로 동일한 방법으로 나타난다. 우리가 어떤 사람에 대해 단편적인 정보를 인지하게 되면 그 사람을 어떤 집단, 예컨대 청년집단 또는 노인집단에 배속시킬 수 있게 된다. 그런 다음에는 그 집단에 속해 있는 다른 사람들의 특성을 이 사람에게 연결시키게 된다. "나이 든 사람들은 보수적이야, 그러므로 이 노인네도 보수적이야"라고 단정을 짓든가, 아니면 "젊은 사람들은 예의가 없어, 그러므로 이 젊은이도 예의가 없어"라고 결론짓게 된다. 이러한 결론에는 아무런 사실적 근거가 없다. 단지 그 사람이 소속된 전체 집단의 특성을 일반화시킨데 근거하고 있을 따름이다. 문제는 전체 집단의 특성을 이 개인에게 적용시키려고 하는데서 발생하는 것이다. 조직 내에서 연령에 대한 스테레오타입, 성(性)의 역할에 대한 스테레오타입, 그리고 성차별에 대한 문제 등이 최근 상당한 관심을 모으고 있다.

임의의 기준이라고 하더라도 사람들을 서로 다른 집단으로 분류하는 어떤 기준이 있을 경우, 이 기준을 단순히 적용하기만 하더라도, 그 집단에 소속된 사람들은 스스로를 이쪽과 저쪽으로 구분하기 시작하고, 그 다음에는 양 집단을 평가비교하고 판단하게 된다. 자원에 대한 경쟁, 가치 · 이념의 충돌 등은 스테레오타입과정을 심각하게 고조시킨다. 예컨대, 과거의 미소(美蘇)대결, 작업장에서의 남성 대 여성, 노조 대 사용자의 대립이 그러하다. 모든 경우에서, 이런 집단들 중에 어느 한 집단에만 속해 있다는 자체만으로 다른 집단으로부터 스테레오타입에 의한 반응을 받게 된다. 예를 들어, 「경영자」라고 표시되어 있는 사진과 「노조지도자」라고 표시되어 있는 사진을 경영자들과 노조지도자들의 집단들에게 제시하여 보여 주었다. 경영자들은 「경영자」라고 표시되어 있는 사진 속의 사람을 놓고 평하기를 정직하고, 믿음직스러우며, 대인관계에 능력이 있어 보인다고 하였는데, 이에 비해 노조지도자들은 「경영자」라고 표시되어 있는 사진 속의 동일한 사람을 놓고 경영자들의 평과는 달리 정반대의 특성을 갖고 있는 것으로 보인다고 하였다. 물론 「노조지도자」라고 표시된 사진을 놓고 평함에 있어서는 반대의 결과가 나타났다.[36)]

5.3 후광효과

후광효과(halo effect)는 인식방식이 스테레오타입과 유사한 듯 보이지만 실제로는 전혀 다르며, 「현혹효과」라고도 부른다. 스테레오타입이 분류의 근거로 개인이 속해 있는 집단을 이용하는데 비해, 후광효과는 개인의 어떤 한 속성을 가지고 그 사람의 다른 광범위하고 다양한 속성들에 대해 일반화시킬 때 발생한다.

예컨대, 미소 짓는 것과 정직한 것 사이에는 아무런 관련이 없음에도 불구하고 얼굴을 찌푸리는 사람보다는 미소 짓는 사람이 더 정직하다고 생각하는 경우가 그러하다. 또한 연예인들이라고 하여 모두가 정직하고 좋은 성격을 갖고 있는 것이 아닌데도 불구하고, 많은 청소년들은 TV화면 또는 공연 중에 나타난 연예인의 매력적인 면을 보고 좋아하게 되면 그 연예인을 믿게 되거나 모든 면을 좋아하며 빠져든다.

이와 같이 후광효과는 협상에서 스테레오타입처럼 흔하게 나타난다. 우리는 새로 만난 상대편 사람을 극히 제한된 정보만을 갖고 성급히 규정짓기 쉽다. 즉, 그 사람의 외모나 첫 발언과 같은 제한된 정보에 의존하여 판단하기 쉽다. 그럴 뿐만 아니라 우리는 또한 이러한 판단을 계속 유지하면서 그 사람을 더 잘 알아가게 되고, 새로운 정보가 나타나면 이런 패턴에 부합시키려고 하게 된다.

후광효과는 긍정적 아니면 부정적 효과를 갖고 있다. 즉, 어떤 사람이 지니고 있는 하나의 긍정적인 속성을 일반화시켜 그 사람을 매우 긍정적인 시각으로 바라보게 하는 반면, 하나의 부정적인 속성은 정반대의 효과를 갖고 있다.

후광효과는 다음의 세 가지 경우에 가장 잘 일어나게 된다. 즉, ① 우리가 어떤 사람에 대해 경험한 바가 거의 없을 때, 그래서 이 사람에 대해 다른 과거지사에서 알게 되었던 것으로 일반화하게 된다. ② 우리가 어떤 사람을 잘 알고 있을 때, 그 사람을 판단하는데 단서로 활용했던 속성의 영향이 탁월하고 뛰어날수록 최초에 판단했던 것과 일치되는 전망을 계속하게 된다. ③ 어떤 사람을 판단하는 단서의 속성이 강력한 도덕적 의미를 지니고 있을 때 그러하다.

5.4 선택적 인식

선택적 인식(selective perception)은 중요하다고 생각되는 믿음을 지지 · 강화시켜주는 정보는 선택하고, 그러한 믿음에 배치되는 정보는 걸러서 솎아내 버릴 때 발생한다. 주식시세가 상승국면을 탈 것이라고 믿고 있는 주식투자자가 자신이 보유한 주식의 시세에 영향을 미치는 정보 중 상승에 영향을 미치는 정보만을 의미 있게 받아들이는 반면, 하락에 영향을 미치는 정보는 무시해 버리는 경향을 보인다면, 이것은 선택적 인식이 발동한 것이다.

선택적 인식은 끊임없는 스테레오타입이나 후광효과를 갖고 있다. 개인에 대해서 제한된 정보를 근거로 신속한 판단을 하게 되는 한편, 그러한 판단에 배치되는 어떤 추가적인 증거는 걸러서 솎아내고 오직 일치하는 정보에만 관심을 갖게 된다. 상대방이 처음에 미소를 보내오면, 수신자는 그 미소로 인해 상대방이 정직하다고 믿게 되고, 또한 상대방이 경쟁적이고 공격적인 의도를 갖고 발언을 해도 이를 무시해 버리게 된다. 똑같은 미소라고 하더라도 수신자가 능글맞은 웃음으로 해석하게 되면, 상대방이 정직하고 협력적인 관계를 설정해 보려고 원해도 이 능글맞은 웃음으로 인해 수신자는 이를 무시해 버리게 된다.

의사소통 왜곡의 중요한 부분이 선택적 인식으로 인해 발생하고 있음을 보여주는 다음의 사례를 보자.

美CIA '核태풍'[37)]

1998년 5월 11일 인도의 핵실험을 사전에 탐지하지 못해 망신을 당한 세계 최고·최대의 정보기관 미 중앙정보국(CIA)이 진통을 겪고 있다. … 〈중략〉 … 데이비드 제레미아 전합참부의장은 1998년 6월초 의회증언에서 인도 핵실험 탐지 실패의 원인을 다음과 같이 지적했다. ▲ 정보담당 고위관리가 인도가 핵실험을 실시할 가능성이 있다는 단서를 과소평가함으로써 부하들에게 집중토록 지시하지 않았다. ▲ 특히 고위 정책입안자들은 인도가 핵실험을 실시하지 않을 것이란 선입관을 가지고 있음으로써 공개적이고 반복적으로 핵무기 보유를 강조한 힌두 민족주의 정권이 인도에 들어섰는데도 핵실험 가능성을 묵살했다. … 〈중략〉 … 또 고든 욀러 전 CIA 핵확산금지센터 소장은 ▲ 첩보위성 자료수집능력이 냉전시대 때보다 떨어지며 판독요원의 평균근무경력이 18개월에 불과하다고 밝혔고, 그는 특히, ▲ 클린턴 정부의 관리들이 핵문제와 관련한 껄끄러운 사실들을 싫어해 자신들이 바라보는 세계의 모습과 잘 맞지 않는 정보는 주목하지 않는다고 꼬집었다. … 〈하략〉 …

5.5 투　　사

투사(投射: projection)는 어떤 특정한 속성을 지닌 대상을 기대함으로 인해 사실은 자기의 내부에 있는 것을 바깥에서 오는 것으로 오인하는 과정이다. 투사는 자아상(self-concept)을 보호하려는 욕구로 인해 자기가 받아들일 수 없는 자신의 욕망이나 충동들을 남의 탓으로 돌리는 것이다. 일상생활에서 투사는 흔히 일어난다. "그 친구는 왜 그렇게 교만하고 앞뒤가 꽉 막혔는지 모르겠네." 이런 생각은 그 자체가 자기 내면의 한 단면이라는 사실을 의식하지 못하고 타인에게 자기의 그림자를 뒤집어씌우는 것이다. 동일한 예술작품에 대해 어떤 관객은 극찬하고 어떤 관객은 혹평을 한다. 이러한 평가 자체에도 사실은 투사가 작동한 것이다.

투사는 자기를 보호하기 위한 하나의 방어기제라고 할 수 있다. 투사는 자존감이 약한 사람에게서 내면의 통합이 아직 이루어지지 않아서 일어난다. 반대로 내면의 통합이 이루어졌다고 하는 것은 그만큼 자존감이 강하다는 말이다. 왜냐하면 자신의 장단점 혹은 선한 면과 악한 면을 자신의 모습으로 인정했다는 것을 의미하고 이것은 그만큼 자존감이 강하다는 의미이기 때문이다. 우리는 투사의 모습을 사춘기를 겪고 있는 청소년들에게서 종종 발견할 수 있다. 사춘기를 겪고 있는 청소년들은 정신적 과도기를 겪으면서 자신의 악한 면을 상대방에게 투사하곤 한다. 그러면서 다른 사람들, 특히 부모님의 잘못이라 탓하면서 짜증을 부리기 일쑤다. 이럴 때 부모님들은 아이의 짜증을 있는 그대로 받아들이는 여유가 필요하다. 그런데 부모님도 사람인지라 여유 있게 자녀를 대하지 못하고 짜증부리는 자녀를 더 훈계하고 꾸짖게 되는데 이러면서 부모와 자녀의 관계는 더 악화되기도 한다.[38)]

이와 같이 투사는 감당할 수 없는 자신의 감정, 사고, 태도 등을 남의 탓으로 반영시키는 것을 말한다. 이렇게 투사를 하게 되면, 자기에게는 그러한 것이 전혀 없는데 남에게는 그것이 가득하게 보인다. 사람들은 자신을 일관성이 있는 것으로 그리고 긍정적인 관점에서 보려는 강한 욕구를 갖고 있다. 그러므로 만일 부정적인 속성이 인지되면 이를 자기보다는 타인의 탓으로 돌리려고 하는 경향이 있다.

이런 현상은 무역협상에서도 잘 나타나고 있다. 지속적인 무역수지적자를 겪고 있는 미국은 타국에 대해 공격적인 무역정책을 수립하고서는 이러한 모습이 자국의 공정한 자유무역정책을 정당화시키는 것이라고 주장한다. 그래서 타국에게 시장을 개방하라고 압력을 가한다. 협상에서 자국은 상대국과 협력적이고 긍정적인 관계가 되길 바라고 있는데 상대국은 비협력적이고 믿을 수 없게 행동하고 있다고 이의를 제기하는 것이다.

한편, 사람들은 실제로 남을 속이고 부정직한 행동을 하면서도 이를 감추기 위해 투사를 핑계로 강짜를 부리는 경우가 종종 있다. 사람들은 자신의 악한 측면을 억압해놓은 채 다른 사람, 다른 국가, 다른 인종, 다른 민족의 악한 측면을 우려하고 걱정하면서 그것을 규제하기 위한 온갖 장치를 고안해낸다. 과거 냉전시대에, 국가안보에 대한 위협을 두려워하는 국가의 정치지도자들은 적국에 대해 공격적이고 군사우선주의적인 계획을 세우고 나서는, 이러한 모습이 자국의 전력증강을 정당화시키는 것이라고 주장하거나, 심지어는 적국이 자국을 공격할 기회를 갖기 전에 상대방에 대해 선제공격을 하는 것이 정당하다고 주장하게 된다. 이러한 투사에 따른 행위는 양측 모두에게 예언대로 성취되는 논리(self-fulfilling logic)를 개발하게 하고 그로 인해 고도의 파괴적인 행동을 유발시키는 경향을 보여 왔다.

끝으로, 투사에는 악성투사만 있는 것이 아니라 양성투사도 있다. 악성투사가 위험한 오해로 인해 상호관계에 손상을 초래하는데 비해, 양성투사는 상호관계에 공감의 토대가 되기도 한다.

5.6 지각적 방어

지각적 방어(perceptual defense)는 자기보호본능 때문에 나타나는 인식현상으로, 인간의 지각기관이 자기에게 위협이 되고 수용이 불가능한 정보나 위험, 자극은 무의식적으로 무시하거나 왜곡시키는 방식으로 자기를 방어하는 것이다.

사람들은 평소에 생각하던 이미지와는 전혀 다른 정보를 입수했을 때에는 이를 그대로 받아들이지 않고 평소 지녀왔던 이미지에 일치되도록 그 정보를 수정하고 왜곡시켜 다시 정의하거나 아니면 부인하려는 경향이 있다. 가령, 평소에 존경하는 사람이 심각한 범죄를 저질렀다고 하면 이를 잘 믿으려 하지 않는다. 사람들은 자신을 도덕적인 사람으로 인식하고 있기 때문에 자기가 그릇된 판단을 했다는 것을 인정하고 싶지 않아 한다. 반대로, 평소에 온갖 술수를 써서 남을 속이는 부정직한 사람이라고 생각하고 있는 어떤 사람이 아주 큰 금액을 기부했다는 뉴스를 듣게 되었다고 치자. 사람들은 자기를 합리화하기 위해서는, 그 기부자가 틀림없이 세금회피수단으로 기부행위를 이용하고 있을 것이라고 판단하지, 진정으로 관대한 아량을 베풀 리가 없다고 해석한다.

이 지각방어는 얼핏 보면 인간의 당연한 본성처럼 보일지 모른다. 그러나 이 지각방어로 인해 어떠한 사건이나 상황을 제대로 보지 못하거나 계속하여 잘못 해석하는 오류를 범할 수 있다는 점에서 유의할 필요가 있다.

5.7 인식편향과 귀인

직전에서의 논의를 간단히 요약하자면, 인식에 오류나 왜곡을 초래하는 요인들은 아주 다양하다는 것이다. 여기에는 소음, 주의산만, 방심과 같은 요인이 있는가 하면, 자극 그 자체의 고유한 성질로 인해 인식에 혼란을 초래하기도 한다. 그러나 더 문제가 되는 인식의 오류나 왜곡은 사회적 요인에서 비롯될 뿐만 아니라 인식대상인 사람들로부터 비롯된다. 스테레오타입, 후광효과, 선택적 인식, 그리고 지각방어 등은 수신되고 있는 정보를 편향·왜곡시킨다. 더군다나 수많은 연구결과가 보여주고 있듯이, 이러한 과정들은 권력 및 통제력을 놓고 다투거나 희소자원을 놓고 경쟁하는 집단들 간에 더 적극적이고 더 흔히 나타난다.

이러한 인식의 왜곡이 갈등을 겪고 있는 개인들 간의 의사소통에 장애를 일으키는 모든 핵심이라고 말하기는 어렵다. 또 다른 핵심문제는 인식의 편향이다. 즉, 사람들은 자기 자신의 입장과 행동은 더 유리한 조건에 놓으려 하고, 상대방의 입장과 행동은 더 불리한 조건에 놓으려는 인식의 편향을 보인다.

여기서 인식편향의 요인으로 「귀인(歸因: attribution)」에 대해 잠시 살펴보고 넘어가고자 한다. 즉, 귀인이론은 자기 또는 타인의 특정행동에 대한 이유를 어떤 내부성향(disposition) 또는 외부상황(situation)의 탓으로 돌리는 현상을 말한다. 일반적으로 사람들은 관찰된 행동의 원인을 유추할 때, 크게 둘 중의 하나로 본다. 즉, 성품 · 태도와 같은 인간내부의 성향 때문으로 보거나, 불가항력과 같은 어쩔 수 없는 외부적 상황 때문으로 보기도 한다. 전자를 「성향귀인」, 후자를 「상황귀인」이라고 한다. 어떤 회사원이 오늘 매우 쌀쌀맞게 고객의 전화를 받고 있다면 이를 어떻게 해석할 것인가? 성향귀인에 따르면, 그 회사원은 원래부터 성격이 못돼먹었기 때문에 그런 행동을 한다고 해석할 수도 있다. 동일한 상황을 상황귀인에 따라 해석하면, 그 회사원은 원래 친절하고 자상한데 오늘 재수 없게 사기를 당했거나 집에서 부부싸움을 했기 때문일지도 모른다고 생각할 수 있다. 대개 사람들이 자신의 행동을 관찰할 경우에 상황귀인으로 돌리는 경향이 많고, 남의 행동을 관찰할 때는 성향귀인으로 돌리는 경향이 많다. 흔히 말하는 자신이 하면 로맨스고 남이 하면 불륜이라는 말도, 사람들은 좋은 결과의 원인은 자기 자신의 내적 성향으로 돌리고, 좋지 않은 결과의 원인은 다른 사람이나 또는 상황의 탓으로 돌리려는 귀인경향에서 비롯된다고 할 것이다.

이러한 인식의 편향이 작동하게 되면 상대방에 대한 기대에 영향을 미치게 됨은 물론, 나아가 상대방에 대한 자기의 입장 · 양보 · 의지 · 가정 등에 영향을 미치게 된다. 그렇기 때문에 만일 상대방에 대해 부정적으로 가정을 하게 되면, 이 당사자는 협상초기부터 상대방에 대해 경쟁적 · 방어적 태세를 취하게 되는 현상이 나타난다. 이러한 인식과 의사결정과정에서 만일 자기의 가정이 잘못된 것이라면, 이 사람은 그런 잘못을 깨닫게 될 방법이 없다는 것이다. 이 아니 비극적인가. 이 사람이 상대방에 대한 정확한 성향을 파악할 수 있을 때까지, 이 사람의 경쟁적 · 방어적 태도는 상대방으로 하여금 공격적이고 적대적인 것으로 해석하도록 한다. 이런 문제점은 장기간 끌면서 적대관계에 놓여 있는 집단 사이에 가장 극심하게 나타난다. 그 예로서는 모진 파업으로 인해 애를 태우는 노사관계가 대표적이고, 중동국가들, 또는 이혼수속 중의 부부들이 여기에 해당된다.

이러한 예언대로 성취되는 논리(self-fulfilling logic)와 인식의 악순환을 끊기 위해서는, 협상자들 뿐만 아니라 그 배후자들이 함께 반대쪽 상대방에게 협력적 행위를 바란다는 신호를 명쾌하고 구체적으로 그리고 공개적인 행동을 통하여 보내야 한다.

6 의사소통의 장벽

의사소통과정에서 오해와 와전을 불러일으키는 장벽은 수없이 널려 있다. 그 중에서 인식에 곤란성을 초래하는 장애요인들을 간추리면, ① 주의산만, ② 어의문제(語義問題), ③ 피드백결여, ④ 분위기, ⑤ 신분과 권력의 차이를 들 수 있다.

6.1 주의산만

효율적 의사소통을 방해하는 장벽가운데 하나는 주의산만(distraction)이다. 주의산만은 의사소통의 과부하를 유발하는데, 이렇게 과부하의 상황에서는 사람들이 너무 많은 정보에 시달리게 되거나, 너무 많은 부탁을 받게 된다. 그렇게 되면 의사소통의 연속성을 유지할 수 없게 된다. 주의산만으로 인해 의사소통이 연속되지 않고 중단되는 다음과 같은 대화사례를 보자.

> 회장님께 보고를 진중하게 드리려고 하는데 회장님은 해외출장이 잦아서 직접 만나 뵙기 힘들다. 모처럼 기회를 잡아 회장님께 현안문제를 말씀드리고 있는데, 회장님의 휴대폰 벨이 울렸다. 회장님은 전화통화를 한참 하신 다음, "그래 우리가 어디까지 이야기했더라? 음, 그래 맞아, 무슨 문제가 있다고 그랬지…" 하시면 이야기를 이어가려고 하는 찰나에 회계부서팀장이 급한 결재사안이 있다며 문서를 들고 들어온다. 회장님은 팀장이 가리키는 곳에 서명을 해준다. 그런 다음 다시 이야기를 이어가려는데 다시 회장님을 초청특강에 모시기로 한 사람이 찾아왔다. 회장님은, "자네 스스로 한 번 잘 처리해보게. 보고사항은 서면으로 제출해주고 말일세. 나는 지금 나가봐야 하거든."라고 한다.

위의 예에서, 의사소통의 과부하는 부분적으로는 회장이 자기에게 걸려오는 전화, 부하팀장, 외부인사 등을 효과적으로 조정 · 통제하지 못한데서 비롯되고 있다. 이러한 시간의 압박이 있는 경우, 의사소통은 축약되거나 심지어는 전부 다 누락되기도 한다. 특히, 대화의 시간이 충분하더라도 상사의 기분이나 상황 등을 염려하여 눈치를 보게 되는 문화권에서는 의사소통을 충분히 하지 못해 왜곡이 발생할 가능성이 있다. 과거의 왕조시대에 아랫사람들은 윗사람의 기분이나 마음을 추정하여 헤아려야 하던 관습이 알게 모르게 잔존하고 있을 수 있다. 그러므로 발신자가 시간에 쫓겨서 불완전하고 잘못된 메시지를 보내거나, 수신자가 바라는 바에 제대로 부응하지 못하면 의사소통 장애가 생겨나게 된다. 결국 시간압박이 주의산만을 초래하게 된다.

우리는 병원에 갔을 때 의사에게 진찰 받으려면 한 두 시간이나 기다려야 하고, 의사를 만나게 되었어도 기껏해야 2~3분정도 시간이 허용될 뿐 우리가 어디가 아픈지 증상을 전부 다 말하기도 전에 처방이 내려진다. 시간에 쫓기게 되면 협상에서도 왜곡이 발생한다. 마감시한이 다가오고, 아주 단기간 내에 복잡한 합의를 이루어야만 할 때 특히 더욱 그러하다. 연말에 열리는 정기국회에서는 처리해야 할 법안은 너무나 많은데 시간이 부족하다. 그래서 법안은 뭉뚱그려 한꺼번에 통과되기 일쑤이다. 이와 같이 평소 같으면 실행되기 어렵거나 재가받기 어려운 합의도 주의산만으로 인한 시간압박이 있는 상황으로 유도하여 처리하는 경우가 비일비재하다. 그 까닭은 시간적 압박에 쫓겨서 당사자들이 문구를 상세히 살피지 못한다거나 부수적으로 발생할 사태 등을 꼼꼼히 따지지 못한 채로 합의에 이르도록 하기 때문이다.

의사소통경로의 성격이 공식적인지 아니면 비공식적인지에 따라 협상의 전개양상이 영향을 받게 된다.[39] 여기에서 「공식적 의사소통경로」라 함은 언어적 메시지가 전신 · 전화 · 활자와 같은 경로만을 통하여 전달되는 경우를 말하고, 「비공식적 의사소통경로」라 함은 직접 대면 · 접촉을 통한 의사소통이 허용되는 경우를 말한다. 「공식적 의사소통경로」를 활용하게 되면, 얼굴표정과 몸짓과 같은 비언어적 수단 때문에 원래의 메시지가 달리 해석될 수 있는 소지를 최소화할 수 있다. 따라서 공식적 메시지에 주의가 집중될 수 있다. 그렇기 때문에 공식적 의사소통경로를 통한 협상이 전개되는 상황에서라면, 사실관계와 주장을 더 분명히 하고 더욱 설득력을 지니기 위해서는 언어교환 측면에 더 주목하고 신경을 써야 한다. 이에 비해, 「비공식적 의사소통경로」를 활용하게 되면, 비언어적 수단을 통한 정보가 수수되기 때문에 의사소통이 상당히 산만해지는 반면 대인관계의 진전은 이루어질 수 있다. 이런 협상상황에서라면, 당사자 간의 개인적 관계가 어떻게 형성되는가에 따라 협상이 쉽게 진척될 수도 있고 반대로 방해를 받을 수도 있다.

6.2 어의문제

의사소통의 왜곡이 발생하는 요인으로 어의문제(語義問題: semantic problems)를 들 수 있다. 어의문제라 함은 발신자가 사용한 단어나 표현이 수신자가 생각하는 바와 다른 의미를 지니고 있을 때 발생하는 문제를 말한다. 이러한 어의문제는 모호하게 일반적 원칙만을 말한다든가 의도하는 바를 애매하게 표현할 때 전형적으로 발생한다. 협상자가 상대방에게 이르기를 "만일 귀하께서 좀 더 실질적인 어떤 것을 제안해 오시면 저희도 이 건에 대해서 다소 양보할 용의가 있습니다."라고 말했다고 치자. 이러한 발언은 모호하기 짝이 없다. ▲ 좀 더 실질적인 제안이라 하면 무엇을 말하는가? ▲ 다소의 양보란 어느 정도의 크기를 말하고 있는가? ▲ 만일 제안을 하기만 하면 정말로 양보를 할 것인지?

그러나 대부분의 경우 사람들은 이런 모호한 발언을 석명하려고 하는 것 같지는 않다. 대신 시간의 압박이 있게 되면, 수신자는 발신자의 의도를 자신이 제대로 이해했는지 그 여부를 확인하기 위해 더 이상 괴롭히지 않고 자기가 해석하고 있는 의미를 털어놓게 된다.

어의문제는 발신자가 전문적인 은어(隱語: technical jargon)를 사용할 때도 역시 생겨나게 된다. 이 은어는 특정분야나 전문분야에 공통적으로 사용되지만, 그 분야에 정통하지 못한 사람은 알지 못한다. 종종 이런 기술적인 은어를 통달하려고 하면 마치 외국어를 배우는 것과 같다. 예컨대, 무역업자들은 친구끼리 임신을 가리켜 "배에 선적"이라는 의미로 "on board"라고 빗대어 말하기도 한다. 대부분의 사람들은 자기들 세계의 은어를 사용하지만, 다른 사람들의 분야에서 쓰는 은어에 대해서는 비판적이다. 사업가들은 사회학자들이 단순한 현상을 놓고 복잡하고 어려운 단어를 써서 표현하는 것을 비판하지만, 자기네들도 회계와 금융상의 은어를 즐겨 사용하고 있다. 한편, 연령에 따라 사용하는 은어도 다르게 나타난다. 예컨대, 나이든 사람들은 "멘붕"이라는 낱말을 거의 쓰지 않는데 젊은이들은 즐겨 사용한다. 이 멘붕은 멘탈붕괴의 줄임말로, 실생활에서 당혹스럽거나 창피한 일을 당했을 때 그런 상황을 받아들이지 못하고 정신이 나간 듯 표정을 짓거나 행동을 하면 멘탈(정신)이 붕괴되었다라고 표현한다.

6.3 피드백결여

의사소통경로에서 피드백(feedback)이 결여될 때 왜곡이 발생할 수 있다. [그림 10-1]의 의사소통경로에서 피드백 고리를 절단하면 발신자는 자기의 메시지가 상대방에게 제대로 전달되었는지 알 수 없게 된다. 문제의 초점은 이런 피드백결여를 어떻게 해결할 수 있는가에 있다.

의사소통연구에서 일방향식(one-way)과 쌍방향식(two-way) 경로에 대한 연구주제는 바로 이런 피드백결여문제의 개선에 집중적으로 초점을 맞추고 있다. 쌍방향식 의사소통은 시간이 오래 걸리지만 훨씬 더 정확하게 수신될 수 있다. 이와는 대조적으로 일방향식 의사소통은 시간이 오래 걸리지 않고 효율적이지만 욕구불만이나 좌절감을 안겨 줄 수 있다. 선생님과 학생들 간의 의사소통을 가상해보자. 선생님은 학생들이 모르는 것이 있으면 질문을 하여 강의내용을 잘 이해하길 바란다. 그러나 학생들이 아무런 질문도 하지 않는 무반응의 경우 욕구불만이나 좌절감을 느낄 수 있다. 반대로, 학생들은 가르치는 선생님이 더 깊이 들어가기 전에 진도를 멈추고 질문이 있는지 물어주길 바란다. 그런데 선생님이 질문시간도 주지 않고 학생들의 분위기는 아랑곳없이 일사천리로 강의만을 진행할 때 욕구불만이나 좌절감을 느낄 수 있다.

협상이 주고받는(give and take) 과정이라고 정의되는 경우에는 이런 쌍방향식 의사소통의 중요성을 강조하고 있는 것이다. 최근에 성행하는 인터넷을 이용한 광고를 보면 기존의 일반광고와는 달리 고객들이 댓글을 통해 의견을 제시할 수 있어 쌍방향식 의사소통이 가능하게 진화하고 있다. 반면에 리더의 역할이 지시와 통제 그리고 감독이라고 생각하는 조직의 관리자들은 자기의 경험에 비추어서 부하들의 업무를 평가하고 비판하는데 익숙하다. 독재자가 부하에게 명령하듯이 의사소통이 일방통행식일수록 피드백경로가 결여되기 때문에 오해와 왜곡의 발생 가능성이 높아진다.

6.4 방어분위기

분위기(climate)가 협상에 어떤 영향을 미칠까? 의사소통에서 분위기가 협력적

■ 표 10-2 ▌협력적 · 방어적 의사소통 분위기의 특성[40)]

방어적 분위기	협력적 분위기
수신자를 평가하려 함	사건의 중립적 설명 및 정보를 요청
수신자를 통제하려 함	수신자가 문제를 이해하도록 협력
전략적 의사소통	자발적이고 자연스러운 의사소통
감정에 무딘 의사소통	공감할 수 있는 감정을 감안한 의사소통
우월성을 증진시키려는 의사소통	동질성을 증진시키는 의사소통
독단적 확신에 찬 의사소통	잠정적 가정에 의존하는 방식의 의사소통

(supportive)일 경우와 방어적(defensive)일 경우에 어떤 차이가 있는지 살펴보자.[41)] 사람들은 집단 내에서 위협을 느끼거나 예상될 때 방어적 행동을 보인다. 방어적 행동은 다른 사람으로부터 자기 자신을 방어하기 위해 예의주시하는 특성을 갖고 있다. 즉, 방어적 행동은 자기가 언급한 사안에 대해 상대방이 어떻게 반응할 것인가를 예상하고, 상대방의 공격으로부터 자신을 보호하며, 상대방에게 영향력을 행사하고 위압 · 보복 · 공격하는 등의 행동을 말한다. 앞에서 언급한 바와 같이 방어적 의사소통은 자기의 예언대로 성취되는 자기달성적 성질을 띠고 있다. 방어적인 사람(A)의 의사소통패턴은 상대방(B)으로 하여금 비슷한 유형의 방어적 자세와 태도를 불러일으키는 경향을 갖고 있는데, 이런 식으로 상대방(B)이 응대해 오는 것을 본 의사전달자(A)는 상대방(B)의 성향에 대해 자기가 처음에 가졌던 육감이 맞았다고 확인하게 된다.

협력적 분위기와 방어적 분위기의 특성을 기술하면 〈표 10-2〉와 같다. 특히, 방어적 의사소통은 ▲ 남을 평가하는 식의 언어를 구사하고 ▲ 상대방을 통제 · 제압하려 애쓰는 낌새가 보이며 ▲ 저의(底意)를 드러내지 않은 채 전략적으로 의사소통하려 하고 ▲ 상대방이 어떤 감정을 느끼는지에 대해 별로 관심이 없으며 ▲ 자신의 우월성을 뽐내려는 자만심으로 가득하고 ▲ 자기 자신의 입장과 그 정당성을 절대적으로 확신하는 태도를 보임으로 인해 상대방은 상당한 시달림을 받게 된다.

이와 같은 방어적 분위기의 특성은 발신자가 의도했건 안했건, 수신자는 명백하게 인식하게 된다는 것이다. 방어적 의사소통은 당사자들이 서로 믿지 못할 때이거나 목적 · 목표가 유사하여 충돌을 일으킬 때, 또는 당사자들 간의 권력에서 차이가 있을 때 훨씬 더 잘 발생하기 때문에, 협상자들에게 방어적 의사소통은 공통의 문제라고 할 수 있다.

자기의 목적달성과정 중에 경쟁적 모습을 보이는 협상자들은 상대방의 의도나 전략을 잘 신뢰하지 않을 수 있고, 당사자들 간에 힘에 차이가 날 수도 있으며, 또 상대방이 전략적 이슈에 대해 그들의 마음을 바꿀 의사가 전혀 없을 것이라고 지레짐작할 수 있다. 더군다나 협상은 신뢰를 해치는 엄포와 속임수를 상당수 포함하고 있다는 점에서 더욱 그러하다.

그런 결과로 방어적 분위기 속에서의 협상은 의사소통이 쉽사리 왜곡된다. 협상자들은 상대방에 대해 방어적·저항적으로 임할 경우, 다음과 같은 의문점에 대해 왜곡을 초래하기 십상이다. 즉 ▲ 상대방 의사를 어떤 의미로 해석할 것인가? ▲ 상대방이 진정으로 원하는 것은 무엇일까? 그리고 ▲ 자신의 것을 상대방에게 양보해야 할지 말아야 할지?

협상에서 협력적 분위기의 의사소통은 그리 흔하지 않다. 협력적 분위기의 의사소통은 서로 충돌할 만한 이해관계가 없어 분배적·경쟁적 흥정과정보다는 통합적·협력적 흥정과정을 추구할 때 발생할 가능성이 높다. 방어적인 분위기가 고조되어 있을 때에는, 제3자의 개입이 없으면 협력적 의사소통이 이루어지기 어렵다. 제3자가 개입될 경우, 분쟁당사자들 사이에 겪고 있는 의사소통 곤란의 본질을 파악하기 위하여, 당사자들에게 협상게임을 시켜서 양측 모두가 성공하기 위하여 해야 하는 분명한 의사표명방식을 일깨워줄 필요가 있다. 파경위기에 처한 부부갈등을 비롯하여 다양한 분쟁을 조정하고 경험한 조정인들(mediators)은 이와 비슷한 결과들을 보고하고 있다.

6.5 신분차이

당사자들 간에 신분과 권력에서 차이가 나면 일방향식(one-way) 의사소통 문제가 더욱 심각하게 불거질 수 있다. 신분과 권력이 높을수록 상급자는 부하에게 하향식의 의사소통을 하는 경향이 있다. 이와는 대조적으로, 상향식 의사소통에서는 부하가 자기의 잇속만 차려서 상급자의 눈에 잘 보이려고 하고 나쁘게 보이지 않으려 하기 때문에 의사소통의 왜곡이 발생하는 경향이 나타나게 된다. 특히 상급자와 부하가 자주 만날 기회가 별로 없을 때, 부하는 모처럼 생긴 상급자에게의 의사전달 기회를 좋은 소식을 전하는 기회로 삼으려 하지 나쁜 소식을 전하려고 하지 않는다. 즉, 부하는 자기가 잘하고 있다는 것을 보여주어서 상급자로부터 인정을 받고 싶어 하거나 아첨을 떨어 상사를 기쁘게 해주려고 하지, 상급자가 반드시 알아야 하는 문제점이나 어려움에 대한 보고를 정확히 하려고 하지 않는다.

또한 평가권한을 지닌 상사와 평가대상의 위치에 있는 부하와의 관계처럼, 협상당사자들 간에 신분 · 권력의 불균형은 의사소통의 왜곡을 초래할 수 있다. 협상에서 당사자들 간의 권력이 균형을 이루지 못하면, 힘이 센 당사자가 힘이 약한 당사자보다 협상을 더 잘 수행하는 것으로 나타났다. 이런 연구결과는 상당부분 의사소통패턴에 관한 체계적인 연구를 통해서 얻어진 것이 아니고 단순실험게임을 통하여 얻어진 것이다. 그렇다고 하더라도 우리는 다음과 같이 추론할 수 있다. 즉, 당사자들 간의 권력의 차이가 존재할 때 힘이 센 당사자가 자기 측에게 유리하게 힘을 이용하고, 약속방식보다는 위협방식을 더 선호할 것이고, 상대방에게 고분고분 따르라고 할 것이다. 이와는 대조적으로, 힘이 약한 당사자는 힘이 센 당사자에게 거듭된 호소를 통하여 협상에서 힘의 사용은 더 공평하고 공정하고 정의롭게 해야 한다고 설득하는 양상을 보일 것이다.

7 협상에서 의사소통효과의 개선

7.1 의사소통의 학습과 효과

협상과정에서 문제해결을 위한 의사소통은 대개 세 단계 국면을 거쳐서 진행된다. 우선 초기국면에서는 협상자들이 상대방에게 자기 자신과 자기가 속해 있는 집단의 입장을 진술하고 방어하는 행동을 보인다. 이 단계에서 가장 중요한 요소들은 입장을 강력히 내세우고 힘을 과시하는 것이다. 그러다가 의사소통의 두 번째 국면으로 옮겨가서는, 협상자들은 원래의 입장에서 다소 누그러져 덜 경쟁적이고 덜 방어적이 된다. 협상자들은 자기 주장만을 펴는 것에서 벗어나 어떻게 하면 문제를 해결할 수 있을까를 생각하게 되고, 이전에 설정하여 두었던 기준이나 제한에 대해 가능한 해결책을 모색하게 된다. 끝으로 세 번째 국면에서는 협상자들이 공동해결을 달성하기 위해 노력을 하게 된다. 협상자들은 자신들과 자기들이 제시하였던 안건들을 만족시키는 타결점에 대해 합의하려고 애쓴다. 이와 같은 다단계과정에서 의사소통이 막히고 왜곡될 수 있는 여러 가지 방법이 주어지면, 사람들은 실제로 성취할 수 있는 크기가 어느 정도인가에만 관심을 보일 뿐이지 의사소통의 개선에 대해서는 별무관심이다.

협상의 성패에 영향을 미치는 요소는 의사소통 외에도 파워, 전술, 개성, 책무 등과 같이 상당히 많이 존재하고 또 여러 요소들이 서로 뒤얽혀 있기 때문에 그 중에서도 의사소통이 가장 중요한 영향을 미치는 요소라고 확언하기는 어려운 실정이다. 그러나 협상에서 상대방을 어떻게 인식하고 의사소통을 전개하는가 하는 점은 협상의 성패에 실제로 매우 중요하다는 점을 협상전문가들은 경험을 통해 익히 알고 있다. 즉, 협상당사자들의 목적이 서로 모순되지 않고, 최우선 목표가 동일하더라도, 당사자들이 상대방을 잘못 인식하였거나 의사소통과정에서 장애가 생겼을 경우에는 안타깝게도 합의에 이르지 못하는 것을 누차 경험하게 된다.

협상에서 위협행위가 나타나면 의사소통에 어떤 영향을 미치는지를 알아보기 위해 모의협상게임을 통한 실험이 진행되었다.[42] 우선 상대방을 위협할 기회가 주어지면 협상에서 위협을 행사할 것인지, 그리고 그러한 위협을 행사했을 때의 영향은 어떠한지에 대하여 연구하였는데, 예상한 바대로 협상자들이 상대방을 위협할 수 있을 처지에 놓여 있을 때에는 그런 위협을 행사하였고, 그런 결과, 위협의 행사는 각 협상자의 성과를 크게 감소시킨다는 결론을 얻게 되었다.

그래서 연구자들은, 상대방당사자와 의사소통할 기회가 주어지면 협상의 효율성이 개선되고 위협의 영향력이 감소될지도 모른다고 기대하였다. 그러나 실험결과는, 의사소통이 허용되었다고 해서 의사소통이 활발해져서 협상결과에 영향을 미치는 것은 아닌 것으로 나타났다. 의사소통이 허용되었을 때 당사자들은 조정을 하기 위해 위협을 삼가고 의사소통을 하기는 했지만 그리 의미심장하게 의사소통을 활용하지는 않았다. 그러나 여전히 위협을 즐겨하는 당사자들은 오히려 경쟁을 심화시키는데 의사소통을 활용하였다.

한편, 협상게임에서 조정과 협력을 증진시키기 위해 어떤 방식으로 제안해야 하는가를 비롯한 의사소통의 방식에 대한 학습을 받은 당사자들은 의사소통을 효과적으로 활용하는 모습을 보였다. 결국, 의사소통을 어떻게 적절히 정확하게 할 것인가를 당사자들이 알아야 한다는데 자연히 주목하게 되었다. 그리하여 이러한 실험이 있은 이래로, 협상에서 의사소통의 정확성과 효율성을 개선시키기 위한 수많은 기법들이 제안되었다. 따라서 여기서는 당사자들이 스스로 이용할 수 있는 기법 몇 가지를 살펴본다. 그렇게 함으로써 불과 몇 가지 안 되는 전형적인 인식장벽 및 의사소통장벽으로 인해 만족스러운 합의에 도달하려는 당사자들의 능력이 좌절되는 일이 없기를 기대한다.

7.2 질문하기

의사소통을 명확히 하고 또 소음 및 왜곡을 제거시키는 가장 보편적인 기법 가운데 하나는 질문을 하는 것이다. 한국의 문화관습은 체면을 중시하는 경향이 있다. 그래서 상대방의 의사를 정확히 몰라도 아는 체 해주며, 확인하여 묻지 않는 경우가 많다. 물어보면 "그것도 몰라?" "왜 이렇게 눈치가 없어!"라는 등의 핀잔만 괜히 받게 될는지도 모른다. 또는 상대방이 잘못 알고 있는 것을 지적하면 상대방이 겸연쩍어 할까봐 체면상 아무 소리하지 않고 모른 체 하기도 한다. 이에 비해 서양 사람들은 모르면 묻는다. 직장생활을 할 때, 상사가 지시한 것을 제대로 이해하지 못하였으면 반드시 다시 물어 봐서 확인해야 한다. 왕조시대 때처럼 군주의 의중을 알아서 해석하고 모셔야 하는 시대가 아닌 것이다. 대학의 수업시간에 학생들이 궁금한 것이 있으면 서슴없이 질문해야 마땅하다. 그러나 어느 나라를 불문하고 학생들은 잘 묻지 않는다. 중고등학교 때부터 선생님께 질문하면 실례(?)가 된다고 생각하는 걸까, 아니면 친구들로부터 눈총을 받기 싫어하기 때문일까. 경우에 따라서는 권위주의에 빠져 있는 선생이 있어 "그런 건 왜 물어! 진도 나가는데 지장이 있다. 다음에 따로 와라!" 등의 응답을 받아 본 경험이 있기 때문에 주눅이 들어서 일까?

「질문하기」는 협상에서 정보를 획득하기 위해 아주 유용한 기법일 뿐만 아니라 중요한 요소이다. 질문을 잘하게 되면 상대방의 입장에 대한 정보뿐만 아니라 자기의 주장과 요구를 뒷받침해 줄 많은 정보를 얻을 수 있다. 여기에서 질문을 두 가지 부류로 나눌 수 있다. 즉, (1) 유순한 부류의 질문과 (2) 분란을 불러일으키는 부류의 질문이 그것이다. 이를 정리한 것이 〈표 10-3〉이다. (1) 유순한 질문이라 함은 주로 ▲ "안녕하세요?"와 같이 주의를 환기시키는 질문 ▲ "이 소고기의 원산지는 어디입니까?"와 같이 정보를 얻는 질문 ▲ "이 난관을 극복할 새로운 방법이 없습니까?"와 같이 생각을 시작하게 하는 질문들을 말한다. (2) 난처한 질문 또는 분란을 불러일으키는 질문이라 함은, ▲ "이 사업에 할당된 예산이 없다는 것을 모르십니까?"와 같은 식으로 정보를 제공하는 질문 ▲ "이 정도면 이제 그만 논의해도 되지 않겠습니까?"와 같이 토의를 경솔한 결론으로 유도하는 질문을 말한다.

〈표 10-3〉의 「다루기 힘든 질문」의 설명과 사례를 통하여 알 수 있듯이, 이런 부류의 질문들은 상대방을 화나게 하고 방어적 입장이 되도록 하기 쉽다. 이런 부류의 질문을 통해 정보를 얻을 수는 있겠지만, 상대방을 편안하게 하지 않고, 상대방이 장래에 더 많은 정보를 제공하도록 하는 분위기는 만들어 낼 수 없게 된다.

■ 표 10-3 ▌협상에서의 질문하기[43]

	질문	예문
유순한 질문 (다루기 쉬움)	1. "예/아니오"의 단답식 질문이 아닌, 육하원칙에 의한 개방형 질문	1. 귀하는 왜 그런 입장을 취하고 있습니까?
	2. 상대방의 생각을 얘기하도록 하는 개방형 질문	2. 저희 사업계획에 대해 귀하의 의견을 말씀해보시겠습니까?
	3. 대답을 유도하는 질문	3. 귀하는 우리의 제의가 공정하고 합리적인 오퍼라고 생각지 않습니까?
	4. 감정이 개입되지 않은 시원스런 질문	4. 만일 귀하께서 이 제품의 성능을 향상시킨다면 우리가 부담해야 할 추가금액은 얼마입니까?
	5. 이전에 했던 질문과 논리적 맥락을 같이 하는 계획된 질문	5. 귀하께서 이 제품의 성능을 향상시킨 후 우리는 언제 인수 받을 수 있습니까?
	6. 상대방을 기분 좋게 하면서도 정보를 얻을 수 있는 치켜세우는 질문	6. 이 문제를 해결할 수 있도록 귀하의 뛰어난 통찰력을 좀 보여주시지 않겠습니까?
	7. 상대방의 마음속을 들여다보는데 도움이 되는 질문	7. 귀하께서는 어떻게 그런 결론에 도달하게 되었는지 저희에게 좀 알려주시겠습니까?
	8. 특정 사안에 초점을 맞춘 질문	8. 이 제품의 성능개선을 위해 일하는 기사의 시간당 임금은 얼마입니까?
	9. 상대방의 느낌을 확인하는 측정방식의 질문	9. 귀하는 우리의 제안에 대해 어떻게 느끼십니까?

난처한 질문 (다루기 어려움)	1. 상대방을 자기의 사고방식대로 생각하도록 강요하는 폐쇄형 질문	1. 당신은 여기에서 우리를 이용하려 하면 안 됩니다. 그렇지 않습니까?
	2. 상대방이 뭐라고 대답하든 상관 않고 상대방을 궁지로 몰아넣는 방식의 부담을 주는 질문	2. 이것이 고작 당신이 받아들일 수 있는 조건의 전부라고 감히 내게 말하는 겁니까?
	3. 감정을 촉발시키는 뜨거운 질문	3. 당신의 이런 터무니없는 제안을 논의하는데 우리가 너무 많은 시간을 낭비했다고 생각하지 않습니까?
	4. 계획 없이 순간적 충동에 따라 생각나는 대로 떠들어서 대화를 중단시키는 경향을 보이는 충동적 질문	4. 우리가 이것을 논의하는 한, 우리한테 비슷한 요구를 한 다른 그룹들에게도 알려줘야 한다는데 대해 당신은 어떻게 생각합니까?
	5. 겉으로는 솔직한 답변을 요구하는 듯 보이지만 사실은 자기가 바라는 바를 그대로 드러낸 기만성 질문	5. 우리의 요구대로 양보하든지, 아니면 소송으로 갈 것인지? 어떻게 하실 요량입니까?
	6. 상대방이 자기의 견해에 동의하도록 요구하는 질문	6. 이것이 상황에 대한 나의 견해입니다. 동의하지 않겠습니까?

「질문하기」 기법은 더 많은 정보를 효율적으로 얻어내는 좋은 수단이다. 그러나 잦은 질문은, 특히 의사전달에 감정적 요소가 들어 있을 때에는 상대방을 방어적이 되도록 한다. 질문을 하는 사람은 상대방으로 하여금 자발적으로 상세히 설명하도록 해야지 복잡한 질문을 통해 반대신문을 당하고 있다고 느끼게 해서는 안 된다.

7.3 청취하기

정보를 효율적으로 얻어내는 또 다른 방법은 「청취하기」이다. 상담·치료와 같이 타인을 도와주는 직업에서는 청취하기, 특히 적극청취(active listening)가 많이 활용되고 있다. 상담사들은 의미가 복합적으로 담겨 있는 말로 의사소통을 해야 할 때 부담이 커지는데, 그런 가운데 상대방을 화나게 하거나 방어적이 되지 않게 하면서도 여러 가지 의미를 어떻게 해서든 알아내야 한다. 청취방법에는 ① 수동청취, ② 청취확인, ③ 적극청취의 세 가지 형태가 있다.

7.3.1 수동청취

수동청취(passive listening)는 발신자에게 메시지를 정확하게 또는 완전히 수령했는지에 대해 아무런 반응을 보이지 않으면서 단지 메시지를 수신하기만 하는 것을 말한다. 청취는 의사소통의 수신과 해석에서 핵심과정에 해당한다. 상황에 따라 수동청취는 기본적으로 의사전달자가 정보를 발신하도록 하기에 부족함이 없다. 말하기를 즐기는 사람은 입이 간지러워서 오랜 동안 침묵을 지키지 못한다. 이와 정반대 성격의 소유자는 최상전략으로 그냥 청취만 할 수도 있다. 이런 상황이라면 상대방은 스스로 자신의 입장을 표명하여 설득에 성공하든지 아니면 실패하든지 하게 될 것이다.

7.3.2 청취확인

청취확인(acknowledgement)은 완전한 수동형보다 조금 더 적극적인 형태의 청취방법이다. 청취하였음을 상대방에게 알려 줄 때에는, 수신자는 왕왕 자기의 고개를 끄덕이고, 눈을 맞추거나, 아니면 "아, 그렇군요!", "정말입니까?", "참 재미있네요." 등과 같은 피드백을 끼워 넣는다. 이러한 피드백은 의사전달자가 메시지를 발신하도록 하기에 충분하다. 그렇지만 발신자는 수신자가 메시지를 단순히 수신한 정도가 아니라 발신자의 입장에 동의하였음을 표시하는 신호로 오해할 때가 자주 있다.

7.3.3 적극청취

적극청취(active listening)는 수신자가 적극적으로 청취할 때, 이 사람은 발신자의 메시지를 자기가 들은 대로 반복해서 다시 말한다거나 다른 말로 풀어서 설명하는 방법이다. 남의 말을 성공적으로 그리고 적극적으로 잘 들어주는 방법은 다음과 같다.

- 말하기보다는 듣는데 더 치중한다. 최소한 상대방의 입장이 무엇인지를 충분히 이해할 수 있을 때까지 상대방을 우리에게 맞추도록 압박하기보다는 상대방의 말을 들어준다.
- 추상적 관념보다는 개인적 느낌, 믿음, 입장 등에 대하여 응답한다. 철학적 전문지식을 지닌 사람보다 마을 이장과 같은 사람에게 더 친근감을 느

껴 편하게 이야기 할 수 있는 이치이다.

- 우리가 알고 싶고 흥미 있는 분야로 상대방을 끌어들이기보다는 상대방이 알고 싶고 흥미를 느끼는 분야에 따라간다.
- 상대방이 자기 자신의 생각과 느낌에 대해 뭐라고 말했는지를 되짚어 상대방에게 말한다. 상대방의 말 속에 들어있는 느낌에 대해 응답한다. 마음의 문을 닫게 하는 질문은 삼간다.

적극청취기법은 일반적으로 근로자 상담 및 직무개선과 같은 상담용 의사소통에서 애용되어 왔다. 협상에서는 상담과는 달리, 수신자가 자기의 입장을 견지하고 있고 보통은 안건에 대하여 강력한 심지를 지니고 있기 때문에 적극청취기법은 부적합한 것으로 언뜻 보일 수 있다. 적극청취를 권장한다고 해서, 우리가 수신자로 하여금 자동적으로 상대방의 입장을 받아들이거나 동의하고 자기의 입장을 포기하라는 뜻은 아니다. 그보다는 적극적인 청취를 한다는 것은 상대방으로 하여금 자신이 취하고 있는 입장, 즉 말하고자 하는 기본 틀에 대하여 더 완전하게 말하도록 북돋우어 주는 대화기법이 될 수 있다는 것이다. 상대방의 말을 잘 경청하게 되면, 우리는 상대방 입장의 본질과 그 입장을 뒷받침하고 있는 요소와 정보를 더 잘 이해할 수 있게 되고, 그렇게 함으로써 우리 자신이 선호하는 바와 우선순위에 맞춰서 상대방의 입장이 절충 · 조정 · 협상될 수 있는 방법을 더 잘 찾아낼 수 있게 되는 것이다.

7.4 역할 뒤바꾸기

의사소통 상의 왜곡을 제거시키는 또 다른 기법은 서로의 역할을 뒤집어 바꾸어보기(role reversal)이다. 우리가 논의 과정에서 자기의 입장을 계속 견지하고 강조하게 되면, 상호 간에 어쩌면 모순되지 않게 조화될 수도 있는 가능성을 스스로 인정하지 못하게 되고 그저 논쟁의 악순환에 빠져버리거나 무분별한 맹신에 젖어들 가능성이 농후하다.

적극청취(active listening)의 주된 목적은 우리 자신의 것을 알리기보다는 상대방의 의도를 더 잘 이해하는 데에 있다. 그러나 적극청취는 여전히 다소의 수동적 과정이라고 할 수 있다. 역할 뒤바꾸기 기법은 진행 중인 극의 상황에서 상대방과 서로 역을 맞바꾸어 그 장면을 다시 시도해 봄으로써 상대방의 입장을 이해하게 되고, 나아가 자신이 어떤 행위를 취할 것인가를 생각하게 해 준다. 상대하던 두 사람이 서로의 역할을 바꾸어 함으로서 상대방의 눈을 통해 자신의 문제, 갈등을 보게 될 뿐만 아니라 상대의 역할을 이해하고 자신의 생각과 표현의 불일치를 이해하게 된다. 협상상황에서 이런 역할 뒤바꾸기를 통하여 의사전달자는 상대방을 더 완전하게 이해하게 될 것으로 기대되고, 아마도 그 입장의 타당성을 인정하게 될 것으로 기대되며, 양당사자의 입장들을 수정하거나 변경하여 더 큰 조화를 이뤄낼 수 있는 방법을 찾게 될 것으로 기대할 수 있다. 사장과 노조대표 간의 역할 뒤바꾸기를 가상하면 다음과 같다.

> "홍길동 위원장님, 어때요? 나하고 자리를 바꿔 앉으시겠습니까? 내가 홍길동 위원장이 되고 홍길동 위원장은 내가 되는 겁니다. 해보시겠어요?" (자리를 바꿔 앉은 후 방금 전 홍길동 위원장이 했던 질문을 그대로 흉내 내어서)
> "사장님, 정말 너무 한 것 아닙니까? 우리가 파업을 해야 임금인상을 해줄 건가요? 정말로 임금인상을 해주고 싶은 생각이 있기나 한가요, 사장님?"

비록 사장 역할을 맡은 노조대표 홍길동 위원장이 답변을 못하더라도 실망을 해선 안 된다. 자신의 질문에 자신이 답변해보려는 시도가 벌써 자신에 대한 인식을 새롭게 할 수 있는 계기가 될 수도 있기 때문이다. 다음으로 노조대표 역할을 맡은 사장의 역할극도 진행하여 역할 뒤바꾸기의 효과를 기대할 수 있다. 한편, 상대방의 반응을 더욱 촉발시키기 위해서는 위의 질문을 과장하고 확대해서 반복할 수도 있다.

역할 뒤바꾸기 기법의 영향과 성공가능성에 대하여 많은 연구가 진행되었는데,[44] 일반적인 연구결과를 요약하면 다음과 같다.

- 역할 뒤바꾸기를 해보면 상대방 입장을 더 잘 이해할 수 있다. 이 역할 뒤바꾸기 기법을 통해서 당사자들은 인식이 바뀌게 되고 효과적으로 서로의 유사성을 찾아낼 수 있다.
- 당사자들의 입장이 기본적으로 서로 모순되지 않을 때, 역할 뒤바꾸기는 인식 및 태도의 변화와 같은 더 나은 결과를 이뤄낼 가능성이 있다. 그러나 당사자들의 입장이 기본적으로 모순될 때, 역할 뒤바꾸기는 모순의 인식을 심화시키고 적극적인 태도변화를 방해할 수 있다.

- 역할 뒤바꾸기가 상대방의 입장을 더 잘 이해할 수 있게 해주고, 또 서로의 유사점을 찾아주는 반면, 당사자들 간 합의를 이끌어내는 수단으로써 항상 더 효과적이라고 말하기는 어렵다.

역할 뒤바꾸기는 협상에서 상대방의 입장을 정확하게 이해·평가할 수 있게 함으로서 협상을 방해하는 의사소통상의 왜곡을 감소시킬 수 있다. 그러나 그러한 이해를 했다고 해서 갈등이 쉽사리 해결되는 것은 아니다. 특히 의사전달이 정확하면 양측의 입장에서 무엇이 근본적으로 부딪히고 모순되고 있는가 하는 것이 더욱 명확히 드러나게 되기 때문이다.

8 맺 음 말

이 장에서는 의사소통과정의 모형을 소개하였다. 이 모형의 구성요소를 살펴보면서 우리는 상당히 많은 요소들이 의사소통의 오류와 왜곡을 초래하게 됨을 알게 되었다. 또한 인간의 인식체계도 그러한 왜곡에 영향을 미친다는 사실을 알게 되었다. 특히, 협상당사자들이 의사소통과정에서 상충되는 목표를 지향하거나 강한 혐오감 또는 자만심 등을 지니고 있을 때 그러한 왜곡이 심해진다는 것도 알게 되었다. 이러한 왜곡현상은 협상에서 흔히 나타나는 전형적인 현상이다.

의사소통 왜곡의 대부분은 스테레오타입, 후광효과, 선택적 인식, 투사, 그리고 지각방어 따위에 기인한다. 이러한 인식오류의 위험은 의사소통의 전형적인 고장요인인 주의산만, 어의문제, 피드백결여, 방어분위기, 신분차이 등으로 인해 빚어진다. 인식·소통의 오류와 왜곡은 협상에서 문제를 불러일으키기 때문에 효율적인 의사소통의 회복과 유지는 성공적인 협상을 위한 필수요소라고 할 것이다. 따라서 보다 나은 의사소통을 위해서는 다음의 몇 가지에 유념해야 한다. 첫째, 협상자들의 정확한 인식을 필요로 한다. 협상과 관련하여 새로운 정보를 입수하고 판단할 때 스테레오타입, 후광효과, 선택적 인식 따위가 언제든지 발생할 수 있다는 점에 유념해야 한다.

둘째, 협상자들은 상대방의 주장이나 진술을 점검·재점검함은 물론 상대방의 입장에서 역지사지 하는 마음으로 상대방이 어떻게 이해하고 있는지 지속적으로 살펴봄으로써 의사소통의 오류문제를 제거할 수 있음을 명심해야 한다. 체계적인 질문, 적극적인 청취, 그리고 역할 뒤바꾸기 등의 기법을 통해 왜곡을 바로잡아 올바른 인식을 할 수 있도록 해야 한다. 끝으로, 협상자들은 의사소통과정에 고장이 났다고 판단되면 제3자에게 기꺼이 도움을 청해서 문제를 해결할 수 있도록 해야 한다. 특히, 감정이 격해진 상황이라면 의사소통이 심히 뒤틀릴 수 있다는 점을 감안하여 제3자가 소통분위기를 변화시키도록 할 필요가 있다. 또 중간에서 대화의 물꼬를 틀 수 있도록 제3자가 다리 역할을 하게 함으로써 서로가 견지하고 있는 입장에서의 차이점과 유사점이 무엇인지 제대로 파악할 수 있어야 한다.

---

1) 나관중 지음, 이문열 평역, 「삼국지」 제1권, 민음사, 1996.
2) http://www.urbandictionary.com/define.php?term=munication
3) Shannon, Claude, and Weaver, Warren, *The mathematical theory of communication*, Urbana: University of Illinois Press, 1949.
4) Wikipedia 영문판 Shannon-Weaver_model 참조.
5) Lewicki, Roy J., & Litterer, Joseph A., *Negotiation*, IRWIN, 1985.
6) Shannon과 Weaver는 안, 이, 비, 설, 신의 다섯 가지 감각기관을 통한 메지지의 전달을 언급하고 있으나, 여기에서는 의(意)를 추가하여 마음에서 뜻을 해석하는 것으로 보았다. 보다 상세한 내용은 '유식론' 부분에서 다루기로 한다.
7) 베르나르 베르베르(Bernard Werber)저, 이세욱 번역, 개미(LE JOUR DES FOURMIS) 제3권, 열린책들, 1993.
8) http://en.wikipedia.org/wiki/Perception#cite_note-Popper2010-28
9) http://en.wikipedia.org/wiki/Sensory_system
10) "the process of screening, selecting, and interpreting stimuli so that they have meaning to the individual": Steers, Richard M. *Introduction to organizational behavior*, 2nd ed., Glenview, IL: Scott Foresman and Company, 1984.
11) 여기서의 '법'은 행위주체인 '나'의 행위대상을 말한다. '나'가 주체이면 '법'은 객체이다.
12) 말나식은 마나스식, 칠감(七感), 전식(轉識) 또는 사량식(思量識)이라고도 부른다. 출처: Daum 국어사전
13) http://k.daum.net/qna/view.html?category_id=QNO009&qid=36sE3&q. ① 아치는 자아의 실상(實相)에 무지하여 무아의 진리를 깨닫지 못하는 것, ② 아견은 자기의 심신은 5온(五蘊)이 화합하여 연기(緣起)한 것임을 망각하고 실체라고 집착하는 것, ③ 아만은 자아에 집착하여 거만한 마음을 갖는 것, ④ 아애는 자아에 대한 애착을 말한다.
14) 프로이드의 자아(ego)가 이차적 사고과정인데 비해, 무의식은 일차적 사고과정으로 본능과 충동의 원천이며 쾌락을 극대화하고 고통을 극소화하기 위해 노력하는 에너지로 원초아(id)라고 한다.
15) http://cafe.daum.net/pokyodang/NM6K/15 지운스님 강의: 「唯識-말나식」은 무엇인가 (강의-4. 無想天)
16) 연등국제선원 http://cafe.daum.net/Yeomhwamiso
17) 일부에서는 제7식도 무의식의 범주에 포함시킨다. 말나식도 잠재의식이기 때문에 무의식에 속한다는 것이다.
18) 암마라식은 청정식(淸淨識), 백정식(白淨識)이라고도 부른다.
19) 이 암마라식은 프로이드의 초자아(super ego)에 해당한다고 볼 수 있다. 자아로부터 발달한 양심으로 현실보다 이상을 강조하고 성격의 윤리적 · 도덕적 차원을 첨가한 개념이다.
20) 다음 출처의 자료를 참고하여 가감 · 편집하였음.
http://blog.naver.com/PostView.nhn?blogId=msp3441&logNo=40120706242;
http://cafe.daum.net/lotte738/2yz2/3?docid

21) 두산세계대백과
22) Ernst Heinrich Weber(1795~1878)는 독일의 라이프치히대학교 교수를 역임하였다. 베버의 관찰은 「촉각과 일반감각 Der Tastsinn und das Gemeingefühl」(1851)에 기록되어 있으며, 이 책은 영국의 심리학자인 E. B. 티체너에 의해 '실험심리학의 초석'이라는 평가를 받았다.
23) 여기에서 역치란 자극에 대해 반응이 시작되는 분계점(Threshold is the minimum intensity of a stimulus that is required to produce a response from a sensory system.)을 말한다.
24) Fechner는 베버의 법칙을 참고하여 베버-페히너의 법칙(Weber-Fechner's law)을 제안하였다. 즉, 감각의 양은 그 감각이 일어나도록 한 자극의 물리적 세기의 로그(對數)에 비례한다는 정신물리학상의 가설 $S=k \cdot \log I$을 수립하였다. 여기서 S는 감각의 양, I는 자극의 세기, k는 상수이다.
25) http://100.daum.net/encyclopedia/view.do?docid=b09b2088a(Daum 백과사전)을 참조하여 수정·가감하였음.
26) http://en.wikipedia.org/wiki/Perception: Contrast effects 참조.
27) Wilhelm Maximilian Wundt (16 August 1832-31 August 1920 in Germany) was a German physician, psychologist, physiologist, philosopher, and professor, known today as one of the founding figures of modern psychology. He is widely regarded as the "father of experimental psychology". In 1879, Wundt founded the first formal laboratory for psychological research at the University of Leipzig. By creating this laboratory he was able to explore the nature of religious beliefs, identify mental disorders and abnormal behavior, and find damaged parts of the brain. In doing so, he was able to establish psychology as a separate science from other topics. He also formed the first journal for psychological research in 1881.
28) Kushner, Laura H., *Contrast in judgments of mental health*, ProQuest, 2008.
29) Plous, Scott, *The psychology of judgment and decision making*, McGraw-Hill, 1993.
30) Moskowitz, Gordon B., *Social cognition: understanding self and others*, Guilford Press, 2005.
31) Popper, Arthur N., *Music Perception*, Springer, November 30, 2010.
32) Saturation is the maximum intensity of a stimulus that produces a response from a sensory system.
33) http://twitpic.com/a8x1pz
34) 중앙일보기사 1998. 6. 2.(화) 36면 참조.
35) Deutsch, M., *The resolution of conflict*, New Haven: Yale University Press, 1973.
36) Haire, M., Role perceptions in labor-management relations: an experimental approach, *Industrial and Labor Relations Review, 8*, 1955.
37) 중앙일보 1998. 6. 18(목)자 8면 기사 참조.
38) http://cafe.daum.net/KITOB/72Kj/27?docid
39) Morley, I., & Stephenson, G., *The social psychology of bargaining*, London: Allen and Unwin, 1977.
40) Lewicki & Litterer, *Negotiation*, IRWIN, 1985., Table 7-1.
41) Gibb, J., Defensive Communication, *Journal of Communication*, 3, 1961.
42) Deutsch, M, & Krauss, R. M., The effect of threat upon interpersonal bargaining, *Journal of Abnormal and Social Psychology*, 61, 1960.
43) Lewicki & Litterer, *Negotiation*, IRWIN, 1985., Table 7-2.
44) Johnson, D. W., Role reversal: A summary and review of the research, *International Journal of Group Tensions*, 1, 1971. Walcott, C., Hopmann, P. T., & King, T. D., The role of debate in negotiation, In D. Druckman Ed., *Negotiations: Social-Psychological Perspectives*, Beverly Hills, CA: Sage, 1977.

11강

배후의 구조

1 등장인물과 성격

협상당사자가 자신의 이해관계에 대해서만 협상할 경우와 타인이나 단체를 대표해서 협상할 경우는 그 행동이 전혀 다르다. 사회적 관점에서 보면, 협상은 사람들 간의 상호작용 또는 단체들 간의 상호작용이다. 따라서 협상과정은 상호작용을 규율하는 사회적 환경에 의해 그 모습이 다르게 나타난다. 사회적 환경은 협상에서 중요한 요소 가운데 하나이다. 협상의 사회적 환경이라고 함은 협상에 등장하는 모든 당사자는 물론, 협상의 결과에 따라 영향을 받는 사람들, 그리고 협상을 지켜보는 주시자(observer)를 모두 포함하는 개념이다.

협상자의 태도를 제대로 이해하기 위해서는 협상의 사회적 구조를 잘 분석해 보아야 한다. 사회적 구조에 따라 협상은 더 크고 복잡하게 되기 때문이다. 이러한 협상의 사회적 구조는 간단한 구조로 된 상황이 있는가 하면 상대적으로 복잡한 구조로 된 상황도 있다. 간단구조상황은 2명의 협상자가 각기 자신의 필요에 따라 협상을 하는 경우를 말하고, 복잡구조상황은 다자(多者)그룹간의 협상을 말한다. 협상에 연관되어 있고 그 결과에 영향을 받게 되는 개인, 단체, 조직들이 많을수록 협상은 직접적으로든 간접적으로든 압박을 더욱 심하게 받게 된다. 그러므로 협상자는 얼마나 많은 개인, 단체, 조직들이 협상에 연관되어 있는지를 가늠할 수 있어야 한다. 그리고 이렇게 연관된 개인, 단체, 조직들이 협상의 안건에 대해 어떠한 입장을 보일 것인지에 대하여 알고 있어야 한다. 또한 협상자는 직간접적으로 연관된 이러한 개인, 단체, 조직들을 활용하는 협상전략을 수립하여야 함은 물론, 반대로 상대방이 이러한 사람들이나 조직·단체들을 이용하는 협상전술을 사용할 때 자신을 방어할 줄도 알아야 한다. 협상에는 다양한 성격의 사회적 구조가 존재한다. 그 성격들을 구분해보면 다음과 같다.

- 협상양자(Negotiating Dyad): 협상을 하고 있는 양당사자를 말한다. 가장 간단한 구조를 띤 양자관계협상에서는 제3자가 관련되지 않는다. 양당사자가 자신들만의 필요에 따라 협상을 한다.
- 협상팀(Negotiating Teams): 여러 사람이 연관된 당사자들 사이에 일어나는 팀협상에서, 함께 일을 하고 있고 협상에 직접 관련되어 있는 사람들이다.
- 배후(Constituencies): 협상자가 자신을 위해서가 아니라 배후를 위해서 행동하는 경우가 있다. 이 배후는 협상테이블에 직접 나타나지는 않지만, 협상의 주요 의제는 바로 이 배후의 이해관계가 된다. 이 배후는 「모체(母體)」로 불리기도 한다.
- 국외자(局外者: Bystander): 국외자는 협상에 직접적으로 또는 간접적으로 이해관계를 갖고 있을 수도 있고, 아니면 전혀 이해관계가 없을 수도 있다. 여기서 협상자는 국외자를 대표하고 있는 것은 아니다. 하지만 국외자가 협상에 이끌려 들어올 수도 있고, 경우에 따라서는 협상의 결과에 의해 영향을 받을 수도 있다.
- 관중(Audience): 관중은 협상에 직접적으로 연관되어 있지 않지만 협상을 지켜보고 있는 개인, 조직, 또는 단체를 말한다. 그러나 협상자는 협상의 결과에 영향을 미치기 위한 노력의 일환으로 이들에게 직접 메시지를 보낼 수 있다. 앞에서 언급한 배후와 국외자 모두가 관중이다. 뿐만 아니라 팀협상에서 아무 말도 하고 있지 않지만 상대편과 대화하고 있는 자기편을 지켜보고 있는 협상팀의 동료들도 관중이 된다.

2 두 명의 개인 협상자

협상의 사회적 구조에서 가장 간단한 형태는 오직 2명의 개인이 협상을 할 때이다. 이 때 협상자 개인은 협상에서 각자의 이해만을 반영하고 책임진다. 이를 그림으로 나타내면 [그림 11-1]과 같다.

그림 11-1 ››› 2명의 개인 협상자

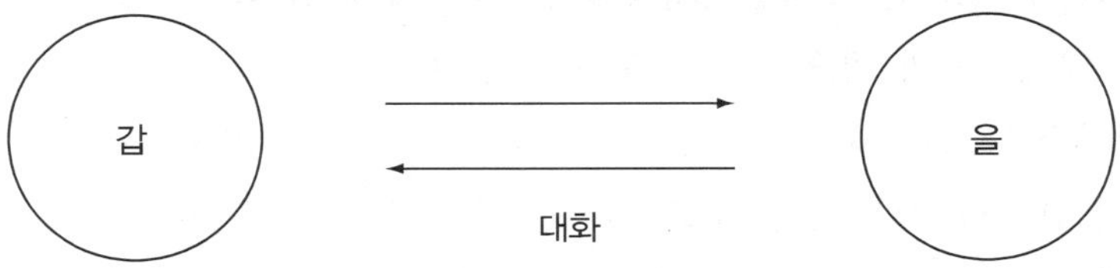

이러한 유형의 사례는 한국의 아나바다장터에서처럼[1)] 어떤 한 사람이 다른 사람으로부터 자기가 필요한 냉장고를 사고자 할 때 나타난다. 이 때 냉장고의 가격, 사거나 팔려고 하는 의지 등과 같은 각자의 선호도는 전적으로 두 사람 개인의 마음에 달려있다. 매매조건을 비롯한 가격은 이들이 협의하기에 따라 달라질 수 있다.

3 협상에서의 관중

협상에서 당사자들의 숫자가 많아지게 되면 협상진행과정은 자연히 그 성질이 달라지고 복잡하게 변화된다. 두 사람의 협상자는 이제 자기들의 협상을 지켜보는 사람이 있고, 협상결과를 보고받는 사람이 있으며, 협상결과에 따라 영향을 받게 되는 사람이 존재한다는 사실을 알고 있다. 이런 상황이라면 협상자는 상대방 협상자뿐만 아니라 협상에 연루된 당사자들에게도 영향을 미칠 수 있도록 자기의 행동을 다시 조정하게 될 것이다. 이렇게 추가로 연루된 당사자들에게 주의를 기울이는 것을 「관중효과(audience effect)」라고 한다.

3.1 관중의 유형

3.1.1 협상팀 동료로서의 관중

관중의 여러 형태 중에 하나는 협상팀의 동료이다. 협상팀의 동료는 여러 가지 역할을 수행한다. 즉, 대변인, 특정 의제에 대한 전문가, 법적 또는 재정적 상

그림 11-2 »» 복수의 협상팀원이 있는 양자협상의 구조

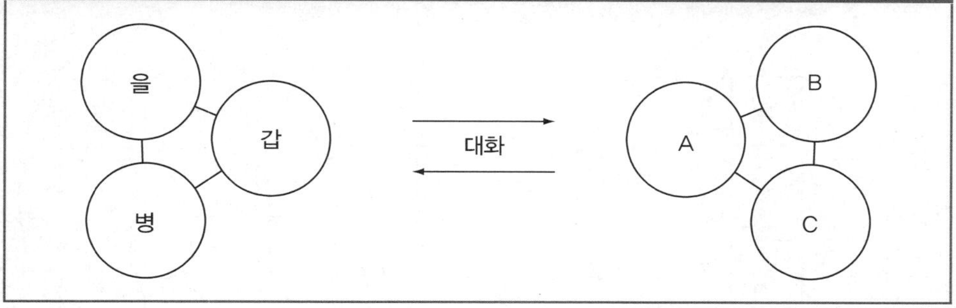

담, 통계나 비용 분석, 기록이나 관찰 등의 역할을 수행한다. 어느 팀의 한 사람(대변인)은 상대팀의 한 사람(대변인)에게 말을 하는 동안 사실 상대팀원들에게도 영향을 미치려고 한다. 이런 관계를 그림으로 나타낸 것이 [그림 11-2]이다.

즉, 이 그림에서 갑과 A는 대변인이고, 을과 병, B와 C는 각각 팀의 동료이면서도 한편으로는 관중이 된다. 다시 말해서 팀의 동료들은 협상을 하는 동안 협상자로서의 역할뿐만 아니라 관중으로서의 역할도 수행한다. 북한과 같은 공산독재체제하의 사회안전원이나 정보기관원이 협상팀 동료로 등장할 때에는 관중효과가 극대화될 수 있다.

3.1.2 배후로서의 관중

관중의 여러 형태 중 또 다른 모습은 「배후(constituency)」이다. 협상자는 이 배후그룹의 이해관계, 요구조건, 또는 우선순위 사항 등을 협상에서 표출한다. 이 배후그룹은 자기들의 이해관계를 협상자가 협상에서 대표하도록 권한을 위임하고, 협상자의 협상결과에 따라 직접 이익을 얻거나 손해를 보는 사람들이다. 배후들을 대신하는 협상자개인 또는 협상팀의 사회적 구조를 그림으로 나타낸 것이 [그림 11-3]이다.

그림 11-3 »» 협상자와 관중 겸 배후

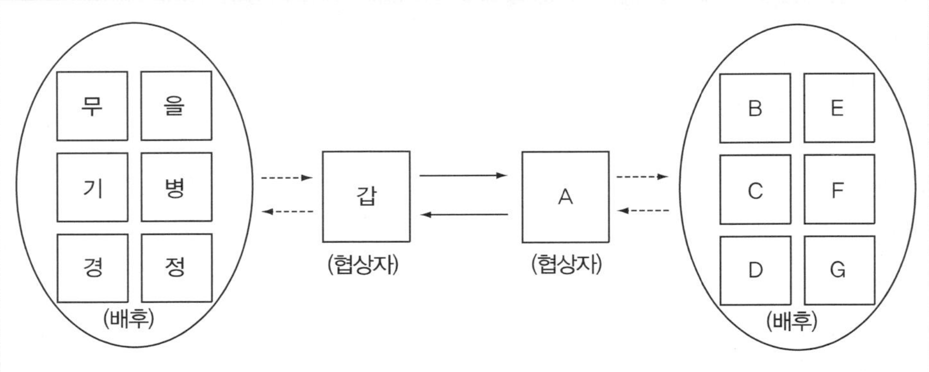

3.1.3 국외자로서의 관중

관중의 마지막 형태로 들 수 있는 것이 바로 국외자로서 행동하는 관중이다. 이 국외자는 직접적이지는 않고 간접적인 관중 역할을 수행한다. 국외자는 협상 타결에 의해 직접적으로나 간접적으로 영향을 받을 수 있지만, 협상에는 직접 참여하지 않는 사람들이다. 예를 들면, 현재 진행되고 있는 어떤 회사의 노사협상의 결과에 따라 자기들의 노동계약조건이 영향을 받는 다른 노동조합이 그러하다. 파업이 발생하면 불편을 겪는 일반대중들, 또는 모호하게 정의되는 일반대중, 언론, 사회, 심지어는 국가나 국제사회 등과 같은 관중도 여기에 포함된다. 양국이 관련된 WTO의 분쟁과 그 협상결과에 따라 제3국들이 영향을 받을 수 있다.

[그림 11-4]는 가장 복잡한 구조의 사회적 협상환경을 나타내고 있다. 다수의 관중이 존재하게 되면, 협상자는 상대방 협상자에게 대해 간접적으로 압박을 가하고 영향을 미치기 위해 활용할 수 있는 여러 가지 수단을 보유하게 된다.

3.2 관중의 특성

협상에 영향을 미치는 관중은 어떠한 특성을 지니고 있는지 살펴보자. 관중의 특성을 분석하기 위해 몇 가지 기준으로 구분하여 설명한다.

그림 11-4 »» 협상자와 국외자

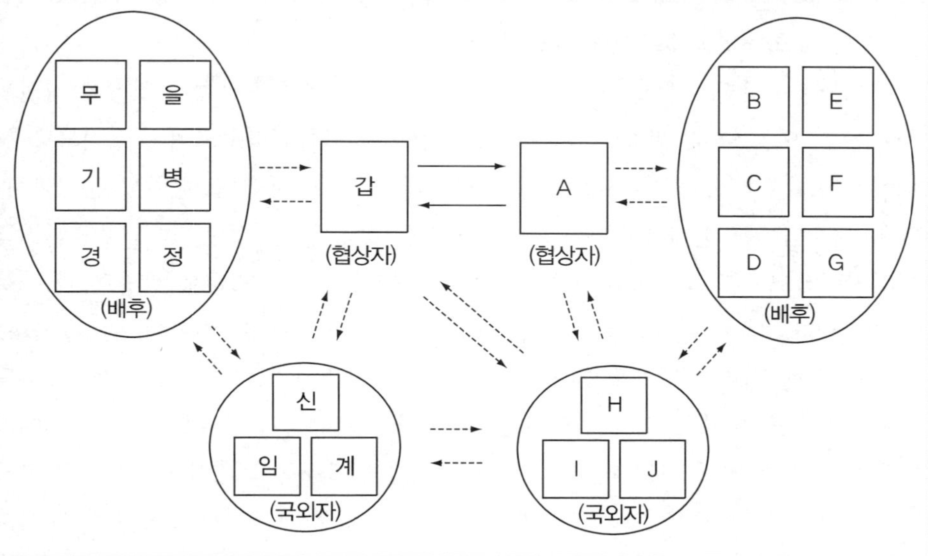

3.2.1 협상참여여부 기준

실제로 협상에 참여하는지 아닌지의 여부에 따라 관중을 구분할 수 있다.[2] 어떤 사람들은 협상장소에 직접 나타나서 협상을 지켜보는가 하면, 또 다른 사람들은 협상장소에 직접 나타나지는 않고 협상자나 협상을 지켜본 다른 사람으로부터 무슨 일이 발생했는지 듣기만 한다.

3.2.2 협상자에의 의존여부 기준

관중은 협상결과에 대해 협상자에게 의존적이 되거나 독립적이 될 수 있다. 결과에 의존적인 관중은 협상자가 어떻게 행동하는가에 따라 자기들의 이해득실에 직접적으로 영향을 받는다. 예컨대, 노사협상에서 노조원들의 급여인상이 얼마나 될 것인가 하는 것은 협상에 참여한 협상대표가 어떻게 행동하는가에 따라 직접적인 영향을 받는다. 이와는 대조적으로, 독립적인 관중은 협상을 구경하고는 있지만 협상의 결과에 따라 직접적인 영향을 받지 않는다. 예컨대, 일반대중들은 노사협상의 결과에 대해 흥미를 가질 수는 있지만 협상타결의 결과에 따라 직접적인 영향을 받지는 않는다.

3.2.3 협상과정에의 연루여부 기준

관중이 협상과정에 얼마만큼 연루되는가 하는 것이다. 관중은 협상에 직접적으로 연루될 수 있다. 관중이 토의 · 상호작용 · 사회적 역학구도에 적극적으로 참여하는 정도에 따라 상황은 점차 더 복잡해지게 된다. 예컨대, 한반도 문제와 관련한 6자회담에서 당사국인 한국과 북한 외에 미국, 중국, 일본, 러시아가 관련국으로 참여하고 있다. 더 많은 당사자들이 토의에 참여하게 될수록 상황은 더욱 복잡하게 된다. 이와는 대조적으로, 관중이 협상에 간접적으로 연루될 수 있다. 모피불매운동을 벌이는 단체를 지지하기 위해 소비자들이 인터넷에서 모피불매운동 사진과 기사를 실어 나르며 전파하는 것과 마찬가지로, 협상과정에 영향을 미치기 위한 노력의 일환으로 관중이 자기들의 희망과 요구를 표명할 때, 간접적 연루가 발생한다고 할 수 있다. 또한 관중은 협상자가 얼마나 잘하고 있는가에 대한 반응(feedback)을 보인다. 이러한 반응은 기록, 메시지, 서신, 댓글 또는 개인적 대화 및 충고 등과 같이 서면이나 언어적인 형태로 나타날 수 있다. 뿐만 아니라 이러한 반응은 승인의 표시로 미소나 고개의 끄덕임, 불만의 표시로 찡그린 얼굴 등과 같이 비언어적인 형태로도 나타날 수 있다. 관중은 협상자가 협상에서 취한 입장, 양보, 합의, 태도 등에 대하여 이러한 반응을 보일 수 있다.

3.2.4 기타 기준

관중이 협상에 영향을 미치는 방법에 대하여 다른 기준으로 분류할 수도 있다. 즉, ▲ 관중의 정체 (관중이 누구인가 그리고 지지하고 있는 바가 무엇인가) ▲ 관중의 구성성분 (다른 견해의 분포도, 권력의 크기, 기타) ▲ 관중의 규모 ▲ 관중과 협상자와의 관계 (감정개입여부, 협상자에 대한 실력행사의 정도) ▲ 협상상황에서 관중의 역할 (협상자의 행동 · 스타일 · 대화내용 등에 직접적으로 영향을 미치려는 의지) 등의 유형으로 구분할 수 있다. 요약하자면, 협상이 세 당사자 이상의 관계로 확대되면, 이들 간의 상호관계 및 성격은 급격히 복잡해지게 된다.

3.3 관중의 협상자에 대한 영향

3.3.1 트럭운송게임

협상자의 전술선택에 미치는 관중의 영향에 대하여 살펴보기 전에, 관중의 영향에 관한 실험에 사용되는 Acme와 Bolt의 트럭운송게임(Trucking Game)을 간단히 소개한다. 이 트럭운송게임은 두 사람 간의 흥정에서 각자가 자기의 돈벌이를 극대화하도록 하는 게임이다. 이 게임에서 시간은 곧 돈이다. 목적지까지의 거리가 멀수록 오래 걸려 수입은 줄어든다. 게임자는 각각 1차선 지름길의 한쪽 길목에서 출입을 통제할 수 있다. 이 게임의 전제조건은 게임당사자들 간에 의사소통을 할 수 없다는 것이다.[3] 게임자는 조그마한 방에 앉아서 상대방의 선택에 따라 자기의 트럭이 어떤 상황에 있는지 지켜볼 수 있을 뿐이다. 게임자는 목적을 달성하기 위해서는 두 가지 전략을 선택할 수 있다. 그 중 한 가지는 1차선에 불과한 지름길을 상대방과 타협하여 공유하는 방법이고, 다른 한 가지는 상대방과 전혀 타협하지 않고 비용이 많이 들지만 먼 거리를 우회하여 운송하는 방법이다.

3.3.2 관중의 우호반응을 희구

협상자는 관중이 존재하기만 해도 관중으로부터 긍정적이거나 우호적인 평가를 받기를 바라고, 부정적이거나 비우호적인 평가를 회피하려고 한다. 협상자를 감시 · 감독하는 배후의 협상자에 대한 영향을 알아보기 위해 여러 가지의 연구가 진행되었다.

첫째, 자신이 감시 · 감독받고 있다는 사실을 인식하기만 해도 협상자는 자기의 행동을 거칠게 하는 것으로 밝혀졌다.[4] 일방투시용 창문을[5] 통해 배후들이 협상상황을 지켜보고 있도록 해놓고서는 협상자들의 일부에게는 이러한 사실을 알려주었으나 나머지 다른 협상자들에게는 알려주지 않은 채 협상을 진행시켜 배후의 존재영향에 대한 실험을 하였다. 그 결과, 자기가 감시받고 있다고 믿는 협상자들은 협력적인 협상태도보다는 경쟁적인 협상태도와 전략을 보였다. 이들은 이익을 얻기 위해 상대방을 강력하게 반박하고 위협하거나 단언적인 언사를 보였다. 그리고 자기가 감시받고 있다고 생각하지 않는 협상자들보다는 당연히 우호적이지 못한 결과를 초래하였다. 후에 왜 그런 행동을 보였는가 하고 질문을 해

그림 11-5 ››› Acme와 Bolt의 트럭운송게임

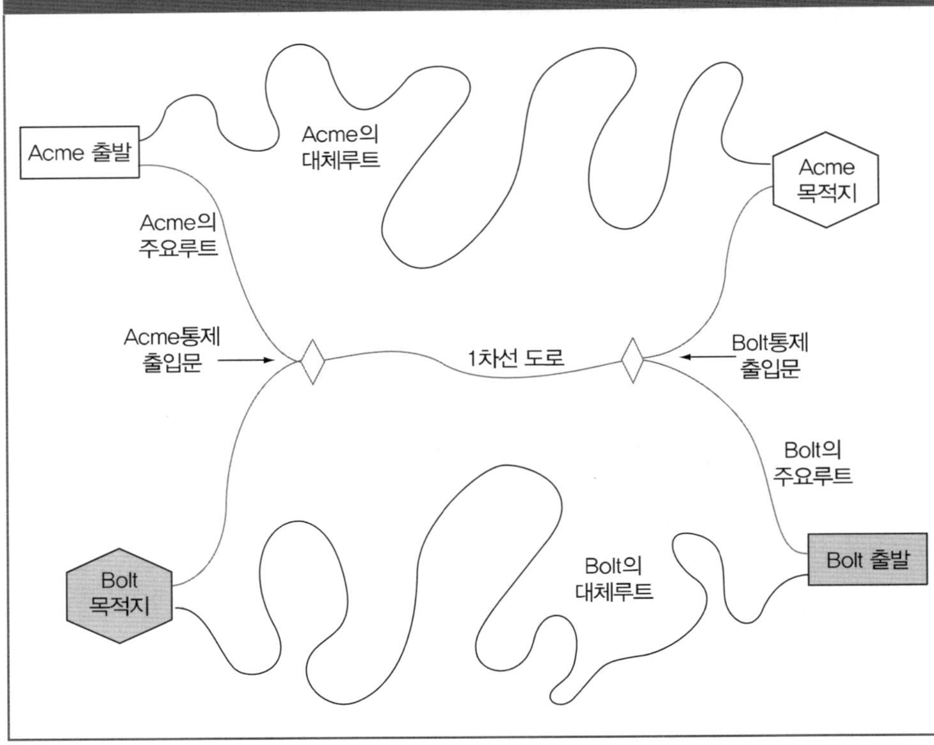

보았더니, 감시받고 있다고 생각한 협상자들은 자기들이 거칠고 강하게 보이는 것이 더 중요하다고 생각했기 때문에 상호이익을 볼 수 있는 양보 따위는 하기 어려웠다고 하였다.[6)]

둘째, 단순히 관중의 존재 사실을 알려주는데 그치지 않고 협상자가 중요하게 여기는 관중을 돌출시켰다. 그 결과 돌출된 관중의 존재는 협상자가 훨씬 더 극적으로 행동하도록 영향을 미쳤다. Brown이 수행한 고전적 연구에 의하면 돌출관중의 위력을 알 수 있다.[7)] 앞에서 간단히 살펴본 Trucking Game[8)]이라고 불리는 경쟁적 협상연구 시나리오를 사용하여 Brown은 협상자의 연속적인 행동에 관중의 반응이 미치는 영향에 대하여 실험을 하였다. Brown은 실험을 위하여 고등학생들에게 Trucking Game을 하는 방법을 가르쳤다. 학생들 각자는 게임 상대방도 학생이라고 생각하며 일대일로 게임을 하였는데, 사실 상대방은 미리 계획된

전략을 구사하는 실험자의 친구였다. 미리 계획된 전략이라는 것은 언제나 학생측을 공격하고 약탈하는 것이었다. 게임하는 학생들을 이렇게 약탈적인 상대방에게 노출시키는 한편, 1회전 내내 게임모습을 지켜본 학급친구들로부터 반응을 듣도록 하였다.

실험게임에 참여했던 학생들은 다음의 둘 중 한 가지의 부류에 속하는 말을 듣게 되었다. 즉, 1차게임에서 약탈당하는 모습을 보인 학생들은 약하고 어리숙하다는 반응을 받았고, 선전을 한 학생들은 멋지고 강하다는 반응을 받았다. 이도저도 아닌 제3 그룹의 학생들은 아무런 반응도 얻지 못했다. 그런 다음에 모든 학생들은 2차게임에 돌입했다. 2차게임을 하는 동안 학생들은 비싼 대가를 치르더라도 상대방에게 보복하는 전략을 사용하든지, 아니면 보복보다는 많은 돈을 벌 수 있는 전략을 선택할 수 있도록 하였다. 그러나 앞서의 게임과 급우들의 반응은 무시하라고 하였다. 실험의 성질상, 보복을 함으로써 중요한 관중에게 자신의 이미지를 회복시키도록 하는 유인과 돈을 벌게 하는 유인을 대립적으로 맞붙여 놓았다. Brown은 다음과 같이 실험결과를 요약하였다.[9)]

> 결과는 인상적이었다. 공개적으로 굴욕적인 창피를 당하는 반응을 받은 실험대상학생들은 우호적인 반응을 받은 학생들보다 훨씬 더 보복적·자기희생적이었고 격렬했다. 특히 재미있는 사실은, 이들에게 왜 그렇게 혹독한 보복을 취했는가라고 물어보았더니, 그런 태도를 보인 학생들의 75%가 약탈당하는 모습을 모임으로써 자기가 어리석고 약하게 비춰지는 것을 원치 않았기 때문이고, 또 자기의 능력과 강함을 재차 강조하기 위해서 그랬다고 답하였다.

Brown의 연구에서 몇 가지 중요한 시사점이 있다. ① 실험대상 학생들은 관중이 누구인지 이름이나 정체를 알지 못한 채, 단지 자기들 학교의 학생들이라는 것만 알았다는 점이다. ② 관중의 반응은 실험대상학생이 실제로 무엇을 했는가에 의존하는 것이 아니라는 점이다. 실험대상학생들은 관중이 뭐라고 말하는가에 반응하였지 실제의 결과에 따라 반응하지 않았다. 그러므로 협상자가 결코 개인적으로 알지 못하고, 만나본 적도 없으며, 그냥 모호하게 중요한 집단이라고 생각하는 관중이라고 할지라도 협상자를 평가하는 역할을 하게 될 때에는 협상자의 행동에 대해 막강한 위력을 발휘하게 된다. ③ 관중이 없을 때조차도 보복적 행동이 일어났다는 점이다. 이 실험에서 상대방에게 앙갚음을 할 필요를 느꼈기 때문에 보복을 했을 수도 있지만, 문제의 초점은 상대방 협상자가 관중으로서의 역할을 했을 수도 있다는 점에 주목할 필요가 있다. 상대방 협상자 때문에 자기가 어리석게 보이거나 나약하고 무력한 행동을 하는 사람으로 평가되었다고 생각하는 협상자들은 긍정적인 평가를 회복하기 위한 행동을 취한다. 심지어는 적으로부터 조차도 긍정적인 평가를 받으려고 한다. 테니스나 골프에서 친선게임을 해본 사람이라면 누구나 상대방을 약 올리는 것은 상대방의 자존심을 건드려서 다음에는 더 잘하도록 만들려고 한다는 것을 인정할 것이다. 이러한 심리상태를 염두에 둔다면 친선협상도 아닌 진지한 협상에서 상대방으로부터 다루기 쉬운 사람으로 취급당할 때 그 협상자가 어떤 반응을 보일 것인지는 말하지 않아도 얼마든지 상상이 가능하다. ④ 관중으로부터 우호적 평가를 받은 사람들은 부정적 평가를 받거나 아무런 반응을 받지 못한 사람들보다 확실히 덜 보복적이었다. 그러므로 관중은 협상자가 어떻게 행동했다는 것을 반응을 통하여 나타내 보여줌으로써 협상자의 경쟁적 · 보복적인 행동에 대해 막강한 영향력을 미친다. 만일 창피를 당했더라도 “참 잘했다”라는 평을 듣는 협상자들은, 창피를 당한 후 “멍청했다”라는 평을 듣는 협상자들보다 훨씬 덜 보복적이 될 것이다.

끝으로, Brown의 실험상황에 어떤 변화를 주어 보았다. 어떤 조건하에서, 관중이 보복의 대가를 잘 알고 있다는 것, 즉 이기적인 상대방에게 보복을 가한다면 그 보복을 하기 위해 감내해야 될 대가가 얼마나 큰지를 관중이 이미 잘 알고 있다는 것을 실험대상자에게 말해주었다. 그리고는 다시 실험상황에 변화를 주었다. 즉 관중이 보복의 대가를 알지 못한다는 것을 실험대상자에게 말해주었다. 이상의 두 가지 다른 상황의 실험결과, 실험대상자가 관중에게 어리석게 보였다는 것과 또 관중은 실험대상자가 보복을 하려면 대가를 얼마만큼 치러야 하는지 모르고 있다는 것을 실험대상자에게 말해줬을 때 보복적 행동이 가장 극심하게 나타났다.

협상자는 자기의 관중으로부터 긍정적인 이미지를 되찾을 필요가 있을 때 그리고 그렇게 하는데 들어가는 대가가 얼마나 큰지를 아무도 알지 못할 때 가장 공격적이 된다. 우리는 이런 현상을 국제관계나 노동관계의 역사에서 수없이 엿볼 수 있다. 미국인들이 9.11 테러사건에 경악하자, 조지 부시 미국 대통령은 국내외에 미국의 면목을 세우고 테러와의 전쟁에서 승리하기 위해 대규모 병력을 이라크에 파병하였다. 부시 대통령은 2003년 3월 당시 이라크의 사담 후세인 정권이 대량살상무기를 보유하고 있고, 알카에다와 연계돼 있다는 이유를 앞세웠다. 그러나 이라크가 대량살상무기를 보유하고 있다는 증거를 획득하는데 실패하였고, 초기에 성공하는 듯 보였던 이라크 장악노력은 끝내 성공을 거두지 못하였다. 결국, 부시 대통령과 다른 사람들이 우려하던 미국의 체면은 말이 아니게 손상되었을 뿐만 아니라 천문학적 금액의 달러와 군사장비의 손실은 물론 많은 인명손상을 초래하였다.

3.3.3 협상자에게 설명의무를 부과

관중은 협상자가 취한 행동에 대하여 협상자에게 왜 그랬는지 설명하도록 의무를 부과하고 또 잘잘못을 평가하여 상벌을 내림으로써 협상자를 통제할 수 있다. 이러한 설명책임은 다음의 두 가지 주요 상황에서 발생한다. 즉, ① 관중이 협상자의 행위를 잘 지켜볼 수 있어서 협상자가 얼마나 잘하고 있는지를 판단할 수 있을 때, ② 관중의 이해관계가 협상자의 협상력에 달려 있을 때가 그러하다. 자기의 이해관계가 협상자의 협상력에 달려있는 관중은 일반적으로 협상자가 배후를 위해 최상의 결과를 얻어내도록 협상에서 거칠고, 확고부동하며, 요구는 하되 양보하지는 말아줄 것을 주장한다. 관중의 입장에서 보았을 때 협상자가 이러한 방식으로 협상에 대처하지 않는다면 협상자를 공개적 비판대에 올려놓게 되는데, 그 까닭은 이렇게 비판을 함으로써 협상자를 쩔쩔매게 하여 배후의 이익을 보장하는 방향으로 협상을 진행시키고자 하는 의도가 깔려 있기 때문이다.

협상자를 나약하고, 말랑말랑하며, 주인을 배반한 사람이라고 계속해서 비난하게 되면, 협상자의 행동은 다음의 몇 가지 형태로 유도된다. 첫째, 협상자는 배후의 이익을 보호하기 위하여 서슴지 않는다는 것을 배후에게 보여주려고 하기 때문에 협상행동이 점차 경직되어 융통성이 없어진다. 둘째, 협상자는 배후를 위한 최상의 이익을 획득할 수 없다고 스스로 느끼든지 아니면 다른 사람이 그렇게 판단하게 되면 사임할 때가 되었음을 알게 된다. 옛날부터 이러한 설명의무는 협상자들을 강력하게 압박하여 배후에게 충성스럽고 헌신적인 행동을 하도록 작용하였다.

협상결과에 영향을 미치는 협상자와 배후 간의 관계에는 여러 가지 요소들이 있다. 몇몇 연구에서 주목을 받은 세 가지 요소가 있다. 즉 ① 배후그룹 내에서 협상자의 상대적 신분(relative status), ② 배후에 대한 협상자의 상대적 권력(relative power), 그리고 ③ 배후가 부과하는 설명의무의 압력(accountability pressure)의 크기가 그것이다.

예컨대, 그룹 내의 어떤 사람들을 임의로 선정한 다음 이들에 대항해서 협상할 공식적 협상대표를 지명하였다. 그러나 대표를 맡은 협상자의 상대적 신분차이는 협상결과에 강력한 영향이 있는 것으로 밝혀지지는 않았다. 높은 신분의 협상자들이 협상을 더 신속하게 진행시킨다든가, 협상과정에서 교착상태를 덜 겪는다든가, 또는 더 나은 해법을 찾아내는 것은 아닌 것으로 나타났다.[10)]

이와는 대조적으로 설명의무압력은 더 유의적인 영향을 갖고 있는 것으로 밝혀졌다. 설명의무의 영향력을 측정함에 있어서는, 배후가 협상을 지켜보도록 하거나, 협상자로 하여금 배후에게 보고를 하도록 하고 협상된 합의내용에 대하여 배후들이 투표를 하도록 하였거나, 또는 배후가 협상자의 협상능력에 대해 어떻게 보상할 것인지를 결정하는 역할을 하도록 하는 방법으로 모의실험상황을 조종하였다. 일반적으로 이러한 설명의무는 설명의무압력이 없을 때보다 협상자에게 압박을 더 많이 느끼게 하기 때문에 협상자로 하여금 배후의 요구사항에 부합되도록 협상에서 행동을 더 거칠게 하고, 시간을 더 많이 소모하는 협상을 전개하도록 한다.[11)]

끝으로 배후그룹 내에서 협상자의 상대적 권력은 협상자의 행동에 영향을 미친다. 연구결과에 의하면, 배후에 비해 상대적으로 높은 수준의 권력을 지니고 있는 협상자는 낮은 수준의 권력을 지닌 협상자보다 설명의무압력 및 감시로부터 더 자유로울 수 있다.[12)] 그러므로 협상자는 협상에서 융통성을 가질 수 있도록 자유로워야 되고, 또 더 많은 능력을 지녀서 협상기간 동안 더 많은 정보를 교환하고, 협상과정 및 결과에 만족하면서 교착상태가 길지 않게 짧은 시간 내에 협상을 마칠 수 있도록 해야 한다.

4 배후구조의 전술적 의미

4.1 협상자의 고민

관중 특히 협상결과에 이해관계가 걸려있는 관중의 등장은 협상자에게 모순적인 상황을 안겨준다. 이 모순적인 상황은 두 가지 압박으로 비롯된다. 첫째는 협상자의 배후로부터 오는 압박이고, 둘째는 협상의 고유한 성질 및 협상상대방으로부터 오는 압박이다. 배후는 협상자가 배후의 요구에 충실하여 양보하지 말고 확고부동하게 거친 행동을 해줄 것을 기대한다. 반면에 협상이란 것이 그 성질상 본래부터 주고받는 과정이고, 상대방과 의견을 조율하는 것이고 보면, 양보 특히 상호 양보는 협상에서 없어서는 안 될 부분이라고 할 수 있다. 그렇다면 협상자는 자기의 배후와 협상상대방 간의 상호 모순된 요구를 어떻게 만족시켜줄 수 있는가? 이와 같이 협상자의 배후는 양보하지 말고 강경한 자세를 취하길 원하고 협상상대방은 양보를 해주길 바라는 모순된 상황에서 협상자는 고민에 빠지게 된다.

4.2 협상자의 방책

중재사건의 심문 당시에 양측의 대리인인 변호사들은 격렬하게 자기편의 주장을 전개하여 배후의 입장을 대변한다. 그 모습은 거의 싸우다시피 격앙될 때도 있다. 그러나 그런 대리인들이 심문이 끝나고 중재판정실을 나서자마자 골프나 저녁식사 또는 동창회 이야기를 하며 화기애애해진다. 일반인들은 잘 이해하지 못할 정도로 어리둥절한 상황이 전개된다. 바로 변호사들이 협상을 할 때 딜레마를 해결하는 전형적인 모습의 사례이다.

이와 같이 협상자는 자기의 배후뿐만 아니라 협상상대방과도 관계를 수립하고 강화해야 한다. 배후와의 관계는 배후의 요구를 전적으로 지지하고 이러한 요구를 협상에서 옹호한다는 의지를 보임으로써 서로의 관계를 돈독히 해야 한다. 반면에 협상상대방과의 관계는 자기들 운명의 유사성 내지 공통성을 강조하고,

그리고 강력하고 생산적인 공동작업 관계를 수립·유지시키기는 방식으로 전개한다.

그러나 이러한 관계들은 어떤 것이든 다른 그룹이 눈치 채지 못하게 은밀히 전개시켜야 한다. 이렇게 은밀히 관계를 수립함으로써 협상자는 자기의 체면손상이나 설명책임부담 없이 협상에 임할 수 있다. 협상자는 우선 먼저 자기의 배후를 만나서 전체적으로 협상의 이해관계 및 목적을 의논하고 설정해야 한다. 그런 다음에 상대편 협상자와 만나서 목적 및 요구사항을 명백하게 언급할 수 있다. 그러나 은밀한 관계에 의한 프라이버시가 보호되는 한, 나약하거나 어리석게 보이지 않으면서도 필요한 양보가 이루어질 수 있다. 끝으로 협상자는 자기의 배후를 다시 만나서 현재 상황에서 이룰 수 있는 최상의 타결책을 제시하고 이를 위해 꼭 필요한 양보는 상대방에게 주어버리자고 배후를 설득한다.

성공적인 협상을 원하는 협상자는 자기의 배후 및 관중에 대하여 자기의 협상행동의 투명성을 관리할 수 있어야 한다. 상대방 협상자와 합의가 잘 되지 않고, 자기의 배후와도 유리되어 있는 협상자는 협상 내내 대중들의 구설수에 시달려야 한다. 협상자의 말 한마디, 그리고 양보나 실수 등은 매번 관중의 비판대에 오르내린다. 이와 비슷하게 자기의 배후와 은밀히 의사소통이 되지 않는 협상자는 자기의 모든 전술전략이 반대편 협상자에게 노출된다. 특히, 배후그룹들 간의 의견이 합치되지 않고 있을 때, 협상자는 어느 쪽 의견과 주장을 따라야 하는가? 협상자가 다수의 의견을 따른다 하여도 소수의견그룹에서 해코지를 해온다면 협상은 난항을 거듭하게 된다. 더군다나 상대방이 전략적 차원에서 반간계를 활용해 올 경우 내부분열로 인한 압박을 받게 된다. 이러한 압박은 심히 바람직하지 못하다. 그래서 앞에서 언급한 바와 같이, 상대방 협상자와 합의를 이루려고 하기보다는 자기의 배후 및 관중에게 보다 더 잘 호소할 수 있는 협상자의 행동이 필요하다.

5 관중 활용기법

협상자는 전술적 차원에서 관중이나 배후를 활용하여 상대방 협상자를 설득하거나 압박할 수 있다. 단, 그 전제조건으로 협상자가 다양한 그룹의 사람들과의 의사소통을 잘 할 수 있어야 함은 물론 그들에게 비춰지는 자기의 행동도 잘 관리할 수 있어야 한다. 배후가 협상과정을 낱낱이 지켜보도록 함으로써 협상자가 상대방에게 쉽게 양보하지 못하도록 제약하거나, 또는 배후로 하여금 협상자의 양보권한을 제한하도록 일부러 유도할 수 있다.

자기의 배후와 매번 일일이 협의하는 협상자는 배후와 사적으로 가끔 논의하는 협상자보다 양보하기가 쉽지 않다. 그러므로 협상자는 이러한 배후에 대한 투명성을 활용하여 자기 스스로 양보를 제약할 수 있으며, 어떤 조건은 받아들일 수 없노라고 상대방 협상자를 설득할 수도 있다. 또한 자기 배후로부터의 허가 없이는 양보할 수 없다는 것을 보여주기 위해 배후에 대한 투명성을 핑계 댈 수도 있다. 이와 같이 배후나 관중을 활용한 협상전술로는 「상급자핑계대기」기법, 「Good Guy, Bad Guy」기법 등이 있다.[13)]

5.1 협상대표의 입장 살려주기

「Good Guy, Bad Guy 」기법은 TV드라마에서 자주 볼 수 있는 현상으로, 아주 극단적으로 못된 배역과 아주 착한 배역이 함께 있으면 못된 배역은 더욱 못돼 보이고 착한 배역은 더욱 착해 보인다. 착한 배역은 당연히 주인공으로 역할을 하게 되고 시청자들은 그의 매력에 빠져든다. 이런 장면은 경찰의 수사과정에서도 볼 수 있다. 형사가 피의자를 신사적으로 대하며 심문하지만 자백을 하지 않는다. 잠시 그 형사가 밖으로 나간 사이에 다른 험상궂은 형사가 들어와서 육두문자를 섞어가며 거칠게 심문한다. 그 때 밖으로 나갔던 형사가 다시 들어오며 험상궂은 형사를 오히려 말리며 밖으로 내보낸다. 그리고는 담배 한 개비를 피의자의 입에 물려주며 고생이 많다며 위로해준다. 형사와 피의자는 어느 사이엔가 친해진 듯 보이며 사건의 자백은 시작된다. 이런 협상기법의 이면에는 대조효과라는 원리가 숨어 있기 때문에 사람들은 Good guy의 제안을 좋게 받아들이게 된다.

그러면 이쯤에서 「Good Guy, Bad Guy」기법이 논의의 주제인 관중이나 배후와 어떻게 연관되는지 살펴보자. 협상자는 상대방에게 자기의 입장을 확고히 나타내고 싶을 때 공개협상을 활용할 수 있다. 공개협상을 통해 협상자 자신은

Good guy의 역할을 하는 한편, 관중이나 배후에게 Bad guy의 역할을 맡기자는 전술이다. 사실 협상의 역학구도상, 협상자는 배후를 위해 협상과정에서 거칠게 나가야 자기의 배후로부터 인정받을 수 있다는 것을 알고 있다. 그러나 문제는 앞에서 협상자의 딜레마를 통해 살펴보았듯이 협상자가 무조건 세게 나갈 경우 상대편과의 좋은 결말은 기대하기 어렵다. 이 때문에 관중이나 배후를 협상에 끌어들여 전술적으로 활용함으로써 협상목적을 달성하려고 시도할 수 있다. 이 경우에 협상자는 자기의 배후가 협상에 입회할 수 있도록 허용하자고 상대편에게 주장하게 되는데, 이러한 주장이 받아들여지게 되면 다음과 같은 현상이 예상된다.

배후가 협상과정에서 공개적으로 호전성을 드러내게 되면, 반대편 협상자를 위협하는 효과가 있을 뿐만 아니라 자기편 협상대표를 상대적으로 아주 멋지고, 상냥하며, 합리적인 사람으로 보이게 한다. 반대편 협상자는 화를 잘내고 호전적인 사람보다는 더 멋있고, 상냥하며, 합리적인 사람과 협상하기를 바라기 때문에, 자기가 생각하기에 괜찮다고 생각하는 협상자가 호전적인 인물로 대체되는 것을 원치 않게 된다. 그래서 반대편 협상자는 오히려 이 온순하게 보이는 협상상대방이 문제를 풀어나갈 수 있도록 도와주기도 하고, 나아가 양보할 가능성이 많아지게 된다. 이러한 전술은 고전적인 「tough guy – nice guy」의 변형이라고 할 수 있다. 삼국지에서는 노숙(nice guy)과 오나라 장군들(tough guy), 유비(nice guy)와 장비(tough guy)가 그러하고, 영화 「Negotiator」에서는 Sabi(세바스찬)라는 협상가(nice guy)와 배후의 무장경찰(tough guy)이 각각 선역과 악역을 맡고 있다.

5.2 협상대표의 권한제한 기법

협상자가 양보하지 않기 위해 자기의 배후를 활용하는 또 다른 기법은 배후가 협상자인 자기에게 위임하지 않은 부분은 양보하지 못하도록 제한하였다는 것을 상대편에게 보여줌으로써 결국은 상대편이 양보하도록 하는 방법이다. 이렇게 권한의 위임범위를 상대방에게 알려주는 전술은, 양보권한이 제한되어 있는 것이 엄살이거나 정말로 사실인 경우 어느 경우에도 필요에 따라 활용할 수 있다.

엄살전술로 활용할 때에는, 협상자가 실제로는 양보할 권한을 가지고 있지만 모든 양보는 자기의 배후로부터 허락을 얻어내야 하는 것처럼 상대편 협상자가 믿게 만드는 것이다. 예컨대 회사를 처음 설립하여 영업하는 사람은 명함에 최고의 직급을 새기지 않는 게 좋다. 왜냐하면, 상급자 핑계대기를 통해 위기를 모면해야 하는 상황이 되었을 때, 명함으로 인해서 스스로 상급자를 없애버린 꼴이 되어 곤란해지는 수가 있기 때문이다.

이에 비해 양보권한의 제한이 사실인 경우에 사용하는 전술은, 협상자의 배후는 협상자가 양보할 수 있는 범위를 정해 놓았기 때문에 이 범위를 넘어서는 합의사항은 모두 배후와 협의하고 승인을 받도록 하는 방법이다. 예를 들어, 중소기업의 경영자가 은행의 대부계를 찾아가서 사업자금의 대부를 놓고 협상한다고 치자. 경영자는 10억원의 대부를 희망하고 있고, 은행은 대부를 할 경우 높은 이자를 받아 수익을 올릴 수 있는지, 설령 이 경영자가 대부금을 상환하지 못한다고 하더라도 담보를 잡아두면 대부금을 떼일 염려가 없는지 등의 확신과 보장이 필요하다. 젊은 신임 대부계 직원은 자기가 빌려줄 수 있는 금액에 제한이 있다. 그래서 자기의 배후격인 지점장의 결재가 필요하다. 지점장은 이 직원보다 훨씬 높은 금액을 대부해줄 수 있는 권한을 가지고 있으므로 자기의 권한범위만으로도 충분히 10억원을 빌려줄 수 있다. 그러나 은행은 바람직하지 못한 대출을 방지하고 또 돈을 빌리는 경영자가 은행의 대출조건을 수용하도록 압박하기 위해 배후를 활용하는 전술을 사용할 수 있다.

그러나 협상자는 자기의 배후와 협의하지 않고도 타결할 수 있는 자기의 권한이 어느 정도 되는지를 상대방에게 노출시킬 때 조심해야 한다. 협상권한범위의 노출은 동전처럼 양면성을 띠고 있기 때문이다. 우선은 협상자의 권한이 제한되었음을 노출시킴으로써 확실히 이득을 볼 수 있다. 이 상황에서는 협상자가 애초에 언급한 입장에서 조금이라도 벗어나면 배후의 확인을 받도록 한다. 이것은 상대방 협상자에게 협상을 성공적으로 마치고 싶으면 양보를 하라는 압박이 되기 때문이다.

반대로, 경우에 따라서는 이러한 전술이 오히려 불리한 결과를 초래할 수도 있다. 협상자가 자기편인 배후로부터 지나친 제약을 받아 힘도 없고 신뢰도 받지 못하고 있다고 느끼게 되면 협상과정에서 좌절하게 될 뿐만 아니라, 상대방 협상자에게도 좌절감을 안겨준다. 상대편 협상자가 좌절감과 분노를 느끼게 되면 협상을 완결 짓기 위한 양보를 유도하기보다 협상을 경직되고 교착상태에 빠지게 하고, 협상을 타결 지을 수 있는 권한을 가진 대표자를 협상에 내보내라고 요구하게 된다. 더군다나 협상자는 자기가 할 수 있는 양보에 제한을 받게 되면, 협상의 정신조차도 훼손된다. 협상이 상호합의에 도달하기 위한 양보의 과정이라고 이해할 때, 양보를 하지 않는 협상자를 만나게 되면 기대감이 상실되고 분노를 느끼게 된다. 자기의 권한을 심히 제한받고 있기 때문에 상대방 협상자와 스스로 합의에 도달하지 못하게 될 때 이 협상자는 상대방 협상자로부터 아주 쩔쩔매게 된다.

5.3 위임권한을 초과한 협상대표

협상자가 자기에게 주어진 권한을 초과하게 되면, 상대방과 아무리 좋은 타결을 보았다고 하더라도 자기의 배후를 설득하기 어렵게 된다. 이러한 현상은 노사협상에서 흔히 일어난다. 노조협상팀은 사용자측과 합의시안에 도달하지만, 노조원들은 이러한 제안을 거절해버린다. 이렇게 투표결과가 제안의 거부로 나타나는 것은 협상자에 대한 불신의 표시이다. 그런 결과로 협상자는 점점 더 거칠고 투쟁적이 된다. 극단적으로 협상자는 자기의 배후로부터 이미지 회복을 위해 개인적으로 비싼 대가를 감수하는데 그 모습은 장기파업, 개인적인 벌금이나 수감, 여론으로부터의 따가운 시선의 감수 등으로 나타난다. 배후로부터 거부당한 협상자는 장차 상대방 협상자와도 함께 일하기 어렵게 된다. 왜냐하면 앞으로 어떤 합의에 도달한다고 치더라도 그 합의안이 배후로부터 비준을 받는다는 보장이 없기 때문이다.

그 극단적인 예가 바로 미국의 연방항공당국(FAA)에 대한 항공관제사단체(PATCO)의 1981년 파업이다. 항공관제사단체의 새로운 지도자인 Robert Poli는 연방항공당국과 수개월에 걸친 협상결과 임금 및 후생에 대한 새로운 일괄안을 마련하였다. 일괄안은 산하 각 노조원들의 비준투표에 부쳐졌는데, 그 결과는 임금 및 후생 수준이 모두 부적합하다고 하여 노조원들의 약 90%가 부표를 던진 것으로 나타났다. 노조대표는 연방항공당국에게 계약조건에 대하여 다시 논의하자고 하였다. 양측이 2주 동안 협의하였으나 결렬되었고, 항공관제사단체는 파업을 선언하였다. 정부와 각 노조 간의 계약조건에 따를 것 같으면 이 파업은 불법적인 것이었다. 결국 이 파업으로 인해 연방항공당국 및 Reagan 행정부는 다음과 같은 조치를 취하였다. ▲ 파업 관제사는 모두 직장에서 해고 ▲ 연방법원으로부터 파업금지 명령을 받고 또한 노조 및 노조지도자들에 대해 매일 수백만 달러에 달하는 벌금을 부과 ▲ 일부 노조원들 및 간부들을 투옥 ▲ 노조의 파업기금을 몰수 ▲ 파업에 참여하는 관제사는 앞으로 관제사로서 뿐만 아니라 기타 여하한 형태의 일자리라도 미국정부에서 고용하지 못하도록 금지. 노조원들은 노조의 호전성뿐만 아니라 자기들의 기대를 확인이라도 하듯 90%가 파업초기에 노조대표인 Poli를 지지했다. 이들의 기대는, 노조대표인 Poli가 노조의 투쟁요구를 지지하든지, 그래서 노조를 위해 싸우다 제물이 되는 영웅적 희생자가 되든지, 아니면 수년 동안 각고의 노력 끝에 획득한 노조지도자의 자리를 내놓든지 하라는 것이었다.[14)]

이 사건은 한국노사분규에 타산지석으로 받아들여졌다. 1999년 4월 한국의 지하철노조는 파업을 결행하였다. 당시 박상천 법무장관은 미국의 이 사건을 예로 들며 한국에서도 앞으로는 불법파업을 엄금하겠다고 천명하였다.

또한 우리는 사실 자신이 협상대표라고 전혀 느끼지 못하는 사이에도 어느새 협상대표가 되는 수가 있다. 본인이 협상대표라고 인식하지 못하기 때문에 관중을 전혀 의식하지 못한 채 협상을 하고 만다. 그러나 협상결과에 민감해 하는 관중들이 반발할 경우 큰 낭패를 본다. 예컨대, 한국의 인기가수가 일본의 독도 및 교과서 문제와 관련하여 “냉정히 대처하는 일본이 한 수 위”라고 한 발언 때문에 국내여론이 극도로 악화된 경우가 그러하다. 이와 비슷하게, 2012 런던올림픽에서 한국 축구팀의 한 선수가 일본과의 동메달 결정전에서 승리한 후 “독도는 우리땅”이라는 플래카드를 들고 세리머니를 한 후 동메달을 박탈당하자, 대한축구협회가 이 사건의 해명 차원에서 일본축구협회에 보낸 이메일의 내용이 굴욕적이었다고 하여 여론으로부터 뭇매를 맞은 경우가 그러하다.

6 관중에 대한 투명성 차단

국외자 및 배후에 대해 투명성이 높아질수록 협상자는 거칠어지고 융통성이 줄어들며 양보를 하기 어렵게 될 가능성이 많다. 따라서 상대방 협상자가 융통성 있고 덜 호전적이며 회유되기를 바랄 경우에는 협상과정을 불투명하게 조성해야 한다. 이러한 목적을 달성하자면 다음과 같은 몇 가지 접근방법을 생각해볼 수 있다.

6.1 협상개시 전의 투명성 차단조치

협상과정을 실제로 진행하기 전에 협상의 기본방침에 대하여 상대방과 합의하는 것이 중요하다. 이러한 기본방침은 예컨대, 협상은 은밀히 진행시키며, 인터뷰는 허용하지 않고, 어느 쪽의 배후와도 접촉을 금지한다고 합의하는 것이다. 협상의 은밀성을 증진시키기 위해서, 당사자들로부터 멀리 떨어지고 중립적인 지역을 협상장소로 선정하여 그곳에서 협상을 진행시킨다. 그렇게 함으로써 협상자가 누구를 만나러 오가는지 사람들이 잘 알 수 없도록 하며, 다른 사람들이 협상자를 만나려고 해도 쉽지 않게 하는 효과가 있다. 협상의 진척상황이나 합의사항에 대하여 발표를 할 때에는 공동으로 발표를 하되, 양측 당사자가 모두 참석하도록 한다. 상대방측이 협상을 공개된 장소에서 진행하기를 희망할 경우, 이런 공개된 장소는 배후그룹 사람들의 접근이 용이하고 간섭을 받을 우려가 있다. 따라서 말할 필요도 없이 협상환경의 제반조건을 어떻게 할 것인가를 토의의 제일 첫 번째 의제로 삼아야 한다.

6.2 협상과정 중의 투명성 차단조치

만일 협상자들이 은밀하고 비밀이 보장되는 장소를 사전에 합의하여 놓지 못하였다면, 이 경우에도 원치 않는 관중을 차단하는 다른 방법이 있다. 가장 간단한 방법은 다른 안건을 협상하는 동안 비공식적으로 협의를 하는 것이다. 예컨대, 협상자들끼리 때때로 커피를 한잔하면서 또는 화장실에 들르면서 중요한 정보를 짧게 교환할 수 있다. 종일토록 협상한 다음 칵테일 모임을 가질 수도 있고, 중요인사들끼리 그날의 공식협의가 시작되기 전에 조찬모임을 가질 수도 있다. 이러한 만남에서 당사자들은 자기들의 마지노선이나 기꺼이 양보할 사항들에 대하여 오프더레코드(off the record)로 하자거나 힌트를 주며 더 솔직하게 의견을 교환할 수 있다. "잘 아시다시피, 우리는 너무 오랫동안 그 방에 죽치고 앉아 시간만 보내고 있지 않습니까? 만일 그 쪽에서 (이러이러한) 제안을 하실 용의가 있으시다면, 우리 쪽에서도 아마 그에 상응하는 보답을 할 것입니다."

다른 유형의 정보도 은밀히 교환할 수 있다. 협상자들은 자기들의 배후 및 후방지원에 대하여 불만과 푸념을 늘어놓거나 허풍을 떨 수도 있고, 심지어는 반대편 쪽에서 우연히 듣거나 또는 몰래 엿듣도록 자기네 배후와 이야기할 수도 있다. 이런 전술은 협상테이블에서 상대방에게 직접 이야기하기 곤란한 정보를 상대방에게 전달하려고 할 때 사용된다. 노조측 협상자는 "잘 아시다시피 강경식(가명) 씨는 나와 전혀 다른 사람입니다. 그 친구가 지난 6개월 동안 노무규정강화에 대해 나를 나무 위에 올려놓고 밑에서 흔들고 있습니다. 그 친구가 진짜로 내 자리를 차지하려고 하고 있는 겁니다."라고 말할지도 모른다. 사용자측 협상자는 현재의 노조측 협상자가 자기의 자리를 보전할 수 있도록 노무규정에 대해 뭔가를 더 내놓는 것이 좋다. 그래야 더 호전적인 인물이 노조위원장 자리를 차고 들어오지 않을 것이다.

또한 점심이나 저녁 식사, 경조사, 종교행사 등에서 비공식적인 접촉을 가질 수도 있다. 주요 무기 및 상거래에 관한 협정을 협상하는 국가원수들은 만찬, 리셉션, 정원산책 등을 하면서 사진촬영을 하는 경우가 흔하다. 이러한 접촉을 통해 공식적인 행사 외에도 은밀한 조정이 이루어진다. 어느 국가의 국장이 있다면, 거기에는 의례 여러 국가의 주요인사 심지어는 적대국의 주요인사도 서로 만나 이야기를 주고받는 모습을 볼 수 있다.

6.3 협상종료 후의 투명성 차단조치

협상을 종료한 후에도 협상결과가 장기적으로 진행되는 사안의 경우에는 사후에라도 협상비밀이 공개되면 사단이 날 우려가 있기 때문에 투명성 차단조치가 필요할 수 있다. 예컨대, 절차가 비공개로 진행되는 상사중재사건의 경우, 종료 후에도 비밀유지를 원칙으로 하고 있다. 특히, 국가 간의 협상이 진행되어 조약이 체결되었을 경우에는 비밀문서로 분류하여 상당기간 대외공개를 금하고 있다.

7 간접의사소통

협상자들이 협상의 사회적 배후구조를 조작·활용하는 여러 기법 중의 하나는 「간접의사소통」이다. 이 간접의사소통은 상대방 협상자가 제3자의 견해를 듣도록 하는 방법이다. 협상자는 자기의 반대편 주장에 대해서는 잘 방어하지만, 자기의 배후, 친구, 상급자나 선배, 또는 공공의 여론 등의 제3자에 대해서는 방어력이 취약하다. 이러한 점을 이용하여 상대방 협상자의 측면을 파고드는 전술이 바로 간접의사소통이다.

7.1 상급자를 통한 간접의사소통

제일 먼저, 간접의사소통의 한 형태로 들 수 있는 것이 "상급자(superiors)"를 통하여 의사소통을 하는 방법이다. 이러한 기법은 협상자가 2원적 구조의 조직을 대표하고 있을 때 흔히 이용된다. 여기에서 말하는 2원적 구조의 조직은, 사용자와 노조가 존재하는 조직, 또는 새로 거래를 트려고 하는 2개의 회사 따위를 말한다.

이러한 기법은 협상자가 협상의 진척상황이나 상대방 협상자의 행동에 만족하지 못할 때 이용된다. 그래서 협상자는 협상에 직접 관련이 되어 있지 않는 자기의 상급자를 찾아가서 협상을 위한 회합에 참여해줄 것을 요청한다든지 아니면 상대방 조직의 어떤 사람을 접촉해달라고 부탁을 한다. 이러한 상황을 그림으로 나타내면 [그림 11-6]과 같다.

노사관계의 다음 사례를 살펴보자. 노조측 협상자는 사용자측 협상자에게 일정 수준의 임금인상을 요구하였다. 사용자측에서는 노조측의 요구사항을 면밀히 검토한 결과, 회사가 재정적으로 감당할 수 없는 요구인 것으로 결론을 내렸다. 사용자측의 끈질긴 주장과 증거서류의 제시에도 불구하고, 노조측 협상자는 사용자측 주장의 정확성과 신뢰성을 문제 삼아 믿지 않고 있다. 그래서 사용자측 협상대표는 자기의 상급자들 중 어떤 사람(예컨대, 회사의 재무담당중역)을 찾아가서 노조위원장을 좀 만나줄 것을 요청한다. 회사의 재무담당중역은 노조위원장을 자기

그림 11-6 ››› 간접의사소통 기법 1

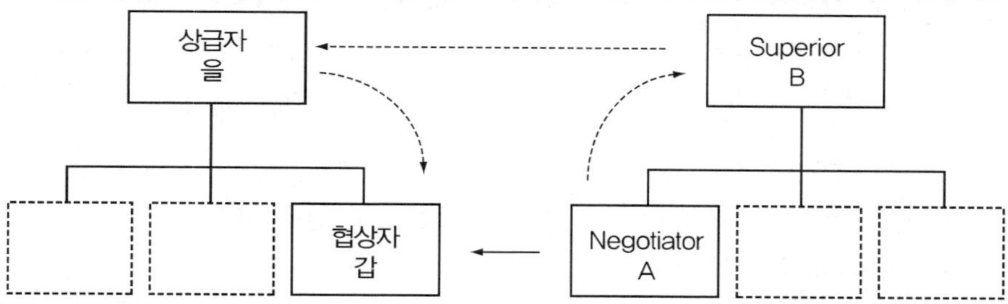

사무실로 안내하여서 재무관련서류들을 충분히 보여준 후 회사가 정말로 노조측의 요구를 감당할 수 없다는 것을 믿게 한다. 그런 다음 노조위원장으로 하여금 노조측 협상자를 만나 노조측의 요구를 합당한 수준으로 조정해줄 것을 부탁한다.

이러한 과정을 살펴보면 몇 가지 사항을 알 수 있다. 즉 첫째, 이 기법은 협상자가 대표하고 있는 조직단체의 사회적 구조에 달려있다. 협상자가 소속된 조직단체 내에는 보다 많은 권한을 가진 사람이 있는데 이런 사람을 활용하는 기법이다. 상대측 협상자도 이와 비슷한 조직구조에 속해 있고, 이러한 조직단체를 대표하고 있는 상황이다. 조직간, 정치단체간, 그리고 사회단체간의 협상은 대부분 이러한 유형에 속한다.

둘째, 협상을 담당하는 자는 최고책임자가 아니라는 점이다. 최고책임자가 협상을 담당하지 않는 까닭은 다른 일을 하는데 바쁘기 때문이 아니다. 최고책임자가 아닌 사람을 협상대표로 내세움으로써 이 협상자의 권한을 제한하여 협상에서 상대측에게 마음대로 양보하지 못하게 할 수 있는 이점이 있기 때문이다. 고위책임자는 협상결과가 조직전체의 안녕 및 여타관계에 아주 중요하거나 극히 민감할 때만 개입한다. 국제관계에서 예를 살펴보면, 국가 간의 접촉은 외교관들 사이에 이루어지고 있고, 아주 민감하고 복잡하며 중요한 국제적 사안의 경우에만 외교통상부 장관이나 대통령이 나서게 된다.

이러한 기법의 성공여부는 상대측이 더 신뢰하는 어떤 사람으로부터의 간접의사소통 역할에 달려있다. 협상자는 누구나 상대방 협상자의 입장을 바꾸려고 애를 쓰면서도, 자기는 상대측의 이와 비슷한 시도에 대해 방어하려고 하는 양면성을 가지고 있다. 사람들은 어떤 사람이 자기의 견해를 바꾸려고 한다는 것을 알게 되면 더욱 강력히 방어에 나서게 된다. 하급자는 상명하복의 관계상 자기의 상급자를 따라야 하는 위치에 있기 때문에, 상급자를 이용한 간접의사소통은 하급자인 협상자에게 훨씬 더 효과가 있다. 이와 같은 이치 때문에 앞에서 살펴본 예에서, 회사의 재무담당중역(협상자의 자격이 아닌 사람)과 대면하여 재무관련서류를 검토하여 정보를 얻은 노조위원장은 동일한 정보가 협상테이블에서 제시되었을 경우보다 더 쉽게 믿게 된다.

7.2 국외자나 배후를 통한 간접의사소통

간접의사소통의 두 번째 기법은 국외자나 배후의 어떤 사람을 활용하는 방법이다. 이러한 접근방법은 [그림 11-7]에서 보다시피 협상자가 상대측의 협상자나 배후와 간접적 접촉을 필요로 할 때 많이 활용된다.

그림 11-7 »» 간접의사소통 기법 2

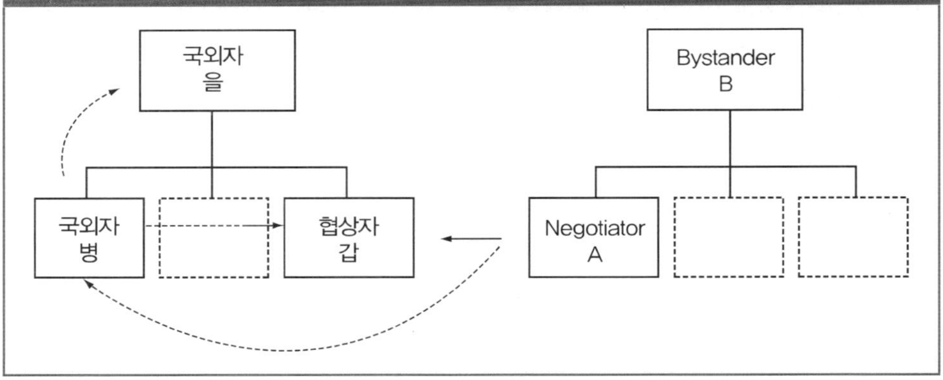

간접적 접촉을 위해서는 활용이 가능한 경로를 찾아야 한다. 때문에 상황에 따라서 다방면의 사람들이 접촉을 위해 선정된다. 즉, 상대측 조직과 과거에 다른 일로 거래한 경험이 있는 사람, 현재의 긴장상태나 협상을 초월하여 상대측 조직의 어떤 사람과 개인적 친분관계를 맺고 있는 사람, 공평무사하고 믿음직하며 성실하다는 평판을 받고 있는 사람 등이 선정된다. 전관예우로 통칭되고 있는 로비

스트도 이러한 간접의사소통 기법으로 활용되고 있는 사례 중의 하나라고 할 것이다.

이 기법은 다음의 몇 가지 상황에서 가장 많이 사용된다. 첫째, 협상자나 그의 조직은 상대방 조직의 내부정보를 얻을 수 있는지를 알아보기 위하여 넌지시 떠볼 때 이 기법을 사용한다. 둘째, 협상이 난항을 겪어 교착상태에 빠져서 어떤 타개의 실마리를 찾고자 할 때 이 기법을 사용할 수 있다.

면세점을 운영하고 있는 실롯회사(가칭)의 예를 통하여 이 기법을 살펴보자. 실롯회사는 세계 3대 공항 가운데 하나인 LAX공항의 면세점 확보에 지대한 관심을 가지고 있다. 때마침 LAX공항의 면세점이 금년 말 계약종료를 앞두고 있어서 입점을 노릴 수 있는 절호의 기회이다. 실롯회사는 전에 LA시에서 고위직에 있었을 뿐만 아니라 공항커미셔너와 친분이 두터운 로비 씨를 고용하여, 그의 오랜 친구들 중 누군가를 만나보라고 권유한다. 상대방에 대한 응수타진을 위해 로비 씨는 LA시와 LAX공항 측이 면제점 입점계약을 위한 입찰에서 어떻게 준비하고 있는지 알아보라는 부탁을 받을지도 모른다. 이 로비 씨는 LA시와 LAX공항 측이 입찰에서 어떤 방식의 기준을 적용하여 평가할 것인지 그리고 LA시와 LAX공항 측이 받은 다른 회사의 입찰서류와 실롯회사의 입찰서류를 어떻게 대비할 것인지에 대하여 알아볼 필요가 있다. 로비 씨는 어떤 회사들이 LA시와 LAX공항 측의 입찰에 참가하고 있는지 등의 내부정보를 알아보라고 부탁 받을지도 모르며, 이러한 간접의사소통을 통하여 실롯회사는 자기들이 성공을 확신할 수 있는 입찰서류를 작성할 수 있다. 또한 이 두 회사가 협상을 진행 중이나 별 진전이 없을 때, 로비 씨는 교착상태를 타개해보도록 부탁 받을지도 모른다. 양당사자 어느 쪽도 공식적인 협상테이블에서는 양보를 하려고 하지 않는다. 그러나 비공식적인 접촉에서라면, LA시와 LAX공항 측이 이쪽의 최종제안에 어떤 태도변화를 보일 것인가를 알아볼 수 있을 것이다.

상급자를 통한 간접의사소통 기법과 유사하게, 이러한 비공식 접촉을 통한 간접의사소통이 성공할 것인가의 여부는 조직의 공식 협상대표를 구속하는 설명의무 같은 것에 얽매이지 않는 개인을 고용·활용할 수 있는가에 달려있다.

7.3 상대측 배후에게 의사전달

간접의사소통의 세 번째 형태는 상대측의 배후에게 의사를 전달하는 방법이다. [그림 11-8]에서처럼 이 접근방법에서, 협상자는 상대방 협상자를 우회하여 상대측의 조직 및 조직원들과 직접 의사소통을 하는 방법을 찾는다. 이렇게 하는 것은 상대측 조직을 설득하여 자기네 협상자에게 지시내용을 바꾸도록 하기 위함이다.

그림 11-8 ››› 간접의사소통 기법 3

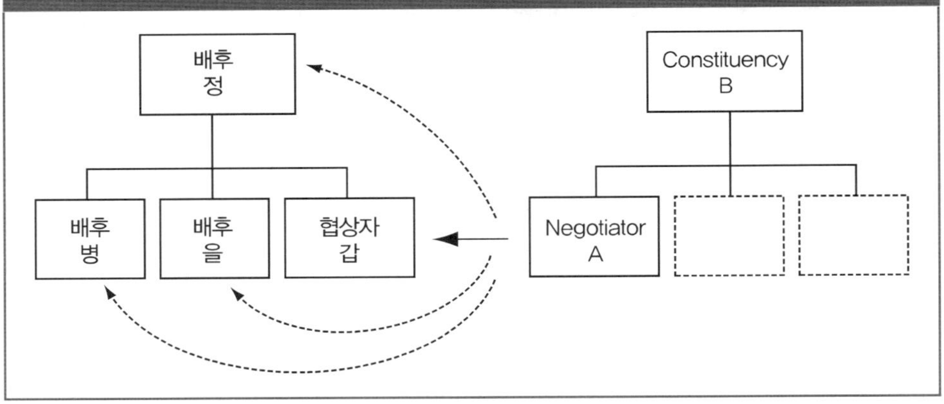

이런 기법은 협상자 자신의 필요에 의해서 시도되기도 하지만, 다른 한편으로는 상대측 협상자의 필요에 의해서 시도되기도 한다. 전자의 경우, 협상자는 상대방 협상자가 자기네 배후에게 정확하게 정보를 전달하지 않거나 상대측 배후의 이익을 잘못 반영하고 있다고 생각해서 더 폭넓은 직접대화창구가 필요하다고 확신할 때 사용하는 기법이다. 후자의 경우, 상대방 협상자는 자기네 배후들과 직접 의사소통을 해보거나 어떤 특정제안에 대한 자기네 배후들의 반응을 직접 들어보는 것이 좋을 것이라고 암암리에 의사표시를 한다.

노사협상의 예에서, 사용자측의 대표는 노조측 지도부를 통하기보다 노조원들에게 직접 말을 하거나 글을 써서 보내는 방법을 사용한다. 이렇게 하게 되면, 사용자측의 입장을 분명하게 전달하여 이해시킬 수도 있지만, 노조지도부의 신뢰성 및 능력을 암암리에 손상시킬 수도 있다. 사용자측이 이런 식으로 나가는 것은 노조지도부를 유일한 의사전달 및 협상 통로로 인정하지 않는다는 의미이거나, 아니면 노조원들을 비롯한 노조측 배후들에게 자기네 협상대표가 자기네 이익을 만족스럽게 대표하고 있지 못하다는 것을 묵시적으로 말하고 있는 것이다. 이러한 이유 때문에, 상대방 협상자의 동의가 없이 협상상대방의 배후와 직접 의사소통을 시도한다는 것은 분명히 선동적인 전술이라고 할 수 있다. 이런 식으로 취급받는 상대방 협상자는 협상에서 방어적인 태도를 보이게 될 것이며, 그래서 협상상황은 더욱 경직될 가능성이 높다. 그러나 상대측 배후에 대한 영향은 간단치가 않다. 어떤 경우는, 상대측 배후들이 자기네 반대편으로부터의 이런 직접의사소통 시도를 계략이라고 생각할 수 있다. 즉, 노조원들은 사용자측이 노조지도부를 약화시키려고 한다는 것을 알고는 노조지도부를 중심으로 다시 모여서 더욱 강성을 띠게 될 수 있다. 또 어떤 경우, 특히 상대측 배후들이 자기네 협상대표의 능력에 대해 이미 의아스럽게 생각하고 있던 참이었는데, 반대편으로부터 직접 공개적으로 정확한 정보를 받게 되면 자기네 협상대표를 훨씬 더 믿지 못하게 될 가능성이 있다.

7.4 관중을 활용한 간접의사소통

관중을 활용하여 의사소통을 하는 것이 간접의사소통의 네 번째 유형이다. 이 유형은 거대집단들 간의 분쟁에서뿐만 아니라 2명의 개인 또는 소집단 간의 분쟁에서도 목격할 수 있다. 이 모든 경우에, 협상자의 의도는 배후들과는 다른 관중들의 여론을 교묘히 조종하여 자기에게 유리하게 만들거나 아니면 상대측을 불리하게 만들려고 하는데 있다. 이것을 그림으로 나타내면 [그림 11-9]와 같다.

관중을 활용한 의사소통은 다음의 경우에 일어난다. 즉, ▲ 의도적으로 상대측에 간접적 영향을 미치려고 할 때 ▲ 자기 입장에 대한 찬성지지 분위기를 형성하려고 할 때 ▲ 갈등의 속성이 급속히 확산된다는 점을 노려 순수한 관중들을 사로잡으려 할 때이다. 이 모든 경우에, 협상자들은 자기 자신의 또는 자기 조직의 요구를 아주 공개적으로 말한다. 이들은 들어주기만 하면 누구에게든 관계없이 자기측 주장이 얼마나 공명정대하고 합법적인가를 선전하는 한편, 상대측 주장이

그림 11-9 »» 간접의사소통 기법 4

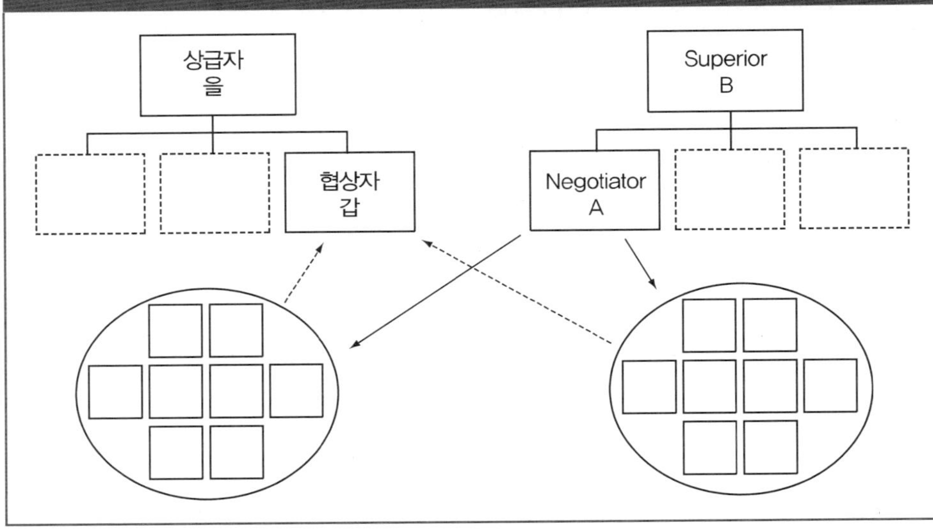

얼마나 부당하며 위법적인가를 말한다. 이렇게 해서, 협상자들은 제3자들이 공공연히 자기편을 찬성하고 지지해주어서 자기편 주장에 신뢰성과 힘을 실어주길 바라는 반면, 상대측에 대해서는 제3자들이 불만과 실망감을 표시하여 상대측 주장의 신뢰성과 힘을 훼손시켜주길 바란다.

관중을 통한 의사소통은 정부간 협상, 국가간 협상, 노사간 협상과 같은 대규모 조직간의 협상에서 아주 흔하게 발생한다. 이러한 협상에서 협상자들은 상대방에게보다는 주로 관중에게 자기의 주장을 펼치기 때문에 대부분의 토의가 공개적 국면에 직면하게 된다. 이러한 국면에서는 인터넷, 텔레비전, 신문, 라디오, 각종 SNS 등의 매체들이 의사소통의 경로 역할을 하게 된다. 이런 매체들이 어떻게 움직이느냐에 따라 공공의 여론이 자기편이 될 수도 있고 안 될 수도 있기 때문에 협상자는 언론관계 및 이미지 관리에 신경을 써야 한다.

언론을 통한 의사소통은 보통 자기의 배후나 이해관계가 있는 관중을 겨냥한다. 자기의 배후들에게 협상에서의 자기 입장을 알리는 가장 빠르고 효과적인 방법은 언론에 자기의 입장을 공표하는 것이다. 이런 방법은 협상자가 협상에서 자기의 확고부동한 입장을 알리고 싶을 때 가장 많이 사용한다. 반면에 양보나 패배에 대한 것일 경우 이런 방법을 사용하지 않으려고 한다. 상대방 협상자와 직접

의사소통이 가능한 관중을 활용하고자 할 때에도 이런 언론을 이용한 의사소통방법을 사용한다. 미국의 경우, 교사, 경찰관, 소방관, 청소용역업자 등과 같은 사람들과 자치단체 간의 협상에서, 시장이나 학교이사장은 텔레비전에 등장하여 이들 노조의 급여요구내용을 언급하면서 이러한 요구가 너무 과도하다는 것을 관중에게 알린다. 그러면서 이러한 요구를 모두 들어주려면 납세자들이 얼마나 많은 세금을 내야하는지를 지적한다. 이렇게 하는 이유는 납세자들이 노조지도부에 불만을 갖도록 하여 노조의 요구사항을 변경하도록 하는 강력한 사회적 압력이 형성되기를 바라기 때문이다. 노조지도부도 이런 전술을 활용하기는 마찬가지이다. 자치단체로부터의 지지를 끌어내기 위해, 노조지도부는 최소한의 비용으로 폭넓은 서비스의 제공이 가능하며, 만일 이런 서비스가 제공되지 않을 경우 일어날 수 있는 끔직한 결과를 관중에게 알려서 자기들 주장의 정당성을 홍보한다. 이런 주장에 동조하는 납세자들은 자치단체장에게 즉시 전화를 걸든지 하여 노조의 정당하고 합법적인 요구에 응하라고 압력을 행사하게 된다.

자기편을 강화시키는 한편 상대편을 약화시키려고 할 때, 관중을 통하여 의사소통을 하는 것이 어느 정도 영향이 있는가 하는 것은 다음의 몇 가지 요소에 달려있다.

7.4.1 영향의 크기 및 심각성

관중의 이해관계가 협상자의 행동에 직접 의존되어 있는 정도, 그리고 그 결과가 어느 정도 심각한가에 달려있다. 「영향의 크기」는 그 편차가 심해서, 관중의 이해관계에 직접적으로 영향을 미치는가 하면, 관중에게 간접적으로 영향을 미치거나 거의 영향이 없는 경우도 있다. 가령 동해안의 어민들이 파업을 한다고 쳐도 수도권 사람들에게 별로 강한 영향을 미치지 못할 것이다. 특히 생선을 좋아하지 않는 사람의 경우는 더욱 영향을 받지 않는다. 그러나 활어나 생선을 운송하는 트럭운송업자들의 파업은 수도권 사람들에게 다양한 영향을 주게 된다. 그 「영향의 심각성」은 아주 조그마한 것부터 아주 심각한 것까지 편차가 크다. 활어나 생선을 먹지 않는 사람이라면 트럭운송업자들의 파업은 그 사람에게 영향을 미치지 못할 것이지만, 생선회 전문음식점을 운영하는 사람에게는 큰 타격을 주게 될 것이다.

7.4.2 관중 의사표시의 조직화 정도

관중을 통한 의사소통의 영향을 말할 때 두 번째로 들 수 있는 요소는, 관중이 자기들의 의사를 분명하게 표현할 수 있는 단위로 조직화되어 있는 정도이다. 관중은 어떤 특정 협상의 결과로 인해서 직접적으로 매우 심각한 영향을 받을 수 있다. 그러나 이들은 어떤 의사소통 및 의사결정 수단을 전혀 갖고 있지 못하고, 자기들의 집적된 의견을 모을 수단도 없으며, 자기들 그룹의 이해관계를 나타낼 수단도 갖고 있지 못할 경우, 이 때에는 협상자에 대하여 아무런 영향을 미칠 수 없다. 예컨대, 운송업자들의 파업 때문에 큰 불편을 겪고 있는 지역주민들은 파업자측이나 사용자측에 대해 자기들의 불만을 집단적으로 표시할 방법이 별로 없다. 그저 몇몇 사람이 이들 사무실에 전화를 걸 것이고, 기껏해야 지역신문이나 인터넷에 지역주민들의 감정이나 의견을 활자화하거나 라디오나 텔레비전 방송을 위한 거리 인터뷰 정도가 고작일 것이다. 비록 협상과정으로 인해 아주 많은 사람들이 부정적인 영향을 받는다고 하더라도, 협상자들에게 부담이 되는 반발이 없으면 협상에 대해 중요한 영향을 미칠 수 없다.

그러나 반대 현상도 발생할 수 있다. 잘 조직된 관중그룹이 있다면, 이들의 숫자가 비록 작다고 할지라도 협상결과에 중대한 영향을 미칠 수 있다. 미국에서 연방 및 주 정부에 대한 정치적 로비의 영향이 이런 강력한 조직의 영향을 보여주는 좋은 증거라고 할 수 있다. 예컨대, 미국에서 수많은 여론조사의 결과, 권총판매의 제한에 대해 강한 지지로 나타났다. 이에 따라 권총판매를 제한하는 법률안이 상정되었고 여론의 지지도 있었으나, 그럼에도 불구하고 몇몇 전국적인 로비로 인하여 의회에서 권총반대법안이 제대로 통과되지 못하였다. 그들의 로비가 성공할 수 있었던 까닭은 자기들의 입장을 지지하는 관중을 찾아낸 다음 이들과 접촉하여 공동의 목적달성을 위해 권총통제법안을 지지하는 모든 입법의원들에게 압력을 행사한데 기인한다. 이런 압력은 보통 대량으로 편지 보내기 및 전화하기, 자기들 주장에 동조하는 입법의원들에게 재정지원 약속하기 등의 형태로 나타난다. 한국에서 감기약이나 진통제 등 일반 의약품을 편의점이나 대형 슈퍼 등에서 파는 「약국외 판매」와 관련하여 일반여론은 지지를 보였으나 대한약사회에서의 강력한 반발로 인해 진척이 잘 되지 않았던 현상도 비슷한 사례라고 할 것이다.

7.4.3 협상자의 대(對)언론 민감 정도

세 번째 들 수 있는 요소로서 관중에게 호소하는 것이 효과 있는가의 여부는, 협상자가 대언론관계에 어느 정도로 민감한가에 달려있다. 언론을 간접협상수단 정도로 여기는 고지식한 사람은 마이크나 카메라 앞에서 미리 준비한 원고를 낭독하는 수준에 머문다. 이 경우에 이 사람의 메시지는 특히 텔레비전 앞에서는 안타깝지만 실제로 대중 앞에서 이야기할 때보다 그 효과가 훨씬 못하다. 자신감에 차있고, 확고부동하며, 제어능력이 있다는 이미지를 심어주는 것이 중요하다. 협상자는 옷을 잘 차려입어야 하고, 말도 잘해야 하며, 상황 적응 및 제어를 잘해야 한다. 협상자는 적의에 차있고 숨은 저의가 내포된 질문에 잘 응대할 줄도 알아야 한다. 또한 협상자는 소속단체의 단결과 자기에 대한 지지를 공개적으로 나타내는 노조원들이나, 지지자들, 또는 자기의 가까운 참모들과 같은 자기의 배후들로 하여금 자기를 배석케 할 수 있다.

8 적과의 동침

협상자는 상대방 협상자의 기반을 훼손시키기보다 상대방 협상자와 개인적 관계를 수립하려고 하는 경우가 자주 나타난다. 이런 경우에 협상자가 갖고 있는 기본적인 생각은 상대방 협상자를 설득하거나 함께 일을 처리하려면 비우호적인 상대방보다는 우호적인 상대방이 더 쉽고도 즐겁다는 것이다. 서로 비슷한 점을 갖고 있는 사람들, 서로에게 이끌리는 사람들, 또는 공동운명에 놓인 사람들은 자기의 태도를 변화시켜 상대방에게 맞출 가능성이 있다. 협상은 양당사자가 상대방의 목적이나 공개적인 요구사항과 같은 기존의 태도를 변화시키려고 서로 노력하는 것으로 간주될 수 있기 때문에 이와 같은 생각을 할 수 있다.

협상자들은 이러한 생각을 현실화시키기 위하여 다양한 기법을 사용한다. 어떤 협상자는 상대방을 알기 위하여 협상과는 관계없이 비공식적으로 만난다. 칵테일, 식사, 커피한잔 정도는 우호관계를 증진시키고 편하게 말하기 위해 널리 사용되는 기법이다. 양당사자가 의사일정(agenda)을 마련하는 것은 수행할 공식적인 토의사항만을 기록하기 위함이 아니고 양당사자간의 관계를 수립하기 위한 목적도 있다. 이러한 관계수립은 공식협상의 긴장상태와 갈등을 완화시키고 교착상태에 빠지지 않도록 하며 화나서 뛰쳐나가지 않도록 역할을 한다. 그러므로 협상자들은 자기들의 협상자 역할을 일단 접어두고 개인적 차원에서 사람들을 만날 필요가 있다. 대화는 보통 가볍고 비공식적이며, 위협적이지 않고 즐거운 방식으로 진행한다. 상호 강한 관심을 보이는 부분이 있으면 서로의 유사성이나 공통성 또는 좋아하는 느낌의 바탕을 형성하게 된다.

뿐만 아니라 협상자들은 협상에서의 공동운명을 강조하는 경우가 많다. 만일 협상자들이 자기네 배후들로부터 압력을 받고 있거나, 협상의 성질상 장기(長期)를 요할 경우, 협상자들은 상호관계의 수립을 위한 방편으로 서로 공동운명에 놓여 있음을 강조한다. 이런 특질을 나타내는 예를 들어보면 다음과 같다. "김 이사님과 나는 한 배를 탔군요." "우리 둘 모두 뒷감당해야 할 시어머니들이 있습니다 그려." "우리 둘 모두 최선을 다해야 할 입장이군요." "상호존중에 바탕을 둔 합의를 이끌어내서 우리 모두 미래에 성공적으로 살아갈 수 있도록 합시다." 경험이 많은 협상자들은 이런 공동운명을 강조하는 표현들을 일컬어 「우호 및 경계의 대사(harmony and light speech)」라고 한다. 즉 앞의 표현들은 상대방 협상자가 큰 요구를 하기 전에 분위기 잡는 전술적 책략이라고 협상자들은 믿고 있다. 이런 믿음이 사실이지만, 우호적 발언은 협상에서 중요한 역할을 한다. 이런 말이 의례적이라고 할지라도, 이런 말이 있음으로 인해서 상대방 협상자는 개인적 관계를 수립하는데 관심을 갖게 되기 때문이다. 더군다나 이런 말조차 없다면 협상당사자들은 자기들 입장에 철심을 박아 놓았듯이 완강해져서 서로 상대방에게 화를 내게 되고 그래서 제대로 할 말도 못하게 된다. 이렇게 되면 협상이 긴장되고 교착상태에 빠지게 된다는 분명한 신호라고 할 수 있다.

이러한 비공식 모임을 갖는 또 다른 이유는 서로 상대방의 목적에 대해 감을 잡기 위해서이다. 예를 들어 수많은 노사협상에서, 미국 대기업의 임원은 첫모임을 갖기 전에 노조위원장을 점심식사에 초대하곤 한다. 이런 만남의 목적은 대개 이중성을 띄고 있다. 즉, 상대방이 주로 어떤 요구사항을 들고 나올 것인지에 대해 감을 잡기 위한 목적이 그 하나이다. 또 다른 하나는 상호관계를 수립하여 둠으로써 협상이 긴장되고 갈등이 심화되더라도 사용할 수 있는 의사소통경로를 열어두자는 목적이다. 이런 만남은 보통 공개적으로 이루어지지 않는다. 왜냐하면 이런 만남이 공표되면 여타 경영층이나 노조원들이 그 만남을 공모하기 위한 것으로 간주할지도 모르기 때문이다. 그러나 어떤 협상자들은 「협력정신(spirit of cooperation)」을 설명하기 위하여 이런 만남을 일부러 공표하기도 한다. 각 나라의 대통령이 대통령관저의 정원에서 자기 나라를 방문 중인 어떤 외국 고관과 함께 텔레비전 카메라 앞에 나타나서는 서로 환하게 웃고 악수하며, 포옹하고 연설하는 것은 각기 자기의 배후 및 관중에게 우호관계를 맺었다는 것을 보여주고 나아가서는 어떤 실질문제에 대한 상호합의가 잘 될 것이라는 기대감을 심어주기 위함이다. 그러나 이들 간의 대화는 은밀해서 실제로 어떤 대화가 이루어졌는지 우리는 잘 알지 못한다.

9 맺음말

협상은 때때로 양당사자 간에 은밀히 이루어진다. 지금까지 우리는 협상을 은밀히 이루어지는 맥락에서 이야기했다. 그러나 협상에 관중이 등장하는 경우가 흔하고, 이러한 관중의 등장은 협상에 직접적 영향을 끼침은 물론 협상을 복잡하게 만든다.

관중은 세 가지 유형으로 나눠볼 수 있다. 첫째, 개인적 차원이 아닌 팀협상이 진행될 때, 실제 대화의 대부분은 협상대표들 간에 이루어진다. 이들 두 협상대표가 서로 직접 대화를 하는 동안, 이들은 자기측 및 상대측 협상팀원들을 관중으로 활용한다. 협상자는 상대팀원 중 자기의 생각을 더 잘 수용할 것 같고 또 상대측 협상대표에게 영향을 미칠 수 있을 것으로 보이는 사람을 겨냥하여 메시지를 보내는 경우가 흔히 있다.

두 번째 유형의 관중은 협상자가 대표하고 있는 배후이다. 새로운 주택구매 협상에서 가족을 대표하고 있는 남편이나 아내, 자기 나라를 위해 협상하고 있는 외교관, 차기연도의 예산배정 협상에서 부서를 대표하고 있는 부서장 등은 각기 배후 겸 관중을 두고 있다. 이러한 관중은 협상결과에 이해관계가 걸려 있고, 협상대표의 협상기술에 따라 혜택을 받을 수도 있고 고통을 받을 수도 있다.

세 번째 유형의 관중은 국외자들이다. 국외자들은 협상결과에 대해 별로 이해관계가 없지만 협상에 대하여 보거나 듣고는 관계당사자들 및 타결결과에 대해 좋거나 나쁘거나 여론을 형성한다.

관중은 두 가지 다른 경로를 통하여 협상자들에게 영향을 미친다. 그 한 가지 경로는 협상자들이 관중으로부터 긍정적인 평가를 받고 싶을 경우 발생한다. 다른 또 한 가지 경로는 협상자들에게 협상결과에 대하여 책임을 부담시키는 방법이다. 관중은 협상자들을 공개적으로 칭송하는 방법으로 보상할 수도 있고, 협상자를 해고시켜 문책할 수도 있다. 관중은 협상과정에 개입하여 변화를 줄 수도 있다. 예컨대, 일반대중이 어떤 분쟁에 대하여 진상조사를 요구하는 경우가 그러하다. 관중은 자기들이 원하는 바를 언론 등에 공개적으로 알림으로써 협상자의 한쪽 또는 양쪽 모두에게 압력을 행사할 수 있다.

관중은 협상에 바람직한 영향뿐만 아니라 바람직하지 못한 영향도 끼칠 수 있다. 협상자는 상대방 협상자가 좀 더 유연하고 바람직한 자세를 취하도록 하기 위해 관중을 이용하여 상대방 협상자에게 압력을 가할 수 있다. 반면에 관중이 협상에 개입하는 것이 자기에게 불리하다고 생각되면 협상자는 관중이 협상에 영향을 끼치지 못하게 한다. 관중을 조종하는 방법은 여러 가지가 있으나, 협상자들은 거의 대개가 관중과의 의사소통이나 투명성을 제어하는 방법을 쓴다. 본 장에서 우리는 관중이 갖고 있는 영향을 조종하는 네 가지 기본 전략을 제안하였다.

- 협상자의 행동을 자기의 배후들에게 투명하게 함으로써 양보를 못하도록 제한하는 방법이 있다. 이런 방법을 쓰게 되면 상대방은 이 협상자가 입장을 바꾸려면 상당히 어렵다는 것을 인정하게 된다.
- 관중에 대해 협상의 투명성을 차단시킴으로써 양보의 가능성을 증가시킨다.
- 상대방 협상자의 관중과 의사소통을 전개함으로써 상대방 협상자와 간접적으로 의사소통을 한다.
- 양당사자의 관중과의 의사소통 및 투명성을 감소시킴으로써 상대방 협상자와의 관계수립을 용이하게 한다. 협상이 은밀하게 진행되지 않고 공개될 때, 협상은 더욱 복잡해지고 더 공식화된다. 전략을 수립함에 있어서, 협상자는 협상을 은밀히 진행시킬 것인지 아니면 여러 가지 방법으로 관중을 개입시킬 것인지에 대하여 심사숙고할 필요가 있다. 이런 사회적 맥락을 무시한다는 것은 협상결과를 결정짓는 매우 중요한 요소를 무시하는

것과 같다.

---

1) 한국의 벼룩시장으로 아껴 쓰고, 나눠 쓰고, 바꿔 쓰고, 다시 쓴다는 의미의 재활용시장을 말한다. 미국의 Garage Sale, Moving Sale, Estate Sale과 대비된다.

2) Rubin, J. Z. & Brown, B. R., *The social psychology of bargaining and negotiation,* New York: Academic Press, 1975.

3) Deutsch와 Krauss의 연구에서 게임자들에게 헤드폰을 통해 의사소통을 가능하도록 허용해보아도 결과에는 별 차이를 발견할 수 없었다. 그 그러나 양측이 강제로 의사소통을 하도록 실험환경을 변경하자 결과에 변화가 나타났다. 자세한 내용은 다음 자료를 참조 바람. Deutsch, M. & Krauss, R. M., Studies of interpersonal bargaining, *Journal of Conflict Resolution*, 6, 1962.

4) Benton, A. A. and Druckman, D., Constituent's bargaining orientation and intergroup negotiations, *Journal of Applied Social Psychology*, 4(2), 1974.

5) Jackie Chan 주연의 Rumble in the Bronx 영화를 보면, 수퍼마켓에서 물건을 몰래 훔쳐가는 손님들을 감시하기 위해 주인이 한쪽 방향으로만 볼 수 있는 유리창(반대쪽에서 보면 거울)을 활용하고 있다. 뿐만 아니라 경찰서에서도 사건 목격자의 범인확인용으로 일방투시용 유리창을 활용하고 있다.

6) Carneval, P. J. D., Pruitt, D. G., and Britton, S. D., Looking tough: The negotiator under constituent surveillance, *Personality and Social Psychology Bulletin, 5*, 1979.

7) Brown, B. R., The effects of need to maintain face on interpersonal bargaining, *Journal of Experimental Social Psychology*, 4, 1968.

8) Deutsch, M. & Krauss, R. M., The effect of threat upon interpersonal bargaining, *Journal of Abnormal and Social Psychology*, 61, 1960.

9) Rubin, J. Z., & Brown, B. R., The social psychology of bargaining and negotiation, New York: Academic Press, 1975.

10) Klimoski, R. J. & Ash, R. A., Accountability and negotiator behavior, *Organizational Behavior and Human Performance*, 11, 1974. Kogan, N., Lamm, H. & Trommsdorf, G., Negotiation constraints in the risk-taking domain: Effects of being observed by partners of higher or lower status, *Journal of Personality and Social Psychology*, 23, 1972.

11) Benton, A. A., Accountability and negotiations between representatives, *Proceedings, 80th Annual Convention, American Psychological Association*, Hawaii, 1972. Klimoski, R. J., The effects of intragroup forces on intergroup conflict resolution, *Organizational Behavior and Human Performance*, 8, 1972. Haccoun R. R., and Klimoski, R. J., Negotiator status and accountability source: A study of negotiation behavior, *Organizational Behavior and Human Performance*, 14, 1975. Breaugh, J. A., and Klimoski, R. J., Choice of group spokesman in bargaining member or outsider, *Organizational Behavior and Human Performance*, 19, 1977.

12) Jackson, C. N., and King, D. C., The effects of representatives' power within their own organizations on the outcome of a negotiation, *Academy of Management Journal*, 26, 1983.

13) Dawson, Roger, Secrets of Power Negotiating, 2nd ed., Career Press, 2001.

14) *New York Times*, August 3-11, 1981.

12강

파워의 본질

협상상황에서 누구나 파워 있는 사람이 되고 싶어 한다. 그만큼 파워는 협상에서 아주 중요한 요소이다. 그렇다면 파워는 그 본질이 무엇이며 어디에서 생겨나는지, 그리고 궁극적으로 협상에서 파워가 어떻게 활용되는지에 대하여 알고 있어야 한다.

1 파워의 정의

파워란 「어떤 사람이 평소 같으면 하지 않을 일을 하게 만드는 능력」을 통칭하는 낱말이다.[1] 파워는 그 의미가 다양해서 중복되거나 경우에 따라서는 모순되기도 한다. 영어의 power라는 단어는 힘, 권력, 권능, 권위 등으로 번역되는데, 어떤 때에는 리더십, 영향력이라는 말로도 쓰인다. 자기가 바라는 결과를 성취할 수 있는 능력 또는 자기가 바라는 대로 어떤 것이 이루어지도록 할 수 있는 능력을 가지고 있을 때 그 사람은 파워를 가지고 있다고 한다.[2] 이런 사람을 두고 영향력이 있는 사람이라거나, 설득력이 있다거나, 지도자답다고 말하기도 한다.

자식 때문에 할 수 없이 거액의 돈을 쓰거나 목숨까지 버리는 부모를 움직이는 것은 어떤 종류의 힘일까? 만일 범인이 자식을 인질로 잡고 있으면서 거액을 요구해와 부모가 할 수 없이 그 요구에 따른다면, 그 때는 강제력이 작동한 것이다. 그러나 자식을 위해 고생이 되면서도 희생하는 경우는 어떤 강제적인 힘이 작용하여서가 아니다. 부모의 자식에 대한 사랑은 파워가 작동하지 않아도 평소에도 행해지고 있다. 그럼에도 파워와 관련하여 이를 굳이 분류하자면 부모가 자식에게 빠지도록 하는 매력 때문이라고 할 수 있을 것이다.

사람이 자기가 원하지 않는 일이지만 하게 되는 까닭은 모종의 압박이 가해졌기 때문이다. 사람들이 파워를 이야기 할 때는 보통 죽이고, 때리고, 수갑으로 채우고, 감옥에 넣어 구속하는 것과 같은 물리적인 파워를 연상하여 군사력이나 경찰력을 떠올린다. 협상을 염두에 둘 때, 이런 종류의 물리적 파워는 잘 이용할 수 없다. 그러나 물리적인 파워가 아니면서도 사람들이 평소 같으면 하지 않거나 원하지 않는 일을 하게 만드는 파워가 있다. 그런 파워에는 여러 가지가 있는데 미국의 유명대학에서 의학박사학위를 받고 외과의사가 되어 귀국한 홍길동(가명)의 사례를 통해 파워가 어떻게 작동되는지 살펴보자.

- 홍길동은 평소에 고향에 계신 노부모를 모시고 시골에서 살면서 지역주민들을 위한 의료봉사활동을 펼치고 싶었지만, 그렇게 될 경우 가족의 생계가 걱정이었다. 홍길동은 하는 수 없이 모병원에 연봉을 받고 취업하였다. 병원에서 높은 연봉으로 보상해주지 않았다면 홍길동은 그 병원에서 일을 하지 않았을 것이다. [보상력의 작동]
- 얼마 지나지 않아 홍길동은 불행히도 교통사고를 당하여 손을 다치는 바람에 더 이상 수술을 집도할 수 없게 되었는데, 구두쇠로 소문난 병원장은 인정사정도 없이 홍길동을 병원에서 해고하였다. [강제력의 작동]
- 홍길동은 미국의 대학동문클럽 멤버들과 적극 교류하면서 얻게 된 새롭고 귀중한 정보를 국내 굴지의 의료기관에 제공하게 되었는데, 이것이 기회가 되어 그 의료기관의 의료관광사업 자문역을 맡게 되었다. [정보력의 작동]
- 홍길동은 의학전문서적도 출판하였는데 곧 베스트셀러가 되었고, 이어서 건강관련 전국순회강연에 나서게 되었다. [전문력의 작동]
- 인기 TV프로그램에도 출연하게 된 홍길동은 자타가 공인하는 유명인사가 되었다. [공인력의 생성]
- 홍길동은 언변도 좋고 인물도 뛰어나서 인터넷에 팬클럽이 생기게 되었다. 이것이 인연이 되어 홍길동은 건강용품광고 모델로도 활동하고 있다. [매혹력의 작동]

2 파워의 근원

앞의 홍길동의 사례에서 보았듯이, 파워가 어떻게 작동되는가를 이해하기 위해서는 파워의 근본을 이루고 있는 다양한 원천을 알아야 하고 또 이러한 원천들이 어떤 방식으로 행사되는가를 알아야 한다.

French와 Raven은 파워의 근원으로 다섯 가지를 소개하였다.[3] 즉, 보상력, 강제력, 공인력, 전문력, 매혹력이 그것이다. 여기에는 정보력이 포함되어 있지 않다. French와 Raven은 정보력을 언급하기는 하였지만 파워의 핵심근원으로 간주하지 않았기 때문이다. 그러나 정보화 사회가 된 오늘날 정보의 영향력을 고려하여 [그림 12-1]에서처럼 파워의 근원으로 정보력을 추가하여 설명한다.[4] 이러한 다양한 파워의 근원은 도대체 무엇이며 협상에서 어떤 효험을 가지게 되는지, 각각의 파워에 대하여 구체적으로 알아보자.

그림 12-1 »» 파워의 근원

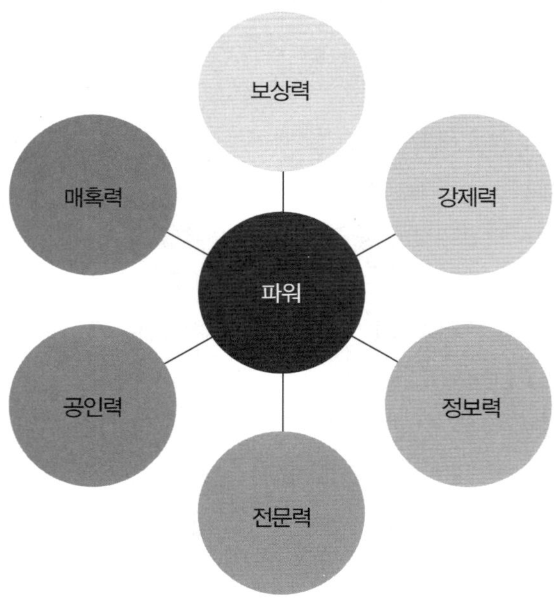

3 보 상 력

보상력(reward power)은 실권자가 보상수단을 행사함으로써 상대방을 복종케 하는 효과를 말한다. 파워를 행사하여 그 효과를 보려면 몇 가지 전제가 존재함을 이해해야 한다. 첫째, 어떤 조건 때문에 상대방이 실권자에게 의존하고 있다는 전제가 있어야 한다. 파워는 의존되어 있지 않은 상대방에게는 영향력이 없기 때문이다. 둘째, 상대방이 원하는 어떤 자원을 실권자가 제어하고 있음을 상대방이 확실하게 알고 있다는 전제가 있어야 한다. 파워의 영향력을 상대방이 느끼지 못한다면 그래서 실권자를 따르지 않는다면 파워는 아무런 효험이 없다. 그렇기 때문에 사실 파워는 실권자로부터 나오는 것이 아니라 파워의 영향력을 느끼는 상대방으로부터 나온다고 할 수 있다. 셋째, 상대방을 복종시킬 만큼의 수단이 충분히 준비되어 있다는 전제가 있어야 한다.

보상수단을 말할 때는 흔히 돈이나 다른 유형재화가 거론되고 있으나, 반드시 이런 형태를 띨 필요는 없다. 인정해주는 말, 용기를 북돋워주는 말, 칭찬 등도 유형재화와 마찬가지로 상대방의 행동을 변화시킬 수 있는 좋은 보상수단으로 활용할 수 있다. 상대방을 승진시키게 되면 유형·무형의 보상수단이 함께 작동하게 된다. 또한 다른 유력가에게 소개나 추천하는 행위도 일종의 보상이고, 하급자라도 상급자를 칭찬하는 글을 인터넷에 올리면 보상을 하는 행위가 된다.

협상에서 보상수단을 사용하는 것은 상대방 협상자를 더 직접적으로 통제할 수 있는 효과를 노리려는 의도에서이다. 국제관계 및 외교 분야에 대한 Baldwin의 연구결과에 의할 것 같으면, "단순히 설득만 해 가지고는 상대방의 반발을 무마시키기 어렵다고 생각될 때 보상수단을 사용하는 경우가 많다"고 하였다.[5] Kipnis의 연구결과도 이를 뒷받침하고 있다. 즉, 상대방의 반발이 있을 것으로 예상될 때, 상대방이 이질감을 느끼고 있을 때, 현재의 반발을 없애기 위해서라기보다는 장차 반발을 불러일으키지 않기 위해 주로 돈으로 대표되는 보상수단이 가장 잘 먹혀들 것으로 판단될 때, 보상수단이 사용되는 경향이 있다고 하였다.[6] 그러나 불행하게도 Kipnis의 이러한 연구는 대부분 협상과 관계없는 다른 맥락에서 연구되었다. 그러므로 협상자가 자기의 설득노력이 실패하거나 실패할 가능성이 있다고 생각될 때 보상수단을 동원하는 것이 좋을 것이라고 단정하기는 곤란하다.

보상수단을 사용하게 되면 장점도 많지만 단점 또한 많다. 그러나 이러한 장단점을 파악하기 위해서는 강제력 또는 응징에 대한 이해가 선행되어야 한다. 보상수단과 강제수단은 동시에 함께 사용되는 경우가 흔하기 때문에 이들 두 낱말의 뜻을 구분하는데 혼동을 빚는 수가 있다. 따라서 보상력과 강제력을 비교하기 위해서는 강제력에 대하여 살펴볼 필요가 있다.

4 강 제 력

강제력(coercive power)은 보상력과 상치되는 개념이다. 이 강제력은 상대방한테서 어떤 것을 박탈할 수 있는 능력, 또는 복종하지 않는 상대방을 응징할 수 있는 능력을 말한다. 보상력과 마찬가지로 강제력도 자주 볼 수 있는 현상이다. 앞에서 예로 든 홍길동 박사의 병원 해고를 비롯하여, 지난 달 실적이 부족한 영업사원의 수당을 깎는 책임자의 모습, 회사의 중역이 업무처리능력이 신통치 못한 자기의 비서를 갈아치우는 모습, 자기 아들이 집 주변 청소를 게을리 하였다고 일주일 동안 컴퓨터 게임을 하지 못하도록 하는 아버지의 모습, 완공만기일이 지나도록 공사를 완료하지 못한 건설회사에게 지체상금을 부과시키는 발주자의 모습 등 강제력의 행사는 주변에서 흔히 볼 수 있다.

보상력에서 유형재화 외에 구두로 보상하는 것도 효과가 있는 것처럼, 강제력에서도 구두로 강제하는 것은 효과가 있다. 왜냐하면 구두만으로도 얼마든지 유형자원을 거두어들이는 것과 마찬가지의 효과가 있기 때문이다. 만일 책임자가 영업사원의 수당을 깎기보다는 판매목표량을 채우지 못한데 대해 영업사원을 호되게 꾸짖는다든지, 아버지가 아들에게 컴퓨터 게임을 하지 못하도록 하기보다는 아들을 나무란다면 그 효과는 마찬가지로 크게 나타날 것이다.

강제력을 행사하는 전제조건은 보상력을 이용할 때 언급한 전제조건과 유사하다. 즉, 상대방은 실권자에게 의존하고 있다는 전제조건, 어떤 자원을 상대방으로부터 박탈하거나 상대방에게 거부할 수 있는 능력을 실권자가 가지고 있다는 전제조건, 상대방을 복종시킬 수 있을 정도로 응징수단이 준비되어 있다는 전제조건 등이다. 강제력을 행사할 것인가의 결정여부는 실권자가 상대방을 복종시키기 위하여 필요하다고 인식하는지에 대부분 달려있다. 강제력에 의한 제재라고 하는 것은 다른 수단이 별로 영향력을 발휘하지 못할 때 대부분 일어난다. 긍정적 제재는 상대방에 대한 실권자의 선의가 존속되기를 바랄 때 또는 상대방이 장래에는 잘 순종하지 않을 가능성이 있다고 예상할 때 사용하게 된다. 반면에 부정적 제재는 상대방에 대한 실권자의 선의와는 별 관계없이 상대방의 어떤 행위를 변경시키고자 할 때 사용하게 된다.

강제력은 분노의 표시나 보복을 위해서 또는 상대방이 취한 그 어떤 무엇을 바로 잡기 위해 행사될 수 있다. 협상에서 그러한 예를 찾아보자. 지난 번 협상모임에서는 협상장소나 회의시간에 대하여 상당히 융통성을 보였던 어느 당사자가, 분노의 표시이거나 강제력의 행사의 한 방편으로, 다음 번 협상장소나 회의시간을 정하는데 있어 상대방 당사자가 불편한 시간들과 장소들만을 골라서 고집을 부릴 수 있다.

강제력은 또한 상대방이 능력부족 때문에 어찌할 수 없을 때보다는 의도적으로 거절하여 반항할 때 행사될 가능성이 가장 크다.[7] 그러므로 만일 앞의 예에서 아들이 아버지께 "내일 오전에 학기말 시험이 있기 때문에 지금 집 주변을 청소할 수 없습니다,"라고 말씀드린다면, 아버지는 아들의 말에 합당한 이유가 있다고 생각하여 강제력을 행사하지 않을 것이다.

이외에도, 강제력은 직무상 맡은 역할 때문에 행사될 수 있다. 예를 들어, 수출물품검사를 대행하고 있는 한국의 외국회사대리인은 수출계약을 충족시키지 못한 제조물품에 대하여 개인적 친분관계를 떠나 직무상 할 수 없이 검사합격증(Inspection Certificate)의 발급을 거절하는 경우가 그러하다. 은행원은 은행규정상 할 수 없이 대출 시에 담보로 잡아두었던 부동산을 경매에 넘길 수밖에 없는 경우가 그러하다. 이러한 행동의 사례들은 상대방에게 협상자가 개인적인 이유 때문이 아니라 직무수행상 할 수 없이 강제력을 행사하고 있음을 보여주고 있다.

대부분의 조직·단체들은 직무수행을 위해 필요하면 강제력을 행사할 수 있는 규정을 어떤 형태로든 갖추어 두고 있다. 수출물품검사를 대행하는 무역대리업자는 일정수준 이하의 수출제조물품에 대하여 외국거래선과의 대리점계약에서 정해 놓은 수출검사조항에 따라야 할 의무를 부담하고 있다. 은행원도 마찬가지로 은행 대부계 직원으로서 만기가 지난 대부금에 대하여 은행의 규정을 따라야 할 의무가 있다. 그러나 직무규정에서 정해 놓은 범위를 벗어나서 강제력을 행사하는 경우가 흔히 있다. 이렇게 범위를 벗어난 행위는 직무로 간주되지 아니하고 직무상 권한남용으로 분류된다.

협상에서 강제력을 행사하는 까닭은 대체로 상대방으로부터 어떤 양보나 타협을 강요하기 위해 수단이 필요하기 때문이다. 또한 상대방의 행동이 기대에 어긋날 때 화가 나기 때문에 보복을 하기 위해 사용된다. 직무상 행위로 인한 강제력은 ▲ 협상자가 상대방보다 더 큰 파워를 가지고 있을 때 ▲ 협상자가 직무상 공식적인 자격을 가지고 있을 때 ▲ 양보를 이끌어내기 위해 정보를 활용하고 설득하기보다 직무상 주어진 권한을 사용해야겠다고 판단할 때, 자주 나타난다. 이러한 과정은 다음에 공인력을 설명할 때 더 자세히 알아보기로 한다.

5 정 보 력

협상의 관점에서 보면, 정보력(informational power)은 가장 공통적으로 사용되는 파워의 형태이다. 정보력은 정보의 성질상 설득력과 영향력을 가지고 있다. 정보력은 어떤 현안에 대한 상대방의 견해나 입장을 변화시킬 정보의 제시 및 축적을 말한다. 정보력은 ▲ 축적된 정보량 ▲ 참조를 위해 이용된 출처의 수 ▲ 정보 그 자체의 설득력에 따라 달라진다. 또한 정보력은 정보가 제시되는 방법에 따라 달라진다. 즉, 정보의 어떤 부분을 강조하느냐, 정보가 제시되는 순서가 어떠한가, 차트(charts)나 그래프(graphs) 또는 기타 시청각 기재를 사용하는가, 통계와 같은 숫자 자료를 다루고 있는가 등에 따라 정보력이 달라진다. 끝으로 정보력은 정보 출처의 신뢰성과 정보제공자의 설득기법에 따라 달라진다.

협상에서 정보력은 협상진행과정의 핵심에 놓여있다. 최근 개인의 신상정보를 이용한 보이스피싱 범죄를 보자. 〈표 12-1〉에 나타난 바와 같이 연간 발생건수가 엄청난 보이스피싱 범죄는 피해자가 평소 같으면 결코 원하지 않았던 큰 금액을 엉뚱한 계좌로 이체시키도록 만든다.

계속해서 정보력을 활용한 협상사례를 보자. 1997년경 미국과 일본의 반도체

■ 표 12-1 ▌보이스피싱 피해 규모

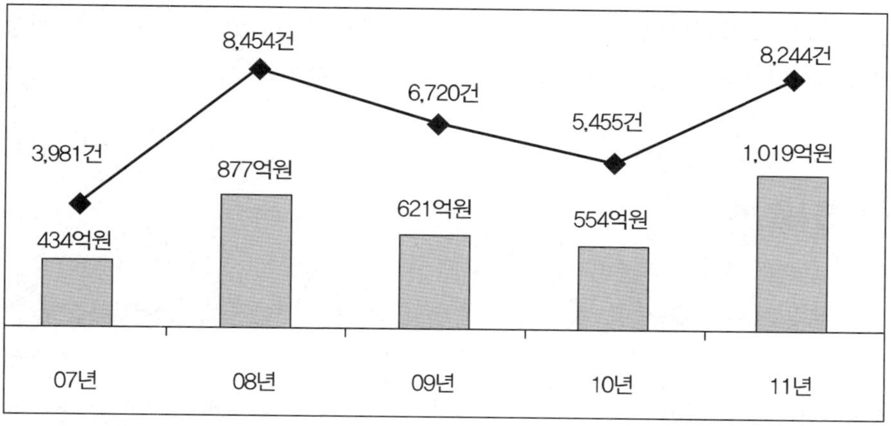

자료출처: 경찰청

반덤핑협상에서 미국측은 최신 장비를 이용하여 일본측의 내부정보를 미리 파악하여 두고 있었기 때문에 협상결과는 미국측의 일방적인 승리로 결말나게 되었다. 이런 큰 규모의 협상에서 뿐만 아니라 아주 간단한 협상에서조차도, 당사자들은 각자의 입장을 가지고 있고, 그러한 자기의 입장을 옹호하기 위하여 사실을 설명하고 주장과 견해를 내놓으며, 자료의 제시로 뒷받침하려고 한다. 협상당사자들은 상호 정보를 교환함으로써 협상상황에 대한 공동인식이 형성되어 협상을 보다 쉽게 타결할 수 있다.

협상에서 정보의 교환은 양보를 할 것인지 그 여부를 결정하는 과정에서 빠뜨릴 수 없는 핵심사항이다. 각 당사자가 제시한 정보를 종합적으로 살펴봄으로써 당사자들이 처해 있는 상황을 올바로 파악할 수 있다. 이승영 · 최용록이 소개한 「남매간의 참외전쟁」 사례에서, 남매는 속마음을 터놓고 이야기하기 전에는 서로 참외에 대한 개념이 같은 줄 알았으나, 나중에 알고 보니 누나는 속보다는 알맹이를 선호하고 있었고 동생은 알맹이보다는 속을 선호하고 있었다.[8] 이와 같이 당사자들은 협상상황에 대한 공동정의를 위해 대화를 선행시켜야 한다.

협상에서 의사소통과 정보는 여러 가지로 이용된다. 상대방에 대하여 파워를 행사하고자 할 때, 그리고 상대방이 골라잡을 수 있는 선택을 제어하기 위하여 정보를 조작한다. 상대방이 골라잡았으면 하고 바라는 부분에 대해서는 긍정적인 정보를 내보내고, 상대방이 골라잡지 말기를 바라는 부분에 대해서는 정보를 감추는 방법으로 상대방의 선택 행동을 감시하고 조작할 수 있다. 이 부분은 협상의 계획수립, 의사소통, 설득기법 등의 전략전술과 관련된다.

6 전 문 력

전문력(expert power)은 정보력의 특별한 한 형태이다. 정보력은 협상에 대해서 자기의 입장을 연구하고 준비한 사람이면 누구나 다 이용할 수 있다. 전문력은 풍성한 정보를 가지고 있고 또 그에 통달한 사람에게 어울리는 말이다.

전문가를 가리키는 방법은 여러 가지가 있다. 첫째, 박사학위, 면허, 전문가들이 맡는 직위를 보유하는 것과 같이, 어떤 자격을 가지고 있는 사람이다. 그렇기 때문에 의사들은 진료실 벽에 학위증과 면허증을 걸어두고, 변호사는 명함에다가 변호사라고 표시한다. 이렇게 함으로써 다른 사람들에게 자기가 공인 받은 전문가라는 것을 보여줄 수 있다.

두 번째 방법은, 전문가의 실력을 실제로 보여주는 방법이다. 즉, 일반인들은 잘 알지 못하는 중요한 점을 여러 관점에서 언급하는 것이다. 이렇게 할 때 주의할 점은 다른 사람에게 거드름피우는 모양으로 비친다든가 실력은 없으면서 유명인사의 이름이나 들먹이는 사람(name dropper)으로 보여서는 안된다는 점이다. 그렇게 되면 원래 바라던 효과를 볼 수 없다. 효과를 보려면, 적절한 타이밍에 맞춰서 중요하고 심각한 전문지식을 풀어놓는다든지, 아니면 많이 알고 있는 사람이 아니면 제기할 수 없는 질문을 던지는 방법을 사용할 수도 있다.

세 번째는, 다른 사람들이 그 사람을 전문가라는 것을 알 수 있도록 증거를 제시하는 방법이다. 학자들은 보통 연구결과를 발표하면서 참고문헌을 제공한다. 어떤 사람은 이야기 할 때 자기가 경험했던 중요한 프로젝트나 함께 일했던 다른 사람의 이름을 거론하며 자기의 관록을 과시한다.

또 다른 방법은, 다른 사람이 인용할 정도의 출판물을 펴 낸 경우이다. 어떤 주제에 대하여 논문이나 책을 집필했다는 것은 전문지식을 가지고 있다는 것이다. 다른 논문이나 인터뷰에서 자기의 출판물이 인용되면 전문가의 신분으로 확고해진다.

이런 모든 방법들은 협상자가 상대방에게 자기자신을 전문가로 비치게 하는 데 활용할 수 있다. 만일 자격증이 벽에 걸려 있다면, 왜 자기의 사무실에서 협상을 하지 않는가? 만일 자신이 최근에 발표한 글을 다른 사람이 인용하였다면, 왜 그 글을 복사해서 상대방에게 보내지 않는가? 이런 행동은 어찌 보면 눈치 없는 짓으로 보일지 모르지만, 협상을 하는 동안 전문가의 이미지를 심어줄 수 있는 효과를 누릴 수 있다. 그렇게 함으로써 어떤 선택안을 놓고 되고 안 되고를 논할 때 전문가의 입장에 있으므로 상대방보다 더 잘 판단할 수 있다는 인식을 심어주어 유리한 입장에 설 수 있다.

예컨대 부동산거래협상에서 부동산중개인이 자기의 영업지역에 대한 건축법 전문가라면, 어떤 선택은 가능하고 어떤 선택은 불가능하다는 것을 쉽게 설명해 줌으로써 구매희망자가 보다 잘 수락하도록 할 수 있을 것이다. 또한 건축법에 관하여 말만 할 것이 아니라 건축법을 복사하여 해당조항을 찾아서 보여줌으로써 이 협상자는 자기의 주장을 더욱 강화할 수 있다. 그래도 부동산 구매희망자는 부동산중개사가 얼마만큼 신뢰할 만한 인물인지 알 수 없어 그의 말에 반신반의한다. 이러한 불신이 자리 잡고 있으면 거래가 성사되기 쉽지 않다. 이러한 불신을 타개하기 위한 수단으로 부동산중개인은 자신의 전문지식을 활용한다. 부동산중개인은 계약협상 초기부터 매도인의 가족증명서와 인감증명서, 그리고 등기부등본을 발급받아 본인인지 대리인인지 아니면 전혀 무관한 사기꾼인지를 가리기 시작한다. 중개인의 이러한 치밀함과 성실함에 감명을 받은 매수인은 신뢰를 보내기 시작한다. 나아가 만일의 경우에 대비해서, 인감증명서의 진위여부까지 확인해 준다. 중개인만이 알고 있는 확인방법을 동원함으로써 고객은 중개인의 전문성을 인정하게 된다.

후술하는 공인력도 그렇지만 전문력도 개인적 이익을 위해 행사되는 것으로 사람들에게 비치면 심각한 손상을 입는다.[9] 예를 들어, 외과의사는 상당한 전문력을 가지고 있지만, 만일 환자를 치료하기보다는 돈벌이 수단으로 수술을 제안한 것으로 보이면 전문력은 심각한 손상을 입는다. 협상 중에 있는 전문가가 이해관계가 없는 체 한다는 것은 참으로 어려운 일이다. 그러므로 당연히 제기되는 의심을 피하기 위해서는 별도의 준비가 필요하다.

전문력은 협상에서 어떤 사람의 말이 온당함을 상대방에게 납득시키기 위해 활용된다. 사람들은 상대방이 전문가라는 것을 알면 대부분 그 사람의 전문분야에 대해 시비를 걸려고 하지 않는다. 비전문가가 전문가와 정말로 한번 대결하고 싶으면 다른 전문가와 상의해야 한다. 그렇게 하려면 비용은 물론 시간소모도 많고, 또 다소 위험부담도 있다. 그렇기 때문에 비전문가가 어떤 특정분야에서 전문가를 만나게 되면, 공세적인 자세나 확전을 피하려고 하는 경향을 보이는데, 이러한 측면에서 전문가에게 상당히 유리하다.

7 공 인 력

공인력(legitimate power)은 합법적으로 또는 합당하게 공인된 권력을 말한다. 국가 또는 공공단체가 국민에 대하여 명령하고 강제하는 권력인 공권력과 다소 다른 의미로 쓰고 있다. 강제력이 행사되는 경우, 실권자는 상대방의 행동을 변화시키려고 실력을 행사한다. 상대방이 실권자에게 복종한 것은, 상대방이 실권자의 지시에 직접 따랐기 때문이라기보다는 실권자가 보인 위협과 같은 강제력의 행사에 대하여 반응을 보였기 때문이다. 사람들이 실권자의 지시를 좋아하든 싫어하든 따르게 되는 상황은 강제력이 행사되었을 때나 공인력이 작동되었을 때나 마찬가지이다. 그러나 공인력의 경우에는 실권자의 지시가 합당하고 또 그 지시에 복종해야 할 의무가 있기 때문에 따른다는 점에서 강제력과 차이가 있다. 공인력의 핵심요체는 존경과 권위가 있는가에 달려 있다. 이런 유형의 파워가 바로 공인력이다.

공인력은 몇 가지 방법으로 발생한다. 대부분의 사회에서 젊은 사람은 나이든 사람의 말에 따르고 복종한다. 사람들은 성직자와 같은 어떤 특정 직위나 고위직에 있는 사람의 말에 따른다. 그것은 그렇게 하는 것이 합당하다고 보기 때문이다. 이런 유형의 실권자들은 보상력과 강제력을 보유하고 있지만, 그 힘을 행사하는 경우는 흔하지 않다. 성직자, 대학총장, 그리고 기타 이런 유형의 사람들은 보상력이나 강제력의 행사를 위해 실제로 사용할 수 있는 무슨 귀중한 것을 가지고 있지는 않지만, 상당히 공인력을 가지고 있다. 어떤 사람은 대단한 권위가 있는데, 그 까닭은 그 사람이 어떤 지위에 있기 때문이 아니라 그 사람이 다른 사람들과 맺고 있는 인간관계나 과거의 평판 때문이다. 공인력은 뒷부분에 설명할 「교제력(associative power)」과는 다른 의미이다. 즉, 공인력을 갖고 있는 사람은 자신이 명실상부한 실력자이다. 그러나 교제력을 가지고 있는 사람은 자기보다 나은 실력자의 명성을 끌어다가 자기의 힘으로 삼는 경향이 있다. 예컨대, 한국의 독립운동가 김구, 인도의 Ghandi와 미국의 Martin Luther King은 인격 때문에 많은 사람들이 따르는 대단한 개인적 권위를 가진 사람들이었다.

공인력은 대부분의 사회적 구조에 바탕을 두고 있다. 개인 및 단체들은 자기들을 가정, 학교, 동창회, 향우회, 군부대, 스포츠동호회 등과 같은 사회체제의 어떤 형태로 조직화한다. 각 조직에서는 지도자를 선출하거나 임명하고, 의사결정을 어떻게 할 것인지에 대한 규정을 만들며, 업무를 세분화하고, 책임을 할당하며, 갈등을 관리한다. 이러한 사회적 질서가 없다면 혼란스러울 것이다. 조직의 이러한 작용은 영원할 것이다. 조직에 지도력이 부족하면 회의시간이 길어지고 감질나며, 사람들 간의 파괴적 갈등이 잦아지고, 좌절감을 맛보게 된다. 공식적 역할명시가 없는 비공식 조직에서조차도 조직의 기능을 활성화시키기 위해 이런 유형의 개념을 활자화하곤 한다.

사회적 질서 및 구조가 자리 잡으려면 공인력이 필요하다. 사람들은 직위와 역할에 맞는 권리와 의무를 부여한다. 사람들은 자기가 속해 있는 조직의 지도자에게 실권을 부여하고는 그 실권자의 명령과 위세에 따라 복종한다.

공인력을 획득하는 데에는 몇 가지 방법이 있다. 첫째, 태어나면서 얻는 수가 있다. 엘리자베스(Elizabeth) 영국여왕은 보상력, 강제력, 또는 공권력(legal power)과 같은 실질권력은 거의 가지고 있지 못하다. 그러나 공인력은 대단히 크다. 둘째, 선출에 의해서 획득할 수 있다. 직선에 의해 선출된 대통령은 명실상부한 공권력, 보상력, 강제력, 그리고 공인력을 가지고 있다. 셋째, 공인력은 보상력, 강제력, 또는 전문력과 같은 다른 원천의 파워에서 생겨날 수 있다. 군대의 장교들은 옛날부터 이런 것을 익히 잘 알고 있었다. 모든 군부대는 제식행렬 연습을 통해 군사훈련을 하고 있다. 전투 중에 한꺼번에 신속하고 정교하게 많은 수의 군사를 이동시켜야 하는 군대에서는 이러한 훈련이 아주 유용하다. 고대 그리스에서부터 시작하여 1800년대 초까지만 하더라도 전쟁은 많은 수의 군사들을 전쟁터에 집중적으로 이동시켜 싸움을 하는 방식이었다. 이런 방식의 군사전략은 대포의 발명으로 변화되기 시작하다가, 기관총이 등장하자 마침내 사라지게 되었다. 그러나 군대에서는 여전히 제식훈련에 허다한 시간을 보내고 있다. 여기에는 그만한 이유가 있다. 그것은 많은 수의 사람들에게 지시를 내리기 쉽고, 한꺼번에 가까이 살펴볼 수 있으며, 신속히 처벌하거나 보상을 해줄 수 있기 때문이다. 어떤 특정한 사람이 명령을 내리면 수많은 사람들이 이의제기 하나 없이 그 명령에 따라 움직인다. 이렇게 하다보면, 보상이나 처벌을 할 필요성은 점차 줄어들게 되고, 지휘관의 명령에 대해 왜 그렇게 해야 되는지 또는 그 결과가 의문시된다는 등의 이의제기가 없이 그 명령이 공인되어 자연스럽게 따르게 된다.

공인력이 생겨나는 또 다른 방법은 상대방에게 의무감을 심어주는 것이다. 의무감은 몇 가지 방법으로 생겨날 수 있다. 직위로 인하여 생겨난 공인력은 의무감을 낳을 수 있다. 즉, 사람들은 대통령직에 있는 사람에게 공인력을 인정하고 어느 정도의 충성과 복종을 해야 한다는 의무감을 느낀다. 사람들에게 친절을 베풀고, 사람들이 이룩한 업적을 인정하고 찬양하며, 남을 도와주고, 직무상 요구되는 사항도 아니고 사람들이 바라고 있는 것도 아니지만 사람들에게 개인적인 관심을 기울여주며, 빠듯한 예산이지만 특별 프로젝트를 위해 별도의 기금을 나누어주는 등의 행위는 사람들에게 자기의 일을 더 잘 할 수 있도록 고무시키는 한편 실권자에 대해 좋은 느낌을 갖게 한다. 미국의 「그레이트 배치」라는 의료기기용 배터리 회사는 직원들에게 일명 「영광의 물고기」로 알려진 인형을 선물한다.[10] 이것은 "칭찬은 고래도 춤추게 한다."는 「물고기 철학(fish philosophy)」과 맥을 같이 하는 것으로, 동료들로부터 칭찬을 받아야 한다고 만장일치로 추천된 직원에게 선물을 증정한다. 선물이라야 비싼 것도 아니지만, 이것은 단순한 인형을 넘어 회사와 동료들이 열심히 일한 자신을 알아준다는 점에서 그 직원에게는 감동적이다. 이렇게 직원이 공개적으로 인정받도록 함으로써 그 직원의 조직에 대한 믿음과 충성도를 높이고 조직 내 신뢰감 형성을 가능하게 하는 조그만 물고기 인형은 조직 내에서 훌륭한 매개체 역할을 한다.

그림 12-2 »» 영광의 물고기 인형

조직에서 파워의 주요 근원 가운데 하나는 모든 사람이 희구하는 자원을 관리하고 배분하는 능력이다.[11] 방치되어 있는 자원을 차곡차곡 모을 줄 아는 능력을 가진 실권자, 그리고 이러한 자원을 자기에게 우호적인 사람과 따르는 사람에게 그 대가로 나누어줄 줄 아는 실권자는 파워를 일구어나갈 줄 아는 사람이다.

협상은 사회구조 안에서 일어난다. 그 구조는 단순하게 두 사람 또는 두 팀일 수도 있고, 또는 개인들, 팀들, 후원자들과 심지어는 국외자들일 수도 있다. 협상에서는 상대방에게 적절한 방법으로 응대해야 할 의무가 있다. 어떤 협상자는 상대방에게 말할 기회도 주지 않고, 상대방한테는 양보하라고 주장하면서 자기는 그에 상응하는 제의를 할 생각도 하지 않으며, 협상을 어떻게 진행할 것인가에 대한 사전합의를 아예 무시하는 등 상대방의 권위를 인정하지 않으려고 한다. 협상자가 이러한 상황에 처하게 되면, 협상을 진행하기 전에 최소한의 권위(공인력)을 세울 필요가 있고, 상대방이 이러한 합당한 권위(공인력)을 인정하는 행동을 보여주기 전까지는 협상의 진행을 거절할 수 있다.

일단 작지만 합당한 공인력의 토대가 마련되면, 그 다음부터의 협상은 제식훈련에서 공인력이 커지는 것을 보았듯이 점차 공인력이 확대된다. 앞에서도 언급한 바와 같이, 협상자는 누구나 상대방 협상자에게 보상수단을 행사하고 응징할 능력을 가지고 있다. 협상자들은 또한 상대방 협상자에게 우호적으로 대할 수 있다. 그렇게 함으로써 긍정적 느낌과 의무감을 발생시키게 된다. 이러한 모든 기법들은 공인력를 확대시키기 위하여 사용될 수 있다.

8 매 혹 력

최근의 유행어 팜 파탈(femme fatale)은 치명적인 매력으로 남성을 유혹해 파멸로 이끄는 위험한 요부 또는 악녀를 지칭한다.[12)]성경에 등장하는 천하장사 삼손(Samson)은 적국의 미녀 스파이 데릴라(Delilah)에게 매혹되어 끝내 적군에게 사로잡혀 두 눈이 뽑힌 채 산송장처럼 되었다. 가냘픈 아름다움과 순결한 영혼을 지녔던 미녀 데릴라는 결국 삼손을 파멸로 이끈 팜 파탈이었다. 동양에서는 경국지색이었던 당나라의 양귀비, 월나라의 서시, 그리고 조선시대의 장희빈이 팜 파탈에 속한다고 할 것이다. 서양에서는 라인강 기슭의 로렐라이 언덕에서 아리따운 모습과 가슴 저미는 노랫소리로 선원들의 넋을 홀려 결국엔 뱃사람들을 몽땅 강물 속으로 밀어 넣은 로렐라이 요정도 이 부류에 속한다.

이 팜 파탈은 남성들이 평소 같으면 하지 않을 행동을 하도록 만든다. 이런 유형의 힘을 일컬어 「매혹력(referent power)」이라고 칭한다. 매혹력의 매(魅)는 명사로 '도깨비', 동사로는 '홀린다'는 뜻을 갖고 있고, 혹(惑)은 '미혹하다', '정신이 헷갈리게 하다'의 뜻을 갖고 있다. 그 때문인지 남성은 여성의 강렬한 아름다움에 한번 빠져들면 마치 도깨비에 홀린 듯 넋 나간 사람처럼 정신을 차리지 못한다. 특히, 이 매(魅)라는 글자는 귀신 귀(鬼)에 아닐 미(未)자가 결합된 말로 귀신 수준은 아니지만 적어도 '덜된 귀신' 정도의 수준으로 홀리는 힘을 지니고 있다고 하겠다.

매혹력은 실권자의 개인적 자질에서 생겨나거나 상대방과의 개인적 친분관계에서 발생한다. 이 매혹력은 좋아함, 유사성을 느낌, 동경, 가깝게 지내거나 친구 사이가 되었으면 하는 갈망 등과 같이 상대방이 실권자에게 이끌리는데 기반을 두고 있다. 이렇게 끌어당기는 힘은 신체적 매력, 의상, 버릇이나 생활방식 등에서 비롯되지만, 그 매혹의 내용을 보면 친절, 사교성, 성질이나 취미의 합치, 정직하고 솔직, 성실 등을 포함하고 있다. 보는 사람에 따라 다르기 때문에 매혹력의 특질을 모두 명기한다는 것은 곤란하다. 즉, 매혹력이 있고 없고는 실권자가 결정하는 것이 아니라 상대방이 결정한다. 더 많은 사람들이 실권자의 신체적 또는 개인적 특질에 매료될수록, 매혹력의 기반은 더 넓어진다. 멋진 남자와 미녀는 일반적으로 친구를 사귀고 다른 사람을 이끄는데 별 애로가 없다. 사실 신체의 특질, 화술, 매너, 자신감 등을 독특하게 잘 조화시킬 줄 아는 카리스마적인 사람은 자기의 행동 여하에 따라서 아주 많은 사람에게 영향을 미칠 수 있다.

매혹력은 다음의 두 가지 원천에서 그 효능을 발휘한다. 첫째, 실권자가 다른 사람들이 갈망하는 온화함, 자신감, 부(富), 권력 등과 같은 어떤 특질을 갖고 있다면, 다른 사람들은 이 실권자와 같아지고 싶어 한다. 상대방이 실권자를 모방하거나 같아지려고 하는데도 막상 실권자는 자기가 모방의 대상이 되고 있는지를 모르는 경우가 흔하다. 아들은 아버지의 모자나 코트를 걸쳐보기도 하고 아버지의 의자에 앉아도 보며, 아버지처럼 목소리나 행동을 흉내내보기도 한다. 10대들은 자기들의 우상인 야구나 축구 스타, 인기 가수나 연예인 등을 모방하는데 많은 시간을 보낸다. 사람들은 최근에 유행하고 있는 명품가방, 의상, 음식, 유행상표를 따라간다. 예컨대, 누가 최신 스마트폰을 구입하면 자기도 얼른 따라서 사고 싶어 하고, 어느 나라를 관광하고 온 사람이 있으면 자기도 그곳에 가고 싶어 한다. 물론 모방하고 같아지고 싶어 하는 마음은 간단히 말할 수 있는 성질의 것이 아니다. 상대방이 어떤 사람을 부러워하고 같아지고 싶어 할수록, 실권자가 그런 부러워하는 매혹력의 대상요소를 가지고 있다면 상대방을 훨씬 수월하게 요리할 수 있다.

같아지고 싶은 마음이 생기게 하는 매혹력은 협상에서 불확실한 수단이다. 앞에서 언급한 것처럼, 같아지고 싶은 마음은 상대방에게 달려있다. 상대방이 자기와 같아지고 싶은지를 협상자가 알 수 있는 가능성은 불확실하고 또 그러한 정보를 활용하기도 어렵다. 만일 같아지고 싶은 마음이 생기지 않는다면, 그 때는 다른 파워를 활용해야 한다.

매혹력은 또한 상대방과의 관계를 형성하고 유지하는데서 얻을 수 있다. 어떤 사람으로부터 자기가 유사하고 좋아하는 느낌을 받게 되면 그 사람에게 이끌리게 되어 강한 심리적 관계가 형성된다. 그러므로 실권자는 이러한 상호관계를 형성하는 방법으로 매혹력을 형성하고 활용할 수 있다. 같은 대학동문이라는 사실, 같은 사람을 서로 친구로 두고 있다는 사실, 스포츠나 취미가 서로 비슷하다는 사실, 가치관이 비슷하다는 사실 등의 공통점을 발견함으로써 상호관계의 형성을 시작할 수 있다. 뿐만 아니라 당사자들은 같은 직업을 갖고 있다거나, 같은 직장이나 부대에 근무하였다거나, 같은 방식으로 휴가를 즐긴다거나, 좋아하는 텔레비전 프로그램이 같다거나, 심지어는 같은 병을 앓아본 경험을 가지고 있을 수 있다. 이런 모든 소재거리는 상대방을 더 깊이 알 수 있는 기반이 되고, 상대방이 스스로 자기의 느낌과 생각을 드러내게 하고, 상호 간의 신뢰를 증진시킨다. 당사자들이 외부로부터의 어떤 위협이나 스트레스를 받는 상황하에서 이런 상호관계가 발전될 때, 그 과정은 가속도가 붙게 된다. 매일 같은 엘리베이터를 타면서 잘 알지 못하고 안면만 있던 사람끼리도 엘리베이터가 고장나서 멈춰 서게 되면 달라진다. 같은 회사의 두 중역은 서로 비슷한 점도 없고 자주 이야기하지도 않지만, 회사의 사업차 외국여행을 함께 가게 되면 달라진다. 협상은 사람들을 함께 스트레스 받는 상황으로 몰아넣는다. 그리고 협상상황의 경쟁적 성질상, 협상자들은 개인적 정보를 교환하기 어려운 상황이지만, 서로 의존되어 있고 공동운명에 처해 있음으로 인해서 정보교환의 기반을 마련할 수 있다. 그러므로 노련한 협상가들은 보다 협력적인 분위기 아래에서 정보를 교환하기 위해 이런 상호의존 및 공동운명을 강조하는데, 이런 과정을 통해서 상대방으로부터 보다 긍정적인 반응을 받게 된다.

동일하게 되고 싶고 모방하고 싶고, 또는 공통성을 찾아내고 친목을 도모하는 과정을 통하여, 매혹력은 실권자와 상대방간의 상호관계를 발전시키는데 활용된다. 이러한 상호관계는 보통 신뢰, 열린 마음, 정직, 협력을 기대되게 하고, 이러한 기대는 상호관계의 보존을 위한 힘이 된다. 상대방은 매혹력 때문에 실권자에게 매료되고, 그래서 실권자가 파워를 남용하거나 상호관계를 위험에 빠뜨리지 않을 것으로 믿는다. 이미 앞에서 강조한 바와 같이, 매혹력의 근본과 당사자 간의 상호관계를 형성 · 유지시키는 것은 장기간의 협상에서 아주 중요하다. 당사자 간의 상호관계를 종지부 찍고 배반자로 낙인찍힌 채 살아가려고 하지 않는 한, 어느 당사자도 단기간의 이익을 얻기 위해 당사자들 간에 그 동안 축적된 신뢰와 열린 마음을 남용하지 않을 것이다.

9 파워의 비교평가

9.1 파워의 평가기준

파워에 대하여 논할 때, 어떤 특정 근원의 파워가 얼마만큼 효과가 있는지 평가할 기준이 필요하다. 특정 근원의 파워를 평가하기 위한 방법은 여러 가지가 제안되었는데,[13] 여기서는 다음의 기준을 따른다. 즉, (1) 특정 파워가 유리한 점은 무엇인가? (2) 특정 파워가 불리한 점은 무엇인가? (3) 특정 파워는 상대방의 태도·행동에 변화를 초래할 정도로 영향을 미치는가? (4) 특정 파워를 행사했을 때 상대방이 오랫동안 복종하도록 하기 위해 계속 감시해야 하는가? 감시를 하자면 시간과 비용, 그리고 상대방의 행위를 감시할 자원이 투입되어야 한다. 그렇기 때문에 감시가 필요 없는 파워행사보다 덜 선호되는 편이다. (5) 특정 파워를 행사했을 때 협상당사자들 간의 상호관계에 어떤 영향을 미치는가? 어떤 형태의 파워를 행사했을 때, 협상당사자들 간에 보다 긍정적인 영향을 미쳐서 상호관계가 현상유지 및 향상되는가? 또 이와는 반대로 어떤 형태의 파워를 행사했을 때, 부정적인 영향을 미쳐서 상호관계가 퇴보 내지 악화되는가?

9.2 보상력과 강제력의 비교

보상력과 강제력은 그 의미의 구분이 분명하지 않고 혼동되는 경우가 있다. 혼동이 일어나는 까닭은 단어 자체가 갖고 있는 의미 때문이다. 보상을 유보시키는 것은 강제력에 포함되는가? 처벌을 하지 않는 것을 보상이라고 할 것인가? "내년의 연봉인상여부는 금년의 실적여하에 달려있다"라고 말했을 때, 이 말을 어느 부류로 분류할 것인가? 이 말은 보상력의 행사인가, 아니면 강제력의 행사인가? 이도 저도 아니면 둘 모두인가, 둘 중 어디에도 속하지 아니한가? 그러나 협상자들은 이런 식으로 말하기를 좋아한다. 실권자는 상대방이 어떻게 하느냐에 따라 보상하거나 처벌하는 것을 선택할 수 있기 때문에 모호하게 말하는 것을 좋아한다. 그러면 보상력과 강제력을 행사함으로써 발생되는 효과를 살펴보자.

보상력을 행사하는 사람은 상대방에게 긍정적 애호감을 느끼게 할 가능성이 많은 반면, 강제력을 행사하는 사람은 상대방에게 혐오감과 부정적인 느낌을 주게 될 가능성이 아주 크다.[14] 상대방이 긍정적 애호감을 느끼게 되면, 이런 긍정적 느낌은 실권자가 행사하는 다른 형태의 파워의 효능을 증진시키게 되므로 협상을 위해 바람직하다고 할 수 있다. 뿐만 아니라 긍정적 느낌은 협상자들 간의 상호관계를 보존시켜 준다. 양당사자가 추후에도 다시 협상을 전개해야 할 입장이라면 이것은 바람직하다.

강제력이 행사되면 상대방은 그 상황을 벗어나려고 한다. 반면에 보상력이 행사되면 상대방은 그 상황에 머물려고 하고, 특히 추가적인 보상이 기대될 때에는 더욱 그러하다. 그러므로 강제력을 행사하면 협상이 타결되기도 전에 상대방이 떠나버리려고 하기 때문에 협상을 파멸로 몰고 갈 가능성이 농후하다.

보상력이나 강제력 모두 감시를 필요로 하고 있으나, 보상력을 행사할 경우에 감시가 훨씬 더 용이하다. 상대방이 보상을 받을 만한 바람직한 행동을 했는데도 아직 보상을 받지 못했다면 상대방은 보상을 받기 위해 그러한 행동을 한 사실을 실권자에게 알려야 하기 때문이다. 가게 주변을 청소하면 1만원을 받기로 한 아르바이트생은 그 돈을 받기 위해선 그 일을 완료했음을 가게주인에게 알려야 한다. 그 일을 하지 않으면 벌을 받기로 되어 있는 경우 아르바이트생은 책임을 벗어나려고 하거나, 최소한의 노력만을 할 것이고 가급적이면 가게주인에게 그 건에 대하여 알리려고 하지 않을 것이다.

감시를 하게 되면 당사자들 간의 상호관계에 손상을 줄 우려가 있다.[15] 실권자가 상대방이 복종하고 있는지를 감시하고 있다고 치자. 실권자는 일이 잘되면 강제력을 동원해 위협하고 감시를 한 덕이라고 여기지, 그것을 상대방이 어떤 행동을 해서 잘되었다고 여기지 않는다. 더욱이 실권자는 미래에 또 다시 상대방으로 하여금 그렇게 시키기 위해서는 계속된 감시가 필요하다고 생각하게 된다. 그러므로 강제력을 행사하고 감시를 하게 되면 실권자는 점차 그 맛에 중독되어 강제력과 감시를 정당화시키는 아주 나쁜 자기달성예언에 빠지게 되고, 동시에 당사자들 간의 상호관계는 극도로 위험에 처하게 된다.

보상력은 강제력보다 훨씬 더 바람직한 결과를 낳고 감시가 덜 필요하다. 그러나 협상에서 강제력을 행사하는 모습은 흔히 볼 수 있는 현상이다. 설득이 먹혀

■ 표 12-2 ▌보상력과 강제력의 비교평가

파워	보상력	강제력
장점	협상자의 행동을 직접통제 신속한 효과	협상자의 행동을 직접통제 신속한 반응 권력자에게 복종
단점	권위상실가능성 위법으로 보일 가능성 최소 수준의 복종만 획득	시간이 갈수록 감시비용 증가 보복의 가능성 두려움 줄어들면 강제력 상실
변화목표	협상자의 특정 행동	협상자의 특정 행동
감시	잦은 감시 필요 상대방이 감시에 협력함	감시가 반드시 필요 철저하고 지속적인 감시 필요
상호 관계	상대방에게 긍정적 영향 보상자를 좋아하게 됨 상대방을 계속 속박가능	부정적 특히 장기적으로 부정적

들지 않을 때, 감정이 북받칠 때, 자존심이 상할 때, 실제 비용을 들여 노력한 대가가 불투명해 보일 때, 이럴 때에는 위협과 적의에 찬 말들이 점차 확대되고, 강제하려는 움직임이 점증한다.

9.3 여타 파워의 형태별 비교평가

여타 파워의 형태를 이러한 다섯 가지 기준에 적용하면 〈표 12-3〉과 같이 요약할 수 있다.

■ 표 12-3 ▌기타 파워의 형태별 비교평가

파워	정보력	전문력
장점	사실과 정보에 근거 정보의 내부화동기 유발 자원지출의 불필요	신속, 정확, 사실에 근거 외부비용지출 불필요 아이디어 창출에 전념하면 됨
단점	시간 소요 상대방이 수용해야 효과	비전문분야에서 실패가능성 정통성 시비 우려 전문지식 구비 필수
변화목표	협상자의 태도와 행동	전문지식 범위 내의 태도 · 행동
감시	불필요	불필요
상호 관계	거의 없음	긍정적이거나 영향 없음

파워	공인력	매혹력
장점	직책으로 인해 발생 개인이 아닌 객관화가 가능 공직 인정분위기에서 효험	외부비용지출 불필요 신속한 효과 상대방에게 긍정 분위기·생각 초래
단점	정통성 의심의 경우 효력 상실 보조파워(보상력, 강제력)가 있어야 효과적	매혹력 범위 밖에서 실패가능성 정통성 시비 우려 거부반응의 가능성
변화목표	협상자의 태도 및 행동	매혹력 범위 내에서의 태도·행동
감시	정통성 시비가 없는 한 불필요	불필요
상호관계	중립적 직권남용인 경우 부정적	긍정적 협력적

10 파생파워

10.1 간접파워

지금까지의 논의는 상대방에게 영향을 미칠 수 있는 실권자의 직접적인 방법에 대하여 초점을 맞추었다. 그러나 모든 형태의 파워는 간접적으로도 활용될 수 있다. 파워를 간접적으로 활용하려면, 실권자가 우선 중간매개자에게 영향력을 행사하고, 중간매개자는 다시 최종 목표자인 상대방에 대해서 영향력을 행사한다. 어떤 형태의 파워라고 할지라도 이런 두 가지 과정 모두에서 행사될 수 있다. 다음에서 살펴보는 사례들에서, 실권자는 항상 중간매개자를 설득하려고 하는 반면, 중간매개자는 최종 목표자인 상대방에게 여러 가지 형태의 파워를 행사한다고 가정한다.

10.1.1 보상력

보상력은 중간매개자에 의해서 최종 목표자인 상대방에게 행사될 수 있다. 노사협상에서, 사용자측 협상자는 노조측 협상자가 취한 거칠고 융통성이 없는 입장에 대하여 언론에 불만을 터뜨린다. 이렇게 하면 노조원들은 자기들 협상대표의 협상자세에 고무되어 그 협상대표를 지지하고 신뢰하게 된다.

10.1.2 강제력

강제력은 중간매개자에 의해 최종 목표자인 상대방에게 행사될 수 있다. 위와 동일하게 노사협상의 사례에서, 사용자측의 협상자는 노조측 협상자가 협조적이었고, 아주 융통성이 있었으며, 이해심이 넓었다고 언론에 논평을 내었다고 치자. 이 논평을 전해들은 노조원들은 자기들의 협상대표를 두고 배신자라고 비난하며 노조측 협상자에게 거칠게 나가든지 아니면 사임하라고 압력을 넣게 된다.

10.1.3 정보력

정보력은 중간매개자가 설득력이 있는 사실과 정보를 최종 목표자인 상대방에게 제공할 때 행사된다. 두 사람이 어떤 품목의 가격을 놓고 협상을 벌이고 있다고 치자. 상대방은 실권자가 제시한 물품가격을 믿지 않는다. 그러자 실권자는 상대방에게 그 물품의 가격을 잘 분석할 줄 알고 충분한 객관적 자료를 가지고 있는 제3의 중간매개자한테 물어보라고 한다.

10.1.4 전문력

전문력은 문제해결의 열쇠를 쥐고 있는 전문가가 중간매개자로 선정되었을 때 간접적으로 행사될 수 있다. 어떤 정보의 신뢰성에 대하여 최종 목표자인 상대방을 설득하고자 할 때, 실권자는 권위 있는 사람이나 전문가를 대동하여 이 전문가로 하여금 직접 최종 목표자인 상대방에게 정보를 확인해주고 설득시키도록 할 수 있다. 비정규직노조는 자기들의 임금이 정규직에 비해 너무 낮다고 주장하고 있다고 치자. 이런 주장을 설득력 있게 제시하기 위해 비정규직노조는 유명대학의 경제학자나 노동전문가를 초빙하여 전문가 증언을 듣게 할 수 있다.

10.1.5 공인력

공인력은 실권자가 상대방을 설득하기 위해 권위 있는 어떤 사람을 찾고 있을 때 간접적으로 행사된다. 부서 간의 작업관계에서 발생하는 곤란한 문제에 대하여 협상하고 있는 두 사람의 관리자는 기초규칙을 만들거나 의사결정에 대한 정책을 명백히 하기 위해 자기들의 상급자를 방문할 수 있다. 말할 필요도 없이, 이런 「공인된 권위」를 찾고 있는 협상자는 권위자의 권고사항이나 판단이 대개 자기에게 유리하게 떨어질 것으로 믿고 있다.

10.1.6 매혹력

끝으로, 매혹력은 실권자가 최종 목표자인 상대방이 좋아하고 존경하거나 신뢰하는 그런 중간매개자에게 도움을 구할 때 간접적으로 행사된다. 상품매출의 신장을 바라는 광고주는 2010년 밴쿠버동계올림픽 여자싱글 피겨스케이팅 챔피언 김연아의 인기를 상품광고에 활용할 수 있다. 김연아의 텔레비전 상품광고는 간접적인 매혹력을 잘 활용한 대표적인 사례라고 할 것이다.

10.2 교 제 력

간접파워는 지금까지 살펴본 방식과는 다르게 정반대로 활용될 수 있다. 즉, 실권자의 파워는 실권자가 힘이 있는 다른 사람과 밀접한 관계를 맺고 있다고 떠들어댐으로써 증강될 수 있다. 교제력은 실권자가 존경받는 유명인사를 잘 알고 있다는 것을 이용하여 자기의 파워를 증강시키고자 할 때 발생한다. 이 교제력은 속어인 "빽"이라는 말과 상통하고, 연결, 제휴, 결합, 연합 등의 의미를 가지고 있다.

교제력(associative power)의 가장 대표적인 모습은 유명인사의 이름 들먹이기(name dropping)이다. 교제력은 구두 아닌 방법으로도 의사소통이 가능하다. 영향력 있는 정치인들이나 명사들과의 회합하는 모습을 담은 사진, 유명인사로부터 받은 선물 따위를 사무실에 전시해 두는 것은 이 사람이 대단한 사람과 교제하고 있다는 것을 웅변해주고, 그래서 이 사람이 파워를 가지고 있다는 이야기가 된다.

> 1990년 6월 4일 노태우 대통령은 북방정책의 일환으로 미국을 방문 중인 소련의 고르바초프 대통령을 만나기 위해 급히 샌프란시스코로 날아갔다. 동서냉전이 여전히 진행 중이었던 그 당시, 한국과 소련 양국은 수교 전에 있었기 때문에 대한민국 최초 한·소 정상회담은 정권의 안정을 위해서나 북방정책의 성공을 위해서나 상당히 중요한 사안이었다. 그러나 고르바초프를 만나기는 했으되 평소의 정상회담과 같은 제대로 된 기념사진 촬영도 하지 못한 안타까운 상황이었다. 노 대통령으로서는 다행스럽게도 고르바초프를 만났다는 확인용으로 노 대통령과 고르바초프가 함께 있는 다소 이상한 사진을 대국민 홍보용으로 그것도 정지된 화면으로 텔레비전에 내보낼 수 있었다. 이 사진 한 장이 노대통령으로서는 교제력의 행사에 아주 중요한 증거가 되었다. 당시 북한과의

관계를 중시하는 소련 군부에 한·소 정상회담이 공개되는 것을 꺼린 고르바초프 대통령 측은 현장에서 단 세 컷의 사진만 찍도록 했다는 후문이 있다.

다른 형태의 간접파워와 비슷하게 교제력은 두 단계의 과정에 의존한다. 즉, 실권자와 중간매개자 간의 상호관계가 형성된 증거가 남아있어야 하고, 또 중간매개자가 막강한 파워를 가지고 있는 사람이라는 것을 상대방이 알아야 한다. 교제력은 겸손하고 조심스레 활용될 때 쉽게 먹혀들지만, 이를 남용하게 되면 그 효과가 별로 없다.

10.3 발광력

발광력(crazy power)은 파생파워의 일종으로 자주 사용하면 좋지 않지만 알고는 있어야 한다. 협상과정에서 광분하면 해코지를 포함하여 어떤 짓을 할지 모를 정도로 종잡을 수 없는 사람이라는 것을 상대방이 알게 할 수 있다면, 상대방에 대해 파워를 갖게 될 수 있다. 발광력은 강제력으로부터 나온 파생력이기도 하고, 경우에 따라서는 매혹력으로부터 나온 파생력이기도 하다. 어떤 남성이 특정 여성에게 미쳐 있어 평소에 하지 않던 일을 미치광이처럼 하게 된다면 그것은 강제력 및 매혹력인 동시에 발광력이라고 할 수 있을 것이다.

북한의 2010년 천안함 폭침 및 연평도 포격사건, 1976년 8.18 판문점 도끼만행사건은 발광력을 보여주는 사례들이다. 이러한 발광력은 개인이 활용하기도 한다.

저자가 군대시절 팀스피릿 훈련을 할 때 우리 부대는 대항군으로 나서게 되었다. 우리 부대는 강원도에서 서울 인근까지 진격했다가 경기도로 후퇴하는 과정이었다. 상대방 부대는 탱크를 앞세워 물밀 듯 달려오고 있었다. 어떻게 탱크의 진격을 막아 후퇴할 시간을 벌 수 있을 것인가. 그 중요한 시점에 우리 부대의 어느 한 사병이 상대방의 탱크 앞에 들어누웠다. 육중한 탱크는 사람이 있건 말건 멈추지 않고 계속 산속 외길을 밀고 왔다. 겁이 나서 도망을 치고도 남을 상황이었지만, 그 사병은 날 죽여라는 식으로 꿈쩍도 않고 누워서 버텼다. 다른 장병들도 덩달아 길을 막아 나섰다. 양측 장교들 간에 말다툼이 벌어졌다. 작전상 주어진 시간에 어느 지역을 확보해야 하는 상대방은 이 사병의 미치광이 같은 짓으로 인해 차질이 빚어진 것이다. 비록 훈련 상황이었지만 실전보다 더한 발광력이 발휘되었던 것이다.

또 다른 사례를 보자. 저자가 근무하던 부대에 특이한 개성을 지닌 김상병이라는 사람이 있었다. 그는 툭하면 북한의 김일성에게로 가버리겠다고 공언하였다. 어느 정도의 벌칙으로는 전혀 먹히지 않는 그가 정말로 월북이라도 할 경우 장교들은 문책을 받아야 하는 입장에 있어서 고민이었다. 그러던 어느 날 밤, 실탄을 휴대하고 보초를 나갔던 김상병이 없어졌다는 탈영보고가 들어왔다. 비상이 걸려 모두들 그를 찾으러 나섰는데, 깜깜한 밤에 어디 가서 그를 찾는단 말인가? 그것도 실탄을 들고 탈영한 군인을 말이다. 뿐만 아니라 평소에 북한 김일성에게로 가겠다고 공언한 군인을 말이다. 날이 밝자 다행히 김상병을 찾았지만, 그 후에는 어느 누구도 그를 통제하기 어려웠다.

이와 같이 협상자가 발광력을 발휘하면 협상에서 막강한 수단이 된다. 이 발광력은 협상자의 개성(personality)에 달려 있다. 역사적으로 보면, 히틀러(Hitler)와 스탈린(Stalin)은 악명 높은 개성을 지닌 사람들이었다. 발광력으로 인해 다루기 힘들었던 국내인물로는 국회에서 인분이나 최류탄을 퍼부은 국회의원들을 들 수 있을 것이다. 협상이론에 등장하는 chicken game에서 마주보고 달려오는 운전자들과 같이 벼랑끝 전술을 쓰는 사람들도 이런 부류에 속한다.

아시아 오지와 아프가니스탄, 파키스탄, 캄보디아 등지에서 여성을 복종시키기 위한 수단으로 「황산테러」 또는 「염산테러」가 자행되는데 "이런 일은 비일비재해 웬만한 건 사고로 여기지도 않을 뿐 더러 가해자인 남성들이 기소되는 경우 역시 드물다"고 뉴욕타임즈가 소개하기도 하였다. 주로 외국에서 발생하던 이런 「산테러」가 근래에서 국내에서도 발생하고 있다. 이런 현상도 발광력의 일종이라 할 것이다.

영화 투캅스(1993)를 통해서 우리는 취조실의 형사와 피의자 간에 벌어지는 발광력의 전개모습을 잘 감상할 수 있다. 즉, 순진한 초보형사를 상대로 자해공갈을 펼치는 피의자의 모습, 그리고 피의자보다 더 고단수인 고참형사의 모습을 통해 우리는 발광력을 더 잘 이해할 수 있다.

절도에다가 상습폭력 피의자를 취조실에서 심문하는 원리원칙의 초보형사(박중훈 역). 이름을 물어도 없다고 조롱조로 대답하는 피의자, 기가 막힌 초보형사. "너 임마, 죽고 싶어!?"하며 고함치는 초보형사.

"그래, 죽여라! 죽여! 자식아, 죽여! 죽여!"하며 자해하기 시작하는 피의자. 자신의 얼굴을 자기 손으로 때리고 혀를 깨물어 피를 내보이는 피의자 앞에 당황해하는 초보형사.

책상에 자기 머리를 스스로 부딪치고, 타자기를 들어 자기 머리를 때리며 광기를 부리는 피의자. 초보형사를 제압하기 위해 자신의 발광력을 발휘하고 있다.

우연한 기회에 피의자가 피를 흘리고 있는 모습을 본 경찰간부는 심문하던 초보형사에게 호통을 친다. 초보형사는 자기가 때려서 그런 것이 아니라고 아무리 얘기해도 믿지 않는 경찰간부. 이 때 자기가 알아서 처리하겠다고 나서는 고참형사(안성기 역). 그래도 분노하며 초보형사를 당장 경찰에서 잘라버리라고 호통을 치고 취조실을 나가버리는 경찰간부.

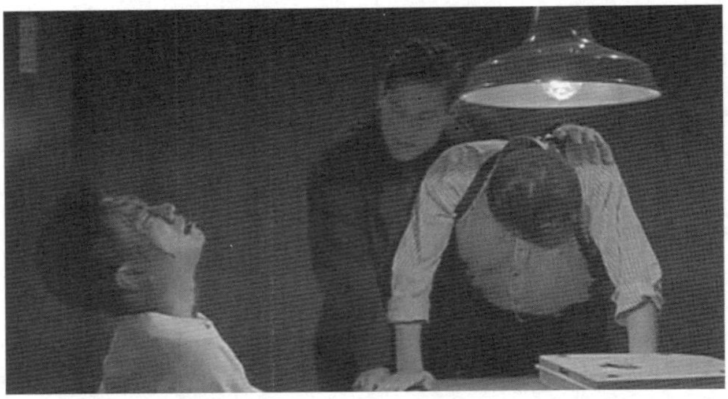

은근슬쩍 어쩌자고 이런 짓을 했느냐며 후배 형사를 위로해주는 고참형사. 자기가 한 짓이 아니라며 억울한 심정을 털어놓는 초보형사. 피의자는 초보형사가 자기를 때렸다고 펄펄 뛴다. 이렇게 증거가 남아 있는데 어떻게 할 거냐고 묻는 고참형사. 어느덧 평소의 원리원칙만을 주장하던 기고만장한 자세는 어디론가 사라지고 없는 초보형사의 표정. 제대로 덫에 걸려든 초보형사. 피의자의 발광력이 보여주는 막강한 파워.

평소 초보형사에게 약점이 잡혀 있던 고참형사는 이렇게 광기를 부리는 피의자를 문제없이 처리할 터이니 자신의 약점을 없던 걸로 해달라고 제안한다. 마지못해 수락하는 초보형사를 취조실 밖으로 내보낸 고참형사. 어떻게 피의자의 어처구니없는 광기를 잠재울 것인가?

해결방법은 의외로 간단했다. 그것은 고참형사가 스스로 자해를 시작하는 것이었다. 피의자가 경찰을 폭행한다며 비명을 지르고 발광한다.

피의자가 담당형사를 폭행한 꼴이 되자, 이번에는 피의자가 당황하여 고참형사에게 그러지 말라며 애걸복걸 매달리는 역전의 상황이 되었다. 결국, 고참형사는 피의자보다 훨씬 더한 발광력을 발휘하여 상대방을 제압하였던 것이다.

미국의 베스트셀러 *Secrets of Power Negotiating*의 저자 로저 도슨(Roger Dawson)이 하노이를 방문하였을 때 경험한 일을 다음과 같이 토로하였다. 도슨은 미국의 역대대통령 중 최고는 누구였다고 생각하느냐고 관광안내원에게 물었다. 그랬더니 그녀의 답인 즉, 최고는 모르겠고 최악은 안다고 하였다. 그 사람은 바로 리처드 닉슨(Richard Nixon)이라고 했다. 왜 그런가? 닉슨 대통령은 광기(crazy)를 지녔기 때문이다. 다시 말하자면, 베트남 사람들에게 핵폭탄을 쓰겠다고 협박했기 때문이다. 물론 닉슨 대통령이나 키신저(Kissinger) 당시 국무장관이 하노이에 핵폭탄을 투하할 그런 사람은 아니었지만, 이들은 전략적으로 핵폭탄을 이용하여 베트남을 압박했던 것이다. 의외로 이런 전략과 전술이 효과적으로 상당히 잘 먹혀들었던 것이다.[16)]

이라크의 사담 후세인(Saddam Hussein)도 발광력을 잘 활용한 인물이다. 그는 1990년 8월 2일 새벽 2시에 쿠웨이트 국경을 넘어 침공을 개시했고 8월 8일에는 쿠웨이트 합병을 선언했다. 당시 미국의 대통령은 조지 부시(George H. W. Bush)였다. 부시 대통령이 후세인 이라크 대통령을 압박하기 위해서는 후세인보다 더 광기를 부려야 했다. 그럼 어떻게 하면 더 광기를 부릴 수 있을까? 미국으로서는 베트남전 이후 최악의 위기를 맞은 셈인데 말이다.

부시는 골프백을 메고 북쪽 메인주로 떠났다. 그런 다음 제임스 베이커(James Baker) 국무장관(Sevretary of State)을 몬태나주로 낚시여행을 떠나보냈다. 그리고는 사담 후세인보다 훨씬 강성의 인물인 부통령 Dan Quayle을 내세워 백악관을 지휘하도록 했다. 댄 퀘일은 백악관에서 책임자로 있는 모습을 영상으로 언론에 내보냈다. 이런 뉴스를 접한 후세인은 자기보다 훨씬 더 강성을 지닌 인물이 등장한 걸 보고 얼굴이 창백해졌다는 것이다.

비즈니스에서도 발광력을 지닌 사람을 볼 수 있다. 어디로 튈지 알 수 없는 그리고 전혀 일관성이 없는 인물이 그러하다. 그런 광기의 인물을 제어하는 방법은 훨씬 더 광기를 보이는 게 상책으로 알려져 있다.

10.4 위 치 력

사회의 다른 분야에서는 별다른 힘을 지니지 못했지만 자기의 직책과 관련한 특정위치에서만은 막강한 힘을 행사하고 또한 그 힘을 즐겨 사용하는 사람들을 우리는 흔히 볼 수 있다. 위치력(situation power)은 큰 조직이나 정부조직의 하위직급 사람들이 그 적용범위가 그리 넓지는 않은 자기의 직무를 수행하는 과정에서 융통성 없이 처신함으로써 상대방을 골탕 먹일 때 자주 나타나는 유형의 파워이다.

위치력은 강제력의 파생파워라고 볼 수 있다. 그러나 강제력을 지닌 사람은 대개 큰 파워가 있는 사람으로 인식되지만, 위치력을 지녔다고 해서 큰 파워가 있는 사람으로 분류되지는 않는다. 단, 어떤 사람이 자신의 위치력을 교묘히 수단으로 활용한다면 막강한 영향을 미칠 수 있다.

외국여행을 할 때 우리는 CIQ절차를 밟는다. 즉, 휴대물품에 대한 세관통관(Customs), 사람에 대한 출입국심사(Immigration), 전염병에 대한 검역(Quarantine)이 그것이다. 1990년대 중반, 미얀마를 여행했을 때의 일이다. 중년의 일행 40명과 미얀마를 둘러보고 귀국행 비행기를 탑승하기 위해 양곤공항에서 출국수속을 밟고 있었다. 돌연 앞줄에서 소란이 일어났다. 내용인즉슨, 세관원은 중년부인들이 걸치고 있던 시계, 반지, 목걸이 등 장신구를 미얀마 입국 당시 신고하지 않았는데 출국할 때 왜 가지고 나가느냐며 안 된다는 것이었다. 중년부인들은 장신구가 금이나 보석도 아닌 모조제품인데 왜 문제를 삼느냐며 어안이 벙벙해 했다. 세관원은 그 장신구의 가격이 얼마쯤 되느냐고 물었다. 중년부인은 대수롭지 않게 약 200달러 정도 된다고 하였다. 그러자 세관원은 “그렇게 비싼 장신구를 입국당시 신고도 없이 들여온 것은 법을 위반한 것”이라며 출국허가를 내주지 않는 것이었다. 생각해보면, 당시 미얀마의 국민소득을 고려할 때 200달러는 상대방에게 상당히 큰 금액이었다. 현지 가이드가 즉석에서 협상력을 발휘하여 우리 일행은 겨우 곤경을 모면하게 되었다. 국제간 소득격차에 따라 출입국 관련법규가 달리 제정된 점을 활용한 미얀마 세관원의 위치력 행사는 우리 일행과 같은 외국인에게 위력적이었던 것이다.

2002년 여름 강원도의 무역전공 대학생 20명은 동북아 시장탐방을 위해 속초항을 출발하였다. 러시아의 자루비노와 블라디보스톡에서 시장조사를 마친 다음, 중국의 훈춘으로 들어가기 위해 러시아 - 중국 국경에서 러시아측 출국절차를 밟던 중 문제가 발생하였다. 러시아 세관원은 인솔실무책임자가 소지하고 있던 현금에 눈독을 들인 것이다. 당시 러시아는 입국할 때 외화를 의무적으로 신고하도록 하고 출국할 때에는 입국당시 신고한 금액보다 더 많은 금액을 가지고 나가지 못하도록 외환을 통제하고 있었다. 우리 일행도 인솔실무책임자가 소지한 외화를 러시아 입국당시 정확히 신고하여 확인증을 소지하고 있었다. 때문에 출국신고시에 이 외환신고 확인증을 러시아 세관원에게 제출하였다. 그러나 러시아 세관원은 그 확인증을 믿을 수 없다며 인정해주지 않았다. 억울하면 인솔책임자 혼자서 입국신고 장소인 자루비노항의 세관으로 가서 다시 확인을 받아오라는 것이었다. 되돌아갈 교통편도 없고 일행을 떼어놓고 혼자서 갈 수도 없음은 너무나 당연하였다. 이런 억지를 부리던 러시아 세관원은 자신의 위치를 이용하여 엉뚱한 제안을 하였다. 인솔실무책임자가 지니고 있던 현금 5천 달러 중 절반을 떼어주면 통과시켜 주겠다는 것이었다.

아시아에서만 세관에서 이런 위치력이 발휘되는 것은 아니다. 2007년 2월 독일 프랑크푸르트공항에서 벌어진 일이다. EU지역에서 물품을 구매할 때 낸 세금을 환급받기 위해 외국인여행자들이 공항세관에 줄지어 서 있었다. 그런데 그 줄이 너무나 길었다. 심지어는 출국시간이 임박해오는데도 조종사, 스튜어디스들도 줄지어 한참을 기다리고 있었다. 이들은 세관의 환급확인 절차가 너무 길어지자 초조해 하였다. 줄이 길어진 이유는 독일 세관원의 업무행태 때문이었다. 그 세관원은 한 사람씩 사무실로 들어오라고 한 다음 구입한 물품을 여행 가방에서 꺼내어 보여 달라고 하였다. 여행객은 환급을 받기 위해 여행 가방을 끌러서 그 많은 짐 속에서 구매한 물품을 꺼내 보여주었다. 그러면 세관원은 구매영수증에 확인도장을 찍어준다. 많은 사람들이 기다리고 있는 걸 잘 알고 있는 그 세관원은 태연히 놀면서 여행객이 끌렀던 여행 가방을 다시 다 꾸려서 나갈 때까지 기다린다. 그런 다음 새로운 여행객 한 사람을 사무실로 들어오라고 한다. 이렇게 시간이 오래 걸리니 줄이 자연히 길어질 수밖에 없다. 이 세관원은 고의로 위치력을 행사하며 태업을 하여 여행객들의 심사를 틀어지게 하였다. 줄을 서 있던 사람들은 하나같이 화가 나서 이런 행태를 고발해야 한다고 언성을 높였다.

어느 더운 여름날 국제박람회 참석차 미국의 작은 호텔에 투숙한 최늘보 사장, 밤늦게까지 마신 술에 거나하게 취해서 호텔방으로 돌아왔다. 샤워를 마치고 나니 시원한 물을 마시고 싶었다. 그러나 얼음이 없었다. 미국의 작은 호텔에서는 얼음을 원하는 고객을 위해 대개 호텔방 밖의 복도 끝에 냉동고를 두고 있다. 얼음을 가지러 나가기 위해 옷을 다시 추려 입자니 귀찮았다. 시간을 보니 새벽 3시였다. 순간 번개같이 머리를 스치는 생각이 있었다. 이 시간에 복도에 사람이 있을 리가 없을 것이란 생각이었다. 마침 최늘보 사장이 묶은 방도 복도 끝이었다. 복도에 있는 냉동고에서 얼음을 꺼내오는 데에는 오랜 시간이 걸리지 않는다. 잠

깐 사이에 그것도 이 새벽 시간에 무슨 일이 있을 턱이 없을 것이라는 확신이 든 최늘보 사장, 나체 상태로 얼음그릇 하나만을 달랑 들고 호텔방문을 나섰다. 잽싸게 얼음을 집어 들고 호텔방 앞으로 돌아왔는데, 아뿔싸! 방문이 자동으로 잠긴 것이 아닌가. 아무리 애를 써보아도 방문은 열리지 않는다. 낭패를 당한 최늘보 사장은 하는 수 없이 아래층에 있는 프론트로 가서 자기의 방문을 열어달라고 하였다. 이런 요청을 받은 프론트의 젊은 여직원은 어이가 없었다. 이 순간 여직원은 최늘보 사장에게 정말로 이 호텔의 고객이 맞는지 확인해야 하므로 신분증을 먼저 제시해달고 하였다. 이렇게 최늘보 사장을 골탕먹인 여직원이 행사한 파워는 바로 위치력이었다.[17)]

협상에서 아무리 훌륭한 실력을 보유한 협상자라 할지라도 상대방이 이런 식으로 위치력을 발휘하게 되면 낭패를 당하게 된다. 이런 상황에 처해 하는 수 없이 양보를 해야 할 처지라면 멋지게 양보하는 게 낫다. 괜히 구차하게 굴거나 기분이 상해 분노를 폭발시키면 오히려 상대방의 선의는 사라지거나 더 많은 양보를 해야 할지도 모르기 때문이다. 물품을 판매하였는데 고객이 반품하겠다고 한다. "좋습니다. 반품접수는 우리 회사의 방침이 아니지만, 이번만은 반품을 받아들이겠습니다."라고 응대한다면, 어차피 양보할 것은 다 하면서 고객의 심정만 상하게 한다. 도대체 무엇을 얻으려고 이런 식으로 응대하는가? 어차피 양보할 요량이면 화끈하게 그리고 멋지게 양보하는 것이 상대방의 선의를 유지하게 만든다. 핵심은, 위치력을 구사하는 상대방이 그 위력을 너무나 잘 알고 있다는 점이다.

그렇기 때문에 그에 맞서서 구차하게 나서거나 속이 뒤집어질 필요가 없다는 말이다.

11 맺 음 말

협상자는 파워를 어떻게 효과적으로 활용할 수 있는가? 협상에서 파워를 유용하게 활용하기 위해서는 파워에 대한 다양한 개념을 우선 알아야 하고, 이러한 각각의 다른 개념의 파워가 다음의 몇 가지 기준에 따라 어떻게 작용되는지 알아야 한다.

- 어떤 특정 형태의 파워를 행사했을 때 나타나는 장점
- 어떤 특정 형태의 파워를 행사했을 때 나타나는 단점
- 어떤 특정 형태의 파워를 행사했을 때 나타나는 상대방 행동 및 태도의 변화
- 상대방을 복종시키기 위해 필요한 감시의 정도
- 파워행사가 당사자 상호관계에 미치는 영향

이러한 기준에 따라 보상력, 강제력, 정보력, 전문력, 공인력, 매혹력이 각각 어떻게 개발되고 평가 · 사용되는지 살펴보았다. 또한 이런 다양한 형태의 파워가 제3자를 통하여 간접적으로 어떻게 행사될 수 있는가에 대해서도 알아보았다.

협상자들은 파워를 행사하는데 조심해야 한다. 즉, 자기가 어떤 형태의 파워를 행사할 것인지 신중히 결정해야 하고, 상대방의 태도나 행동을 변화시키기 위해 파워를 행사하는 것이 자기의 능력에 플러스 요인이 되는지를 판단할 줄 알아야 하며, 장기적으로 보아 양당사자 간의 상호관계에 어떤 영향을 미치는지를 생각해야 한다. 단기전술을 사용하면 목전의 이익을 성취할 수 있을지 모르지만, 그 때문에 장기적으로 상호관계가 악화되고 상대방의 진정한 태도변화를 기대할 수 없게 된다. 그러므로 협상자는 자기의 궁극적 목적을 달성하고 상대방과의 장기적인 상호관계를 보존하기 위해서는 파워의 행사에 신중해야 한다. 파워를 행사하는 것이 단기적으로는 효과적인 반면, 장기적으로는 상호관계를 피폐케 한다. 파워는 강력하지만 문제가 많은 수단이다.

1) Dahl, R. A., The concept of power, *Behavioral Science*, 2, 1957. Kotter, J., *Power in management*, New York: AMACOM Books, 1979. "the ability to get another party to do something they ordinarily would not do"
2) Salancik, G. R., and Pfeffer, J., The bases and uses of power in organizational decision making: The case of a university, *Administrative Science Quarterly*, 19, 1974.
3) French, J. R. P., and Raven, B., The bases of social power, D. Cartwright ed., *Studies in social power*, Ann Arbor, MI: Institute for Social Research, 1959.
4) Lewicki와 Litterer도 정보력을 근원파워로 포함시켜 설명하고 있다.: Lewicki, Roy J., and Litterer, Joseph A., *Negotiation*, Irwin, 1985.
5) Baldwin, D. A., The costs of power, *Journal of Conflict Resolution*, 15, 1971.
6) Kipnis, D., The powerholders, Chicago, IL: University of Chicago Press, 1976.
7) Goodstadt, B. E., and Hjelle, L. A., Power to the powerless: Locus of control and the use of power, *Journal of Personality and Social Psychology*, 27, 1973.
8) 이승영, 최용록, 「국제협상의 이해」, 법경사, 1998.
9) Hovland, C. I., and Weiss, W., The influence of source credibility on communication effectiveness, *Public Opinion Quarterly*, 15, 1951.
10) 창업주 그레이트 배치는 세계 최초로 인체 삽입용 심장박동기를 개발한 인물. 현재 미국, 멕시코 공장에 1800여 명의 직원을 두고 수십 종의 의료용 배터리를 개발하며 이 부문 전 세계 시장의 95%를 점유하고 있다. DongA.com 뉴스 (2007-02-03)
11) Pfeffer, J., Salancik, G. R., Organizational decision making as a political process: The case of a university budget, *Administrative Science Quarterly*, 19, 1974.
12) 19세기 유럽의 문학에서 사용하기 시작한 팜 파탈(프랑스어: femme fatale)은 '파멸로 이끄는', '숙명적인', '불길한', '치명적'인을 의미하는 프랑스어 파탈(fatale)과 '여성'을 의미하는 팜(femme)의 합성어이다. 주로 남성을 파멸적인 상황으로 이끄는 매혹적인 여자의 뜻으로 쓰인다. 대개 팜므 파탈로 알려져 있는데, 외래어 표기법 상으로 바른 표기는 '팜 파탈'이다.
13) French, J. R. P., and Raven, B., The bases of social power, D. Cartwright ed., *Studies in social power*, Ann Arbor, MI: Institute for Social Research, 1959. Raven, B. H., and Kruglanski, A. W., Conflict and power, P. Swingle ed., *The structure of conflict*, New York: Academic Press, 1970. Kipnis, D., *The powerholders*, Chicago, IL: University of Chicago Press, 1976. Cuming, P., *The power handbook*, Boston, MA: CBI Publishing, 1981.
14) Rubin, J. Z. and Lewicki, R. J., A three-factor experimental analysis of promises and threats, *Journal of Applied Social Psychology*, 1973. Rubin, J. Z., Lewicki, R. J., and Dunn, L., Perceptions of promisors and threateners, *Proceedings of the 81st Annual Convention of the American Psychological Association*, 8, 1973.
15) Strickland, L. H., Surveillance and trust, *Journal of Personality*, 26, 1958.
16) Dawson, Roger, *Secrets of Power Negotiating*, Career Press, 2001.
17) *ibid.*

국문 찾아보기

영문 찾아보기

저자소개

〈저자약력〉

한양대학교 상경대학 무역학과 상학사
한양대학교 대학원 무역학과 경제학석사 · 박사
미국 University of Illinois at Urbana-Champaign 객원교수
미국 University of Washington 객원교수
국립 강릉원주대학교 사회과학대학 무역학과 교수(現)
국립 강릉원주대학교 사회과학대학 학장
국립 강릉원주대학교 경영정책과학대학원 원장
대한상사중재원 참사
대한중재인협회 이사
법원 전문심리위원
통일부 통일교육원 통일교육위원
고용노동부 복수노조자문단 자문위원
중앙노동위원회 강원지방노동위 조정위원
사단법인 한국통상정보학회 회장
사단법인 한국중재학회 부회장
사단법인 한국무역학회 부회장

〈주요논문〉

한미간 무역과 협상전략
한국중소기업의 무역분쟁해결행태와 최적행위모형
국제상사중재제도의 활용을 통한 남북한 교역 및 투자 분쟁해결
한국에서의 상사중재와 승률
무역분쟁에서의 상사중재판정모형의 개발
상사중재에서의 중재인선정과 전략게임
무역갈등에 관한 실증적 연구
외 다수

Email: chotra@gwnu.ac.kr

글로벌협상론

초판인쇄 2013년 3월 5일
초판발행 2013년 3월 10일

지은이 조정곤
펴낸이 안종만

편 집 우석진
표지디자인 최은정
기획/마케팅 최봉준
제 작 우인도·고철민

펴낸곳 (주) 박영사
서울특별시 종로구 평동 13-31번지
등록 1959. 3. 11. 제300-1959-1호(倫)
전 화 02)733-6771
f a x 02)736-4818
e-mail pys@pybook.co.kr
homepage www.pybook.co.kr
ISBN 978-89-6454-385-6 93320

정 가 28,000원